张荣芳文集

第五卷 陈垣传记（三种）

张荣芳 曾庆瑛◎著

中山大学出版社
·广州·

图书在版编目（CIP）数据

陈垣传记三种/张荣芳，曾庆瑛著. —广州：中山大学出版社，2023. 12
（张荣芳文集；第五卷）
ISBN 978 - 7 - 306 - 07946 - 6

Ⅰ. ①陈…　Ⅱ. ①张…　②曾…　Ⅲ. ①陈垣（1880—1971）—传记
Ⅳ. ①K825. 81

中国国家版本馆 CIP 数据核字（2023）第 221131 号

CHEN YUAN ZHUANJI（SAN ZHONG）

出 版 人：王天琪
策划编辑：王延红
责任编辑：张陈卉子
封面设计：周美玲
责任校对：蓝若琪
责任技编：靳晓虹
出版发行：中山大学出版社
电　　话：编辑部 020 - 84111946，84113349，84111997，84110779
　　　　　发行部 020 - 84111998，84111981，84111160
地　　址：广州市新港西路 135 号
邮　　编：510275　　　　　传　真：020 - 84036565
网　　址：http://www. zsup. com. cn
　　　　　E-mail：zdcbs@ mail. sysu. edu. cn
印 刷 者：恒美印务（广州）有限公司
规　　格：787mm×1092mm　　1/16
总 印 张：239
总 字 数：4818 千
版次印次：2023 年 12 月第 1 版　2023 年 12 月第 1 次印刷
总 定 价：780.00 元（全九卷）

本卷说明

本卷收入陈垣传记三种。

上编：张荣芳著《近代之世界学者——陈垣》①。

该书为朱小丹、欧初主编的"广东历史文化名人丛书"的一种。朱小丹主编这套丛书时任中共广东省委常委、宣传部部长；欧初系广东炎黄文化研究会名誉会长、原广州市委书记、广东省社会科学院客座研究员、广州大学客座教授。朱小丹、欧初为丛书写的"总序"中提到该丛书是为响应中共广东省委、省政府提出建设广东文化大省的号召而编辑的。建设文化大省的一个重要任务，就是继承和弘扬优秀民族文化，把中华民族优秀传统文化作为先进的社会主义文化的深厚根基。岭南文化是中华优秀传统文化的一个重要组成部分，在内涵丰富、博大精深的岭南文化中，选择广东历史文化名人作为研究介绍对象是合理且必要的。所谓"广东历史文化名人"，是指在一定的历史时期、一定的领域或学科，曾经取得卓越的业绩或其思想具有重大影响，在中国历史乃至世界历史上具有相当高知名度的杰出人物。研究和宣传这些杰出的代表性人物，是展示先进文化的一种方式。广大人民尤其是青少年将得知先辈是如何开拓历史、如何创造光辉灿烂的中华优秀文化的，从而以此激发他们的爱国爱乡的热情，增强他们的民族自尊心和自豪感，鼓励他们去努力创造更加美好的未来。通过这套丛书，展示广东历史文化的深厚底蕴，提升广东的文化品位，为广东建设文化大省尽绵薄之力。

陈垣是入选这套丛书的人物之一。陈垣在青年时代，曾在广东发表过大量反帝反封建的文章。他受过医学教育，是近代中国医学史研究的开拓者和奠基人。他没有受过正规的史学教育，全靠自己的勤奋，自学成才，著作等身，在宗教史、历史文献学、元史、中西交通史等学术领域作出创造性的成绩，成为世界级史学大师。他从教 70 多年，任大学校长 46 年，培养了许多国家栋梁之材。该书用丰富的材料、通俗易懂的文字，叙述了陈垣 91 年的人生历程。同时，该书还

---

① 广东人民出版社 2005 年版。

对他的国际学术地位与影响、师友间的真挚情感、祖孙三代的学术传承，作了详细的描述。

中编：张荣芳、曾庆瑛著《（中国科学院哲学社会科学部委员）陈垣》①。

该书为吴阶平、杨福家、吴文俊、袁隆平、孙家栋、陈清泉、刘国光、汝信主编的"二十世纪中国著名科学家书系"的一种。主编在"序言"中说，"这套'书系'将选录中国"海峡两岸和香港、澳门地区许多"最高层次自然科学家、工程科学家、社会科学家"作为传主，每位科学家一本，"这些图书将以科学家生平为线索，着重叙述贯穿科学家一生的科学成就和矢志不渝追求科学的精神和崇高品格，突出科学的创新思维和科学成就对人类社会的贡献与影响。因此，'书系'是一套面向大众，能够被图书馆珍藏，能够向各界读者展现一代著名科学家献身科学、追求真理、为中华文明与人类文明贡献毕生风范的高品位读物"。通过介绍这些科学家，"生动展现他们为中华复兴、人类福祉而表现出来的勤奋拼搏、勇于创新和赤诚奉献的精神与品格，以榜样的力量激励人们奋发进取，为中华科学和人类文明再创辉煌"。"书系"的"出版说明"中阐述了这套"书系"的突出特点在于它的"广泛性""权威性""史料性""感染性"。该书介绍了陈垣的生平、学术道路、学术思想和成就、爱国和科学精神的结合、教育思想、教学方法和师生感情、国际学术地位与影响。该书分 11 章：家世、家乡与童年；热血青年；经世致用，著书立说；大师之路；辅仁大学校长——风雨二十七年；新中国诞生前后；科教兴国——北京师范大学老校长；交友之道，在得切磋之益——陈垣学术交往举隅；"信有师生同父子"——陈垣师生情谊拾趣；轶事；千秋功业后人评说。

下编：张荣芳著《陈垣》②。

该书为林雄、岑桑（执行）主编的"岭南文化知识书系"的一种。"书系"的"出版说明"中提到，对岭南文化丰富内涵的挖掘、整理和研究，虽已有作为成果载体而且已成为广东人民出版社的品牌之一的《岭南文库》，"但《岭南文库》定位在学术层面，不负有普及职能。要将广东建设成为文化大省必须首先让广大群众对本土文化的内涵有所认识"，因此有必要出版一套普及读物来承担

---

① 金城出版社 2008 年版。

② 广东人民出版社 2008 年版。

这一任务。出版"岭南文化知识书系"的初衷盖出于此，因此，"岭南文化知识书系"可视作《岭南文库》的延伸"。该书用"人文环境、家庭与少年""反帝反封建与医学史研究""对中华民族历史文化一片丹心""史学研究的巨大成就""抗战史学的不朽篇章""长期任大学校长的杰出教育家""党使我获得新的生命""学术地位与影响"共 8 个题目简要地叙述了陈垣的生平及史学成就、地位和影响，图文并茂，寓知识性于可读性之中。

在部分学者学术风气浮躁、治学欠严谨的当下，提倡和弘扬陈垣经世致用的思想、寻求"史源"的方法、求真求实的理论与实践，都有现实意义。

本卷收入的三种陈垣传记，尊重历史原貌，不作大的改动。经《（中国科学院哲学社会科学部委员）陈垣》一书的合作者曾庆瑛教授的同意，把该书收入本卷，特表感谢。

目　录

上编　近代之世界学者——陈垣

第一章　新会出人才　陈垣篇章新 ················ （3）

一、厓山忠节、白沙理学、启超变法 ·············· （3）

二、陈垣家世 ····························· （6）

三、读《四库全书总目》与科举考试 ·············· （10）

四、创办报刊、参加反帝反封建运动 ·············· （12）

五、近代中国医学史研究的开拓者和奠基人 ········· （15）

六、移居北京：从弃医从政到弃政从史 ············ （21）

第二章　从教七十年　桃李满园春 ··············· （24）

一、教蒙馆、小学、中学 ···················· （24）

二、在北京大学 ·························· （26）

三、在燕京大学 ·························· （29）

四、在北平师范大学 ······················ （30）

五、在辅仁大学 ·························· （31）

六、在北京师范大学 ······················ （41）

七、教育家的本色 ························· （44）

第三章　学术誉天下　当世一宗师（上） ············ （49）

一、宗教史研究的开拓者 ···················· （49）

二、在中国历史文献学上的重要建树 ············· （58）

第四章　学术誉天下　当世一宗师（下） ············ （68）

三、对元史研究的突出贡献 ··················· （68）

四、坚持民族气节的历史篇章 ················· （71）

五、在北京图书馆 ························· （74）

六、在清室善后委员会与故宫博物院 ············· （75）

七、在中央研究院 ························· （79）

第五章 身虽处京城 心系粤地人 …………………………………（83）

一、与广东学者的交往 ………………………………………（83）

二、从事专题研究的广东文化背景 …………………………（91）

三、对故乡新会文化事业的关心 ……………………………（92）

第六章 晚年求进步 思想更化醇 …………………………………（95）

一、拒绝南下、迎接北平解放 ………………………………（95）

二、给胡适的一封公开信 ……………………………………（97）

三、政治上获得新的生命 ……………………………………（99）

四、晚年的学术研究 ………………………………………（102）

五、在"文化大革命"的岁月里 …………………………（104）

第七章 陈氏三代史 资鉴启后人 ………………………………（108）

一、陈垣的学术地位与影响 ………………………………（108）

二、陈垣与陈乐素父子的学术传承 ………………………（111）

三、第三代陈智超的学术成就 ……………………………（115）

四、陈垣、陈乐素学术遗著的整理与研究 ………………（119）

上编后记 …………………………………………………………（123）

中编 （中国科学院哲学社会科学部委员） 陈垣

第一章 家世、家乡与童年 ………………………………………（127）

一、人杰地灵 ………………………………………………（127）

二、启蒙教育、求学之路 …………………………………（132）

三、开明的父亲 ……………………………………………（133）

第二章 热血青年 …………………………………………………（135）

一、不平坦的科举之途 ……………………………………（135）

二、民主革命报人，读书不忘爱国 ………………………（136）

三、志做济世良医，爱国不忘读书 ………………………（140）

四、医史研究结硕果 ………………………………………（141）

第三章 经世致用，著书立说 ……………………………………（146）

一、参与时政，当选议员 …………………………………（146）

二、历时十年，研究《四库全书》 ………………………（147）

三、著《元也里可温考》一鸣惊人 ………………………（150）

第四章　大师之路……………………………………………………（152）

一、自学成才的北京大学导师…………………………………（152）

二、著录敦煌，聚焦国学………………………………………（154）

三、清点故宫文物，保护文化遗产……………………………（156）

四、轰动学术界的《二十史朔闰表》…………………………（159）

五、"石破天惊"之作——《元西域人华化考》……………（161）

第五章　辅仁大学校长——风雨二十七年………………………（163）

一、辅仁社与辅仁大学…………………………………………（163）

二、以文会友，以友辅仁——辅仁大学的国学教育…………（169）

三、不悬日伪旗，不读奴化书…………………………………（172）

四、傲骨撑天地，奇文泣鬼神——抗战时期的"宗教三书"…（175）

五、"学识记里碑"式的著作——《通鉴胡注表微》………（179）

第六章　新中国诞生前后…………………………………………（183）

一、拒绝南下，留守北平………………………………………（183）

二、致胡适的一封公开信………………………………………（185）

三、活跃在各种政治活动中……………………………………（188）

四、"陈垣先生读书很多，是我们国家的国宝"……………（190）

第七章　科教兴国——北京师范大学老校长……………………（193）

一、毛泽东任命的北京师范大学校长…………………………（193）

二、发展新中国史学事业的老兵………………………………（194）

三、"青年们，欢迎你们来参加人民教师的队伍！"………（199）

四、"党使我获得新的生命"…………………………………（202）

五、生命不息，笔耕不辍——晚年的学术研究………………（204）

六、在"文化大革命"的岁月里………………………………（205）

第八章　交友之道，在得切磋之益——陈垣学术交往举隅……（208）

一、惺惺惜惺惺——与英华的交往……………………………（208）

二、忘年之效——与马相伯的交往……………………………（209）

三、"史学二陈"——与陈寅恪的交往………………………（211）

四、直谅多闻的诤友——与胡适的交往………………………（213）

五、志同道合——与尹炎武的交往……………………………（216）

六、学术世交——与汪宗衍的交往……………………………（218）

第九章 "信有师生同父子"——陈垣师生情谊拾趣 …………………………（221）

一、薪尽火传——柴德赓 ……………………………………（221）

二、助手兼秘书——刘乃和 …………………………………（223）

三、"南书房行走"——周祖谟 ……………………………（225）

四、同乡兼学生——容肇祖 …………………………………（226）

五、"信有师生同父子"——启功 …………………………（229）

六、私淑弟子——方豪 ………………………………………（232）

第十章 轶事 …………………………………………………………（234）

一、自己发给自己的毕业文凭 ……………………………（234）

二、瓷制的骷髅模型 …………………………………………（234）

三、唯一的一次迟到 …………………………………………（235）

四、谭白菜、红木家具和竭泽而渔 ………………………（236）

五、中关村的起名者 …………………………………………（237）

六、锔过的碗更经久 …………………………………………（237）

第十一章 千秋功业后人评说 …………………………………………（239）

一、学术地位与影响 …………………………………………（239）

二、学术遗著的整理与研究 …………………………………（243）

中编后记 …………………………………………………………………（246）

下编 陈 垣

第一章 人文环境、家庭与少年 ………………………………………（249）

第二章 反帝反封建与医学史研究 ……………………………………（253）

第三章 对中华民族历史文化一片丹心 ………………………………（259）

从弃医从政到弃政从史 ……………………………………（259）

保护和整理明清内阁大库档案 ……………………………（260）

建立故宫博物院的功臣 ……………………………………（261）

全面调查研究《四库全书》第一人 ………………………（264）

"我们应当把汉学中心夺回中国" …………………………（265）

第四章 史学研究的巨大成就 …………………………………………（267）

宗教史研究的开拓者 ………………………………………（267）

对元史研究的突出贡献 ……………………………………（270）

　　在中国历史文献学上的重要建树·······················（272）

第五章　抗战史学的不朽篇章·····························（276）

第六章　长期任大学校长的杰出教育家···················（281）

　　从教时间长，培养人才多·····························（285）

　　具有与时俱进的教育思考···························（285）

　　行之有效的教学方法·······························（286）

第七章　"党使我获得新的生命"·························（289）

　　拒绝南下，留守北平·······························（289）

　　致胡适的一封公开信·······························（290）

　　在各种政治活动中激流勇进···························（291）

　　"国宝"称呼的由来·······························（292）

　　"党使我获得新的生命"···························（293）

　　在"文化大革命"的岁月里···························（294）

第八章　学术地位与影响·······························（296）

附　录

附录一　大事年表···································（301）

附录二　主要参考书目·······························（306）

附录三　陈垣科学论著目录·····························（308）

上编　近代之世界学者——陈垣

第一章　新会出人才　陈垣篇章新

陈垣（1880—1971）是20世纪中国著名的历史学家、教育家，学术界一代宗师。他在宗教史、中外交通史、中国历史文献学、元史等领域的卓越成就饮誉海内外，被学术界称为"中国近代之世界学者"，毛泽东曾称他为"我们国家的国宝"。在92年①的人生旅程中，他有33年生活在家乡新会和广州，其余时间都居住在北京。

一、厓山忠节、白沙理学、启超变法

陈垣的家乡新会，属广东五邑地区。五邑即台山、开平、新会、恩平、鹤山五县。五邑地区位于广东省中南部，珠江三角洲西部，西江、潭江下游。这里地势低平，河流交错，扼西江与粤西沿海交通之门户，历来是广东经济文化发达的地区之一。桑基鱼塘，民富国丰，荔红橙黄，景色迷人。

新会历史悠久，东晋元熙二年（420）设新会郡，下辖新夷县。隋开皇九年（589）撤销新夷县，并废新会郡设新会县，新会由郡改名为县，自此至今已有1400多年了。隋唐又置冈州，冈州管辖的范围包括新会。新会东北距省会广州110公里，东、西、南、北分别与顺德、江门、开平、中山、南海等县市相接。

陈垣故乡广东新会

新会人才辈出，明万历年间黄淳辑《新会县志》，并撰《序》云："新会之所重于天下者，以有江门道学、厓山忠节在然。"清道光《新会县志·黄培芳

---

① 编者注：指满算年。下文类似情况不赘注。

序》亦云："至厓山忠节关乎一代存亡，白沙理学系乎千秋道脉，尤属别邑所无。"这里所说的"厓山忠节"，是指南宋最后小朝廷的史事。元至元十三年（1276）二月，南宋临安政权灭亡后，宋朝君臣建立"行朝"，漂泊在福建西部到海南岛附近的南海海上，或驻于濒海陆地及海岛。至元十五年（1278）六月，"行朝"从雷州沿海移驻新会厓山（新会银洲湖的出海处，东侧厓山和西侧汤瓶山，两山对峙，状如门扉，又称重门）。次年二月，元舟师移军厓山海上，与宋"行朝"进行决战。二月初六（1279 年 3 月 9 日），元将张弘范、李恒率舟师南北夹

厓（崖）山祠

攻，从早上到傍晚，"声振天海，斩获几尽"。陆秀夫背负少帝赵昺投海死，从死者以万计，战事惨烈。南宋"行朝"根本无法与元朝抗衡，失败是不可避免的。但其中成员如文天祥、陆秀夫、张世杰和各地军民为反抗蒙古贵族的压迫而表现的舍生忘死、英勇赴义的高风亮节，是应该值得肯定的。后人为纪念此事，在厓山建立慈元殿、三忠祠等，这些建筑后来成为著名古迹。

"厓山忠节"史事对陈垣有很大影响。他一生勤奋治学，正义矜持，坚贞守节，忠贞爱国，都与此有关。陆秀夫等数以万计的英雄儿女为民族存亡浴血奋战的精神鼓舞着他；而助元灭宋的汉人张弘范却被他斥为"无耻者之最著者"。[①] 20 世纪 20 年代，陈垣曾作《论登厓山观奇石诗》，论福建晋江赵瑶登厓山，作诗斥张弘范事。陈垣在《元世广东乱民志》中说："元之世，广东人受厓门之影响，乱民独多。"抗战时期，陈垣身处沦陷的北平，著《胡注通鉴表微》以明志，该书中有 9 处提到"厓门"。胡三省在《资治通鉴》卷二三三中注释琼州文，曰："琼州北十五里，极大海……使西南风帆，三日三夜到……厓山门……"陈垣在此"表微"，说："厓山在新会，为宋丞相陆秀夫负少帝殉国处，书以志痛也。厓山海中有奇石，张弘范摩崖大书'张弘范灭宋于此'以自夸耀。明提学赵瑶诗：'镌功奇石张弘范，不是胡儿是汉儿。'指此也。成化间御史徐瑁，始命工削去，事见道光《新会志》。"此"表微"意义深刻。

"江门道学""白沙理学"，均指代明代著名理学家陈献章。陈献章是新会白

---

① 编者注：现不提倡将元、清等少数民族统治时期看作民族侵略统治，其争斗属民族内部斗争。下文类似情况不赘注。

沙乡人，又被称为陈白沙或白沙先生。白沙位于新会县城东北，与陈垣的石头村仅有 10 多里之遥。陈献章是广东明代硕儒，兼哲学家、教育家、诗人于一身。他创立了"江门学派"，其学影响到王阳明和王夫之。陈垣十分景仰这一乡贤，其对陈垣的一生影响也很大。他传世的四首乡忆诗中，有三首是"寄汉侄"的，"汉侄"是陈珍汉先生，其中有一首云："昔吾廿五居乡校，今汝传经太祖祠。日懔白沙追古训，湖光山色最宜诗。"可见他对陈白沙的景仰与追念。1910 年他将李承箕（大崖）的《陈氏承先裕后堂记》碑拓印传播，并识云："碑在新会石头富山书院，院为余十世祖伯谦公与白沙及湛甘泉、李大崖诸先生讲学处。"说明陈垣先祖与陈白沙、湛甘泉都有十分密切的关系。陈垣还注意搜集陈献章遗墨。史树青回忆："（陈垣）先生收藏书画及清代学者手稿甚多，曾在辅仁大学公开展览，印有目录。书画中远如明人陈白沙（献章），近如清末陈兰甫（澧），皆岭南名家。记得陈白沙手书《心贺》卷，后有沈尹默先生题词，调寄《减字木兰花》，词云：'厓山风月，千古精诚相对接。……活活乾乾，此趣于今腕下传。'先生与陈白沙皆新会人，厓山在新会南八十里海中，故尹默先生词中及之。"

清代著名学者胡金竹是新会金竹冈人，人称金竹先生，也是陈垣仰慕的乡贤。他访求胡金竹的墨迹数十年，直到 1929 年于北平始获其草书千字文。他欣喜之余，"影印数百本，以贻乡里"，并题诗曰："棠下墟期三六九，先生故里幼常过。当年未读乡贤传，天地玄黄总咏歌。"后来发现该墨迹系伪作，乃于 1964 年作《跋胡金竹草书千字文》更正，说："胡金竹名方，字大灵，号信天翁，新会金竹冈人，学者称金竹先生。""余少时趁棠下墟，必经金竹冈村口，村口有丰碑，高寻丈，刻曰'金竹先生故里'，故余对金竹之名甚熟，而未尝注意其生卒年。"陈垣考证金竹生于顺治十一年（1654），卒于雍正五年（1727）。该文"有乾隆年号，此帖之伪无疑"。"今此帖虽伪，仍可证先生善书，使不善书，无书名，人亦伪之何为，此可为反证者也。"陈垣对乡贤之推崇，溢于言表。

在中国近代史上，新会出了梁启超。他与南海的康有为，同为近代两颗变法新星。赫赫康梁，光耀乡里。陈垣比梁启超只小 7 岁。两人都是史学大师，可谓同乡同时同行。陈垣对梁启超政治上的变法运动是十分推崇的，但为了追求真理，在学术上却与之展开辩论。陈垣之孙陈智超在整理陈垣遗稿时，发现一册陈垣多次读过的梁启超的《中国历史研究法》，上面有许多阅读时做的记号和批语，或纠正某些错误，或表示他对某些论点的看法。这些批语也可以说是两位大师的间接交流。二人关于唐玄奘去印度求经的出发之年的辩论是学术史上的佳话。梁启超在《中国历史研究法》中认为是贞观元年（627），而且"殆成铁案"。1924 年 6 月，陈垣写《书内学院新校慈恩传后》，全文分 13 节，考证是贞观三年（629）而非贞观元年（《陈垣学术论文集》第一集）。这场辩论可谓两同乡为寻求真理而共同探索的见证。

新会人杰地灵，士风自古端正，"士人尊师务学问，不逐虚名，仕者以恬退为乐，竞进为耻，尚门第，矜气节，慷慨好义，无所诡屈"。故乡的士风深深影响着陈垣，培育着陈垣。他以后立身处世、治学著述，都与青少年时代受这种士风熏陶是分不开的。陈垣在许多著作中都署名"新会陈垣"。

二、　陈垣家世

清光绪六年（1880）十月初十日（11 月 12 日），陈垣生于广东新会石头乡富冈里。生母周氏，父亲维启。陈垣，字援庵。家族之中列"宗"字辈，婚礼大名为"道宗"。青年时代在广州，曾经用笔名钱、钱罂、谦益、谦、艳、蔚、宗、益、大我等发表文章。

陈氏在新会是一个大姓。据石头乡《陈氏族谱》，陈氏的祖先可追溯到虞舜的第二十八代孙胡公满，他被周武王封于陈国（今河南淮阳一带），即以国为姓。胡公满的第七十代孙陈寅，迁到广东北部南雄府保昌县珠玑巷。到陈寅的第四代孙陈宣七兄弟时，已是南宋末年。当时保昌县有一名姓黄的珠宝商人，勾引皇妃苏氏潜逃。宋朝发兵要杀灭保昌百姓，陈宣兄弟又从南雄珠玑巷迁到珠江三角洲的顺德、新会一带。陈宣次子名仲义，定居于新会石头乡，他就是陈垣的直系祖先。

父亲维启　　　　　　　生母周夫人

陈垣长子乐素于 1982 年写过一篇名为《珠玑巷史事》的论文，指出大量不同姓的南迁广东的家族的家谱都记载了类似的从中原迁到南雄珠玑巷又迁到珠江三角洲的事迹与传说。虽然有些情节与历史不符，但它反映了北宋末南宋初和南宋末元初两次人口大迁徙的历史。

据《宋遗民录》载，陈宣曾参与抗元义事。南宋景炎初，陈宣帮助宋官军与元人战于南雄，失败后，乃回新会。不久，宋亡，陈宣嘱子孙不仕异族，坚守民族气节。陈氏宗祠太祖祠，供奉着陈宣，后人每年拜祭，陈宣受到陈氏后人的景仰。

陈垣故居

故居厅堂

陈氏宗祠

故居卧室

在石头乡《陈氏族谱》中，陈宣以下的历代都有明确的生卒年和葬地，家族自此才有准确的历史。从陈宣到陈垣，相隔600多年，陈垣是陈宣的第二十三代孙。

从《陈氏族谱》中可见，自陈宣以下，陈家没有人出任过政府官员。只有第十世和第十四世是庠生，即县府学生，算是知识分子。陈垣的祖父社松（字海学）于19世纪上半叶以贩卖新会特产陈皮起家。陈皮是干柑皮，它既是调味品，又是一味用途广泛的中药，有去痰、开胃、降血压的功效。陈皮存放时间越长越好，据说超过百年的陈皮，要用称黄金的戥子来称。社松先是在新会收购陈皮到广州摆摊出售，以后扩大为经营中药材，在广州开设"松记"店。该店地址在广州外城晏公街闽漳会馆旧址。1919年，里人以晏公街来历写信询问陈垣，陈垣写《跋何其厚重修晏公神庙碑记》云："余居广州外城之晏公街数世矣。"清道光十七年（1837）改店名为"陈信义"，店铺门联云："信人所任，义事之宜。"又取诸葛亮"淡泊以明志，宁静而致远"之意，定家族堂名为"陈宁远堂"。

社松有9子，他们继承父业，将"陈信义"的经营范围扩大至香港、上海、天津、重庆、湛江（当时名广州湾）、海口及海外新加坡等地，开设分店，生意兴隆，财源广进。

陈垣是社松第五子满田（字维启，号励耘，1855—1909）的儿子。光绪十一年（1885），满田的三兄满年（字维举）去世，其只有女儿而没有儿子。依宗法陈垣入继，为三伯母李氏抚养，兼祧两房。

陈垣于二十世纪三四十年代写给二子约之的家书中说："余家自植卿四伯始读书，然只习时文，不得云学。至余始稍稍寻求读书门径。幸先君子放任，尽力供给书籍。今得一知半解，皆赖先君子之卓识有以启之也。至汝等则为三世矣。博（即乐素）能粗知门径，汝又喜临池，皆足补余缺憾，慰也。勉之勉之。"

陈垣在生父满田的大力支持下，自学成才，不但是石头乡陈家近代的第一个读书人，而且还成为世界级的学者。

陈垣先后有3位夫人，共生5子，即乐素（博）、约（约之）、仲益（益）、容之（容）、让。

世传陈垣有四首乡忆诗，其对青少年时代的故乡印象良深。其中一首云：

> 卅年不到古冈城，记否邻庵念佛声。
> 六韵五言吟甫罢，北门楼上已三更。
> 注：石溪陈氏试馆，在邑城北门大街，左右邻均为尼庵，县试头场，必殿以诗，夜深始交卷。

另一首《寄汉侄太祖祠》云：

> 岐山头畔百花鲜，艳说真人圣水传。
> 为问近年傩礼日，祠堂香火否如前？

太祖祠乃陈氏宗祠，石头乡小学校址。在《寄汉侄》诗中有云："昔吾廿五居乡校，今汝传经太祖祠。"表达他对早年当乡村教师的怀恋，对亲属接班的欣慰。陈氏宗祠乃小学校址，说明陈氏在当地是大姓。

1910年左右与家人合影，后排左三为陈垣，中排左一为生母周夫人

三、读《四库全书总目》与科举考试

陈垣 6 岁①（光绪十一年，1885）时，随父亲从新会到广州。因父亲为生意经常奔走各地，故他同二伯父维谦住在一起，并开始学习官话。他 7 岁时开始入私塾读书。老师为冯掞微，是一位老秀才。从 8 岁至 15 岁，陈垣先后读《大学》《中庸》《论语》《孟子》《诗经》《易》《尚书》《礼记》等。13 岁那年，陈垣第一次在冯掞微老师的书架上发现张之洞所撰的《书目答问》，此书深深地吸引了他。这是清代大学问家张之洞专为初涉学问者开列的书籍目录。书目分经、史、子、集四卷，各类均列出许多书名，书名下依次是卷数、作者、版本，并说明何种版本为善，为人指出读书门径。这本书使陈垣大开眼界，始知在八股、经书之外，尚有新天地。他渐渐学会了按着目录找自己需要的书籍来读。从此，陈垣摸到了由目录学入手的读书治学的门径。

石头小学

14 岁（光绪十九年，1893）时，陈垣仍随冯掞微老师学习《左传》。他在系统阅读《书目答问》的基础上，根据书中的提示买书、读书。进而阅读《四库全书总目》，在以后的几年中，又把这本书读了好几遍。《四库全书》是清代著名学者纪昀总纂，共有 200 卷的大型丛书。这部丛书较完整系统地介绍了乾隆以前存在的历代经籍。陈垣熟读《四库全书总目》，掌握了乾隆以前古籍文献的基本情况。陈垣喜泛览，好购书，并得到父亲的支持。他自己说："余少不喜八股，而好泛览。长老许之者夸为能读大书，其非之者则诃为好读杂书。余不顾也。幸

---

①　编者注：年龄以虚岁表示，下文类似情况不赘注。

先君子不加督责，且购书无吝，故能纵其所欲。"他 16 岁时开始购买大部头书籍：花 8 两银子买《四库全书总目》、花 7 两银子买《十三经注疏》、花 13 两银子买《皇清经解》、花 100 多两银子买二十四史。

15 岁（光绪二十年，1894）那年，广州暴发大规模鼠疫，死了很多人，陈垣离广州回新会老家。16 岁时，由新会回广州读书。不久学馆解散，他因此不用学习应对科举的八股文，有时间读自己喜爱的书。在 3 年时间里，他看了不少书，掌握了比较丰富的目录学和古籍文献知识，为以后治学打下了初步的基础。

18 岁（光绪二十三年，1897）时，陈垣以监生身份参加顺天乡试，希望走科举致仕的道路。他到达北京，住新会会馆，与同乡前辈伍铨萃（字叔葆）相识。八月在顺天府贡院参加乡试。陈垣答题，放笔直书，因不符合八股文要求，结果名落孙山。九月十七日，他打点行装，由京返乡。"出京时重阳已过，朔风凛冽，伍叔葆先生远送至京榆路起点之马家铺。临别，珍重语之曰：'文不就范，十科不能售也。'虽感其厚意，然颇以为耻。"自此发奋学习八股文。功夫不负有心人，22 岁（光绪二十七年，1901）那年，陈垣考取了秀才。二月在新会参加县试，他所作八股文，虽然按其形式，但不拘泥经书章句，而是上下古今，纵横捭阖，议论风生，文中多作怪论。主持新会县试的杨介康思想开放，很欣赏这类文章，陈垣在全县考得第一名，震惊全县，被送广州府应试。四月在广州参加府试。广州知府施典章主持府试，对陈垣文章的思想倾向很不满，在试卷上批曰："直类孙汶（文）之徒。"后来又将"孙汶"二字圈掉，改为"狂妄"。按一般情况，各县案首，府试无不取之理，但这次府试第一、二试放榜，竟无新会案首陈垣之名（后来补上了）。府试第三次试题，陈垣作的文章，未按他自己的写法，而是用按部就班的平常写法，一挥而就。他自己说这篇文章很不高明，但也无懈可击。就这样，陈垣考取了秀才。

1930 年 11 月 12 日，陈垣 50 岁寿辰时，当年主持县试的考官、新会县令杨介康寄来贺诗，记述当年陈垣全县考第一的情景。陈垣回忆当年参加县试、府试情景，作七绝一首云："沔阳自昔受恩深（杨介康为湖北沔阳人），此日欣闻座右箴。犹忆当年施太守（典章），嗤余狂妄亦知音。"这是陈垣考秀才的一段趣话。

23 岁（光绪二十八年，1902）时，陈垣被补为廪生。陈垣自填履历均写"前清廪生"。此年再入开封，参加"光绪帝三旬万寿恩科"的补试，仍未中。从此陈垣彻底放弃科举考试，转向史学研究和对现实社会政治的关注。24 岁（光绪二十九年，1903）时，他认真阅读研究的第一部史书是赵翼的《廿二史札记》，并写"识语"云，"赵瓯北札记廿二史，每史先考史法，次论史事"，从中悟出了治史学的方法，曾经撰联云："百年史学推瓯北，万首诗篇爱剑南。"

四、 创办报刊、 参加反帝反封建运动

近代，广东成为中西经济文化交流最早的地区，陈垣说"广州滨海，得风气最先"。当时督两广的林则徐、张之洞提倡文化，引进西学，设书院，译书报，岭南风气大开。广州又是康有为、梁启超宣传维新变法思想的基地，陈垣在20世纪50年代曾谈及他在广州求学时与康有为万木草堂弟子们的接触往来，使他受到很大影响。随后，广东又是孙中山领导的资产阶级革命活动十分活跃的地区，反清思潮也极为高涨。在这种政治文化环境熏陶下，被封建卫道士施典章知府斥为"狂妄"的陈垣走出书斋，胸怀爱国救国之志，积极参加如火如荼的反帝反封建运动。对此，陈垣自己说："我青年时在广州，受到一些维新思想的影响，也曾抱有爱国之志，参加了一些当时反帝反封建活动。"

1906 年的一期《时事画报》

1905 年，陈垣与革命画家潘达微、高剑父、陈树人等创办《时事画报》。潘达微，曾任中国同盟会广东分机关负责人，1911 年广州起义后，收葬烈士遗骸于黄花岗。高剑父，曾任中国同盟会广东支会会长，是反清的"支那暗杀团"①的中坚人物。陈垣也是同盟会会员。陈垣与这些革命同志志同道合，一起创办《时事画报》，宣传民族主义，反对清朝封建统治和帝国主义的压迫。1911 年春，陈垣又与康仲荦在广州共同创办《震旦日报》，担任该报主编，并兼副刊《鸡鸣

---

① 　编者注：即"东方暗杀团"，同盟会的暗杀组织。

录》主笔，更为猛烈地宣传反清。"鸡鸣录"之名取《诗经·风雨》"风雨如晦，鸡鸣不已"之意，反映出这一刊物是为配合孙中山的民主革命而呐喊鼓劲的。

陈垣在这两个报刊上发表了大量抨击时政的文章。据陈垣嫡孙陈智超编辑的《陈垣早期文集》统计，陈垣在《时事画报》上发文57篇，在《震旦日报》上发文14篇。这些文章的内容概括起来有五个方面。

（一）反对清政府的压迫政策和封建专制制度

陈垣发表文章所用笔名谦益、钱罂均有反清之意。他在1959年7月7日复广州中山图书馆的函中说，报中文字多倾向民族主义，当时在内地讲民族主义，不如在港澳放言之便，故广州《时事画报》，系在内地发行的唯一革命报。其笔名为谦益、钱罂等。谦受益，取其与"满招损"对，钱罂取其别名"扑满"（储蓄钱币的瓦罐），这是当时的思想。

陈垣的这类文章，充分利用清历代皇帝的"上谕"。他把这些"上谕"编为5册《柱下备忘录》，按问题分类剪贴，标题有《利用宗教（孔子、喇嘛、回回)》《汉官之无足轻重》《汉人欲为奴才不可得》《暴虐汉人之确供》《汉人之被没为满洲家奴》《圈占汉民地亩之强权》《驻防旗下之纵横》《旗人鱼肉汉人之一斑》《满兵之欺侮汉兵》《汉满权利不平等之杂志》《阴行离间汉人之术》等。利用这5册《柱下备忘录》，他写出了《释汉》《记王将军墓》《书李袭侯》《说正朔》《国朝首请泯除满汉畛域者仁和杭堇甫先生》《说满汉之界》《释奴才》《孔子诞感言》《识粤东驻防地界图》《论安插内地驻防》《种族之界说》《调和满汉》等大量寓意反清政府、反对封建专制的富有战斗性的文章。而且"秦汉以来，天子久以此国为天子一家之物矣"。所谓汉朝，不过"刘氏一家之国号耳"。以汉朝的"汉"代表中国，是"变私名为公名"。

（二）反对美国的排华政策和对中国的侵略

19世纪中叶，美国政府为了开发西部，大量招收中国劳工。数以万计的中国劳工漂洋过海，披荆斩棘，垦荒、筑路、开矿，为美国西部的开发作出了巨大贡献。到19世纪下半叶，美国政府又反过来掀起种族压迫的排华运动，颁布"华工禁约"①。1904—1905年"华工禁约"期满，海内外华人一致要求废除这项苛刻的规定。美国政府强行续约，对华工施加种种限制和虐待，排斥华工，激起了中国人民的愤怒。广东籍华侨冯夏威在上海美国领事馆前愤然自刭，以示抗议。一时间举国上下，群情汹涌澎湃，上海、广州等地民众纷纷组织"拒约

---

① 编者注：《中美华工条约》，即《限禁来美华工，保护寓美华人条约》。下文类似情况不赘注。

会"，抵制美货，散发拒约传单，形成群众性的反美爱国运动。陈垣在广州被推选为"拒约会"负责人之一。1905年9月，美国国防部长与总统女儿率领一个200多人的庞大旅游团到广州调查抵制美货情况。《时事画报》此时正在筹备期间，画报同仁立即刊出漫画《龟仔抬美人》，画一个美女坐轿子，两只乌龟抬之，这是说抬美人者便是乌龟。广州当时的交通工具只有轿而无车，同仁乃鼓动全城轿班罢工，四处张贴《龟仔抬美人》漫画。香港《世界公益报》及时转载《龟仔抬美人》漫画，该画在省港两地引起很大反响。美国旅游团与地方官吏互相勾结，狼狈为奸，一面出告示禁止张贴这幅漫画；一面缉拿印贴漫画者，逮捕曾在街头演说的人。他们逮捕了拒约总公所主任马达臣及潘信明、夏重民三人。夏重民是陈垣创办的义育学堂的学生。马、潘、夏三人被捕之后，广州市民群情更愤，游行、集会，以示抗议。清政府被迫释放马、潘、夏三人。但广州群众拒约、抵制美货的运动并未停息，仍坚持了1年多。《时事画报》为配合这次反帝爱国运动，还刊载了《华人受虐原因图》《木屋图》《西关抵制图》《广东拒约公所图》《欢迎马、潘、夏出狱图》等时事漫画作品。

（三）激励革命党人活动

陈垣在《时事画报》发表《书水浒传》一文，认为《水浒传》一书是"元世之革命党杂志也"。并说作者施耐庵以宋遗民身份，"痛故国之飘零"，乃集合同志16人，以编辑《水浒传》为事。刊行后，大江南北，上及士大夫缙绅，下及贩夫走卒，"各手一编，津津乐道"。由于该书的广泛传播，元末才有张士诚、韩林儿、徐寿辉、陈友谅、明玉珍，以及朱元璋等各路豪杰起义，达到了"文字收功日，全球革命潮"之效果，这说明用文字推动革命的重要性。陈垣以此来激励革命党人。在《元世广东乱民志》一文中，陈垣给清末革命党人正名。文章指出，元朝所谓"乱民"，是指中原豪杰抵抗蒙元的"忠臣义士"。而在清朝，对于当时起义者如洪秀全，以及"悬金购募达二十万者"的革命党人孙文，也称他们为"乱民"。实际这些人都和元朝的"中原豪杰"一样，是"忠臣义士"。这种论点，无疑激励了当时被清政府镇压的革命党人。

（四）争取民权，主张民主

《老父识民权》一文，引述了《后汉书·逸民列传》中的《汉阴老父传》：汉桓帝到竟陵，过云梦，临沔水，到处受百姓围观，有老父独耕不停。尚书郎南阳张温问老父，人人都来观看皇帝，老父为什么继续耕种而不来观看？老父回答，自己是一位野人，不懂什么道理，但请问立天子是为了爱护天下老百姓，还是役使天下老百姓去侍奉天子呢？以前的圣王，住朴素茅屋，天下安宁。现在的皇帝，"劳人自纵，逸游无忌，吾为子羞之，子何忍欲人观之乎?"陈垣借这个故事发表议论，读西方民约书，知总统乃国民之公仆，"系以天下役天子，不以天子役天下也"。陈垣当时有这种民权民主思想，是难能可贵的。

陈垣在《震旦日报》副刊《鸡鸣录》上，以"大我"之名发表时政文章，为孙中山领导的民主革命摇旗呐喊，也是一种民主思想的表现。

（五）反对愚昧，推动解除妇女封建束缚

《放胸的说帖》一文反对妇女束胸陋习。文中说，由于中国士大夫提倡放足，做了宣传，中国缠足之习俗已逐渐消失。而束胸之陋习尚未革除，摧残妇女健康。陈垣从人体生理学的角度，通俗地解释了肺的重要功能以及束胸对肺部的危害。文章认为，社会上有一种偏见，认为"胸大为贱格，胸小为高贵"。这是一种言论，而非事实。如果作大量的宣传舆论，反对束胸，提倡放胸，"则不难将亿万人之眼力而转移之"。所以，人们应革除这种束缚妇女的封建陋习。这在当时是有积极意义的。

由以上五点，我们可以看出陈垣青年时代在广州参加了反帝反封建运动，以其精通典籍、好考掌故的特点，写出笔锋犀利的文章，直捣腐败的清政府及瓜分中国的帝国主义，可谓一名反帝反封建的斗士。1913 年 3 月，陈垣离开广州到北京参加众议院。当时的《民谊》杂志第五号《耿庐漫笔》介绍陈垣：

> 陈君垣，号援庵，新会人，淹通典籍。少好考掌故，稍长，勤攻经史，刻志苦励，为粤中有名人士。……社会上每有事故发生，陈君垣考据一二古今遗文轶史与现事相影响者，登诸报端，以饱人眼帘，其饱学可见一斑。至其在党内，尤具一片挚诚，为同人所钦仰。然生有傲骨，魄力雄厚，是非辨之甚严，非一般所能企及也。

这是对在广州时的陈垣的恰当评价。

五、 近代中国医学史研究的开拓者和奠基人

废除科举之后，青年人的出路是上学堂学习技艺，当时流行的说法是"家有良田万顷，不如薄技在身"。陈垣思想较成熟，对此感受更深。1892 年，广州发生大瘟疫，传染得很快，陈垣看见郊区四处尸体遍野，都来不及掩埋。他认为，如果医学发达则瘟疫不至于传染蔓延，这时他就有了学习医学的想法。1906 年，他父亲患膀胱结石病，虽然自家有中药行，亦认识名医，无奈服药无效，痛苦非

常。最后入博济医院行膀胱取石手术后方痊愈。这更坚定了他学西医的信念。1907 年，他考入了美国教会办的博济医院的南华医学校学习西医。当时博济医院院长关约翰（John M. Swan）为人刚愎自用，不善管理，既歧视中国员工、学生，又无法和外国医生合作，引起院内的普遍不满。恰好这一年在来往广州与香港的"佛山"轮上发生印度籍警员踢死中国人事件，因当时的医疗事故鉴定权掌握在外国人手中，死者被认定为心脏病猝死，而使中国人败诉。这事震动广州西医界，一些爱国者决心集资创立中国人自办的西医学校，争取"国权""医权"和"医学教育权"。1908 年，梁培基、陈衍芬、陈子光、郑豪等商议，除成立"光华医社"外，还成立中国人自办的第一所私立西医学校——广东光华医学堂，同时开办光华医院。光华取"光我华夏"之义。梁培基为董事长，郑豪为校长，陈衍芬为校务长兼同时成立的光华医院院长。陈垣对此事给予极大的支持。当时，他所在的博济医院的南华医学校正处于风雨飘摇之中，学生正在掀起学潮。陈垣不仅自己从博济医院的南华医学校退学，转入广东光华医学堂，还带领部分南华医学校学生转入广东光华医学堂。同时，陈垣被选为该校董事会董事。因此，陈垣是该校的第一届学生和毕业生，也是该校的创办人之一。陈垣回忆：

> 光华医学院者，合全粤医师之力而成，谋学术自立之先锋队也。学术贵自立，不能恒赖于人。广州海滨，得风气最先。近代医学之入广州百年矣，然迄无一粤人自办医学教育机关，有之，自光华始。……光华之成，余忝为创办人之一，复而就学焉。

陈垣在建校之始便提出建立图书馆的动议，董事局即予采纳。他带头捐献古医书 10 多种。1910 年陈垣 31 岁，从广东光华医学堂毕业，并留校任教，讲授人体解剖学、细菌学、生理学和生物学。

1908 年到 1910 年陈垣在广东光华医学堂读书时，就参与创办和主编《医学卫生报》和《光华医事卫生杂志》，并在上面发表一系列文章。据统计，他在《医学卫生报》发文 62 篇，在《光华医事卫生杂志》发文 30 篇。此外还编了《奉天万国鼠疫研究会始末》一书，单独出版发行。这些文章和著作，在中国医学史研究领域具有开拓性意义。因为在此之前，除了唐甘伯宗《历代名医录》、宋周守中《历代名医蒙求》、明李濂《医史》等专著，很少有人探讨医学史的问题。自西方医学传入中国之后，知识界的许多人认为中国医学也应该变革，改革中国医药卫生面貌，也是振兴中华的一个重要方面。陈垣在 20 世纪初，竭尽全力从事医学研究和医学史研究，其深刻意义自不待言。综观这些文章和著作，主要有四方面的内容。

（一）关于医学史人物的记述与评论

这方面的内容如《张仲景像题辞》《王勋臣像题辞》《黄绰卿像题辞》《高嘉淇传》《古弗先生》《古弗先生之业绩》等，都是很有意义的文章。张仲景、王勋臣、黄绰卿三位医家像的题辞不同程度地记载了各位医家的不同贡献和医学特点。张仲景是我国汉代著名医家，东汉建安末年，他的宗族200多口人因感染大疫而死亡三分之二，他为此非常悲痛，乃发奋研究医学，最后著成《伤寒杂病论》一书，论述伤寒发热病的发展和治疗规律。该书所列方剂，一直为后世所遵循，被推为"众方之祖"。陈垣称张仲景为"中国方书元始家"，并认为该书"二千年来，吾国言医者，竟莫能出其外也"，对该书赞誉有加。同时更赞誉张仲景的变革精神，认为张仲景《伤寒论》自叙的主旨在于说明"凡墨守旧法而不求新知者，为先生所深鄙也！"要求人们应该认真领略张仲景不断革新的精神。

《王勋臣像题辞》中的王勋臣，名清任，河北玉田人，是中国清代著名医学家。他认为中国古代医籍有关脏腑理论记述并不详尽，而治病不明脏腑生理病状，是无法正确诊病的。为此他用了数十年时间，写出《医林改错》一书，论证了《内经》脏腑描述之差误，从而总结了活血化瘀的治疗理论，拟制了血府逐瘀汤、补阳还五汤等名方，对中国医学发展有很大贡献，受到人们的赞誉。陈垣对王勋臣敢于冲破封建礼教束缚，探索人体脏腑机理的追求真理的求实精神十分赞赏，呼吁我们学习王勋臣的革新思想和坚忍不拔的求知精神。

《黄绰卿像题辞》中的黄绰卿，是我国近代最早留学欧洲学习医术者。黄氏于道光二十七年至咸丰七年（1847—1857）赴美英留学，陈垣称黄氏之留学欧洲"为我邦医人之始"。他比日本最早留学外国学习西洋医学的人要早。有关黄绰卿的事迹发表后，陈垣之族兄则参先生曾对陈垣说，中国人始留学西方学医者，还不是黄绰卿，康熙时有高老番随葡萄牙人学习西医，并曾给康熙太后治愈乳疮，因此被康熙帝赐为养心殿御医。后来陈垣写了《高嘉淇传》，嘉淇名竹，号广瞻，乡人称高老番。"高老番者，粤人称国外人为番，邑人以嘉淇久处外洋，又习其医，故称之。"陈垣认为根据考证，我国学习西洋医学之最早人物，虽不敢说即为高嘉淇，但是为高嘉淇、黄绰卿写传，记录事实，发潜阐幽，使其姓氏事迹不致"湮没不称"。这点在我国医学史研究上具有重要意义。

《古弗先生》与《古弗先生之业绩》两文中的古弗（近人译为科赫，Robert Koch，1843—1910）系德国细菌学家，曾用染色法发现细菌，并分离出结核杆菌、炭疽杆菌和传染性弧菌，对人类健康作出很大贡献，1905年获得诺贝尔医学奖。对于这样一位世界知名医学家，在他去世的当年（1910），陈垣能迅速作出反应，写文章全面介绍他的细菌学成就，逐年排列了他的业绩，这反映了陈垣站在国际医学的前沿，了解世界医学的进展。这两篇文章不仅普及了医学知识，也表达了我国医学界对这位伟大科学家的深切纪念之情。这是我国第一篇记载伟大细菌学家古弗的文章。

（二）关于医学史的研究

这方面内容的主要著作有《牛痘入中国考略》《洗冤录略史》《中国解剖学史料》等文。

《牛痘入中国考略》，对免疫学在我国的发展作了最早的介绍。陈垣认为"牛痘之法，虽不可谓发端于中国人，而中国人早有见及，则典籍具在，不可得而诬也。所谓'人工免疫法'，为人类思想所同到"，将中国早有牛痘发明的史实罗列清楚。此外，陈垣还写了《论人工免疫之理》和《告种痘者》等文，在我国医学免疫学发展史上都是开拓之作。

《洗冤录略史》最早提倡改革我国法医制度。按我国古代汉律、唐律，虽然对刑事检验之事也较重视，但因时代的局限而不完备。至南宋，宋慈（惠父）因任刑事法官多年，荟萃众说，著成《洗冤集录》一本，受到人们的重视，以致后世凡官司检验多奉之为金科玉律。但是，至清末时，由于西方人体构造新说传入，《洗冤集录》所记载骨骼脏腑之说与实际相差甚远。为此，陈垣将我国历代法医著作寻检一遍，并将英国人德贞（John Dudeon，1837—1901）所著的《洗冤新说》和英国人傅兰雅（John Fryer，1839—1928）与我国赵元益等所合译的《法律医学》介绍至国内。并指出"检验之事，各国均委请医生，称为法医学。我国医生不为此，均委之仵作（收尸者），仵作所凭者《洗冤录》"，其影响甚至达于日本和朝鲜。但日本自明治以后，改裁判医学为法医学，改善检验尸体之法，法医学成为独立学科。我国法医检验之事应有所变革。陈垣的这篇著作，可以说是对我国落后的法医状况必须变革的最早呐喊，具有重要意义。

《中国解剖学史料》一文，引用《灵枢》《史记》《汉书》《宾退录》《邵氏闻见录》《医旨绪余》等历代资料，说明我国医学重视解剖学有悠久的历史渊源。但汉代以后，由于封建思想束缚，解剖学没有得到相应发展。因此，我国医学在很长一段历史时期处于因循保守状态。在世界医学日渐发达之日，如果不变革，仍"拘守残峡"，则更加落伍。陈垣呼吁，应该重视人体解剖学的研究，以促进我国医学的发展。此外，《肺痨病传染之古说》也是一篇有关疾病史的论述，增进了我国人民对于传染病和细菌学的认识。

（三）关于医事方面的研究

这方面的成果有《论江督考试医生》《释医院》《粤中医院之始祖》《日本德川季世之医事教育》《奉天万国鼠疫研究会始末》等文。

《论江督考试医生》一文，记清两江总督端方有考试医生之举，于清光绪三十四年（1908）在南京要求所有开业医生均参加考试。考试成绩分为最优等、优等、中等、下等、不列五级。前三等给予文凭，准予行医，后二等则不准行医。这次试题特点是中西医结合，为我国历来医学考试所没有的。这是在当时变法维新政治形势影响下，在医学变革方面的一个体现。陈垣此文认为此次江督考试，试题虽然包括中医、西医内容，但只注重临床科目，而没有注意基础医学。考试新医学，必须先扩充医师教育，使医生经过系统学习，然后再参加考试，如日本培养医师之教育机构。陈垣认为，我国医学之进步，应首先从扩充医师教育入手，5 年以后就可以培养出一批医生。此次江督考试医生的试题，至少对于促使学者"多读许多新书，多识许多新理"，是有好处的，这样"未始非振兴中国医学之一大关键"。

《释医院》一文，主要从建立医院和防治疾病必要出发，回顾我国医院制度。陈垣认为我国医院的建立，始自六朝。《南齐书·文惠太子传》有"六疾馆"记载，此即医院雏形。自此以后，唐有"养病坊"，宋有"安济坊"，宋、金、元均设有"惠民药局"。在国外，医院有许多专科病院，如传染病、精神病、胃肠病、皮肤病等专科医院。医院的构造必须具有"较寻常住宅养病为宜"的条件，还要有医生、器械、看护等。文章列举了光绪三年（1877），西医传入后，西人已在中国设立医院，如上海公济医院等。清政府民政部在京师内外城开办了官医院数所，这如"旭光之曦微"，是一个进步。这篇文章反映了 100 多年前我国医院初始状况的历史。此外，陈垣还写过一篇《粤中医院之始祖》，认为"粤之有医院，不自六朝始也，盖始于宋宝祐间之寿安院"。

《日本德川季世之医事教育》一文，是陈垣与何叔均共同署名的。这是一篇介绍日本医学变革历程的文章。文中认为"吾国素无医事教育，故外人得操吾国医事教育权，可耻也"。所以，这篇文章虽述日本医学发展的历史，实际上却蕴含着对我国医学发展的无限希望。

《奉天万国鼠疫研究会始末》一书，主要记录 1910 年 10 月至 1911 年 2 月我国哈尔滨附近发生的严重鼠疫，疫情后来蔓延到东北许多地方，死亡 46000 人。清政府派广东新宁籍（即台山）的英国剑桥大学医学博士、时为天津陆军医学堂副监督的伍连德主持扑灭鼠疫重任。伍连德经过 4 个月的努力，使疫情平息，这在国际上产生很大影响。为此，清政府于 1911 年 4 月在奉天（沈阳）召开了科学研究性质的"国际鼠疫研究大会"，邀请了俄、美、日、德、法、英、奥、意等 11 国，共 34 人参加会议。伍连德被选为大会主席，会议进行了 4 周，举行了 10 余次全体会议。光华医社派 9 人参加，陈垣因有其他事，没有参加这次会议。但在诸君出发之日为词勉励之，所言极为悲壮。他以报人的敏感，不失时机地根据当时报纸、书信和大会的讨论发言等，以纪事本末体写成《奉天万国鼠疫研究会始末》一书。他在自序中说："陈子既纂《奉天万国鼠疫研究会始末》毕，喟然曰，中国学者，其果不足与外国学者抗行乎？万国医学大会中，中国学者果不容置喙乎？今观斯会，知其不然。""今日之会，伍君（连德）竟能本其所学，为祖国光，其招外人之妒忌也宜哉！""是书所讨论，与《素问》《难经》之意相类，实足引起青年男女致学之心。"这篇序言充满爱国之心、民族之情。广东光华医学堂校长郑豪作序曰："陈君固邃于国学，其于细菌学又为专门，故所述能原原本本。其于国权一节尤三致意，又不徒为学术观已。"这次会议是我国科学史上第一次召开的国际科学讨论会，意义深远。此书记录了会议的全过程，在我国医学史上留下了非常重要的一页。

（四）对日本医史文献的搜集与研究

光绪三十四年（1908），陈垣利用暑假之便，与清末民初著名诗僧苏曼殊的堂兄苏墨斋前往日本，主要目的是搜集医书，并访问日本著名的医史学家富士川游。富士川，名游，字子长，出身于汉医学世家。笃好治史，在广岛医学校学习西医，后留学德国 2 年，返日本后担任中外医事新报编辑。曾获医学、文学两博士头衔。著有《日本医学史》巨帙。陈垣在复叶恭绰信时说，此书"考据精详，条理缜密，为东方医史界空前杰作，真不愧子长者也"。这也是陈垣要访问富士川游的原因。在富士川游家，陈垣看到日本著名学者丹波元胤（陈垣在致叶恭绰信中写作"多纪元胤"）于 1826 年著成的《医籍考》80 卷的手稿。丹波元胤，号柳沜，为德川氏医学世家丹波元简长子。除《医籍考》外，还著有《体雅》《药雅》《脉法》《医林撮要》《柳沜目录》《柳沜日抄》《香泉日抄》《伊香山日抄》《屏巷随抄》《心迹双清堂随抄》《柳沜文集》《聿修堂藏书目录》等。陈垣认为《医籍考》："其书仿朱彝尊《经义考》体例，条举中国历代医籍撰人、卷数，著其存佚，录其序跋，及诸家评论，加以考订，精审无比。道光以前中国医籍搜罗殆遍，为医史学一巨著，中国人未之先也。""其治学方法，一如乾嘉诸老，吾尝谓柳沜为日本医史学界之钱竹汀，信非虚也。"对于这样一部重要的手稿，因富士川游告诉陈垣，不久便会出版，故陈垣未借抄录。后来日本将《医籍考》影印，分 8 大册出版。1936 年，上海中西医药研究社筹资据日刊本缩印成书。陈垣在扉页上特别题诗二首祝贺。诗云：

竹垞竹汀合一手，庶几医学之渊薮。

成自东儒大是奇，实斋史籍亡何有。

卅载闻声富士川，梦中何幸到琅嬛。

食单见后思鹡炙，喜遇医林复古年。

由以上四点可以看出，陈垣青年时期在广州所从事的医学和医学史研究工作，为近代中国医学史的学科建设作出了开拓性的贡献。他反对因循守旧，主张变革进步的精神，推动了我国医学的发展。所以，陈垣被认为是近代中国医学史研究的开拓者和奠基人。

六、 移居北京：从弃医从政到弃政从史

1911年10月10日武昌起义爆发，革命党人发起的辛亥革命推翻了清朝封建帝制。1912年1月，中华民国成立，4月，民国临时政府迁往北京。陈垣曾参加孙中山领导的中国同盟会，任广东支部评议员。1912年5月，陈垣与广东医学共进会同仁欢迎孙中山先生，并摄影留念。1913年初，陈垣因办报宣传反清甚有影响，故以"革命报人"身份正式当选众议院议员。1913年3月，陈垣离开广州到北京参加第一届国会会议，并从此定居北京，弃医从政。

陈垣与广东医学共进会同仁欢迎孙中山

在陈垣离开广州前，私立广东光华医学专门学校召开恳亲会，欢送陈垣赴北京任众议院议员。梁培基在《〈光华医事卫生杂志〉续出发刊词》中说："陈（垣）君被选为众议院议员，议院为立法机关，陈君素知医学与国家强弱之关系，愿出其学，使国家法律重视医学，以强盛中国。更愿陈君毋忘母校，有以光大我光华也。"陈君起而答曰："以今日之大势，我国不欲强及不欲免外人干涉内治则已矣；我国苟欲强而免外人干涉内治，则卫生政治岂能不竭力实行乎！若实行卫生政治，则必要提倡医学，培植医材。"叶慧博在《送陈君援庵之北京序》中说："陈垣此行受国人之负托。""吾于陈君此行卜之，而国家亦将重赖有士也。"可见光华医学院的同仁在欢送陈垣之集会上气氛相

1913 年当选众议院议员时留影

当热烈，同仁对陈垣此行寄以重托，陈垣亦以效力于国、爱国之情报答同仁。这是陈垣人生的一大转折。

1913 年 4 月，中华民国第一届国会召开，陈垣出席了会议。6 月，袁世凯发布《尊孔祀孔令》。8 月，孔教会代表陈焕章、梁启超等上书北京参、众议院，请于宪法中定孔教为国教。这一议案引起国会宪法起草委员会的激烈争辩，一时舆论蜂起。陈垣拍案而起，激烈反对，认为信教自由，不当强定一教为国教。陈垣因为反对强立孔教为国教，遭到孔教教徒们的攻击。马相伯为陈垣所著《元也里可温考》作序，云："君即民国二年反对孔子为国教，而狂夫某电京，嗾明正典刑者之一也。"

陈垣到北京后，结识了广东三水的梁士诒。梁士诒是交通系首领，因为同乡关系，陈垣参与了梁氏的政治活动。他曾先后在梁氏主持的全国税务处、国内公债局、毛革改良会等机构任职，但都是出于谋生的考虑，两人志趣不同。后来梁士诒赠书给陈垣，在封面题字，曰："援庵著述甚夥，人将爱之，诒将哀之。因袭近人诗赠之，曰："销磨一代英雄尽，故纸堆中问死生。是耶？非耶？"而1939 年陈垣致陈乐素家书中亦说："此余与三水（指梁士诒）一段因缘，三水不喜人读书，所以不能久处，然在今日思之，当时若随三水不去，亦不过如刘铁城等，多赚几个钱而已，孰与今日所就之多也，为之一叹。"可见他们两人志趣不同，梁士诒走政治仕途，陈垣则倾心学问。

1921 年 12 月至 1922 年 5 月，陈垣任了 6 个月的教育次长，并代理部务。任职之初，一些友人、名流如蔡元培等纷纷致函出谋献策，推荐人才，陈垣亦想对

教育事业有所建树。据刘乃和记述，陈垣就职后，遇到的是克扣教育经费、裁撤教育部的附属机关等事。教育部的附属机关，当时不过 10 处，每月开支甚微，且所管多是关于平民教育的调查、教育材料的采集，以及社会教育等，大都是关于教育前途的事。当时援庵师为此事发表声明，说："教育一事，应逐年扩张，因困于经费，不能如愿，已属抱歉，万不能再为缩小范围。"不同意裁撤教育部的附属机构。他在教育部任职期间，解决了八院校教职员代表到教育部"索薪"之事，各院校教职员常年欠薪的困境有所缓解。

1923 年 10 月，曹锟用诱骗收买和武力威胁的手段操纵全国选举，当上总统。陈垣事前不知其中的政治阴谋，糊里糊涂亦参加了选举，事后警醒，甚感上当，后悔莫及。这件事给他留下了深刻的教训，使他遗憾终生。他自 1913 年移居北京至此已有 10 年，前后 3 次当选众议员。现实给了他深刻的教训，使他感到国会不过是各派系军阀玩弄政治阴谋、争权夺势的一块招牌，难以表达民意。他想在政治上有所建树的美梦破灭了。10 年来与当时政治若即若离的情况终于得到改变，他弃政从史，走上自由的学术研究的道路，追求人格独立的精神。陈垣晚年回忆：

> 眼见国事日非，军阀混战连年，自己思想没有出路，感到生于乱世，无所适从，只觉得参加这样的政治是污浊的事情，于是就想专心致力于教学与著述。

从此以后他专心致力于教学与著述，终于成为著名的史学家和教育家，成为一代学术宗师。

第二章　从教七十年　桃李满园春

一、教蒙馆、小学、中学

在92年的生涯中，陈垣从事教学工作70年，教过蒙馆、小学、中学、大学，做过46年的大学校长。

清光绪二十四年（1898），陈垣刚步入青年时期，即开始教蒙馆，自食其力，不再要家里供养。后数年中，他先后教过多家蒙馆。刘乃和记述，由于陈垣的文章做得好，在书馆里常被贴堂，邻里间都知道他功课好，所以当他自己还是学馆里就读的学生时，就已被一家蒙馆请去教书了，这年他18岁。书馆的老师总是在学生背不下书时打手板和打腿，陈垣自己就挨过打。他对这样体罚学生很反感，所以他教蒙馆后，先说明这座蒙馆对学生不打板、不体罚。这一规定受到很多学生家长的欢迎，并且引起了其他私塾的注意。

光绪三十二年（1906），陈垣因为在《时事画报》经常发表反清文章，引起了清政府官员的注意。为了躲避官府迫害、逮捕，他回到家乡新会，任篁庄小学堂教员。篁庄是一个比较大的村庄，距离其家乡石头村只有5公里多。这是一所新式乡村小学，他在这里教国文、算学、体操、唱歌、美术等课。这些课程在当时是很新鲜的，很受学生欢迎。放假时，他便常和学生去远足，并采集一些植物标本。他曾在一篇文章中说过："学生们很喜欢这样的新课程，所以他们很欢迎我这从广州来的新教师。"他是小学堂里思想很新的教师，一般教师都穿没有领子的长褂，有时腰间还系一条绦带。陈垣却穿黄色操衣（即制服），同学们都说他很精神，师生感情很融洽。没多久，广州的风声稍缓和，他便离开篁庄回广州，同学们纷纷前来送行。陈垣晚年曾回忆起江边送别的情景，说：起程那天清晨，同学们半夜就来到河岸送行，船已开了很久，他们还站在黎明的晨曦中，挥帽告别。陈垣离开篁庄后，同学们十分怀念他。55年后的1961年，他在这所小学教过的学生欧阳锦棠从广州来北京开会，到他家去看望，两人均已须发斑白，他们谈起在小学上课、远足的情景，完全沉醉在少年的回忆之中。

陈垣到北京后，还从事过小学性质的教育工作，那是在1920年，华北大旱，人民流离失所，子女无法读书。陈垣和朋友们一起筹办的"北京孤儿工读园"收容河北孤儿200多人半工半读，陈垣担任园长。据那志良回忆，孤儿工读园不但不收任何费用，还供给食宿。与一般小学一样分班上课，下午便分组学习一些技能，如木工、铁工、印刷等，让他们学些就业的知识，200多名无依无靠的孤儿得到相当的照顾，也获得了一些就业的能力。学校门口贴有一副对联：无私蓄，无私器，同惜公物；或劳心，或劳力，勿做游民。

陈垣有过几次教中学的经历。光绪三十三年（1907），陈垣受聘于广州振德中学，后来又兼在义育学堂教书。义育学堂也是讲授中学的课程。在这两个学校里，他教授国文、历史课程。这期间，他的思想出现了变化，开始寻找救国道路，面对国家民族日益严重的危机，认为一方面要反对专制制度，一方面要科学救国。在课堂上，他经常宣传反对清专制制度，遭到两校校长的疑忌，同学们对他则非常欢迎，有的同学受他宣传鼓动，走上了资产阶级民主革命的道路。在一次反美爱国运动中，清政府逮捕了马达臣、潘信明、夏重民三人，其中夏重民就是他所在的义育学堂的学生。

陈垣到北京之后，于1921年自筹经费创办了"北京平民中学"（今北京第四十一中学前身）。1922年2月，陈垣亲自向京师学务局递交《北京私立平民中学立案申请》：

> 窃查平民教育系一为有志无力之向学儿童而设。近年京师一隅平民学校已达数十，实属良好现象，惜只限于国民高小两部分，而中学部分尚无所闻，致使高小毕业，家贫无力升学者有向隅之感，而人才淹没尤为可惜。垣默查斯意，特约合同志创设平民中学，专收些贫苦学生，不收学费。所有学科及教授时间遵照新规办理。

招生对象除一部分小学毕业生之外，主要是大批来自河北灾区的青年。学校不收学杂费，对清寒学生还有补助，学制2年。陈垣任校长，兼教文史课程。据当年平民中学学生那志良回忆，陈垣的教学方法是上课的前一天，由教务处油印一篇他指定的古文，不加标点与小注。他非常严格，大家背地里都喊他"老虎"。后来学生们才意识到，一篇文章，无论有没有点句，都能读得下来、讲得出来，这都是陈垣训练出来的。据当年平民中学学生陈哲文回忆，陈垣热爱学生，把学生看成是自己的子女，时时处处为学生着想。他亲自奔走为学生延聘名师，创造学习条件。陈垣邀请当时的知名人士、学者、专家来学校讲演。如梁启超5次来校讲"清初五大师"，胡适也讲过新文学问题，还讲过《学生与社会》，徐志摩讲过新诗等。也请英国的学者、印度的诗人来讲过。请外国人不仅为学生们增长知识，也锻炼了学生的英语听力。音乐教师是我国著名的音乐教育家肖友梅先生。陈垣大力提倡务实精神和学以致用的教育思想，使学生终身受益。

1922年2月，陈垣为《北京私立平民中学第一期同学录》作序，强调同学录只起记忆作用，不具有门阀性质，告诫同学不要墨守门户，丧失怀疑之精神。

他说，古之学者，多从一师，或守一先生之说，这样就出现了墨守之习、门户之见。科举之兴，为利禄而已。学校既立，前蔽尽去。编同学录为增强记忆而已。"我平民中学，凡类是门阀性质者均无取。诸生自编定此录成，问言于予，予唯宗记忆作用说，以发其真意而已。"可见其办平民中学的宗旨，是培养学生的怀疑精神，不要结党伐异，这样才能成为有益于社会之人。

1926 年，陈垣还担任过北京翊教女子中学校长（一说董事长），并为翊教女子中学命名。这座女子中学开始建立时，向他求教校名，他因当时还住在翊教寺，认为翊教二字含义不错，于是起了"翊教"二字作为校名。翊是辅助、敬重之意。翊教女中的月刊封面，还是他亲手题签的。这所女子中学为陈垣次子陈仲益所办，后由陈仲益任校长，并负责学校日常工作。

二、 在北京大学

1920 年，北京大学拟创立国学、外国文学、自然科学、社会科学 4 个研究所。以"国学门较为重要，特先设立"，1921 年 11 月成立以蔡元培为所长，沈兼士为主任，由 22 位教授组成的研究所国学门委员会，下设三室五会，聘请 6 名专家为导师。陈垣受聘为国学门委员会委员兼导师。自此至 1935 年，他一直是北大国学门的导师，并经常在北大三院聚会、教学与研究。1931 年，他又任北大史学系教授、名誉教授。1937 年 7 月 7 日卢沟桥事变后，北京沦陷，北大南迁，陈垣坚守辅仁，直到 1945 年 8 月抗战胜利。1946 年春，

在北大三院

北平的一些文教界知名人士曾为文化汉奸周作人向国民政府说情，陈垣、郑天挺等名教授拒绝签名。1947—1948 年，陈垣又在北大史学系兼课。

陈垣在北京大学主要从事三方面的工作。

第一，领导整理明清内阁大库档案。北大的国学门主要从事整理明清内阁大库档案、金石、甲骨刻辞、民俗谣谚、方言方音等。明清内阁大库档案的发现，和殷墟甲骨、汉晋简牍、敦煌石室遗书一起，被称为我国近世新史料的四大发现。所谓"内阁大库"，就是明清的中央书籍档案库，所藏书籍占十分之三，档

案占十分之七。这批档案仅有几千件是明代的，其余都是清代历朝政府所奉行的朱谕，臣工缴进的敕谕、批折、黄本、题本、奏本，外藩属国的表章，历科殿试的答卷，等等，史料价值极高。但是由于人为的和自然的损坏，这批档案流失严重；或作为一种特殊商品转卖于私人之间，甚至一度被酝酿尽售于外国。在此存毁留弃关键之时，陈垣与北京学术界人士痛心疾首，为此奔走呼吁，既严词斥责当局的不负责任，力阻盗卖贩运于外国，又筹谋如何妥善将之长远保存，与相关机构往来交涉研究归属、经费、人事等问题，使这批档案得以保存。

1924 年 9 月与北京大学研究所国学门同仁胡适、沈兼士等合影，前排左起第二人为陈垣

1922 年 5 月 12 日，北京大学呈文教育部，请求将历史博物馆收藏的明末及清代内阁档案，拨归北京大学。陈垣时任教育部次长，于 12 月 25 日批准北京大学的呈文，北京午门历史博物馆所藏的这批档案正式移交北京大学，教育部派专员监督移交工作。这批档案，由北大国学门委员会委员兼导师的陈垣和朱希祖领导史学系学生整理。

第二，从事著述。北大研究所国学门设有编辑室，其任务有三：一是影印本所所藏的有关学术参考利用的器物、文献、图书；二是编纂学术研究的工具书；三是编录有关重要典籍之专门参考书。陈垣认为古籍中的类书颇嫌俗陋，其所引证又不出典。因此他在国学研究所指导工具书的编辑时，编辑了《艺文类聚引用书籍》等十数种工具书。

陈垣相当一部分论著由北大研究所国学门出版问世，列入丛书的有《中西回史日历》《二十史朔闰表》等；由《国学季刊》刊载的有《火祆教入中国考》、《摩尼教入中国考》、《摩尼教残经一、二》、《元西域人华化考》前四卷、《记徐松遣戍事》；载入《北京大学研究所国学门月刊》者有《回回教进中国的源流》；发表于《北京大学研究所国学门周刊》者有《一句成语在元曲中之发现并质疑

（答郑宾于)》①；另有《宁远堂丛录》中的《奴才》《武科》《胡中藻诗案》等。

第三，教书育人。陈垣在北大研究所国学门和史学系所开设多门课程，计有"中国史学名著选读""中国史学名著评论""史学要籍解题""中国佛教史籍概论"等。对"中国史学名著评论"一课，据学生王树民回忆："他是着重在每部书的内容，分析其得失优缺之点。如《廿二史札记》，便从史法与史事分别论述。又如新、旧《唐书》，特别指出《旧唐书》文字虽不如《新唐书》，其记事详细具体，更符合史学的需要，是有胜于《新唐书》的。对于初学的人来说，这都有很大的启发作用。"对"中国史学名著选读"一课，据学生傅振伦回忆："以《四库全书》史部提要为主，每论一史，辄叙其'史源'（即史料）和文心、史心。"

北大恳亲会合影

陈垣讲课，并不只注意客观事实的考订，还会时刻对学生进行爱国思想教育，关心国家兴亡。据学生朱海涛回忆，全面抗战前夕，日本在酝酿"华北国"，北平政治空气恶劣，"我们要求他对时局作一指示。他沉沉地说道：'一个国家是从多方面发展起来的；一个国家的地位，是从各方面的成就累积的。北平市商会主席到日本去观光，人家特别派了几位商业上的领袖人物来招待，倾谈之下，我们的商人什么都不明白，连谈论的资格都不够，像这样凭什么去和人家竞争？凭什么能使人尊重？我们必须从各方面就着个人所干的，努力和人家比。我们的军人要比人家军人好，我们的商人要比人家商人好，我们的学生要比人家的

---

① 编者注：现多取题为《关于谚语赵老送灯台》，从《陈垣学术论文集》第二集改。此文为答郑宾于询问"赵老送灯台"之处而作，《北京大学研究所国学门周刊》将郑宾于文和陈垣的答复同时发表，并冠以"一句成语在元曲中之发现并质疑（郑宾于）"，以此作为陈垣文的标题不够妥当。下文类似情况不赘注。

学生好，我们是干史学的，就当处心积虑，在史学上压倒人家。'"在北大的集会上，陈垣经常说，现在中外学者谈汉学，不是说巴黎如何，就是说东京如何，没有提中国的。我们应当把汉学中心夺到中国，夺回北京。

三、 在燕京大学

燕京大学为美国基督教会在中国创办的一所大学。1923 年，陈垣被聘为燕京大学史学系讲师，1925 年受聘为副教授，1928 年任燕京大学国学研究所所长、教授。时在苏州木渎下塘的燕大学生顾敦鍒来信祝贺陈垣任燕大国学研究所所长之职，并介绍自己在之江大学工作的情况。信说："悉吾师已荣任哈燕国学研究院院长（即国学研究所所长）之职，改进院务，发扬国学，可为预祝。""目录索引之学，实为整理国故必要之工具，吾师提倡已久，今掌院政，必能以此为'研究'之始矣，快甚慰甚。"1931 年，陈垣任哈佛燕京学社研究员。同年下半年，陈垣辞去燕京大学国学研究所所长职务，离开燕京大学，国学所停办。

1929 年 5 月 27 日，陈垣在燕京大学现代文化班作题为《中国史料的整理》讲演，发表于燕京大学《史学年报》第一期（1929 年 7 月）。讲演中陈垣谈到整理中国史料的迫切性，说："我们若是自己不来整理，恐怕不久以后，烧又烧不成，而外人却越俎代庖来替我们整理了，那才是我们的大耻辱呢！"讲演中还系统地提出了整理史籍的 8 种方法和整理档案的 8 种方法。

在讲演的小结，陈垣特别强调了编纂目录索引的重要性，说："从前人们所谓'博闻强记''一目十行''过目不忘'等等也不过脑中有一部索引，假如我们各书的索引能告成功，就人人都可以有过目不忘的本领了。""我们若是肯从此努力，把我们的史料整理起来，多做机械的工夫，笨的工夫，那就可以一人劳而百人逸，一时劳而多时逸了。"全文篇幅不长，提纲挈领，言简意赅，对我们今天还有相当重要的教育意义和指导价值。

此外，陈垣还在燕京大学的《燕京学报》上发表了一些重要论文。1929 年 9 月 30 日，燕京大学校舍落成典礼，陈垣到会祝贺，并宣读《耶律楚材父子信仰之异趣》和《云冈石窟寺之译经与刘孝标》两文。两篇论文于同年底发表于《燕京学报》第六期《校舍落成纪念专号》。1930 年 12 月，他在《燕京学报》第八期发表《耶律楚材之生卒年》。

陈垣 1931 年任哈佛燕京学社研究员，而哈佛燕京学社在整理古籍、研究东方文化等方面也做出了一定的成绩。这与陈垣有密不可分的关系。

陈垣还在燕京大学开设过宗教史的课程，当时的学生白寿彝曾向他求教回回教史方面的问题，他得知白寿彝是回族，很高兴，鼓励白寿彝好好努力，研究好回回教史。

四、 在北平师范大学

北平师范大学前身为京师大学堂师范馆，创办于清光绪二十八年（1902），是中国近代师范教育第一所高等学府。

1929 年 8 月，陈垣受聘为北平师范大学史学系教授、系主任。他为史学系的学科建设、课程设置、师资队伍壮大等作出了重要贡献。他给一年级同学讲授"国文""中国史学名著选读""中国史学名著评论"等基础课，为高年级同学讲授宗教史。

北平师范大学史学系教师与应届毕业班同学合影

关于"中国史学名著评论"课程，据 1934 年至 1935 年选修过这门课程的杨殿珣回忆，先生选定史学著述若干种，每书逐一评论；对每书的评论，都是从每书的特点出发，详所当详，略所当略，并不是千篇一律。他所讲授的，多是先生自己的心得和体会，更加入一些具体事例，说明每书的特点、写作体例和写作方法，读时应当注意哪些问题，该书还有哪些不足之处，应当如何补充修正，等等。讲得深入浅出，津津有味，引人入胜，最重要的是教导学生们如何考虑问题和深思问题。

据陈述回忆，先生是一位言传身教、循循善诱的老师。虽是教过两三遍的课，他仍然认真准备，避免重复，为讲"中国史学名著评论"，有时用正史、编年、纪事本末体裁的次序；有时用史、汉、后汉、三国即沿正史次序，虽同授一课，必有新义，讲授时，有时用原书传看，有时则写入别纸，看得出，课前有充分准备。先生还鼓励同学们做练习、写札记，他热情指点、帮助，着重培养学生们读史的识力。

陈垣主持北平师范大学历史系时，敦请陆泳沂（懋德）先生讲授考古学，张亮尘（星烺）先生讲授中西交通史。这两门课在当时是开风气之先的，在此之前，只有马衡在北大、师大讲过金石学。而泳沂、亮尘都是有名的教授。

约在 1929 年，陈垣为北平师范大学历史系高年级讲授宗教史，所印讲义有《明末清初教士译著现存目录》，所列基督教新书籍有刊本通行者 72 种、无刊本通行者 80 种、附录 5 种。还讲授过"中国基督教资料目录""佛教史籍概论""元史目录"等课程。

1931 年 2 月，陈垣向北平师范大学《师大史学丛刊》创刊号推荐并作序。《日本文学博士那珂通世传序》曰，那珂通世"为日本教育界及学术界巨子"，"那珂氏一生之学术功绩，其荦荦者约有十端"，"那珂氏之学术功绩如是，宜乎日人至今尚追慕而乐道之也"。"予读其传，辄服其刻苦专精，而对于东洋史学科之创设与蒙古文之翻译，尤有感焉。"自清代以来中国学者专攻元史者辈出，但能以汉文翻译蒙古史籍者甚少。那珂通世发现蒙古文与日文文法相同，逐字直译即可成文，自此研究者渐多。叹曰："吾人若不急起直追，将来势必借日文以考蒙古文献，宁非学界之耻？"

抗战时期，北平师范大学被迫西迁，陈垣与北平师范大学的关系暂时中断。

五、 在辅仁大学

1913 年秋，英敛之在北京香山静宜园创办辅仁社。1917 年春，陈垣因研究基督教史与英相知相识，承担辅仁社整理基督教会史籍课题。辅仁社后因故停

1917 年 8 月 19 日在香山静宜园韵琴轩前与英敛之等人合影，中坐者为陈垣，右为英敛之及其夫人，左为慕元甫

办。1925 年，美国本笃会教士奥图尔来华办公教大学，英敛之被聘为北京公教大学国学部主任。8 月 15 日，英敛之订立《北京公教大学附属辅仁社简章》，决定在大学班招生之前，先成立国学专修科——辅仁社，英敛之任社长。1926 年初，英敛之逝世，临终将辅仁社社务托陈垣。1 月 28 日，陈垣受聘为辅仁社社长；9 月 1 日，受聘为公教大学副校长。1927 年 6 月公教大学改名辅仁大学，陈垣兼任文学院中国文学系主任。1929 年 6 月，陈垣任辅仁大学校长，此任长达 20 多年。

陈垣在辅仁大学突出的业绩有四项。

（一）抗日战争期间，坚守辅仁，坚持民族气节，不任伪职，发扬爱国精神

1937 年 7 月 7 日，卢沟桥事变爆发，北平很快沦陷，许多大学教授、知名学者纷纷离开北平，撤向大后方。陈垣对此很支持，自己也想走，但他嗜书如命，离不开励耘书屋，而且坚信中国不会亡，因此没有南撤。北平组织汉奸政府，他

1920 年英敛之题写的"励耘书屋"匾额

们想利用陈垣的社会名望，一再拉拢威胁，软硬兼施，逼他出去做事。陈垣的学生柴德赓回忆：

> 陈先生拒不见客，敌人老是麻烦他，要他参加东洋史地学会（这名义上是学术团体，实际上是汉奸组织），他拒绝；敌人要他出来担任当时敌伪最高文化团体——大东亚文化同盟会会长，他也坚决拒绝。

"大东亚文化同盟会"是日本人控制的东亚各国最高文化机构，会长月薪数千元。陈垣义正词严地说："不用说几千元，就是几万元，我也不干。"他还劝说朋友拒受伪职。敌伪请他不动，又想拉拢他的朋友任伪会长，陈垣连夜到朋友家去劝阻，他知道这位朋友已接受伪职后，便愤然拂袖而去，从此与之绝交。

1938 年 5 月 19 日，徐州沦陷。敌伪政府令北平机关、学校挂日伪国旗"庆祝"。辅仁大学和附中拒绝挂旗。陈垣亦受到恫吓："你不依命令，难道不怕死

吗?"陈垣镇定自若,心情沉重地说:"自己国土丧失,只感到悲痛,要我们庆祝,办不到!"还吟《孟子》"生亦我所欲也,义亦我所欲也。二者不可得兼,舍生而取义者也"之句,以蔑视之。

1935 年 9 月率辅仁大学部分教师慰问 29 军

柴德赓曾回忆过这样一件事。有一次,一个日本"帝大"的讲师到了北京,说受"帝大"老博士的委托,一定要见见陈先生,要请陈先生题几个字,陈先生给他题了曹子建的一首诗:"煮豆燃豆萁,豆在釜中泣,本是同根生,相煎何太急。"那人拿了就立即走了。陈先生说:"就是要他拿回去。我们对这些人要特别注意,一点不能妥协。我们说的话,他们回去可以造谣,但写在纸上的东西,他们就没有办法了。一定要注意,不能有半点客气。"从这里我们可以看出陈先生的对敌斗争是机智的。

抗战时期,辅仁大学是北方沦陷区唯一未被日伪接管的大学,不受伪教育部的命令,仍遵照国民政府的学制、校历和假期规定,使用原有教材,保持了故都学府风貌。所以,辅仁大学一直

1935 年为辅仁大学题词

是北平抗日进步知识分子活动的据点。辅仁大学秘书长英千里，教授沈兼士、张怀等领导的"华北文教协会"是一个抗日团体，经常在辅仁大学秘密活动。1944年春，该团体被日伪侦知，日本宪兵队搜捕了英千里、赵禹锡、葛信益、赵光贤等教授、教师及附中师生 30 余人。作为校长的陈垣千方百计去营救。赵光贤回忆："出狱之后，去拜见先生，先生热情地握着我的手说'你们终于胜利归来，欢迎你！'"陈垣坚持民族气节，爱国精神感召着他的同事和学生。陈垣足不出户，闭门著书立说，寄托他的民族气节、爱国精神，更是他光辉的一页。容后再叙。

（二）谆谆教导学生，修炼品行、刻苦读书，为祖国保留"读书种子"

抗战时，陈垣为《辅仁》年刊创刊（1938）作《序》，曰："夫自昔登科题名之录众矣。而宋绍兴十八年，宝祐四年，登科诸录，独重于世，岂非以其中有令人可景仰之人哉。"这里所言宋绍兴十八年（1148）、宝祐四年（1256），登科录因列有进士萧燧、李彦颖等和文天祥、陆秀夫、谢枋得等忠节之士，而受历代士人重视。陈垣在民族危难之时，以此激励辅仁学生。

抗战期间，陈垣不遗余力地在辅仁学生中倡导"品行""读书"，以保中国文化不亡。他十分赞赏元初河北全真教精神，曰："全真家可贵，非徒贵其不仕也，贵其能读书而不仕也，若不读书而不仕，则滔滔天下皆是，安用全真乎！若因不仕而不读书，则不一二世悉变为无文化之人，此统治者所求之不得也，故全真虽不仕，书却不可不读。"陈垣一再勉励青年学生要爱护名誉，认真读书，为国家保留"读书种子"。1939 年，他为《辅仁》年刊题词，曰："毋事浮嚣，毋失礼于人，毋徒顾目前，毋见利忘义，永保汝令名。"1940 年 5 月 18 日，他为辅仁返校节题字，曰："规矩严、功课紧，教授认真，学生在校时每不甚愿意也，及至毕业出世，所知所能者少，则又每咎学校规矩之不严，功课之不紧，教授之不认真，何也？语曰：书到用时方恨少。又曰：闲时不学忙时悔。诸君皆过来人，能一告在校同学使毋遗后悔。努力、努力、加紧努力！"1941 年 5 月 17 日，陈垣在辅仁大学史学会第一次例会发表题为《官书与私书》的学术讲演，说："所足为痛者，乃今之学生，过于注重生活问题，而忽略了学术研究，吾常说人生以品行为上，身体次之，学问又次之，金钱为下。因人生尚有至高目的，倘能学术与生活打成一片，于温饱之后，多读书，多作学术之研究，则善莫大焉。"6 月，他为《辅仁》年刊题词，再三强调"品行第一"，"身体第二"，"学问第三"。

（三）坚持上课

陈垣在辅仁大学开过许多课，诸如"大一国文""中国史学名著选读""中国史学名著评论""中国佛教史籍概论""史源学实习""清代史学考证法"等。

大学一年级"国文"是文理各系学生的必修课，教材由陈垣等集体编定，名曰《国文课本》，由教学经验丰富、学有专长的教师担任，著名的学者张鸿翔、柴德赓、余逊、周祖谟、启功、牟润孙、苏晋仁、张恒寿、刘乃和等都教授过此课程。陈垣对此课程十分重视，认为其是增长学生国文基础知识和提高写作能力的必要手段。他亲自教授此一课程，旨在引起全校师生对此课的重视。陈垣要求两周作一次作文，教师评讲，选取好的作品张贴于墙报专栏，相互观摩，名曰"以文会友"。陈垣上此课，深受学生欢迎。

"史源学实习"课，这门课程的方法和目的是什么？陈垣在《导言》中加以说明："择近代史学名著一二种，一一追寻其史源，考正其讹误，以练习读史之能力，警惕著论之轻心。"

"历史研究法的史源学大概分四项：一见闻，二传说，三记载，四遗迹。今之所谓'史源学实习'，专指记载一项。"

"考寻史源，有二句金言：毋信人之言。人实诳汝。"

"空言不能举例，讲授不便，贵乎实习。孔子曰：我欲托之空言，不如见诸行事之深切著明也。古人有言：临渊羡鱼，不如退而结网。"

1945 年陈恒与选修"史源学实习"的同学合影

陈垣亦建议其儿子陈乐素开设这门课程，在家书中说："史源学一名，系理论，恐怕无多讲法，如果名'史源学实习'，则教者可以讲，学者可以实习……颇有趣。""前辈工具书不完备，史源实习之事不可少也。"

关于这门课的具体讲授及实习方法，陈垣在致陈乐素的信中说得很具体：选定教材后，"预先告学者端楷抄之，虽自有书亦须抄，亦一种练习。""抄好后即自点句，将文中人名、故事出处考出：晦者释之，误者正之。隔一星期将所考出者缀拾为文，如《某某文考释》或《书某某文后》等。"通过这样的实习，考察教材，"一、看其根据是否正确：版本异同，记载先后，征引繁简。二、看其引证是否充分。三、看其叙述有无错误：人名、地名、年代、数目、官名。四、看其判断是否的确：计算、比例、推理"。

实习的方法调动了学生学习的主动性和积极性，"学者以找得其错处为有意思"；同时，经过自己实践得到的经验教训，印象比较深刻，效果更为显著。

对这门课程教材的选择，陈垣是很费斟酌的。首先要是史学名著，使学生在学习中能得其精神。除外，还必须符合这门课的要求，所以他说："选书有四难：一、分量不大不小。二、时代不远不近。三、范围不广不狭；四、品格不精不粗。"根据此一要求，陈垣先后选择过三部书作教材，即赵翼《廿二史札记》、顾炎武《日知录》和全祖望《鲒埼亭集》。对这三部书，陈垣作了比较，"错误以《札记》最多，《鲒埼》次之，《日知》较少。学者以找得其错处为有意思，然于找错处之外能得其精神则莫若《鲒埼》也"。

陈垣每次布置学生做练习、写考释，自己事先也写一篇，事后或印发，或张贴，以为示范。陈垣将其中的 30 篇文章亲手编定，名为《陈垣杂文》，其嫡孙陈智超将它改名为《陈垣史源学杂文》，以区别于一般意义上的杂文，由人民出版社于 1980 年出版。这部集子的大部分文章，是 1941 年至 1945 年陈垣在辅仁大学所写，是把教学与研究有机结合起来的典范。

"史源学实习"一课开始于 1938 年，1948 年以后，辅仁大学就不再开此课了。此课是陈垣在辅仁大学开设时间最长的一门课，最具特色，很受学生欢迎，学生史树青说，"每逢开课，都有很多学生听讲"，"对学生研究历史以及撰写论文的方法都有很大帮助"。陈垣开设此课亦是他提倡爱国史学的主要内容。

1943 年 11 月 24 日，陈垣在致方豪的信中说："至于史学，此间风气亦变。……故前两年讲《日知录》，今年讲《鲒埼亭集》，亦欲以正人心，端士习，不徒为精密之考证而已。"他还写信给儿子陈乐素，建议他在浙江大学开设此课，说："关于汝所担任功课，我想《鲒埼亭集》可以开，不管用什么名目，但以此书为一底本，加以研诵及讲授，于教者学者均有裨益。我已试验两年，课名是'史源学实习'，即以此书为实习。……如是则可知谢山文组织之方法及其美恶。唯其文美及有精神，所以不沾沾于考证。"所谓"正人心，端士习"，学习全祖望的"精神"，都是指爱国主义、民族气节而言。

陈垣批改的"史源学实习"课学生作业

　　"清代史学考证法"是陈垣在辅仁大学史学研究所为研究生开设的一门课，所用教材为顾炎武的《日知录》，其方法与"史源学实习"相同，许多人亦将此课称为"史源学实习"。据当时的研究生赵光贤回忆，同学五六人，每人买一本《日知录》，从卷八开始（卷八以前是关于经学的，先生从不搞经学，故从卷八开始）要他们自己读，主要工作是要他们将书中每条引文都找出原书查对一遍，并写出笔记。查原书出处，有的很容易，比如在正史里的，有的则很难，比如只有一个人名，年代、籍贯、行事、著述全不知道，简直像大海捞针。他们每读一卷，即翻检群书一遍，然后写出笔记。先生看了同学的笔记后，即指出哪条写得不对，应当如何写法等。记得一次查一条故事，他走了"捷径"，翻了一下《辞源》，说见《说苑》，一查《说苑》，果有此条，即写见《说苑》某篇，自以为得计。先生看了说，不对。这条最早见于《吕氏春秋》，《吕氏春秋》在前，《说苑》在后，所以应写见于《吕氏春秋》某篇，不能用《说苑》。有一次，一位同学写了某条见于《辞源》，先生说不行。说自《康熙字典》以下，这类的字典辞典，只能供翻阅，不能引用。又说，古人的字典，比如《说文》，可以引用，因为许慎所见的书，大半亡佚了。他们见不到，因此《说文》对他们来说，就可看作有权威的出处。清人所见的古书，他们差不多都能见到，因此要从他们能见到的古书中去找来源，何况当时这类字典辞典，错误常见，不核对原书是要上当的。这些话，乍看来好像是老生常谈，对他却有很大启发，终身受益无穷。我们从赵光贤的回忆可以看出这门课程对学生的教益多么深刻。

（四）解放后为捍卫教育主权而斗争

1949 年 1 月 31 日，北平和平解放，解放军进城。陈垣与柴德赓、刘乃和等从辅仁大学步行到西直门大街，站在马路旁边欢迎解放军。2 月 16 日，辅仁大学成立中国教员会。18 日，陈垣召集教员会、职员会、职工会、学生自治会及

辅仁大学校务委员会第一次会议后合影

各社团代表，公开发表今后学校态度及行政方针。辅仁大学中国教员会发表成立宣言，提出三大原则作为今后努力的目标：①使辅仁建立起新民主主义的教育；②宗教与教育必须分开；③辅仁的行政权完全交与中国人。主持辅仁大学校政的天主教神父递交书面报告，宣布退出副校长、教务长、总务长、女院院长、训导处等职务。陈垣召开学校各方面负责人会议，宣读书面报告，并说，"今后本校一切由中国人主持了"；我们要"迅速地把我们辅仁的新制度建立起来"，"这个时代是伟大的时代，和以前大大的不同了，我们应该毫不犹豫地努力，研究向新的方向走。我今年已七十，可惜闻道晚矣，但是本人一定努力的跟上去"。

6月19日，辅仁大学成立校务委员会。校务委员会名单，计有校长陈垣，教授顾随、杜任之、赵光贤、余嘉锡等12人，讲助代表2人，学生代表2人，及教会代表芮歌尼、卢修女2人等。

1950年1月30日，辅仁大学新的校刊《新辅仁》创刊。陈垣在创刊号上发表《发刊词》，指出《新辅仁》与旧校刊不同，旧校刊没有真正掌握在教师和学生的手里。《新辅仁》是真正属于全校教职学工自己的刊物，它将配合、推动全校师生的学习，反映辅仁大学的真实生活和进步。

7月17日，天主教驻辅仁大学代表芮歌尼致函陈垣校长，提出非法要求，正式挑起外国教会组织侵犯中国人民教育主权的事端。芮歌尼在信中以办学经费相威胁，要陈垣答应四个条件，才能拨划经费，其中有"一个新的董事会将要由教会选任""教会经由教会代表对人事聘任有否决权"，并随信附上不能续聘的5位教员的名单。陈垣接信后，当即口头告知芮歌尼，说"第二项是违反人民政府的法令，绝对作不到的"。7月22日，经请示教育部之后，复函芮歌尼，说"教会代表对人事聘任有否决权，是绝对不能答应的"。7月28日，芮歌尼再次来函，他竟然要求陈垣在半天内给他满意答复，否则"在七月底停止继续拨款"。陈垣当即复信，坚持原来的立场，并对芮氏的态度提出警告，说"如果因为你坚持这条件，使教会不继续津贴，那末对于教会、对于学校、对于人民政府，一切后果，你要负责任的"。7月29日，芮歌尼在校内散发所谓《告本校同仁同学书》，宣布"自8月1日起教会对辅仁大学之补助费即告断绝"，煽动师生的不满，发出"此后校内所有开支应归陈校长负责"的威吓。下午，教育部高教司张宗麟副司长等人到校，听取陈垣校长报告后，即在各方代表座谈会上发表讲话，指出"这次辅仁的问题，是帝国主义向我们进攻"，教会"要持解聘教师之权"，"就是侵犯中国主权，侵犯中华人民共和国的教育权"。"校长不答应是对的。我们政府支持辅仁的正当斗争，并且支持到底。它不给钱，政府自有办法。政府决不能看着两千人失业失学，一定要办下去。"

7月31日晚，校务报告大会在大礼堂召开，暑期留校的800多教职学工到会。陈垣详细报告了这次补助费交涉的经过，传达了教育部张宗麟副司长的讲话。他强调,"这次交涉中,芮司铎以十四万四千美元要挟我答应条件,我个人从不为钱屈服过,我怎能为了十四万四千美元丧失中国人民的主权呢?"他总结这件事情,"乃是中国人民和帝国主义的斗争"。9 月 25 日,周恩来总理对解决辅仁大学的问题作了指示。教育部部长马叙伦以书面谈话的形式致函芮歌尼,阐述了教育部解决这一问题的五个基本原则,其中包括"在一个独立民主的国家里,不允许外国人办学";"外国人在旧中国所办的教会学校","必须在它真实地遵守中国人民政治协商会议共同纲领及教育方针与法令的条件下,可以暂时允许它继续办,但中央人民政府保有根据需要以命令收回自办的权利"。马叙伦还在书面谈话中答复了有关辅仁大学的几个问题,其中包括"在中国境内的学校,必须设革命的政治课";"教会与辅仁大学的关系只是补助经费及主持宗教选课,不能涉及学校行政及其他";"辅仁大学校长陈垣执行中央人民政府政策法令,处理校务,能称其职,其职位不应有所变更";"你们从 8 月 1 日起停发补助费,我们不能让这几千师生员工失业失学,所以答应了陈校长的请求支付每月需要的经费","你们这样举动对辅仁大学是不利的,对几千师生员工是有害的,是会使中国人民的教育事业受到损害的。因此,中央人民政府在认为不能容忍的时候,即将收回自办"。

10 月 12 日,中央人民政府教育部部长马叙伦举行记者招待会并发表书面谈话,宣布:"北京私立辅仁大学已经由政府接办了。"为了使社会了解真相,马部长简单说明了事情的经过,揭露了教会代表芮歌尼挑起事端的过程,并指出 8 月份教会停发补助费以后,"声言要打五位教授,更企图组织新校董会,撤换陈

1950 年中央人民政府操办辅仁大学大会后合影

垣校长，引起学校内部极大的不安，使辅大的工作陷于极大的混乱和停顿。至此，政府已不能再容忍"，"中央人民政府政务院于十月十二日命令将该校接收自办，并提请中央人民政府任命陈垣为校长"。辅仁大学师生员工 3000 人集会庆祝人民政府接收自办辅仁大学。陈垣校长致开会辞，祝贺"辅仁得到了真正的解放"。

毛泽东签署任命陈垣为辅仁大学校长的通知书

10 月 13 日，中央人民政府政务院第五十四次政务会议通过提请中央人民政府委员会批准任命陈垣为辅仁大学校长。其后由中央人民政府毛泽东主席签署，聘任陈垣继续担任辅仁大学校长。

10 月 25 日，陈垣在《新观察》发表《辅仁大学反帝斗争的经过——是争教育主权，不关宗教信仰》一文，回顾辅仁大学的历史，指出这次接办辅仁是为了争夺教育主权，而与宗教信仰无关。陈垣在新中国成立初期，为中国人民从教会手中夺回教育主权，作出了重大贡献。

六　在北京师范大学

1951 年 10 月，政务院公布了《关于改革学制的决定》，决定对高等院校进行调整。1952 年 5 月 19 日，教育部正式宣布辅仁大学与北京师范大学合为新的北京师范大学，辅仁大学校名取消。6 月 7 日，陈垣为此写了《热烈拥护院系调整》的笔谈，认为全国高等学校有计划的调整，是全国高等教育彻底改革的开始，也是全国高等教育服从国家需要、为祖国培养建设干部的合理措施。9 月 15 日，中央人民政府主席毛泽东签署任命陈垣为北京师范大学校长。陈垣任此职一直到 1971 年他的生命终结，长达 20 年之久。此时期，陈垣已是七八十岁的老人，没有再上课，主要是从事学术活动和著述。与教育有关的业绩，主要有三项。

毛泽东签署任命陈垣为北京师范大学校长的通知书

（一）呼吁社会各界重视师范教育，为祖国培养更多的合格教师

1953 年 2 月，陈垣在《人民教育》杂志发表《为着祖国的未来，我们必须加强学习》一文，呼吁教师们为祖国的建设事业培养更多更好的人才。"我们不仅要做到'诲人不倦'，同时也必须做到'学而不厌'。""我们过去所研究的业务知识，所具有的学术思想，所掌握的治学方法，所熟悉的教学经验，都还不能或还不完全能适合于今天的要求。我们一定要加强政治理论学习……端正教学态度，改进教学内容。"

1953 年 9 月为北京师范大学新校址奠基

1954 年 8 月 6 日，陈垣在《文汇报》上发表《青年们，欢迎你们来参加人民教师的队伍》一文，文章开头说："我，一个年过七十的老人，一个有了五十年教龄的教师，作为人民教师队伍里一名老兵，愿意向这次报考师范学院和被分配学师范的青年同学、青年朋友们举起我的双手，高声欢呼：青年们，欢迎你们来参加人民教师的队伍！"他在文章里回顾了自己教小学、中学、大学的经历，回顾了新中国成立前后教育界的不同境遇，分析了新时代人民教师的光荣职责，充满感情地勉励青年同学们加入教师队伍，希望他们肩负起祖国交给的培养社会主义新人的使命。

9 月 15 日至 9 月 28 日，陈垣出席第一届全国人民代表大会第一次会议。9 月 27 日在大会发言，他呼吁社会各界重视师范教育。他说，新中国成立后的 5 年，"我们高等师范教育，也有了显著的发展和提高"，我们要加倍努力，把工作做好，"不断培养出大批优秀的合格的人民教师，以不辜负国家对我们的信任

和委托"。"我们看到人民教师已得到社会的重视，投考高等师范学校的青年已经逐年增加，我们北京师范大学的新生，把投考师范学校当作第一志愿的比率一年比一年上升，就是很好的例证。但是，我们还希望全国人民和社会舆论大力支援，使我们的高等师范教育得到更迅速的发展。"

陈垣在教学实习评议会上发言

（二）强调教育实习的重要意义

1953 年 5 月 25 日和 6 月 24 日，陈垣分别在"北京师范大学教育实习总结大会"和"北京师范大学第三届教育实习总结大会"上讲话和致辞。这两次讲话都强调教育实习的重要意义，要进一步重视师范学校的实习工作。他说："我们师范大学的同学，在校的时候应当成为非常好的学生，毕业后，也应当成为非常好的人民教师。""好学生本身就不但包括他的政治水平、科学理论水平，而且包括他的教学实践能力。""因而，如果在学习期间忽视教育实践的锻炼，他就不算是一个好学生。"他认为，这次实习工作是有成绩的、成功的。他号召师生珍视这个收获，更紧密地把理论和实践结合起来，提高工作质量，更好地完成培养人民教师的任务。

（三）与青年学生谈学习与读书，反对学习中的形式主义和空洞口号，提倡踏实钻研，循序渐进，持之以恒的优良学风

1957 年 4 月 26 日，陈垣与北京师范大学历史系一年级学生谈学习古文的问题，他说："尤其学史学、文学的，像《论语》《孟子》这些书，概括了二千年前的风俗、习惯、社会情况，我们一定要念，懂多少算多少，也可以把它当作一种工具，字数也不多，《论语》只有一万多字。""我们念历史的，不但要懂得新

的，也要了解旧的，只看别人的批判是不够的。《论语》《孟子》是散文的老祖宗，学了它，掌握了它文学的规律，唐以后的文章就好读了，应当重视它。"

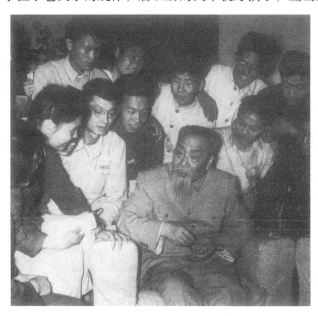

陈垣与北京师范大学历史系毕业生一起座谈，介绍读书和治学经验

1959 年陈垣连续发表和青年谈读书学习的文章。6 月 19 日，他在《中国青年》发表《和青年同学谈读书》，批评那种以为读书就是走白专道路的说法，他说："读书也可能走白专道路，但也完全可以走红专道路。如果说读书就是走白专道路，难道不读书反倒是走红专道路吗？"他反对有些学校过分强调集体互助，认为学习关键要靠自己消化咀嚼，不能包办代替。他认为学习要踏踏实实，循序渐进；反对在学习上搞所谓"多快好省"，轰轰烈烈。6 月 19 日，他在《北京日报》发表《怎样才能学习好》一文，再次批评某些学校中出现的提空洞口号、不切实际的指标，搞群众运动式的集体复习、集体行动，"大干三十天，消灭一、二、三（分）"的现象。他指出，学习是个体的脑力劳动，有其本身的特点和规律。要想学习好，必须塌下心来，刻苦钻研，不能心浮气躁；必须循序渐进，不能急于求成；必须持之以恒，不能搞形式主义的突击竞赛。一曝十寒，是不能学习好的。

七、 教育家的本色

陈垣从事教育工作 70 余年，是我国著名的教育家。他的一生显出了教育家的本色。

（一）从事教育工作时间长，培养人才多

陈垣在长达 70 余年的教育工作中，从事过蒙馆、小学、中学、大学的教育工作，其中包括医学教育、工读教育、平民教育、师范教育等众多领域。通观古今中外，有如此之长的教育生涯的教育家是罕见的。

1959 年陈垣在《教育工作六十年》一文中说："在我身边成长了无数青年，今天，他们有的刚刚做教师，有的已担负着领导工作，有的在科学研究上有了很大的成就，有的则已是'桃李满天下'的老教授。"陈垣逝世后，回忆他的文章、研究其学术成就的论文已有百余篇，出版过几本纪念文集，其中作者绝大多数是他的学生，许多已成为著名学者。

20 世纪 50 年代到 60 年代初，全国各著名大学历史系的系主任，许多是他的学生，如北京师范大学的白寿彝、南开大学的郑天挺、南京大学的韩儒林、云南大学的方国瑜、江苏师范学院的柴德赓等。陈垣这些培养人才的建树，为中国现代教育增添了光彩。

与孙楷第合影

与徐中舒合影

与白寿彝合影

（二）具有与时俱进的教育思想

1．陈垣是中国新式教育的前驱

青年时期在广州教蒙馆时，他反对对学生打板、体罚。在新会篁庄教小学时，他教国文、算学、体操、唱歌等新鲜课程，穿黄色操衣（即制服），师生感情融洽。在广州教中学时，他宣传反对专制的思想。在广东光华医学堂教书时，他自己动手画挂图，带学生到广州郊外乱坟堆中捡拾零散骨骼，作为课堂教具。这些理论联系实际，增加学生感性知识的教学方法，在当时都是十分先进、超前的。

2．重视基础教育

陈垣在辅仁大学时，非常重视基础课程的设置。不论文科、理科，一年级均设置国文课作为必修。他亲自组织编写教材，亲自讲授一个系的国文课，旨在引起全校师生的重视，目的在于使学生既能掌握语文知识，又能具有较高水平的写作能力。陈垣长期在北京高校历史系开设"中国史学名著选读""中国史学名著评论"两门基础课，就是为了给学生打下坚实的史学基础。这两门课程现已成为各大学历史系的基础课程。

3．重视通过实践对学生能力的培养

"史源学实习"一课，重点不在讲，而在于多做练习，通过实践使学生获得阅读古书和从事研究的能力。

4．科研和教学相结合

陈垣是教学与科研相结合的典范。陈垣一生著作等身，许多著作或是与教学紧密相关，如宗教史的著作；或是由教学的讲义修改而成，如《中国佛教史籍概论》等；或者教学的副产品，如《陈垣史源学杂文》等。

5．重视教师在教学中的作用

陈垣认为教师在教学活动中起主导作用。"教师教育儿童应当发挥主导作用，

'没有不好的孩子，只有不好的教育方法'，'不良的儿童，是失败了的教师的象征'。"教师应具有高尚的道德品质。"教师既然是在教育别人，自己首先就应当是有教养的人，要求儿童们逐渐培养起高尚的品德，自己首先就要具有可作为学生模范的高尚的道德品质。"教师还要善于学习。陈垣曾多次说过"当教师的人，不仅是教师，同时他也是学生"。"教师不能永远停留在固定的水平，必须不断学习，不断进步。一方面要把自己的东西贡献出来，另一方面要从人民中，生活中和科学中吸收一切优良的东西，以充实自己，然后再把这些优良的东西贡献给学生。每一个教师，都应该不仅只会教别人，而更重要的是向别人学。"正是因为教师的重要性，所以陈垣当北京师范大学校长时，不断呼吁社会各界重视师范教育，号召优秀青年来报考师范、从事教育。

凡此种种，都是陈垣的教育思想，而这些教育思想均具有与时俱进的时代特色。

（三）来源于实践并为实践所检验的行之有效的教学方法

陈垣的教学方法，可以归纳为四点。

1．有很强的教学计划

教学是有目的、有步骤的工作，按照教学计划，如期完成教学活动，才能有效地达到教学目的。陈垣的计划性很强，据刘乃和说："陈垣的课，学年开始就订好这年的教学计划，这门课一年共多少课时，准备在这个课解决什么问题，每堂课讲授什么内容，都有一定的计划和要求。他的教学计划作得非常周密。"

2．精选教材

教材是完成教学目的的材料和工具。陈垣对此非常重视。据启功回忆，当时的"国文"课，各班的课本是统一的，选哪些作品，哪篇为何不选，哪篇中讲什么要点，通过这篇要使学生受到哪方面的教育，都经过仔细考虑，并向任课的人加以说明。陈垣教授的"中国史学名著选读"和"中国史学名著评论"课程，每年都精选合适的教材，选择《日知录》《廿二史札记》《鲒埼亭集》作为"史源学实习"一课的教材，都是经过周密考虑的。

3．讲授方法灵活

陈垣备课非常认真，即使教过几次的课程，他也要认真备课，修改或补充内容。他多次说过，"自己研究几个月的一项结果，有时并不够一堂时间讲的"。陈垣教课既严肃认真又和蔼可亲，史念海说："援庵先生的严肃认真是不时被人道及的。可是在讲授课程时，却又是使人感到和蔼可亲。""这两个不同的概念是不容易合拢为一的。但是在援庵先生却不仅合拢为一，而且还显不出合拢的痕迹。"陈垣非常强调课堂气氛，经常对其他教师讲，要疏通课堂空气，不要总是自己讲、学生听，要在学生座位行间走走，讲课时，写了板书之后，也可下台看看。板书也要讲究。据刘乃和回忆，陈垣的"板书整齐清丽，刚劲有神，似真有'力透纸背'之功，坐在教室最后，也能看得清清楚楚"。由于板书好，"下课后，时有同学在黑板上模仿其字迹，学习其笔法"，收到很好的教学效果。他在课堂上用种种方法，提高学生的学习兴趣，并教会学生学习的方法。

4. 点睛式的批改和讲评作业

陈垣对学生的作业，极其用心地批改，他经常说"批改作文，不要多改，多改了不如你替他做一篇。改多了他们也不看。要改重要的关键处"。据李瑚回忆，陈垣批改作业，"当他看到比较好的文章时，就很高兴，看到了文中稍有内容或稍有新材料的地方，就在眉批中加以表扬，如'探骊得珠''诸卷所无，足征独到''先用思想，对'等。对于文章总的评语则写在文章最后，如'举止安详，立言不苟'，'此文乃精心结构之作'等。最后在文章开头处画上标记，最好的画三个圈，其次是两个圈一个三角，再次是两个圈、一个圈等"。对学生的作业，要进行讲评。缺点尽力在堂下个别谈；缺点改好了，有所进步的，尽力在堂上表扬。其中佳作，在校内墙报专栏，分期张贴发表，以收观摩之效，他称之为"以文会友"。

陈垣教学的成功，首先得益于他在学术方面的精深研究；而他极其认真、灵活的教学方法，也是成功的重要原因。他的教学达到了使学生普遍觉得"从来没有见到过这样会讲授的先生"，"好像受业者所要知道的，他都能随时讲授出来"的出神入化的境界。

陈垣从教时间长，培养人才多；具有与时俱进的先进教育思想；运用来源于实践并为实践证明是正确的教学方法。他堪称著名的教育家，处处显出教育家的本色。

第三章　学术誉天下　当世一宗师　（上）

陈垣一生的著述，据刘乃和等统计，论著共 373 种，加上书信、诗赋、题跋等，总数有千种以上。仅就史学讲，著作 18 部：《元西域人华化考》《二十史朔闰表》《中西回史日历》《史讳举例》《敦煌劫余录》《元典章校补》《校勘学释例》《吴渔山年谱》《旧五代史辑本发覆》《释氏疑年录》《明季滇黔佛教考》《清初僧诤记》《南宋初河北新道教考》《中国佛教史籍概论》《通鉴胡注表微》《道家金石略》《日知录校注》《廿二史札记考正》。学术论文、杂文一百几十篇。其成就介绍如下。

《励耘书屋丛刻》木刻板

一、　宗教史研究的开拓者

陈垣总的学术成就中，宗教史的研究成果比重最大，专著 7 部、论文 39 篇、序跋 50 多篇。其内容包括古代宗教、世界三大宗教（基督教、佛教、伊斯兰教）在中国流传的历史以及中国土生土长的道教。

（一）古教四考

学术界流传陈垣的"古教四考"最精湛，是指《元也里可温教考》《开封一赐乐业教考》《火祆教入中国考》《摩尼教入中国考》4 篇论文。

《元也里可温教考》是陈垣的第一部史学论著，发表于 1917 年。元以前无"也里可温"之称谓，"也里可温"仅见于元代著述。何谓"也里可温"，钱大昕《元史·氏族表》曰："不知所自出。"《元史·国语解》："蒙古语，应作伊鲁勒昆；伊鲁勒，福分也；昆，人名，部名。"直到清道光年间，刘文淇指出"即天主教也"。陈垣此文的贡献在于将其准确地断定为基督教聂思脱里派。他指出："《观大兴国寺记》及《元典章》，均有也里可温教之词，则也里可温之为教，而非部族，已可断定。复有麻儿也里牙（马利亚）及也里可温十字寺等之名，则也里可温之为基督教，而非他教，更无疑义。"并"确信也里可温者为蒙古人之音译阿剌比语，实即景教碑之阿罗诃也"。此文分 15 章，脉络清晰紧凑，论证严谨，无懈可击，廓清了隐晦七八百年、无人知道的元代也里可温之称谓、本义、词源及相关的史学问题。对也里可温教东传之途径、宗教戒律、教徒人数、主要人物、教徒军籍、徭役、租税等方面的豁免权，官府的尊崇地位，也里可温教与异教的关系，元末明初的衰落，金石碑刻的存佚等也一一澄清。本文引用文献近 50 种，除正史外，还有大量文集、方志、碑刻等，囊括了全部汉文文献资料。此文是关于这一课题的空前绝后的杰作，彻底解决了元也里可温教的历史问题。此文发表时，马相伯为之作《叙》："向余只知有元十字寺，为基督旧教堂，不知也里可温有福音旧教人之义也，知之，自援庵君陈垣始。"英敛之为之作《跋》，说："乃承先生以敏锐之眼光，精悍之手腕，于也里可温条，傍引曲证，原原本本，将数百年久晦之名词，昭然揭出，使人无少疑贰。"1917 年 10 月，陈垣随梁士诒访问日本，将《增订再版元也里可温考》线装一册赠送日本著名学者桑原骘藏，并应日本学者之请，在学术会议上宣读此文，得到中外学者的称赞。

《开封一赐乐业教考》发表于 1920 年。一赐乐业教，即犹太教。此文分 12 章，以碑拓图绘、匾额楹联以及有关著述记载的材料，考证了犹太教在中国传布兴衰的情况，同时也考查了犹太民族来华及定居的历史。

《火祆教入中国考》发表于 1923 年。此文分 12 章，对火祆教在中国传入、发展和衰微的历史进行了全面研究，分析了唐代统治者尊崇火祆教的原因和前人多将火祆教与其他古教相混同的情况。

《摩尼教入中国考》发表于 1923 年。此文分 16 章。此文依据敦煌出土经卷等汉文材料及基督教史传中反对摩尼的有关言论，考察了摩尼教在中国流传、发展和衰落的过程。关于此文的贡献，刘铭恕《书陈垣〈摩尼教入中国考〉后》

云："摩尼教输入中国一事，在中国宗教史上，占有重要的地位。""从事于此事之研究者颇不乏人。如蒋伯斧、伯希和、王国维与陈援庵等，皆著者也。""具体之解决者，只有陈援庵先生一人。陈氏著《摩尼教入中国考》一文，折衷旧说，附益新知，体大思精，得未曾有。"

陈垣所考四种古教，都是外来宗教，均一度兴盛，后又逐渐衰微乃至绝迹。材料少而零散，陈垣付出艰辛劳动，以科学的方法复原了四种古教在中国兴衰的历史，开创了 20 世纪中国"古教研究"的绝学。

（二）基督教研究

陈垣对基督教研究的成果主要分为基督教入华史、专题研究、"基督教四传"、人物、教籍文献整理及有关序跋等方面。

基督教入华史的著述主要有《基督教入华史略》《基督教入华史》。《基督教入华史略》将基督教在中国的传播分为四个时期：唐代景教为第一时期，元代也里可温教为第二时期，明清天主教为第三时期，乾隆后耶稣新教来华为第四时期。文章最后说："古语说，前事不忘，后世之师。乾隆以前，中国声明文物，为西人所羡，故耶稣会士，通汉学者极多。道咸以来，中国国力暴露无遗，陵夷以至今日，欲求西人从事华学难矣。"《基督教入华史》内容与《基督教入华史略》大同小异。文末附《明末清初教士译著现存目录》，共著录书目 157 种。

学术界盛传陈垣有"基督教人物四传"，是指《休宁金声传》《浙西李之藻传》《华亭许缵曾传》和《泾阳王征传》。

陈垣对基督教教籍进行整理，共有 5 部，即《铎书》《灵言蠡勺》《辨学遗牍》《大西利先生行迹》《主制群征》等。所校刊书，均作序或跋，述列名目、卷数、撰者、版本源流、旧本序跋、体例内容，考证详细严谨。此外，还写过有关基督教的多篇专题论文。

（三）佛教研究

陈垣对佛教的研究主要包括佛教史、佛教史籍、佛教人物、佛教与清朝皇帝、宫廷的关系等。

《明季滇黔佛教考》发表于 1940 年，共 6 卷 18 目。前三卷论述了佛教自明中叶至明末由衰而兴的变化，第四卷考察了僧徒对滇黔的开发，后二卷论明末遗民逃禅。

这部著作的重点是"僧徒之外学"。僧徒于教外之学——作诗、撰文、论杂文、挥毫书法、泼墨绘画，问难善辩，以儒雅情趣见其志向和故国情思。以《士大夫之禅悦及出家》和《遗民之逃禅》两节最能体现该书的思想。《遗民之逃禅》一节末尾曰："明季遗民多逃禅，示不仕决心也。""范蔚宗谓'汉世百余年间，乱而不亡，皆仁人君子心力之为'，然则明之亡而终不亡，岂非诸君子心力之为乎！"1940 年 5 月 3 日，陈垣在致陈乐素的信中说："本文之着眼处不在佛教本身，而在佛教与士大夫遗民之关系，及佛教与地方开辟、文化发展之关系。若专就佛教言佛教，则不好佛者无读此文之必要。惟不专言佛教，故凡读史者皆不可不一读此文也。三十年来所著书，以此书为得左右逢源之乐。"陈垣于 1957 年为此书作《重印后记》："此书作于抗日战争时，所言虽系明季滇黔佛教之盛，遗民逃禅之众，及僧徒拓殖本领，其实欲表彰者乃明末遗民之爱国精神、民族气节，不徒佛教史迹而已。"

陈寅恪为该书作《序》，给予很高的评价："严格言之，中国乙部之中，几无完善的宗教史，然其有之，实自近岁新会陈援庵先生之著述始。""寅恪喜读内典，又旅居滇地，而于先生是书征引之资料，所未见者殆十之七八，其搜罗之勤，闻见之博若是。至识断之精，体制之善，亦同先生前此考释宗教诸文，是又读是书者所共知。""宗教与政治，终不能无所关涉。"明末滇黔之"学人端士，相率遁逃于禅，以全其志节，今日追述当时政治之变迁，以考其人出处本末，虽曰宗教史，未尝不可作政治史读也"。陈其泰认为，该书的成就体现在三个方面：①对遗民的思想和行动的政治意义作了深刻的阐释，大力表彰他们的爱国思想、民族气节；②由于掌握了遗民逃禅以抗清这一规律，故能将分散而隐晦的材料，处处互相印证，从而获得新解，恢复长期被掩盖的当日志节之士逃禅历史的真实面目；③从这部著作开始，陈垣先生在论著中大量正面发表富有思想性和政治意义的议论，实现了由严密考证向更高层次的自觉体现时代精神的飞跃，这就为陈垣先生的学术注入了新的生命。

《清初僧诤记》发表于 1941 年，共 10 章 3 卷。书前《小引》曰："闲阅僧家语录，以消永昼。觉其中遗闻佚事，颇足补史乘之阙，时复默而识之。去岁撰《明季滇黔佛教考》，本有法门纷争一篇，以限于滇黔，未能论及东南各省，兹特扩为此篇，以竟其说。"1962 年《重印后记》说："1941 年，日军既占据平津，汉奸们得意洋洋，有结队渡海朝拜、归以为荣、夸耀于乡党邻里者。时余方阅诸家语录，有感而为是编，非专为木陈诸僧发也。"1946 年 2 月 23 日，陈垣在致方豪的信中说："此记（指《清初僧诤记》——引者）与佛、道二教考（指《明季滇黔佛教考》与《南宋初河北新道教考》——引者）为弟国难中所撰'宗教三书'之一，前数篇因派系纠纷，殊眩人目，然此烟幕弹也，精神全在中后篇。"

所谓"精神全在中后篇"，指卷三《新旧势力之诤》多论及宗教与政治的关系。清初佛门部分僧人攀附新朝，形成以木陈忞为首的新朝派和以玉林为首的半新朝派。全书主要叙述法门中故国派与新朝派之间的矛盾，虽为"门户之争"，但都反映了不同的政治倾向，书中借抨击明亡后变节仕清之僧人，影射沦陷区媚事"新朝"的汉奸。该书与《明季滇黔佛教考》互为表里，后者"其所欲表彰者乃明末遗民爱国精神，民族气节，不徒佛教史迹而已"。前者旨在借昭示木陈忞、玉林等攀附新朝作恶，痛斥日伪汉奸欺压国民。

《中国佛教史籍概论》完成于 1942 年 9 月。1943 年陈垣为辅仁大学研究生新开的一门课程，即以此书为讲义。直至 1955 年，郭沫若将此书推荐给科学出版社出版，并为此书题写了书名。全书分 6 卷，著录六朝以来佛教史籍 35 种，按成书先后排序。此书是近代以来第一部介绍佛教史籍的目录学书，也是迄今为止唯一一部系统揭示在史学研究中如何利用佛教典籍的专著。

陈垣与郭沫若在励耘书屋

这部书对佛教史研究的贡献在于四点。第一，每部佛教史籍都有题解，分列书名、卷数、作者、版本、内容等，并以"本书之体制及内容""本书之特色及在史学上的利用""本书之得失""本书版本异同""本书之流行"及撰者"略历"，有关史实"辨误""正误"等小标题，一一评价、考辨。每一解题即一独立成篇的学术论文，揭示出各部佛教史籍的主旨、特点与史料价值。这样就大大提高了它的目录学价值，使人有耳目一新之感。第二，重视对佛教典籍的版本分析，对每部典籍详细分析其版本源流，先条列版本系统，再缕析各本间异同、考订传本的失误。其版本考据远在清代学者之上。第三，对前代各种目录学专著的失误辨正极多。他纠正《四库全书总目》（别称"四库提要"）错误凡 29 条，并在解题中，专列"《四库提要》辨误"一目。第四，蕴含着陈垣丰富的爱国主义思想。书中一再论曰："言宗教不能不涉及政治。""道人虽然离俗出家，然每与政治不能无关系。"故考证佛教史籍，注意从政治的角度进行论述，表彰历史上的爱国僧人，借以鼓舞沦陷区人民不屈不挠的斗争精神；同时又贬斥投降变节之臣，借以痛责汉奸无耻事敌。陈垣在《重印后记》中说："稿成于抗日战争时期，时北京沦陷，故其中论断，多有为而发。"此书史料丰富，叙述详尽，考证精辟，是了解和使用佛教资料的重要参考书，在中国及日本均产生相当大的影响。1957 年 6 月，教授佛教史的日本友人野上和小笠原访华，曾谈到该校很多教师都用此书作为讲义。

《释氏疑年录》1938 年整理完竣，1939 年经修改后刻板印行。共分 12 卷，记载了自晋至清初有年可考的名僧 2800 人。卞孝萱《工具书之典范，做学问的指南——读陈垣先生〈释氏疑年录〉》认为，陈垣"《释氏疑年录》是自有《疑年录》以来学术价值最高者"。其特色有四：①体例完善；②选材审慎；③考证细密；④校勘谨严。"《释氏疑年录》好似信息库，为研究 2800 位僧人以至佛教史提供了重要线索，对读者帮助很大。"此书足称工具书之典范、做学问的指南。

陈垣研究佛教史，除上述诸种著作之外，还有 20 多篇论文，尽收入黄夏年主编《近现代著名学者佛学文集》中的《陈垣集》（中国社会科学出版社 1995年版）。此外，其精彩之笔还有与梁启超关于玄奘出游年代的论辩及与胡适关于《四十二章经》的论战。

1922 年梁启超在《中国历史研究法》一书中认为，搜集到"第一等史料"，证明玄奘开始出游的年份是"贞观元年"，而不是史籍记载的"贞观三年"。1924 年 10 月上海《东方杂志》发表陈垣的《书内学院新校〈慈恩传〉后》，将梁启超的论据一一驳倒。该文分 13 目。前四目考评了玄奘的年岁；第五至十二目，考证了玄奘出游的年份及相关史实。论证逻辑十分严密，环环紧扣，彻底推翻了梁启超的"贞观元年出游说"，维持了"贞观三年出游说"。这场辩论的真正价值并不在于"元年说"和"三年说"，而在于缜密论证的科学方法和实事求是的精神。这种严谨的学风、认真的态度和科学的方法，受到学人的推崇。

1933 年胡适撰《四十二章经考》，认为汉代译经即有"佛""沙门"等名词。他将文稿送陈垣征求意见。陈垣致函胡适，运用汉代君臣诏令奏议称"浮屠""浮图"，而不言"佛""沙门"的材料，反驳胡适的观点，认为现存《四十二章经》非汉译亦非襄楷所引之汉译佚经。以后双方书信来往前后 10 余日，书信达 8 封。对于这场辩论，许冠三在《新史学九十年》中评论，陈垣"考《四十二章经》身世，能以缜密傲视胡适之"。其周密推证和严谨、科学的方法使胡适深深折服，甚为敬佩。陈垣嫡孙陈智超在《陈垣先生与佛学》一文中说：

> 他与胡适关于《四十二章经》的辩论，更是宗教史研究中的一段佳话。……今天回顾这一场辩论，犹如欣赏一场精彩的高水平的友谊比赛。双方实力伯仲，旗鼓相当。经过辩论，在一些问题上取得共识；未能一致的地方，也因此充实了自己的论据，使自己的观点更严密。前辈学者在学术上坦率的态度，令人向往。

1937 年陈垣与胡适合影

（四）回教史研究

1962 年，陈垣发表《衷心喜悦话史学》一文，说："我过去因为所看到的古籍资料里有关回族的记载，无不贯穿着种族歧视和压迫，非常气愤，决心进行回教史研究。"刘乃和说："陈垣对伊斯兰教的研究，也是从研究外来古教时开始的。"1927 年 3 月 5 日，陈垣在北京大学研究所国学门作学术报告，题为《回回教进中国的源流》。他在演讲中说：

> 二十年前，余即有意编纂《中国回教志》。其总目如下：一、宗派志；二、典礼志；三、氏族志；四、户口志；五、寺院志；六、古迹志；七、金石志；八、经籍志；九、人物志：经师、卓行、政绩、武功、文苑、方术、杂流、列女；十、大事志。附：中回历对照表、历代哈里发世系表、唐宋辽大食交聘表、元明清回回科第表。但以关于户口、寺院、金石诸门，非实际调查不可，而中国回教团体，组织不完备，调查殊感困难，故此书至今尚未完全成功。近又思缩小范围，改变体例，名为《中国回教史》。

此演讲稿发表时改题为《回回教入中国史略》。此文虽为一篇讲演稿，但它集中表达了陈垣撰《中国回教史》的构思和框架。著名的回族历史学家白寿彝说："（陈垣）对伊斯兰教，虽只留下来《回回教入中国史略》这一篇演讲词，但他编纂《中国回教志》的设想，一直到今天对中国伊斯兰教的研究工作还是有重要的指导意义。"

（五）道教史研究

陈垣的道教史研究，主要集中表现在《道家金石略》和《南宋初河北新道教考》两部书中。

《道家金石略》是一部大型的道教碑刻资料集，是陈垣研究道教史的一项重要成果。该书草创于1923—1924年，当时陈垣任北京大学研究所国学门导师，他"纂《道家金石略》，曾将《道藏》中碑记及各家金石志、文集，并艺风堂所藏拓片，凡有关道教者，悉行录出，自汉至明，得碑千三百余通，编为百卷，顾以校雠不易，久未刊行"。1988年，其嫡孙陈智超、孙媳曾庆瑛，将陈垣旧稿重新整理，经校勘、增删、校点、注释、编制目录和索引，由文物出版社出版。该书共收碑文1530余通，100多万字。清代钱大昕（自署竹汀居士，人又称"钱竹汀"）广收石刻文字，据以治史，开乾嘉一代之学风。陈垣自称其学出于钱大昕，广收石刻文字治史，从侧面发扬了钱竹汀之学的传统。蔡美彪认为"以本书最具特色的金元部分为例，所收艺风堂藏拓180余通，其中十之八九均为前人金石志所未刊，是弥足珍贵的。其他散见于《道藏》、金石志及文集的石刻文字，其书虽并非罕见，但经援庵先生广事搜录，汇为巨编，其内容之宏富，也足以超越前人。如本书所收全真道有关文字，即多为元人《甘水仙源录》及近人《长春道教源流考》所未载，实为最完备的全真石刻汇编"。"本书不仅是研究道教或道家历史者所必需，也为汉魏以来尤其是金元历史研究者筑造了一座石刻文字宝库。"

《南宋初河北新道教考》发表于1941年，凡3篇4卷23章7万余言。书前有作者《识语》，书后有朱师辙《跋》。

该书为陈垣所撰"宗教三书"之一，是抗战时期的一部爱国史著。1957年7月，陈垣在该书《重印后记》中说明了著述经过及其义旨，曰："此书继《明季滇黔佛教考》而作，但材料则早已蓄之三十年前，一九二三、二四年间，作者曾辑有关道教碑文千余通，自汉迄明，按朝代编纂《道家金石略》百卷，以为道教史料之一部分，藏之箧衍久矣。卢沟桥变起，河北各地相继沦陷，作者亦备受迫害，有感于宋金及宋元时事，觉此所谓道家者类皆抗节不仕之遗民，岂可以其为道教而忽之也。因发愤为著此书，阐明其隐，而前此所搜金元二代道教碑文，正可供此文利用，一展卷而材料略备矣。诸人之所以值得表扬者，不仅消极方面有不甘事敌之操，其积极方面复有济人利物之行，固与明季遗民逃禅者异曲同工也。"1941年9月2日，陈垣在致汪宗衍的信中说，"年来饱食终日，著《明季滇黔佛教考》外，并著《南宋初河北新创三教考》（即《南宋初河北新道教考》）以配之"。《明季滇黔佛教考》写的是清推翻明朝北京政权后已"实为畿辅"之滇黔，《南宋初河北新道教考》写的则是北宋亡后沦于金统治下之河北，两书实为姐妹篇。孙楷第评论："三道教有史，自先生始。称先生是书有不可及者三：

一曰真积力久，二曰心解神契，三曰诠叙有方。真积力久，指长期积累、考订史料之功力；心解神契，指知人论世，善解古人之意；诠叙有方，指全书结构匀称，材料驾驭得当。""然余尤服先生议论之正也。真积力久是学，心解神契是识，诠叙有方是才。议论正则德也。""故读史，观其议论可以知其人。心求正则议论正然后可以示惩劝。"曾觉之评论："尝谓历史家之责任，贵在叙述正确之事实，而尤贵传达真切之心情；内在心理之真盖尤重于外表事实之真。真实为过去陈迹，心理则现前活在，永远流动于吾民族血脉之中，此历史之可贵也。"

（六）宗教史研究的特色

陈垣是近代中国宗教史研究的开拓者之一。迄今为止，其成就在中国宗教史研究者中是罕有其匹的。陈智超在《陈垣先生与佛学》一文中总结了陈垣宗教史研究的五大特点。

1．是宗教史研究者而非宗教徒

历史悠久的宗教都有自己的历史，有大量的文献。但这些文献都是本教的专职人员或信徒为卫道和护教而编写的，不是严格意义上的科学宗教史。陈垣曾经信仰过基督教，但他的研究观点不是从卫道者的立场，而是从研究者的立场出发的。方豪曾写信问过他，是否耶稣教友？他回信说："承询予是否为耶稣教友，亦应有一问。余数月前曾演讲回回教入中国历史，人多疑余为回回教徒。近为辅仁大学（即公教大学改名）校长，人又疑我为天主教徒。不知我实一宗教史研究者而已，不配称为某某教徒也。"

2．开比较宗教史研究之先河

由于功力扎实，视野宽广和方法科学，因此陈垣在对某一宗教作专题深入研究时，往往能与同时代的其他宗教作横向比较研究。《汤若望与木陈忞》一文，是天主教与佛教比较研究的典范。汤若望以天主教司铎，木陈忞以大和尚，同时受到顺治知遇，"均可谓千载一时"。陈垣把他们放在东西方文化的广阔背景下进行比较，开宗教史比较研究之先河。

3．材料的新解释与新材料的发现

陈垣一再强调研究问题"必须有新发见，或新解释，方于人有用"。《明季滇黔佛教考》一书是对史料的新发现、新解释的范例。他在致陈乐素的家书中说："顾亭林言著书如铸钱，此书（指《明季滇黔佛教考》）尚是采铜于山，非用旧钱充铸者也。"此书采用许多僧家语录，这些语录收入《嘉兴藏》中，藏于故宫内，多年无人过问，藏书处阴暗潮湿，蚊子很多。为了打开这座史料宝库，当时已是60高龄、享有盛名的陈垣，带领助手，每次事先服用奎宁丸，历时1年，将全藏翻阅一遍，并抄录了多种清初僧人语录，在《明季滇黔佛教考》中充分加以利用。

4. 高度的责任感

陈垣把学术研究工作作为报国之道，以全面抗日战争为分界线，可分为两大阶段。全面抗日战争以前，他常对学生说："日本史学家寄一部新著作来，无异一炮打在我的书桌上。"号召要"把汉学中心夺到中国，夺回北京"。七七事变以后，他留在沦陷区北平。这时期的著作无不贯穿着爱国精神。1946 年 3 月 15 日他在致杨树达的信中说，"国难中曾著宗教三书"。"皆外蒙考据宗教史之皮而提倡民族不屈精神者也。"1950 年，在给席启骃的信中又说："所著已刊者数十万言，言道、言僧、言史、言考据，皆托词，其实斥汉奸、斥日寇、责当政耳。"1940 年 5 月，沈兼士读了《明季滇黔佛教考》后，赠诗陈垣，其中两句云："傲骨撑天地，奇文泣鬼神。"可见它在当时沦陷区所起的巨大鼓舞作用。

5. 贵有诤友

《明季滇黔佛教考》出版，陈垣在家书中说："欲寄《考》一册与汤用彤先生（字锡予），从前在联大，未知今何在？汤先生专门佛教史，商务出《南北朝佛教史》，甚佳。"七七事变后，胡适、陈寅恪、伦明离北平南下，陈垣在 1940 年 1 月 7 日给乐素的家书中说："文成必须有不客气之诤友指摘之，惜胡、陈、伦诸先生均离平，吾文遂无可请教之人矣。非无人也，无不客气之人也。"《明季滇黔佛教考》请陈寅恪作序，陈垣在家书中表示："此书舍陈公外，无合适作序之人。"收到陈序后，他"喜出望外"，并叮嘱，《明季滇黔佛教考》稿"陈丈看过后，口头有何批评，至紧告我"。

陈垣宗教史研究的这些特点，是一种宝贵的精神财富，我们应该学习、继承和发扬。

二、 在中国历史文献学上的重要建树

中国历史文献学，就是研究对中国历史上各类文献进行注释、著录、校勘、辨伪、辑佚等的一门专科之学。在中国，这门学科既古老又年轻。说它古老，是因为对各类文献进行注释、著录、校勘、辨伪等，都已有 2000 多年的实践，积累了丰富的成果和经验；而说它年轻，则是因为全面、科学地总结这些丰富成果和经验进行，阐述其成败得失，探索其发展规律，都是较为近晚的事。这个学科至少包括目录学、注释学、版本学、校勘学、辨伪学和辑佚学；同时，它还与文字学、音韵学、训诂学、年代学、避讳学和历史地理学等几个独立的学科有密切的关系。陈垣一生的著作，关于中国历史文献学的占了相当大的比重。可以说，他为近代中国历史文献学的建立奠定了基础。因此，白寿彝在总结陈垣的史学成就时说："他在史学最大的贡献，是在不少方面为近代中国历史文献学打下了基础。"又说："援庵先生对历史文献学的建基工作包含目录学、年代学、史讳学、

校勘学等几个方面。"陈垣将这些传统的专门之学置于科学方法的基础上，赋予传统学问以新的生命活力，并以其创新见解和躬行实践，撰成专著以垂范后世。

（一）目录学研究

陈垣的目录学著述，有两部专著和若干论文行世。《中国佛教史籍概论》是一部专门的目录学著作。它不同于一般的目录学著作，其超迈前人之处在于，不是空言大话的理论，亦非账本式的书目罗列和简单的内容提要，而是选取了与历史研究有关的主要佛教典籍 35 种，就作者、卷次、版本、内容、编纂方法、史料价值和在学术研究中如何利用等方面作了详尽的介绍和评述。在编纂方法上，集前此所有目录学著作之优点，弥补了各自的不足，对传统目录学的编纂方法和思想作了完美总结，堪称中国近代目录学著作的典范，故白寿彝、刘乃和在评论这部书时都认为此书"是目录学方面有创造性的一部著作"。

《敦煌劫余录》是陈垣的另一部目录学著作，凡 14 卷，是北京图书馆馆藏敦煌经卷的一部专题目录。他在《序》中说，自从敦煌藏经洞被发现以来，"匈人斯坦因、法人伯希和相继至敦煌，载遗书、遗器而西，国人始大骇悟。宣统二年，学部咨甘肃有司，将洞中残卷悉数运京，移藏部立京师图书馆，即今所著录者是也"。著录写经 8679 号，兼采中国传统目录与近代西方目录索引的编制方法进行编排。首著《总目》，著录书名，译撰者、卷数、轴数、页次等；再著《检目》，将原轴编号即排架号按千字文顺序排列，以便查索；再次为各轴介绍，"略仿赵明诚《金石录》前十卷体式，每轴著其原号、起止、纸数、行数及内容。原号者，由甘肃解部时所编之号。起止者，每轴首二行之首二字及末二行之末二字也"。每轴经卷著录之后，又有《附记》，为各轴简要考证与说明。读者由此可知敦煌写经概貌，从而大大提高了该书的学术价值和实用价值。陈寅恪为该书作序，说"吾国学者，其撰述得列于世界敦煌学著作之林者，仅三数人而已"，陈垣"应中央研究院历史语言研究所之请，就北平图书馆所藏敦煌写本八千余轴，分别部居，稽核异同，编为目录，号曰《敦煌劫余录》，诚治敦煌学者不可缺少之工具也"。胡适认为"陈垣先生的《敦煌劫余录》流行于世，其考订之详，检查之便利，已远在巴黎、伦敦诸目之上了"。此书为学术界所推崇，由此可见一斑。

（二）版本学研究

鉴定古籍版本，考订它们的刊刻时代，前人依据版式、行款、字体、墨色、纸张、牌记（包括内封面）、装帧、刻工、序跋、题跋、藏章等外部特征进行鉴别。陈垣对此法非常熟悉。陈垣比历代版本鉴定家高出一筹的地方在于，他不仅从外部形式去鉴别，还善于从古籍内容上鉴别版本年代。所撰《史讳举例》卷七《避讳学之利用》第六十四《因讳否不画一知书有补版例》和第六十五《因避讳断定时代例》两目，列举了运用避讳知识鉴定版本年代的史例 13 条。利用避讳知识判断版本年代是陈垣版本学研究的一大特点。

他还善于运用各朝代用语用字不同的特点，确定古籍版本年代。《史讳举例》卷二《避讳之种类》第十九《宋禁人名寓意僭窃例》、第二十《清初书籍避胡虏夷狄字例》等目，列举宋朝禁止人名使用"龙天君玉帝上圣皇"等字眼，清初刻书避讳"胡虏夷狄"字眼，以后雍正十年、乾隆四十二年曾降谕旨明令不讳。可据此鉴定宋版和清初版本。《校勘学释例》卷三《元代用字误例》第二十七《元代用字与今不同例》有"原免之'原'，与元来之'元'异，自明以来，始以'原'为'元'，言版本学者辄以此为明刻元刻之分，因明刻或仍用'元'，而用'原'者断非元刻也"。此乃用书的内容鉴定版本之例。《元西域人华化考》卷四《文学篇》的《回回教世家之中国诗人》中说："今《鹤年集》通行本有二本，《艺海珠尘》本三卷，题曰《丁孝子诗集》，《琳琅秘室丛书》本四卷，题曰《丁鹤年集》。以余所考，二本所收，皆明刻，而黄丕烈诸人则以四卷本为元刻，不知其一时疏略，抑自欺欺人也。"陈垣根据书的内容举出 5 条证据，确凿地证明了此书是明刻，而不是著名的版本学家黄丕烈、顾广圻、张金吾、胡适等所说的元刻。这又是从书的内容来鉴定版本的显例。

陈垣研究版本，十分重视古本，撰《墨井道人传校释》。他所见到的《墨井道人传》有 3 个版本，即康熙末张云章自刻朴村文集本、康熙末嘉定陆道淮编刻墨井诗抄本、宣统间上海李木大辑印墨井集本。后出的"李本最通行，然多伪误。……今以李本为主，而以二本校释之，以见古本之不可轻改也"。

陈垣善于运用版本知识整理古籍，考证史事，其《校勘学释例》和《通鉴胡注表微·校勘篇》论述了版本在古籍校勘中的作用。他主张广搜异本，重视不同版本之间的对校。陈垣的经验对今天整理古籍仍有指导意义。

（三）年代学研究

《中西回史日历》（以下简称《日历》）、《二十史朔闰表》（以下简称《朔闰表》）是陈垣编著的两部关于年代、历法的书。这是两部研究历史必备的重要工具书。

陈垣早年致力于古宗教的研究，在研究过程中，常常遇到中西回历对比的问题，深感没有一本中西回史的日历，给研究造成极大的不便。

为什么要对照中、西、回三种历法呢？因为这三种历法各不相同。中西历纪年，一年相差 10 多天至 50 多天，西历岁首，一般都在中历岁末，如不按年月日计算，而以中历某年作为西历某年，则在岁首岁尾之间，会有一年的差误。回历与中、西历都不相同。回历每月的天数固定，单月大尽，各 30 天；双月小尽，各 29 天。每隔两三年有一次闰年，逢闰年十二月末加 1 天，成为 30 天。所以回历平年 354 天，闰年 355 天。因回历不设闰月，故每年岁首不定，与季节无关。回历和中历对算，每经三十二三年就差 1 年，即回历每过三十二三年就比中历多 1 年，每百年多 3 年多，每千年多 30 多年。所以，如不了解这三种历法的差异，则必然会在历史记载的运用上出现很多错误。

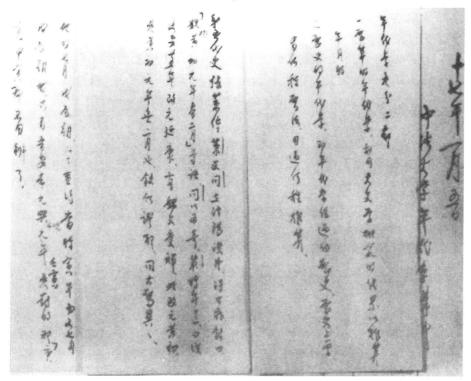

《中法大学年代学讲料》手稿

为了今后考史的人工作方便，陈垣决心写一本 2000 年的历表，表中包括中、西、回三历。他说："这是一人劳而百人逸，一时劳而多时逸的事情，再困难也要把它做出来。"两书编著极艰巨，《朔闰表》的编排，列出又改，编好又换，反复推敲，精心裁取；《日历》则"稿凡五易，时阅四年"。《日历》自序中说："兹事甚细，智者不为，然不为终不能得其用。余之不惮烦，亦期为考史之助云尔，岂敢言历哉！"

《中西回史日历》"以西历为衡，中历回历为权"，就是用西历的表格（即日序表）作为基础，把推算出的中历、回历分别标记在西历月日旁。全书用红、黑两色套版。

因为西历每四年 1 闰年，所以日序表的版式是西历四年为 1 个单元，每单元印成 2 页，2000 年都用这一种版式。每单元的末一年，即中历逢子、辰、申之年，都是西历的闰年，这年二月为 29 天。日序表分上下两层：上层是纪年，包括西历纪年、中历甲子纪年即干支纪年、历代帝王年号纪年、罗马纪年（至西历 476 年西罗马灭亡）、回历纪年（自西历 622 年开始）几项。下层纪月日，是按西历每月日的次序排列的日序表。

书后附日曜表、甲子表、年号表。日曜表可查 2000 年间某日是星期几，甲子表可查 2000 年间某天的干支纪日，年号表列出历代帝王年号，按年号第一字笔画多少排列。

《日历》起于西历元年即汉平帝元始元年。凡历史上西历元年后各朝中历、西历、回历年月日的对比，以及每天的干支、日曜，随手很快检出。正像《日历》自序里所说："此编不啻两千年之中西月份牌，而一千三百五十年之西域斋期单也。"

《朔闰表》可以说是《日历》的姐妹篇。起于汉高祖元年（前 206）。自汉平帝元始元年起，加入西历，以中历之朔闰可求西历的月日。自唐高祖武德五年起，加入回历，以回历之岁首可求中历的月日。西历 476 年以前并注明罗马历。此书原写至 1940 年，1962 年中华书局再版时，重加修订，改正错误 50 处，并增加了 60 年，至 2000 年。

这两部书是中国近代历表编制的创举，为 2000 年来中、西、回三种历法提供了可靠的换算工具，更重要的是使中国近代史学研究由传统走向科学。1925 年《朔闰表》出版时，在学术界引起极大轰动。胡适评论："此书在史学上的用处，凡做过精密的考证的人皆能明了，无须我们一一指出。""我们应该感谢陈先生这一番苦功夫，作出这样精密的工具来供治史者之用。""这种勤苦的工作，不但给刘羲叟、钱侗、汪曰桢诸人的'长术'研究作了一个总结，并且给世界治史学的人作一种极有用的工具。"刘乃和说："《二十史朔闰表》当时所以受到如此重视和欢迎，就因为它是一本读史不能离开的极好的工具书，内容确切严密，使用方便。这书出版前，我国还从来没有一部贯穿两千年，中历、西历、回历可以互换的精确年表。""这部书是我国历表的创举，六十多年来，学人称便。内容有其自己的特点，为目前其他历表所不能代替。"由此我们可以看到陈垣对年代学、历表的重大贡献。

（四）校勘学研究

校勘的实践出现较早，亦受到历代历史学家及古籍整理者的重视，特别是清代，校勘之风大盛，但校勘学并没有形成专门的学问。陈垣十分重视校勘，认为"校勘为读史先务，日读误书而不知，未为善学也"。陈垣在清室善后委员会工作时，在斋宫发现元刻本《元典章》，以故宫元刻本及其他 4 种抄本与沈家本刻的《元典章》（沈刻本）详校，得沈刻本讹误 12000 多条，据此撰成《元典章校补》一书。1931 年陈垣在北京各高校讲授校勘学，就以此本为例，将之作为教材。并在 12000 多条例中，提炼、分类和说明，撰成《元典章校补释例》6 卷，共 50 例（1959 年重版时更名《校勘学释例》）。陈垣第一次用近代科学方法对中国传统的校勘学作了总结，并提出"校法四例"：对校法、本校法、他校法、理校法。

《校勘学释例》用科学的精神、缜密的方法和严谨的论证，把 2000 多年来中国传统的校勘实践总结为近代科学的校勘学，确定了校勘学的准确含义、对象和范畴，明确了校勘学与目录、版本诸学科的区别与联系。胡适在《校勘学方法论——序陈垣先生的〈元典章校补释例〉》中，对该书在中国校勘学上的贡献作了很高的评价："这部书是中国校勘学的一部最重要的方法论。""陈援庵先生校《元典章》的工作，可以说是中国校勘学的第一伟大工作，也可以说是中国校勘学第一次走上科学的路。"孙智昌在《陈垣先生校勘学散论》中说：

> 清代学者在校勘学上，没有任何人能和陈垣先生相比拟。清末民初，和陈先生同时代的梁启超、胡适等，亦在校勘学上摸索。梁启超亦总结校勘方法，但他的校法互相重复，语言冗繁，未能阐明其内在规律，和陈先生的"四法"相比，几不能望其项背。虽然他的《中国近三百年学术史》很有名，但在本书中提出的校勘方法，并没有多大影响力。而陈先生在《释例》中提出的"校勘四法"在文史学界几乎尽人皆知，其影响不可估量。

《元典章校补释例》问世以来，虽有不少校勘学著述出版，但多在《元典章校补释例》基础上补充、改写、普及，并没有超出《元典章校补释例》所论及的范畴。

（五）避讳学研究

关于避讳学，陈垣有《史讳举例》一书问世。他在该书序中说："民国以前，凡文字上不得直书当代君主或所尊之名，必须用其他方法以避之，是之谓避讳。避讳为中国特有之风俗，其俗起于周，成于秦，盛于唐宋，其历史垂二千年。其流弊足以淆乱古文书，然反而利用之，则可以解释古文书之疑滞，辨别古文书之真伪及时代，识者便焉。盖讳字各朝不同，不啻为时代之标志，前乎此或后乎此，均不能有是，是与欧洲古代之纹章相类，偶有同者，亦可以法识之。研究避讳而能应用之于校勘学及考古学者，谓之避讳学。避讳学亦史学中一辅助科学也。"在这里，陈垣把避讳的历史以及研究避讳学的重要性作了阐述。

陈垣有感于历代学者关于避讳的著述，或记载不详，或"未能为有系统之董理"，或"其书迄未刊行"，或"谬误颇多，不足以为典要"，或"皆不注出典，与俗陋类书无异"，或"未能应用之于校勘学及考古学上发人深思"，所以他发愤著述，于 1928 年撰成《史讳举例》，用以纪念钱大昕诞辰 200 周年，"意欲为避讳史作一总结束，而使考史者多一门路一钥匙也"。

《史讳举例》全书 8 卷，82 例，征引书籍 140 种左右。此书集避讳史料之大成，使避讳学真正成为一门新的专门学问。陈垣在《通鉴胡注表微·避讳篇》中说："避讳为民国以前吾国特有之体制，故史书上之记载，有待于以避讳解释者甚众，不讲避讳学，不足以读中国之史也，吾昔撰《史讳举例》，取为是焉。"

此书问世以来，学术界给予很高的评价。傅斯年在致陈垣的信中说："《史讳例》一书，再读一过，愈佩其文简理富，谨严精绝，决非周书（此稿现存弟处）所可及也，谢谢。"此处所说的"周书"是指周广业曾费 30 年之功汇编的《经史避名汇考》手稿，陈垣在《史讳举例·序》中，赞此手稿"集避讳史料之大成"，"周书"分门别类将避讳史料按年代加以排比，条目清晰，征引宏富，其材料量超出《史讳举例》数倍，却没有对避讳史进行总结性的研究，也没有运用避讳知识来解决历史研究中的问题，故傅斯年有如此之评价。胡适在《读陈垣〈史讳举例〉论汉讳诸条后记》中说："陈先生此书，一面是结避讳制度的总账，一面又是把避讳学做成史学的新工具。它的重要贡献，是我十分了解的，十分佩服的。"此书影响了一代又一代的史学家，他们以之作为工具，此书在研究史学、整理古籍、考证史事方面作出了重要贡献。

（六）对《四库全书》的研究

《四库全书》是清乾隆三十七年（1772）酝酿，三十八年（1773）开始编纂，到乾隆五十二年（1787）基本完成，共用了 15 年时间编纂的一部综合性大型丛书。抄成 7 部，分藏于 7 座藏书楼。此后 100 多年间，没有人对它进行过全面的调查研究。直到 1920 年，陈垣成为全面调查研究《四库全书》的第一人。

1915 年，原藏于承德避暑山庄文津阁的《四库全书》被移存国立京师图书馆（国家图书馆前身）。这是陈垣渴望已久的书，他千方百计与图书馆取得联系，并开始到馆借阅。

1920 年 5 月，法国总理班乐卫来中国，建议将退还的庚子赔款用来影印《四库全书》。当时徐世昌总统允诺影印后，分赠法国总统及中国学院，并明令派朱启钤督办其事。又派陈垣往京师图书馆就文津阁《四库全书》实地调查架、函、册、页的准确数字，以便为影印做准备。陈垣把主要精力放在《四库全书》的全面调查上。6 月至 8 月，陈垣带领樊守执、杨名韶、王若璧、李倬约、李宏业、张宗祥等人全面清点《四库全书》的册数、页数等。当时京师图书馆目录课谭新嘉于 1921 年 10 月在清点数据单后面题写跋语，记述当时情况："时政争激烈，近畿枪林弹雨，京城各门白昼仅启一二小时者二十余日。樊君诸人每日挥汗点查，未尝一日间断。""当戎马倥偬之际，得以从容镇静各事其冷淡生涯，几若世外桃源。"通过这次检查，陈垣等人弄清了这部丛书的详细情况。他们对其中每部书的册数、页数都作了统计，列出书名、作者，并做了索引，还将赵怀玉本《四库简明目录》与《四库全书》原书进行核对，将有书无目、有目无书、书名不符、卷数不对等情况，一一罗列，然后撰成《四库书目考异》5 卷、《四库书名录》、《四库撰人录》等。以后，陈垣断断续续对《四库全书》作了长达10 年的研究，取得了丰硕的开创性成果。他的学生刘乃和在《书屋而今号励耘》一文中记述了当时的情景：

> 当时他家住在北京城内西南角，贮存文津阁《四库》的京师图书馆在城东北角。当时紫禁城前后的东西街道还是宫廷禁地，没有直达道路，必须绕道走，来回路程需要三个多小时，逢阴雨风雪，甚至要四个多小时。他每天清早，带着午饭，到图书馆看《四库》，图书馆刚开馆就赶到，下午到馆员下班时才离开。就这样前后读了十年，把这部包括三千多种、三万多册的大丛书做了详尽地了解。

1925 年 1 月，陈垣还带领北大学生清点了文渊阁《四库全书》。他后来画了《文渊阁排架图》，将文渊阁书排列的函、架次序，按原来排放位置画为图式，颇便观览。4 月 28 日，他在故宫摘藻堂发现了尘封多年的《四库全书荟要》，并特意留影纪念。《四库全书荟要》与《四库全书》同时编写，是乾隆皇帝命四库馆臣选择《四库全书》的精华，缮写为《四库全书荟要》，其编写形式与《四库全书》全同。共收书 473 种 11151 册，分装于 2000 函中，另外 1 函为总目。这一发现，也是陈垣对《四库全书》的重要贡献。

与清室善后委员会部分同仁在故宫合影

现在收入《陈垣学术论文集》第二集的关于《四库全书》的文章有 9 篇，即《编纂四库全书始末》《文津阁四库全书册数页数表》《四库全书中过万页之书》《大唐西域记之四库底本》《四库撤出书原委》《书于文襄论四库全书手札后》《景印四库全书未刊本草目签注》《四库提要中之周亮工》《再跋于文襄论四库全书手札》。我们从这九篇文章中可以看出陈垣对《四库全书》研究的贡献主要表现在五方面：

第一，摸清了《四库全书》的基本数字。统计的结果：《四库全书》收书共 3461 种，99309 卷；存目有 6793 种，93551 卷。全书共 2290916 页，分装成 36275 册，总字数 99700 万。过万页之书 31 部，页数最多、部头最大者是《佩文韵府》，444 卷，28027 页；第二名是《册府元龟》，1000 卷，27269 页。这一基本统计为人们认识《四库全书》提供了方便。

发现《四库全书荟要》后留影

第二，《编纂四库全书始末》一文第一次将编修《四库全书》全过程作了简明扼要的记载。关于《四库全书》是如何编成的，虽有零星记载，但并没有系统的材料，人们并不清楚编纂全过程。此文采用编年体例，以事系年，逐年逐目编列，记述了乾隆三十七年（1772）至五十七年（1792）《四库全书》的编纂始末。从此文我们得知参加修书者前后有 900 多人，乾隆第六子永瑢等 8 人为总裁，纪昀、陆锡熊、孙士毅任总纂修者，邵晋涵、周永年、余集、戴震、杨昌霖等任校勘。《四库全书》采入敕撰本、内府本、《永乐大典》本、各省采进本、私人进献本和通行本等 6 种书本。《四库全书》抄成 7 部，建 7 阁分藏。

第三，考证《四库全书》撤出书原委。《四库撤出书原委》是 1928 年陈垣致余嘉锡的信，他根据乾隆宫廷档案，考出周亮工等人的书被撤出的原因：因书中有被清廷视为"违碍"之句，或有"猥亵"之疑，故被撤出。被撤出的书共有 11 种之多。又在《四库提要中之周亮工》一文中说："周亮工著述，四库全书著录五种，存目三种。""乾隆五十二年，复勘四库全书……亮工著述之已著录及存目者一律扣除，已刻提要之有亮工名者亦一律抽改。"

第四，对于文襄论《四库全书》手札的研究。于文襄即于敏中，《四库全书》总裁之一，他曾写信给《四库全书》总纂修之一陆锡熊，论《四库全书》，前后56通，附函5件，手札有日、月，但无年代。1933年《北平图书馆馆刊》刊载《于文襄手札》时，只以日、月的次序，故事实多倒置。陈垣根据手札用信笺，内容及所书月、日，考出这些信是乾隆三十八年（1773）至四十一年（1776），"故此诸函前后亘四年"，纠正了原刊本的错误，可见陈垣考证之功力。

陈垣认为，这些信件非常重要，涉及修纂《四库全书》的材料很详细，好多官方文书都赶不上。从这些信件中知道，于敏中在修书过程中，能发指示，"密授机宜，不徒画诺而已"。又曰："统观诸札，办书要旨：第一求速，故不能不草率；第二求无碍，故不能不有所删改；第三求进呈本字画无讹误，故进呈本以外，讹误遂不可问。敏中亦深知其弊，故其奉办《日下旧闻考》附函有曰'此书私办更胜于官办'；六月十一日函亦曰'欲将《玉海》校正，别行刊板，不由官办更妥。'然则世之震惊四库全书者可以不必矣。"统观信札，于敏中对《四库全书》的评价是正确的。

第五，对《四库全书》整理与刊行的意见。1920年，有重印《四库全书》之议，因款项巨大，未能实现。1924—1925年，教育部有两次议印之举，计划具在，因故未果。1933年又有选印《四库全书》之议。教育部函请陈垣等15人为"编订四库全书未刊珍本目录委员会"委员，编定《四库全书未刊珍本目录》，选书231种，于1935年由商务印书馆印成发行。这次影印四库全书未刊珍本，陈垣功不可没。陈垣写《景印四库全书未刊本草目签注》，对《四库全书》的整理和刊行提出了十分重要的意见。经陈垣"签注"，有52种书"均应剔出，可省二万二千四百八十一页。此外已有刊本应剔出者尚多，应俟公同订定"。8月21日，陈垣致信时任教育部长王世杰："承以编订四库全书未刊本目录事见要……乞即博采众说，将共以为未见刊本之书先行付印，庶得早日观成，至以为幸。"陈垣的这些意见，基本被采纳。早在1925年，商务印书馆负责人李宣龚在准备影印文津阁本《四库全书》时，致信陈垣："敝馆承印《四库全书》事，屡承指导，铭感不谖。且文津阁一书，原为我公平日所整理者，一切简帙，秩然有序，尤堪征信。……俟全书运沪之后，拟请执事莅沪一游，共商绦篆。辱蒙允许，此不独敝馆之荣幸，异日书成，揭橥得当，必更有餍海内人士之望者，则皆我公之赐也。"从这里可以看出，学术界、文化界对陈垣《四库全书》研究的承认与推崇。

第四章　学术誉天下　当世一宗师　（下）

三、 对元史研究的突出贡献

陈垣对元史研究的主要著作有《元也里可温教考》《元西域人华化考》《沈刻元典章校补》《元秘史译音用字考》等以及一些短而有分量的论文。

陈垣对二十四史中的《元史》作了公正的评价。清代学者以《元史》成书仓促为由，讥为疏陋或荒芜，而加以改编。但陈垣认为，由于《元史》修于草率之间，保留了许多原始的第一手材料，其史料价值高于其他书，一反清人的说法。他提出对《元史》可作注补，而不可删改另编的主张。李思纯《元史学》第三章详细记叙了陈垣关于《元史》的意见："今若删改旧文，别造新史，窃恐有所删改者未必能确当。吾以为不如为旧《元史》作注作补，以存其真。""凡旧《元史》之误者，吾人不必删改原文，而但注之。凡旧《元史》之遗者，吾人不必增入原文，而但补之。注者，如裴松之之注《三国志》也。补者，如褚少孙之补《史记》也。"陈垣对《元史》这种严谨、公允的态度，对治元史具有十分重要的指导意义。

陈垣为元史研究做了许多奠基性的工作，他编著的《二十史朔闰表》《中西回史日历》二书，尤其是二书有回历，是研究元史不可不备的得力工具书。为查找元代史资料，陈垣曾编过《四库全书》中《元六十家文集子目索引》，以备在子目中查找有关人物与事件。这是《四库全书》著录的170种文集中影响较大的60家。此书精抄两部，一部于20世纪60年代赠送给内蒙古大学历史系，另一部存北京图书馆，都是线装直写，有函套，甚精美。

《元西域人华化考》于1923年撰写完成，共8卷29目。元代西域人主要是色目人，元代是大批色目人来华的时代。最初来华的多半是军人、部族首领、工匠、商人等，他们与汉民杂居，居住既久，他们的子孙有不少人"舍弓马而事诗书"，读儒家的书，遵从中国的礼教，喜爱中国的文字，能写诗、填词、作曲，生活习惯与文化如同汉人，并产生了不少文学家和诗人。他们以儒家自居，这就是所谓"华化"。这是一个很值得重视的问题，它不仅关系到元代文化的发展变化，也是元代民族融合的表现。著名元史专家杨志玖在《陈垣先生对元史研究的贡献》中说："这样一个大题目，由陈先生首先发现、研究并写成专著，说明陈先生不仅对元史有深厚的功底，而且有史学家敏锐的眼光和深邃的洞察力。"

此书引用典籍 200 余种，爬梳剔抉，提要钩玄，汇集众说，成一家言，是陈垣精心撰著的一部著作，也是他早年最为满意的一部著作。1964 年 2 月 4 日，陈垣在致友人欧阳祖经的信中说："兹送上四十年前拙著（指《元西域人华化考》——引者注）一部……此书著于中国被人最看不起之时，又值有人主张全盘西化之日，故其言如此。"在当时形势之下，这种对中国文化发自内心的尊崇和重视、自信和自豪，蕴含着对祖国的无限热爱之情。

此书公开发表之后，在中外学术界引起巨大的轰动。蔡元培称此书为"石破天惊"之作。日本著名汉学家桑原骘藏在 1924 年写的《读陈垣氏之元西域人华化考》中说："陈垣氏为现在支那①史学者中，尤为有价值之学者也。""陈垣氏研究之特色有二。其一，为研究支那与外国关系方面之对象。……其二，氏之研究方法为科学的也。""其本论博引旁搜元人之文集随笔等一切资料，征引考核，其所揭之各题目，殆无遗憾。""非独为研究元代历史，即研究支那文化史者，亦有参考此论著之必要。"1935年，陈寅恪为此书重刊本作序，说："近二十年来，国人内感民族文化之衰颓，外受世界思潮之激荡，其论史之作，渐能脱除清代经师之旧染，有以合于今日史学之真谛，而新会陈援庵先生之书尤为中外学人所推服。盖先生之精思博识，吾国学者自钱晓徵以来未之有也。"

陈垣与翻译日本《读陈垣氏之元西域人华化考》书评的陈彬和合影

"先生是书之材料丰实、条理明辨，分析与综合二者极具工力。""今日吾国治学之士，竞言古史，察其持论，间有类乎清季夸诞经学家之所为者。先生是书之所发明，必可示以准绳，匡其趋向。然则是书之重刊流布，关系吾国学术风气之转移者至大，岂仅局于元代西域人华化之一事而已哉！"白

① 编者注："支那"作为古代域外对中国的旧称之一，直到清末民初，使用时并无贬义。此后，随着日本军国主义的兴起，"支那"一词演变为近代日本侵略者对中国的蔑称。本书为保持历史文献原貌，对此不作改动，特此说明。余同此。

寿彝评论："在援庵先生前期著作中，他比较重视《元西域人华化考》一书。""它的规模宏大，材料丰富，条理明辨，是在国内外久享盛誉的著作；对于治中国民族关系史的学者来说，是一部必须阅读的书。"许冠三在《新史学九十年》中认为，该书材料丰富，论证谨严，文字精练简洁，"论朴实，极类顾炎武；论简赅，直逼王国维；论明白通晓，可敌胡适之"。"从以科学方法整理国故的路向考察，《华化考》无疑是北大《国学季刊》出版以来第一部划时代的杰作。""是新史学摸索前进中罕见的佳构。"李思纯在《元史学》中曾专节介绍该书，誉其"精湛绝伦"。此书由美国学者钱星海和古德里译成英文并加注释，作为《华裔学志》专论第十五，于1966年在洛杉矶出版，前言中说他们译注的原因是"由于舆论界对这书所给予的高度评价"。

《沈刻元典章校补》于1931年撰成。《元典章》专记载元朝公文案牍、政策法令，是编集元朝廷所发布的有关典章制度的文献，是政府档案，是第一手资料。内容多为《元史》所无，史料价值甚高，为治元史者所必备的重要文献，陈垣称之为"考究元代政教风俗、语言文字必不可少之书"。但《四库全书》未收，流传极少。而当时通行的沈家本刻本，错误百出，不便使用，陈垣立意作《元典章校补》。陈垣在《沈刻元典章校补缘起》中记述了校补的起因和经过。陈垣选取沈家本刻本为底本，根据故宫所藏之刻本及四种旧抄本精心校勘，校出沈刻本讹误、衍脱、颠倒、妄改及行款、元代用字、用句、名物等错误12000余条，据此写成《沈刻元典章校补》10卷，使之成为利用沈刻《元典章》者须臾不可离开的案头必备书。在校勘实践的基础上，陈垣创造性地将校勘实践升华为校勘学理论，撰《元典章校补释例》（后改名为《校勘学释例》）。

《元秘史译音用字考》于1933年12月撰成，分30目。《元秘史》是一部用早期蒙古语文写成的关于蒙古先世和成吉思汗及其家庭的历史和传说。明朝初年译成汉文，是一部了解蒙古早期历史和语言的重要文献。至于这部书的译者在翻译过程中，是如何译音用字的一直没有人注意。陈垣可能是受日本那珂通世用日文翻译蒙古史籍方法的启发，才注意到汉译《元秘史》的译音用字问题。陈垣研究后发现，在《元秘史》中，汉字转写的蒙古字，不仅单纯标音，而且尽量用音义相近的字。他作了周密的统计，总结出一套译写规律，即《元秘史》中，译山之字从山、从石或从土，水之字从水，口之字从口、从言、从食或从齿，目之字从目，门之字从门，鸟、鼠、虫、马、羊之字各从鸟（或翼）、鼠、虫、马、羊等。至于蒙古语过去动词语尾（汉字义译"了"），另一蒙汉对照书《华夷译语》音译为"八、伯、巴"或"别"，《元秘史》则音译为"罢"或"毕"，因二字皆有"完了"之意。这种谐音与会意兼备的译法，在《华夷译语》中还是个别现象，在《元秘史》中则普遍应用了。这种音义兼备的译法是汉字的特点和优点，可能由《元秘史》开其端而由陈垣首先揭示其奥秘。杨志玖说："前人读《秘史》，或习而不察，或不以为异，或熟视无睹，只有等到陈先生，才以敏锐的眼光，精细的心思，辛勤的劳作，发现并总结其中的规律。"知道和运用这一规律，对识别和记忆蒙古语言大有帮助。陈垣"可谓发前人未之发之覆了"。

在这里还应指出，陈垣的勤奋精神值得我们学习。这时陈垣已经 56 岁了，为了对蒙文有更多的了解，决心学习蒙文。在 1933 年 10 月 7 日给黄孝可的信中，他说："此间每星期有两次蒙文，每次二小时。因习蒙文之便，曾将《秘史》蒙文逐句译出，以与尊处由日本译出者相互对照，甚有裨益也。"1934 年 6 月 23 日，他的学生容肇祖来信也谈到陈垣学习蒙文之事，说："知先生体履清泰，学仍不厌，并专习蒙文，此种精神，真钦佩钦羡无已。"

此外，陈垣还撰著了几篇很有分量亦甚有影响的论文，如《耶律楚材之生卒年》《耶律楚材之卒年》《李志常之卒年》《黄东发之卒年》《萨都剌的疑年》等。

对于陈垣的元史研究，杨志玖认为"它具有创始性、系统性和可读性三个特色"。"创始性也可称为开创性或独创性"；"系统性也可称为完整性"；可读性是指"文中原始资料与解说语言，浑然一体，天衣无缝，一气呵成，读来琅琅上口，无雕饰之迹，有自然之美，令人百读不厌。此种风格，实颇罕见，姑名之曰'援庵体'"。

四、 坚持民族气节的历史篇章

陈垣在 1945 年 7 月完成了他抗战时期最后一本专著《通鉴胡注表微》（以下简称《表微》）。这是他的著作里最有代表性的一部。

《资治通鉴》（以下简称《通鉴》）是宋代司马光用了 19 年时间编著的一部记载从战国到五代的编年史巨著，具有极大的价值。司马光自己说："臣之精力，尽于此书。"《通鉴》所引史事和涉及的有关地理、典章制度等，有不少难解的地方，所以很需要注释。南宋末年元朝初年的胡三省为《通鉴》作注，称为《通鉴胡注》（以下简称《胡注》）。《胡注》精于校勘，注《通鉴》名为音注，实为校注。原书难解处，都为注释考证；原书有误处，多加校勘校正。对书中的有关典章制度、音韵训诂，都有注解，对官制变化、地理沿革，考证尤详。《胡注》对《通鉴》的阅读、理解帮助很大。可以说《胡注》与《通鉴》同样是博大精深的巨著。《胡注》前后用了 30 年时间，胡三省说："吾成此书，死而无憾。"

胡三省生于南宋理宗绍定三年（1230），死于元大德六年（1302）。南宋亡后，入元不仕，隐居山中注书，很少与外界来往。因为他曾亲眼看到宋朝的腐败，亲身经历了南宋的灭亡，又身处异族统治之下，心情悲愤异常，所以在《通鉴》注释里隐晦地流露出他的民族气节和爱国心情。这一思想长期以来未被后世治史者所注意，《宋史》《元史》都没有留下他的传记。因此，这位南宋爱国史学家的真实情况，几百年间无人知晓，很少人知道他的身世，更无人了解他的思想。到了清朝，考据兴起，人们才开始认为他擅长舆地与考据，偶然提到过他。陈垣在1957年《通鉴胡注表微·重印后记》中说："这样一位爱国史学家是在长时期里被埋没着，从来就没有人给他写过传记。到清朝，有人认为他擅长地理，有人认为他擅长考据，才偶然提到他。至于他究竟为什么注《通鉴》？用意何在？从没有人注意，更没有人研究。""我写《胡注表微》的时候，正当敌人统治着北京；人民在极端黑暗中过活，汉奸更依阿苟容，助纣为虐。同人同学屡次遭受迫害，我自己更是时时受到威胁，精神异常痛苦，阅读《胡注》，体会了他当日的心情，慨叹彼此的遭遇，忍不住流泪，甚至痛哭。因此决心对胡三省的生平、处境，以及他为什么注《通鉴》和用什么方法来表达他自己的意志等，作了全面的研究，用三年时间写成《通鉴胡注表微》二十篇。"陈垣以表出《胡注》之微，以阐发《胡注》之隐，将长期被埋没的胡三省的生平、抱负和学术情况公之于世。刘乃和说："我们也可以说《表微》实堪称为《胡注》的功臣。"陈垣对这一著作也十分满意，认为是他"学识的里程碑"。

《通鉴胡注表微》有两方面的意义。

第一，陈垣通过对胡三省生平抱负和学术精神的阐扬，对自己的史学研究做了一次总结。《表微》前十篇"言史法"：即《本朝篇》《书法篇》《校勘篇》《解释篇》《避讳篇》《考证篇》《辨误篇》《评论篇》《感慨篇》《劝戒篇》。陈垣将目录学、年代学、校勘学、史讳学、版本学、考据学、史源学的知识全部运用于提示胡三省注释《通鉴》所潜伏的思想中。同时对自己校勘、避讳、考证、评论、劝戒的研究做科学的总结。

第二，在《表微》中充分体现了陈垣通史以经世致用的思想，是他坚持民族气节、抒发爱国情怀的历史篇章。《表微》后十篇"言史事"，即《治术篇》《臣节篇》《伦纪篇》《出处篇》《边事篇》《夷夏篇》《民心篇》《释老篇》《生死篇》和《货利篇》。言史事不能脱离政治。他1950年初在致友人席鲁思教授的信中说，抗战时期"所著已刊者数十万言，言道、言僧、言史、言考据，皆托词，其实斥汉奸、斥日寇、责当政耳"。

斥日寇。《解释篇》引《通鉴》卷二二云："汉武帝征和四年，匈奴得汉降者，常提掖搜索。"《胡注》曰："师古曰：'搜索者，恐其或私赍文书也。'余谓恐其挟兵刃。"《表微》说："旧注既谓'恐其私赍文书'，身之何以谓'恐其挟兵刃'？盖有见于元时汉人持兵刃之禁甚严，不啻三令五申也。当时汉人许持弓矢者，仅汪惟和一家。《元史·世祖纪》载：'至元二十六年六月，巩昌汪惟和曰："近括汉人兵器，臣管内已禁绝。自今臣凡用兵器，乞取之安西官库。"帝曰："汝家不与他汉人比，弓矢不汝禁也，任汝执之。"'呜呼汪氏！何以得此于元世祖哉！《十驾斋养新录》九曰：'汪世显仕金，官至镇远军节度使。据《金史·忠义·郭虾蟆传》，世显背国嗜利，乃小人之尤。久通款于元，不待阔端兵至，即率众降'云。唯和固世显孙也。"这段《表微》，是陈垣有感于日寇在沦陷区，不准人民藏兵刃器械，经常到居民家中搜索，有被搜出，枪没收，人被捕的举动而发；而汉奸则可以收藏枪械。此汪氏，则指汉奸头子汪精卫等。

斥汉奸。汉奸走狗卖国贼为人所不齿。《表微》对汉奸恨之甚，斥之深。《治术篇》："当地方沦陷之秋，人民或死或亡，或隐或仕，不出斯四者。奋勇杀贼，上也；褰裳去之，次也；杜门用晦，亦其次也；靦颜事敌，是谓从逆，从逆则视其为威力所迫胁，抑同心为逆，而定之罪，可矣。"陈垣认为事敌之汉奸，可以定罪，定罪之轻重，则视其是被迫从敌还是甘心之逆。

责当政。陈垣所说的"责当政"，是指对国民党政权的斥责，他对腐朽的国民党政权久存不满，《边事篇》屡次说到日寇之侵略是由于中国积弱已久的问题，他认为由于政治腐败，国力空虚，遂给敌人以可乘之机。抗战开始，失地丧城，连连败退，忌功争权，陷贤害能。国民党政府空喊收复失败，实际不打日寇，专打内战，兄弟相争，为敌所快。《劝戒》《感慨》《伦纪》诸篇都有议论。抗战期间，大敌当前，西南犹自歌舞升平，所谓"皆无防寇之心，唯有聚敛之意"，陈垣为此"长叹息也"。《感慨》《劝戒》《治术》《解释》诸篇，多次谈到"商女不知亡国恨"。抗战终于胜利了，接收大员飞到北平，这些大员以胜利者自居，享受特权，聚敛财宝，贿赂公行。对原沦陷区人民则蔑视歧视，沦陷区人民大失所望。据刘乃和说，《表微》虽成于抗战胜利前，却印于抗战胜利后，故于临付印前又增加了部分内容，对来接收的新贵发出了新的感慨。

《表微》是陈垣呕心沥血之作，花3年时间写成，其间他翻阅了难以统计的资料，阅读了几遍原书。《通鉴》和《胡注》，据中华书局点校本统计共600多万字。写《表微》要几遍几遍地阅读，读时一字不曾放过，可见其用功之勤。刘乃和回忆："他有时谈起自己的新见解，总愿意谈论一番，每说到得意处，话语渐多，甚至滔滔不绝；但也常有联系当时在敌人统治下的处境，面对着险恶形势，悲愤已极，每到这时，我们常是相对唏嘘，真是'不禁凄然者久之'。此时此际，我只有默坐无言，经常是因听到傍晚巡逻的日本警车尖厉的叫声，意味着马上就要净街戒严时，我才不得不向他告别，匆匆退出孤灯暗淡的励耘书屋，骑车回家。"

白寿彝在谈到陈垣的史学遗产时说："我愿意特别推荐《通鉴胡注表微》这部书，这是援庵先生所有著作中最有代表性的作品，其中有不少值得我们好好挖掘的东西，这是更可珍贵的遗产。"吴怀祺说："《通鉴胡注表微》全面反映援庵先生的史学思想、治史成就和学风特征，是援庵先生史学发展到一个重要阶段的标志。""援庵先生没有全面讲史学方法的书籍，但《通鉴胡注表微》可以说是援庵先生的具有民族特点的史学方法的著作。""从《表微》书中所加的大量的按语中体味出先生的思想具有强烈的历史感与时代感。治史不再是以书斋为天下，而是以天下为己任，期望着民族的崛起，民族的自强。"《通鉴胡注表微》是陈垣史学研究的一个总结，也是记载他坚持民族气节、大义凛然、热爱祖国和人民、具有崇高爱国主义思想的历史篇章。

五、 在北京图书馆

陈垣自定居北京，到他逝世，共 60 多年。60 多年中，他为北京图书馆的创立、建设、发展、进步作出过重要的贡献；他的学术活动和著述得到北京图书馆很多帮助；他毕生喜爱的 4 万多册藏书，无私地捐献给北京图书馆。所以，陈垣与北京图书馆结下了不解之缘，对北京图书馆有着深厚感情。现略述其大要。

（一） 长期担任北京图书馆的领导工作

1922 年春，陈垣以教育次长兼京师图书馆（北京图书馆前身）馆长，其在《敦煌劫余录·自序》云："（民国）十一年（1922）春，予兼长馆事。"至 1928 年京师图书馆改名北平图书馆，并由陈垣、马裕藻、马衡、陈懋治、黄世晖组成筹备委员会。12 月，北平图书馆迁址中南海西岸居仁堂，陈垣仍被聘为馆长。1929 年 2 月 10 日，北平图书馆在居仁堂开馆，陈垣在开馆典礼上讲话。1929 年 8 月 30 日，北平图书馆与北平北海图书馆合并，仍称国立北平图书馆，并成立委员会，陈垣被聘为委员。9 月，北平图书馆推定陈垣、傅斯年和陈寅恪等为购书委员会委员，陈垣为中文组主席委员。10 月，被北平图书馆委员会推选为委员长。1930 年 10 月改选，连任委员长。

（二） 全面调查研究《四库全书》（详见上编第三章）

（三） 整理敦煌经卷

1910 年，清廷学部咨示甘肃省有关部门将敦煌莫高窟藏经洞残卷悉数运抵北京，藏于京师图书馆。1913 年，陈垣闻知敦煌残经有 8000 轴，十分震惊。他当时正在研究宗教史，希望能够在其中找到佛教以外的宗教资料。"尝就方家胡同图书馆检其目录，惜当时所写定者仅二千余号，以未窥全豹为憾。得'宇'字五十六号摩尼教经，以为瑰宝矣。"他将此件残经与伦敦博物院、巴黎图书馆所藏摩尼教残经作了校录，附于《摩尼教入中国考》一文之后。

1922 年兼任京师图书馆馆长之后，他开始对馆藏敦煌经卷文书进行通阅调查，摸清了 8000 轴的基本情况。他在《敦煌劫余录序》中说："时掌写经者为德清俞君泽箴，乃与俞君约，尽阅馆中所藏，日以百轴为度，凡三越月，而八千轴毕。知其中遗文异义足资考证者甚多，即卷头纸背所书之日常账目、交易契约、鄙俚歌词之属，在昔视为无足轻重，在今矜为有关掌故者，亦不少，特目未刊布，外间无由窥其蕴耳。"

1924 年夏，北京部分专家学者组建"敦煌经籍辑存会"，会所设在故宫午门历史博物馆，推举陈垣为采访部部长，拟征集公私所藏敦煌写经，汇为一目录，并在报上发布广告，但响应者寥寥。陈垣遂将京师图书馆藏写经目录重新抄录，编成《敦煌劫余录》。未及刊行，辑存会又停顿。到 1930 年此书才由中央研究院历史语言研究所刊行，陈寅恪作序。

（四）主持影印《宋会要辑稿》

《宋会要》的原本已荡然无存，而从《宋会要》原本到现在的《宋会要辑稿》经历了多次变化。20 世纪 30 年代初，北平图书馆从刘承干处购得《宋会要辑稿》抄本。1933 年 1 月，北平图书馆组成以陈垣为委员长的《宋会要辑稿》编印委员会，筹备编印工作。1936 年 10 月，《宋会要辑稿》影印完毕。但当时只影印了 200 部，流行不广。1957 年，中华书局将《宋会要辑稿》照片影印发行，《宋会要辑稿》才得以广泛流传。

（五）在北京图书馆馆刊和馆图书季刊上发表论文 8 篇

刘乃和说："他除去担任过馆长等职务外，还经常给馆里提出建议，解答疑难，更经常到馆里看书，借书。过去他写论文，到馆善本室去查书更是常有的事。"

六、 在清室善后委员会与故宫博物院

陈垣在 1924 年 11 月至 1928 年 6 月 3 年多的时间里，在"清室善后委员会"（以下简称"善委会"）"故宫博物院理事会"等机构任过重要职务。陈垣与清宫遗老和各种军阀势力进行坚决的斗争，为保护故宫、故宫博物院的成立及其早期工作，作出了重要贡献。

（一）新旧势力的斗争

辛亥革命后，清帝溥仪在不废帝号、年领 400 万两经费等优待条件下，宣布退位，但仍居住在皇宫内。1924 年 10 月，冯玉祥发动北京政变，令其部将鹿钟麟驱逐溥仪出宫，并修改了清室优待条件。还成立了以李煜瀛（字石曾）为委

员长的"清室善后委员会"，聘请蔡元培、陈垣、沈兼士、俞同奎等社会人士和知名学者 10 人任委员，另有宝熙、罗振玉、耆龄等 5 人为清室代表，并特聘庄蕴宽等 3 人为监察员。"善委会"的主要任务是清理清宫内的公产和私产。

当时正值军阀混战时期，政权经常变动，当政者无不想占领故宫；清室也不甘心退出他们盘踞几百年的紫禁城。因此，围绕清室善后委员会的成立，展开了几年激烈的斗争。

1924 年 12 月 20 日召开第一次"善委会"，清室代表五人拒不出席，以示不承认"善委会"。会上讨论并通过了《点查清宫物件规则草案》，决定 23 日开始点查；并决定于 1925 年 10 月 10 日辛亥革命纪念日成立故宫博物院。"善委会"委员长李煜瀛经常外出，频频来信，委托陈垣代理会长职务，12 月来信曰："敬启者：窃煜瀛承乏本会会长，照章应兼常务委员，惟本会会务甚繁，一人实难兼顾，敬请先生担任本会会长所应兼任之常务委员一席，以便办理一切。又煜瀛其他事务亦甚繁颐，如值出京之时，所有本会会长职务，亦请先生随时代理，以免有误要公，是为至感。"这样"善委会"的工作实际由陈垣主持。在点查过程中，清室五人始终未到，并暗中进行频繁活动，与"善委会"对抗，以图恢复小朝廷。12 月 31 日，孙中山到京，卧病于北京饭店。清室遗老以为有机可乘，乃由内务府宝熙等 4 人出名，致书向孙中山"申诉"，要孙中山"主持公道"。孙中山以秘书处的名义复函，明确驳斥了"申诉"，并说"促清室移宫之举，按之情理、法律，皆无可议"。孙中山的明确答复，使清室的计划未得逞。但是清室遗老与段祺瑞执政府有相当关系，他们多方活动，日夜奔走，继续与"善委会"对抗，破坏点查工作。直到 1925 年 7 月，"善委会"在点查养心殿时，于密匣中发现遗老与溥仪往来的密件，发现他们准备阴谋复辟。"善委会"将此事检举，诉诸法院，清室遗老才暂时收敛。

1925 年 9 月底，"善委会"开会通过故宫博物院的组织大纲和董事会、理事会名单。董事有严修、蔡元培、庄蕴宽、张学良等 21 人，理事由李煜瀛、易培基、陈垣等 9 人组成。10 月 10 日，故宫博物院按原定日期开幕，举行开幕典礼，李煜瀛以"善委会"委员长名义报告博物院筹备经过。段氏执政府对李煜瀛、易培基久已不满，1926 年 3 月 19 日，借故通缉李、易二人，二人潜离京师，故宫顿失领导。董事会、理事会联席会议，推举庄蕴宽为维持员。这时一直驻守故宫的国民军要撤退，故宫安全受到威胁。为了保卫紫禁城的安全，暂借调内务部警卫队接防。公推陈垣为"善委会"代表，办理交接事宜。4 月 4 日，奉军轰炸北京，在故宫南三所掷炸弹一枚。事后陈垣写一题记，刻在现场拾到的一枚铜螺盖上："丙寅寒食，有飞机掷炸弹于故宫南三所前，余与庄思缄、沈兼士、俞晃枢、李玄伯、马叔平、胡文玉、吴稼农、吴景洲、李春圃诸君往观，拾铜螺盖、铁碎片各一，翌日植柏于其处。新会陈垣记。"内务部某些人早有占据故宫的野心，借此机会准备进驻宫中。陈垣在交接会上，除谈交接事务外，激昂慷慨，痛斥内务部派员进驻，不平之气，溢于言表。

1926年段氏执政府垮台后，杜锡珪组织新内阁。清室遗老又积极活动，致书新国务院，要求将故宫收归清室。7月10日，新国务会议秘密决定成立"故宫保管委员会"，拟改组博物院。21日在中南海居仁堂开会，由杜锡珪主持，出席人有清室遗老、亲贵，内阁阁员和"保管会"委员，会上选举了赵尔巽、孙宝琦为正副委员长。8月2日赵、孙二人来故宫执行其委员长职权。故宫原负责人紧急研究，共同决定由陈垣、吴瀛、俞同奎、江瀚4人出面交涉。会上陈垣代表故宫方面发言，提出："接收故宫必需做到三点：一、不能还给溥仪；二、不能变卖；三、不能毁灭。"并郑重声明："如要接管，必需组织点交、接收两个委员会，必需点完一处，移交一处，未点以前仍用旧封，由旧会负责，点完则交由新会封锁，由新会负责。""点交工作，是接收中最重要的关键，我们要清手续以明责任。""如你们不同意点交，则可由接收人登报声明，说明自愿负故宫的全部责任，此后凡故宫的建筑、文物、图书有损失，都与旧人无关。"赵尔巽、孙宝琦听了这理由充分、无法辩驳的发言，无言以对，只好说："等我们商量商量再办吧！"

故宫博物院成立不久，陈垣与同仁摄于养性殿门前

北洋军阀霸占故宫之心不死，8月8日上午，宪兵司令部王琦派人将在故宫工作的陈垣逮捕。经多方营救，于下午释放，送回西安门大街寓所软禁起来。当时报纸报道："宪兵司令王琦，则以委员会拒绝接收之故，遂令武装宪兵传拘陈

垣问话，陈即据词答复，王无以难，乃送至回家，犹命便衣侦探两人，监其出入。"那志良记述说："那些攀龙附凤的人，大失所望，把这次未能接收的原因，都归诸陈先生（陈垣）的坚持清点。8月8日的清晨，陈先生被宪兵司令部逮捕了。陈先生到了宪兵司令部，便问何事被捕？司令部的人也只能说是奉命办理，究竟为何事，也莫名其妙。到大家把他营救出来的时候，他不肯离去，一定要问明白，究竟何事被捕？事后宪兵司令王琦还对人说：陈某太可恶，放了他还不肯走，一定要问为什么捕他。"当时顾颉刚从厦门来信，谴责当局对清室善后委员会工作的破坏，说："览报，悉清室善后委员会竟遭破坏，至愤。未知先生三年辛苦不至徒劳否？军机处档案仍继续整理否？古物、图书两馆仍可照预定计划进行否？至念。时局未定而谗言已逞，使人怃然。"

1926年9月，军阀政权大有变动，杜锡珪内阁解体。奉军入主京师，又想强占故宫。李煜瀛鉴于当时形势，提议邀请社会知名人士、名流学者重新组织维持会，并特邀当时政、军、警有关人士参加，共同合力维护故宫安全。10月中旬成立"故宫博物院维持会"，由37人组成，当时著名学者柯劭忞、梁启超、陈垣等被邀请，会上推定陈垣、沈兼士、袁同礼等15人为常务委员。至1927年1月8日召开第一次委员会，故宫的局面，才大致安定下来。

陈垣在故宫工作时，主持正义，担当风险，坚持斗争。当他被逮捕、被软禁时，一些人提出"打倒陈垣"的口号，到处张贴，以制造舆论，一时咒骂陈垣之声不绝。他曾写过两首诗，记下当时的感想和不平。诗曰："满城标榜倒陈垣，五十年来此纪元。受宠竟居贤者后，鲰生也把姓名传。""不聋不痴不作师，古语翻新意更奇。一处欢迎一打倒，同门桃李各分枝。"这是他于1926年所写，其时他47岁，"五十"言其整数。"贤者"句指李煜瀛等被通缉。"同门"句指反对者和故宫同仁中某人，二人原是同学，而态度迥异，反对者要打倒陈垣，在故宫的那位则极为欢迎陈垣。

（二）对清查古物、图书的主要贡献

1925年10月，故宫博物院成立，设古物、图书两馆，图书馆又分图书、文献二部。陈垣任图书馆长，袁同礼、沈兼士任副馆长，分理图书、文献事务。陈垣任馆长数年，对故宫的图书、文献、档案的整理和研究多有建树。

1. 带领北大学生清点了文渊阁《四库全书》，后来又画了《文渊阁书排架图》，便于观览。

2. 在摛藻堂发现了《四库全书荟要》，并拍照留念。

3. 在点查武英殿刻书处时，发现了自《四库全书》中撤出准备销毁的书，有李清《诸史同异录》、周亮工《读画录》等残本，都是极难看到的书。

4. 在故宫斋宫发现元刻《元典章》。

5. 为故宫博物院购买清末湖广总督端方的档案 600 余册。

6. 致函北洋政府国务院总理许世英，要求将清军机处档案和杨守敬观海堂藏书一并移交故宫博物院。这些档案得以保存在大高玄殿中。

7. 在点查图书中，遇不经见之书，择其尤者亟赴印刷，以广流传。又衷辑档案为《文献丛编》《史料旬刊》，相继问世。

关于陈垣对 1924 年至 1928 年故宫博物院早期的历史贡献，单士元评价：

> 溥仪被迫出宫后，当日清室皇族、清朝遗老以及虽在民国身为巨宦，而心仍眷恋前朝之人，联合一起，日谋扼杀清室善后委员会和筹办博物院事。如何保护这具有完成辛亥革命未竟之业的大事，陈师首当其冲。在指导点查文物工作，筹办博物院组织方案之外，还与上述恶劣势力相周旋，因之触怒旧军阀，竟将陈师逮捕，形势危急，已临险境。当日有关心故宫事业名流，从中斡旋，动之以陈师社会声望，才释放，软禁寓所。故宫坎坷的局面，直到 1928 年北伐成功，南北统一始定。……上述博物院早期的经历，非亲见其事者，不能体会故宫博物院缔造之艰难，陈师实为贡献最大的人。

七、 在中央研究院

陈垣与中央研究院历史语言研究所有很深的关系，参加了历史语言研究所初期建设的许多工作，为此作出过重要贡献。

1935 年陈垣飞抵南京，出席评议会

（一）在中央研究院和历史语言研究所任职

中央研究院历史语言研究所成立于 1928 年 4 月，所址最初设于广州，后移至北平的北海静心斋。研究员分为专任、兼任和特约三种。陈垣 1928 年受聘为特约研究员。中央研究院评议会是当时全国最高学术评议机关，院长为议长，院总干事与各所所长为当然评议员，同时还设若干名聘任研究员为评议员。1935年 6 月选举了 30 名首届聘任评议员，其中历史学方面的评议员共 3 名，即胡适、陈垣、陈寅恪。同年 9 月，在南京召开首届评议会，陈垣出席了此次会议及 1936年、1937 年两次年会。1940 年评议会任期届满，需要换届选举，陈垣再次当选为第二届评议员。抗日战争胜利后，中央研究院复迁南京，决定设置院士。1948年 3 月，第二届评议会正式选出首届 81 名院士，陈垣当选为这一终身名誉职务的院士。

1948 年陈垣出席第一次院士会议后与部分院士合影

（二）与历史语言研究所所长傅斯年的友谊

傅斯年是历史语言研究所的主要筹备者，以后又长期担任所长，为历史语言研究所的建立和发展作出了卓绝贡献。陈垣是通过陈寅恪认识傅斯年的。陈寅恪向傅推荐陈垣来历史语言研究所研究敦煌资料。不久傅斯年写了一封热情洋溢的信给陈垣，剖析他的心情："斯年留旅欧洲之时，睹异国之典型，惭中土的摇落，并汉地之历史语言材料亦为西方旅行者窃之夺之，而汉学正统有在巴黎之势，是若可忍，孰不可忍。幸中国遗训不绝，经典犹在。静庵先生驰誉海东于前，先生鹰扬河朔于后。二十年来承先启后，负荷世业，俾异国学者莫我敢轻，后生之世得其承受，为幸何极。"傅斯年与陈寅恪之所以竭诚欢迎陈垣，就是因为陈垣的敦煌研究是"今日学术之新潮流"，他是一位"预流"者，取新材料研究新问题，"非彼闭门造车之徒所能同喻"。（陈寅恪语）陈垣与历史语言研究所志趣相投，故引为同道。

在以后几十年的相交中，傅、陈的友谊是十分深厚的。《陈垣来往书信集》收入他们的书信14通，从中可以窥见一斑。1937年4月1日，傅斯年致函陈垣："研究院评议会将开会，自蔡先生（指蔡元培——引者注）以下，切盼先生惠然来会。驾到此间，仍可住研究所中，当预为除扫。何日动身，乞前数日示知，为感。"同年4月22日函："评议会开会在即，尊驾何日南来，盼先期电示，当趋迓也。"抗战时期，两人南北分隔，但陈垣仍时时关注傅斯年的情况。从陈垣致陈乐素的家书中，可见一斑。1940年8月14日云："即接到孟真先生《性命古训辨证》一部二册，内多新材料，新解释，不可不一读。"同年8月16日云："余阅《性命古训辨证》，深知余已落伍，未知在他人觉得如何耳。"1941年8月16日云："傅公闻已辞中研院总干事，前云入医院，近状如何，有所闻否？"同年9月22日云："沪上人来，说孟真须休养三年……是否？"抗战胜利后，1945年11月2日，陈垣致傅斯年云："沈、英（指沈兼士、英千里——引者注）二公来，备知近状安好，至以为慰。"

（三）在历史语言研究所发表论著数种

1930年5月，《大唐西域记撰人辨机》发表于《历史语言研究所集刊》第二本第一分。

1931年4月，《敦煌劫余录》作为历史语言研究所专刊之四出版。

1932年1月，《元典章校补释例》刊登在历史语言研究所出版的《庆祝蔡元培先生六十五岁论文集》上，后改名《校勘学释例》，一再重版。

1934年2月，《元秘史译音用字考》由历史语言研究所雕版印行。

（四）为历史语言研究所举荐人才

抗战前，历史语言研究所聘用的人员大部分选自北京大学历届优秀毕业生，但也有少数例外。在例外中有两位是陈垣举荐的。

一位是陈述。他是陈垣在北平师范大学史学系教课时的学生。陈垣把他写的《金史氏族表》介绍给陈寅恪及傅斯年，得到他们的赞赏。傅斯年在给陈垣的信中说:"陈述先生潜修成此一书,精勤可佩,坚实可钦。承先生赐登本所集刊,尤感光宠。"陈垣之孙陈智超访问陈述时,陈述深情地回忆,说:"当时援庵先生和胡适之、陈寅恪先生以及钢和泰大约每周聚会一次。在一次聚会中,援庵先生把《金史氏族表》交给寅恪先生看,问他'你看作者有多大年纪?'寅恪先生说:'起码四十。'又问他'你看有什么问题?'答:'没什么问题,很好。'援庵先生才告诉他:'他是我的学生,今年才二十出头。'寅恪先生说:'让他跟我见见面。'"这篇文章后来以《金史氏族表初稿》的题目刊登在《历史语言研究所集刊》第五本第三、第四分上。以此为契机,陈述毕业后就到了历史语言研究所工作。

另一位是岑仲勉。1933年时他是广州圣心中学的教员,与陈垣并不相识。他把刊登有他的研究文章的《圣心》校刊寄给陈垣,陈垣立即把他推荐给陈寅恪和傅斯年。后来经过傅斯年的多方努力,岑仲勉终于在1937年被聘入历史语言研究所工作(详见上编第五章)。

陈述、岑仲勉后来在学术上都作出了骄人的成绩,这与陈垣的举荐不无关系。

第五章　身虽处京城　心系粤地人

　　陈垣自 1913 年定居北京，至 1971 年逝世，都居住在北京。除 1922 年 9 月和 1933 年夏回广东省亲、1934 年 3 月因生母周太夫人逝世回粤奔丧、1947 年夏又曾奔过继母之丧作过短期逗留之外，陈垣就再没有回过广东。但他对广东的人和事都十分关心和悬念，对广东的生活习俗常有依恋之情，与广东学人交往弥深。如他在家书中说："连日闻省城事，食不安，寝不寐。""此间有新到罐头豆豉土鲮鱼，甚可口。""大有故乡风味。""省城连日不靖，颇可挂虑。"甚至在北京出生的子女，包括孙辈中的男子，陈垣都要求他们一定要学会讲广东话，经常亲自教讲。

一、与广东学者的交往

　　我们从《陈垣来往书信集》中，得知他与广东学者（包括在广东工作的外省籍者）冼玉清、岑仲勉、汪兆镛父子、容庚、容肇祖、陈寅恪、伦明、莫伯骥、叶恭绰、朱杰勤、梁家勉、黄节、刘节、朱希祖、朱师辙等学者都有书信来往。就是对广东一般的学人，他也有求必应。如 1955 年 10 月 29 日，他复广东南海石门中学教师余惠刚的信，谈有关校勘的问题。对广东文史馆员袁洪铭，他有过多次的书信往来。对自己在故乡篁庄教过的学生，他更是悬念良殷。1957 年 3 月 4 日，他复 50 年前的学生欧阳锦棠信："前年五月曾有一信试投，结果退回，颇失望。最近得了一块石头摆在厅上，中间刻有'锦棠'两字的图章，这'锦棠'

1957 年陈垣与在新会篁庄小学
教过的学生欧阳锦棠合影

当然不是你，但是名字相同，对此石头就常常想念你。今日忽然接到你的来信，并知你是全国工会积极分子代表，我高兴万分。"1959 年 2 月 22 日，复广州朱子勉函，云："收到来信，不见近三十年，得知起居佳胜，至为欣慰。来信说广州文史馆有九十二岁老人，不知是何姓名？馆中七十以上老人当不少，都有何人。"1957 年 11 月 3 日，与原广东光华医学院校友潘拙庵相聚甚欢，12 月 13 日，致广州潘拙庵大夫信，叙在京相聚快意，附寄在京所拍照片底片。从这些书信中可见他对广东故人的怀念与关注。

陈垣与潘拙庵大夫（右）相聚

下文我们重点介绍陈垣与广东四名著名学者的交往。

1．与汪兆镛的交往

汪兆镛（1861—1939），广州人，字伯序，一字憬吾，是广东近代大儒陈澧的弟子，学海堂专课生。在清末民初，有一批士人，"在无心仕途之余，便努力于学术研究，以之作为自我肯定的一种方法。这些杜门著述的文士，于推动当时的学术发展，良有贡献，而对伦理道德的维护和支持，更是身体力行。在清末民初的岭南学术界中，汪兆镛便属此类学者"。他"于史学、文学、金石、书画等方面，卓有成就"。著有《晋会要》《元广东遗民录》《岭南画征略》《碑传集三编》，修纂《番禺县续志》等，在当时学术圈子中具有相当名望。汪兆镛逝世后，陈垣曾致信陈乐素，追述汪对自己学术研究的影响。1939 年 10 月 5 日信云："知憬老（即汪兆镛——引者注）去世，至为感怆。卅年前，憬老见予所写作小品，以为必传。当时受宠若惊，不审何以见奖至此，然因此受暗示不少。今日虽无成，不能如老人所期，然三十年来孜孜不倦，未始非老人鼓舞之效也。今往矣，天南知己又少一个矣，为之凄然者终日也！"从这里可知汪兆镛对后辈陈垣多加勉励，陈垣将其视为"知己"，对汪的逝世十分哀切。《陈垣来往书信集》收入汪兆镛致陈垣书信6通，而陈垣与汪兆镛儿子汪希文、汪宗衍、汪祖泽等的书信来往有将近200通。我们从这些书信中，得知他们的交往情况。

　　陈垣与汪兆镛之五子汪希文（1890—1960）同为广东光华医学堂第一期（1910）毕业生，陈垣或因之而与汪家各人认识。汪希文于1960年在香港沙田万佛寺自尽身亡，陈垣得此噩耗，致信汪宗衍："惊悉希文兄噩耗，至为悲痛。"陈垣与汪家父子两辈相识达数十年，对故旧逐渐离世，自然很悲怆。

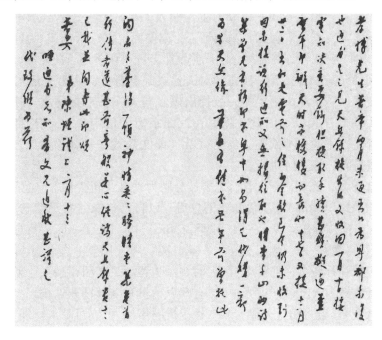

陈垣致汪宗衍函手稿

　　汪陈二人在学术上的交往，多以资料搜集、学问切磋、交流心得为主。汪兆镛对先祖著述之保存与搜集，不遗余力，曾得到陈垣的帮助。汪氏先祖中，兆镛甚推重十二世祖青湖公汪应轸，其著述嘉靖刊本《青湖文集》本存于家，后"蠹蚀亡失"，曾多方搜求而不得。1932年"莫天一兄购得，举以见归，感极"。但汪应轸书迹无存，恳请陈垣代为搜求。"唯书迹无存，如厂肆遇有扇面真迹，务乞代购，无论价若干，示知寄缴。或冥漠相感，可旦暮遇之也。"汪兆镛的十五叔父汪瑔，于清末广东词坛上享有声望，对汪兆镛多有教诲，兆镛极表尊崇，希望汪瑔之作品能广泛流传，所以请陈垣代为介绍其诗词集。致信陈垣云："先叔《随山馆诗词》前经五儿（即汪希文——引者注）奉赠。管见海内百年来诗家不能不推及先叔，而侯官陈石遗《近代诗抄》、顺德何翙高《岭南诗存》均未及之。只晚晴簃刻十馀首，系鄙人交易君实甫汇辑，兹再送呈一部。如有名流选诗，祈随时转交。内举不避亲，当亦大雅所不责也。"汪兆镛对他的老师陈澧十分恭谨，先后多次搜集陈澧的著述刊行，使之不致湮没。他努力搜寻陈澧的作品，希望能整理出版最为完整的陈澧全集，为此与陈垣商讨。

与汪兆镛同出陈澧之门的陈庆笙，因最早离世，汪兆镛常以其无文集传世为憾，欲为之搜集成书，在编汇过程中，尝与陈垣斟酌其事。一九三三年农历十月十七日函云："庆笙尺牍，足见其生平志行，未可湮没。原集为简竹老（即简朝亮——引者注）手编，又未宜屠人。现集已刊刻过半，俟续刻补遗，当与简门弟子商之。惟文君（即文廷式——引者注）熟人，惜其无行，不欲庆笙集中见其名，或标题《与友人书》何如？刻资足否，亦俟商定再行函告。"为刻《陈庆笙文集》，陈垣捐资 10 元，并曾抄录陈庆笙致梁节庵书函多通予汪兆镛，其中有提及文廷式（1856—1904）者，汪兆镛对文廷式颇有意见，认为文廷式"无行"，不欲见其文于《陈庆笙文集》中，故提出以《与友人书》标题之。陈垣对文廷式的看法大体与汪相同，因此，陈垣在致汪宗衍的信中说："老伯（指汪兆镛——引者注）手谕，不欲庆笙集见道希（即文廷式——引者注）之名，尺牍中有涉及道希者，略去何如？"

1933 年 5 月，陈垣应新会县修志委员会聘为编修《新会县志》总纂（次年 8 月以"无暇兼顾"请辞），汪得知此消息后，以自己曾修《番禺续志》之经验，多次就修志事向陈提出意见。一九三四年农历三月十七日函曰："贵邑志是否限断至宣统三年，番、东、顺、香、增、花、英、阳（阳江）等续志皆然。□光间曾勉士、黄香石纂志，寓贤寥寥。"对明季遗臣，"寓冈州最久，似不可听其湮没。又言良钰为贵邑令（道光中），有政声，辑有《续冈州遗稿》，表章邑人。甘白石（天宠）、董舟山（其勤，黎二樵拔贡同年），似亦可补人宦绩"。汪兆镛素重气节，希望陈垣修县志时，多收入先贤，以作表彰；并转交了简朝亮所撰之陈庆笙墓志铭，望能收入县志中，使先贤事迹可为后世楷模；又建议"贵邑志艺文内著录《庆笙文集》，可加补遗一卷"；并主动搜集伍铨萃（1863—1933）有关资料，撰写其事略，望陈垣代转新会县修志委员会，收录县志中，表现出对陈垣修志工作的极大支持。

2. 与冼玉清的交往

冼玉清（1895—1965），广东南海人，生于澳门，是当代广东杰出的诗人，中山大学教授，广东省文史研究馆副馆长，广东文献专家。她能诗善画，其诗屡受陈三立、陈寅恪等大家好评。又善治史，著述丰硕，其重要著作有《广东之鉴藏家》《梁廷枏著述录要》《粤东印谱考》《粤讴与晚清政治》《广东释道著述考》等。

陈垣与冼玉清相识于 1929 年，这年 9 月，冼玉清应燕京大学邀请，赴北京参加燕京大学新校舍的落成典礼，结识了陈垣。无论是年龄还是资历，陈垣都可以说是冼玉清的长辈。所以目前所见冼玉清致陈垣的书信中，均落款"晚学冼玉清拜"。

1946 年陈垣拟回粤探亲，冼玉清得知后，于 3 月 8 日致函陈垣："大驾欲俟交通方便南归，至为喜慰。敝校（指岭南大学）欢迎来往，短期固好，长期尤佳。此乃当局之意，而玉清私人更喜得一良师也。"陈垣也希望冼玉清能到北京去研究学问。冼玉清还将她所著新出版的《流离百咏》《广东丛帖叙录》以及重版的散文集《更生记》寄给陈垣，并请陈垣把其中一份转赠辅仁图书馆。

冼玉清是陈垣晚年在南方最信任的朋友，是陈垣了解广东学界信息的一个重要渠道。陈垣屡嘱冼玉清："岭南文史消息隔绝，足下主持文献，收罗宏富，耳目灵通，凡人事之往返，文物之隐现，告我一二，胜于百朋之赐。谨此奉托。"1955 年 5 月 1 日，陈垣在信中写道："久病，粤中消息隔绝，仅剩琅嬛馆一线，欲知一二，遂有四月七日之函，不期久未得复，肠几欲断，未审近日起居何似，玉体安否，情绪佳否，至为惦念。古谚'不才明主弃，多病故人疏'，又不知是否大家（此处念'大姑'，是对妇女的敬称——引者注）弃我疏我，更为惶恐，特再肃一缄，希有以告我。"陈垣对广东学界的关注、对冼玉清的关心以及陈冼之间的深厚交情于此表露无遗。

冼玉清研究广东释道文献，常向陈垣请教。1950 年 5 月 4 日，冼玉清致函陈垣："因受虚云老和尚之托，欲重修南华寺志，以精力不及，谋诸玉清。自愧于佛学素未研究，宗派统系亦不了了，何能操觚？因思长者思精体大，为专门名家，必有以教之也。"同年 5 月 18 日她又致函陈垣："读尊著《释氏疑年录》引及曹溪大师别传，此书尚未见过，不知容易买否？有人拟新修南华寺志及云门寺志，想必有特到之见，望示一二。"

陈垣对冼玉清撰《广东释道著述考》十分关注，并给予具体帮助。1960 年 1 月 15 日，陈垣致冼玉清函，评点嘉兴藏的得失，指点资料查找方向，还提供资料。1964 年 11 月 23 日，陈垣致汪宗衍函："冼姑撰《广东僧道著述考》，甚盛，但搜采殊不易，未知已成书否？"1965 年 10 月 16 日，陈垣致函汪宗衍表达"知冼姑噩耗，至为哀悼"之情时，尚不忘问及"其所著《广东释道著述考》，如果释氏部分已写完，可先出版"。《广东释道著述考》倾注了冼玉清晚年的心血，收入陈垣佛道著述共 17 种，对陈垣的著作给予很高的评价。

冼玉清搜集整理广东文献的活动，得到过陈垣的大力支持。1950 年 1 月 15 日，冼玉清致函请求陈垣在北京雇人代补明代博罗张萱所撰的《西园存稿》。这部书经陈垣几次托人代补，直到 1957 年 3 月 7 日，陈垣在致冼玉清函中说："托人带来《西园存稿》第三十七卷，缺了四页，经我出北京藏本一校，也同样缺此四页。"这部非陈垣"代为校补，亦无由得全璧"的《西园存稿》（明末刊清康熙四年重修本），后藏于广东文史馆，并被列入《中国古籍善本书目》。1956—1959 年洗陈之间的通信，亦经常交流广东文献信息，洗玉清于此亦得益匪浅。

陈垣早年在广东活动时，在地方报纸发表大量医学和时事文章。20 世纪 50 年代中，陈垣开始收集其早年作品，洗玉清提供过帮助，1956 年 10 月 21 日，陈垣致函洗玉清："从前广州出过一种《时事画报》，名为画报，其中夹有小文。""又光绪末年，广州有一个《震旦报》，是日报，它的附张叫《鸡鸣录》。这一种期刊同日报，未识您心目中有印象否？粤中无人可托，欲恳尊处替我物色，能有人出让，固为上上，就是知道哪里有藏这些刊物，能够借阅，也是好的。"同年 12 月 6 日，陈垣致函广东省中山图书馆，询问该馆是否收藏《时事画报》《震旦报》① 及其副刊《鸡鸣录》。该馆很快检出所藏的《时事画报》寄给陈垣。

通告广东故交的信息，是陈、洗往来书信的重要内容。王薳、王亦鹤、江孔殷、汪宗衍、汪兆镛、梁培基、陈大年、陈德芸、黎国廉、莫伯骥、伦明、陈融、廖凤书、陈寅恪、岑仲勉、岑学吕、梁方仲……这些人名基本勾勒出陈垣与洗玉清在南方学界共同的交往圈子，于此可见陈垣与岭南学界的深厚情谊。

3. 与陈寅恪的交往

陈寅恪（1890—1969），江西义宁（今修水）人，出生于湖南长沙。1949 年以后他长期任教于岭南大学、中山大学，是著名历史学家，享誉中外，学贯中西。其著作有《隋唐制度渊源略论稿》《唐代政治史述论稿》《元白诗笺证稿》《论再生缘》《柳如是别传》。论文近百篇，收入《金明馆丛稿初编》及《二编》中。

陈垣与陈寅恪，学术界并称为"史学二陈"，两人交谊甚笃，相知甚深。陈寅恪为陈垣的《敦煌劫余录》《元西域人华化考》《明季滇黔佛教考》等著作作序，对其学术成就及治学方法评价极高。陈垣对陈寅恪亦推崇备至，嘱自己的学生应当读陈先生的著作，学习其方法。牟润孙在《敬悼陈寅恪先生》一文中说："我的老师励耘先生对他（指陈寅恪——引者注）恭维备至，谆谆嘱我应当读陈先生的著作，学他的治学方法。"抗战时期，陈垣在致陈乐素家书中，有 22 段是关于陈寅恪的，字字情深意切，充分表达了陈垣对陈寅恪的情谊，如在 1939 年 1 月 14 日信中说："前者文成并先就正于伦（明）、胡（适）、陈（寅恪）诸公，今诸公散处四方，无由请教，至为遗憾。……直谅多闻之友不易得，当以诚意求之。"

今保存在《陈垣来往书信集》中的 19 通陈垣与陈寅恪的来往书信，更可看出他们切磋学术、质疑问难的学术友谊。如一封署 8 月 8 日的陈寅恪致陈垣的信说："顷欲检'布拉特阿哈'（元世祖时派赴波斯者。其父名卜儿吉。《新元史》

---

① 编者注：《震旦日报》。

卷二十八、十六页上、氏族表上）事迹，非乞灵于尊编之《七家元史类目》不可，求便中示复，不胜感极之至。"陈垣一贯重视工具书的利用，为研究之便，往往自编有关索引，陈寅恪请陈垣查自编工具书，可见他们互相了解之深。1935年1月6日，陈寅恪致陈垣："顷读大作讫，佩服之至。""大作不仅有关明清教史，实一般研究学问之标准作品也。拜诵之后，心悦诚服。"此作品是指陈垣的《从教外典籍见明末清初之天主教》一文。文章运用大量档案、官书、文集等教外典籍，阐明明末清初天主教史的许多问题，为研究宗教史开辟了新的广泛的材料来源，所以陈寅恪将之高度评价为"实一般研究学问之标准作品也"。

他们之间还互相推荐人才。如陈寅恪向陈垣推荐汤涤（定之）为辅仁大学艺术系教师，孙道昇为辅仁附中国文课教员，推荐吴其昌为师范大学史学系、辅仁大学国文系史学系教授等。陈垣向陈寅恪推荐岑仲勉等。他们之间还互相介绍学人、推荐书籍、借书赠书等。

新中国成立后"二陈"甚少直接往来，消息互通主要通过冼玉清和汪宗衍。1949年冬，陈寅恪夫妇与冼玉清同游岭南大学附近的漱珠冈纯阳观。在这次"寻梅"之旅中，陈寅恪赋诗《纯阳观寻梅呈冼玉清教授》，冼玉清和诗一首《侍寅恪先生漱珠冈探梅次元韵》。1950年1月15日，冼玉清复函陈垣："陈寅恪先生身体日健，常有晤言。前旬因登漱珠冈探梅，往返步行约十里。陈夫人谓渠数年无此豪兴，附唱和诗可知也。"并抄录唱和诗寄陈垣。通过冼玉清，陈垣得以常常读到陈寅恪的诗文。1954年4月23日，陈垣致信冼玉清："谷雨既过，花事正浓，有与寅恪先生唱和否？录示一二，为盼。"就在这一年，陈寅恪曾作《次韵冼玉清教授寄怀陈援庵》诗，可惜已佚。

1953年冬，陈寅恪早年的学生汪篯带着中国科学院院长郭沫若、副院长李四光的信来广州，劝说陈寅恪返北京就任即将成立的中国科学院中古史研究所所长。汪篯此行无功而返。1953年12月18日，陈垣致冼玉清函云："中古史研究所事情当汪君（即汪篯）未南行前，曾到舍间商酌，同仁意见以为所长一席，寅恪先生最为合适。今闻寅恪先生不就，大家颇为失望，奈何！"陈寅恪拒绝北返时，推荐陈垣担任中古史研究所所长，并被有关部门接受，后来陈垣被任命为中国科学院历史研究所二所（中古史研究所）所长。

陈寅恪《论再生缘》这部著作，陈垣也看到了。1959年11月2日，陈垣复汪宗衍函："奉到《论再生缘》一册，在远不遗，至为感谢。唯书前缺去三、四页，美中不足。"同年12月5日，汪宗衍复函："《论再生缘》一书乃寅老数年前之作，冼三家（即冼玉清）屡为言之，乃其未成之稿，后流入港肆，被人盗印出售。偶得一册，而书中间有累句，出版说明更推波助澜，多违时之语，故特抽出三纸。顷承垂询，检出补寄。"可见汪宗衍所寄是香港友联图书编译所排印出版的《论再生缘》。汪宗衍把寄赠陈垣的书撕去前面的出版说明。

4．与岑仲勉的交往

岑仲勉（1886—1961）名铭恕，字仲勉，广东顺德人。中年以前他坚持业余研究史学。1937 年他经陈垣推荐，得到陈寅恪、傅斯年等著名学者的激赏而进入中央研究院历史语言研究所任专任研究员，成为著名史学家。1948 年至逝世任中山大学教授。其研究领域主要是隋唐史和西北史地。主要著作有《隋唐史》《郎官石柱题名新著录》《金石证史》《贞石证史》《汉书西域传地里校释》《突厥集史》等近 20 部，论文 180 余篇，总字数逾 1000 万字。

陈垣与岑仲勉的交往始于 1933 年。这年岁首，岑仲勉通过刘秉钧将广州圣心中学校刊《圣心》第一册寄呈陈垣。这本校刊除载有少量中学教务消息之外，其余均为岑仲勉所撰的《课余读书记》，主要内容为水经注恒河（印度）注及中西交通史考证。陈垣对这位素未谋面的广东同乡圣心中学教导主任奖掖有加。他将这部《圣心》分送给陈寅恪、胡适、傅斯年等名家。1933 年 12 月 17 日，陈寅恪致函陈垣："岑君（指岑仲勉——引者注）文读讫，极佩（便中乞代致景慕之意）。此君想是粤人，中国将来恐只有南学，江淮已无足言，更不论黄河流域矣。"陈垣将此信转寄给岑仲勉，1934 年 1 月 22 日岑仲勉回信给陈垣："奉十二月二十日惠书，交陈君寅恪手缄，奖誉备至，惭汗交并。"又云："《圣心》业即续寄十部，想早登记室。陈君缄附缴，便祈代达感意也。"陈垣奖誉岑仲勉的信，今已不见。但当年读过这些信的圣心中学同事马国雄，曾在香港出版物中回忆，陈垣"遂亲笔致书于岑，其大意则云：寄来圣心校刊……得见尊著……考证明确而精审，珠江流域有此出类拔萃之学人，真可为吾乡扬眉吐气"。

1934 年 2 月 17 日，傅斯年致函陈垣："承赐《圣心季刊》，至佩。""岑君（岑仲勉）僻处海南，而如此好学精进，先生何不招其来北平耶？"1937 年岑仲勉受聘中央研究院历史语言研究所研究员。整个过程，陈垣都参与其中。1934 年 11 月 24 日，岑仲勉致函陈垣："前奉孟真（傅斯年）所长驰函，以尊处《圣心》之介，来沪约见，嗣复驱东走访。临行时嘱咐宁参观图书，来月中或抽暇一走也。"同年 12 月 21 日，岑仲勉又致函陈垣："在宁谭话中，孟真先生颇有援引人所之表示，并询志愿。"1936 年 9 月 21 日，岑仲勉又致函陈垣："孟真先生适有书来，寄下拙著单行本，俟到时另邮呈正。傅先生意仍主勉人教育界，然此事总利害各参半，容当熟思之耳。"1937 年 5 月 18 日，岑仲勉致函陈垣："昨孟真先生赴陕，电约在站晤谈，备悉台从会竣返平，至慰。聘书闻下月乃可发，研究计划须与主任商定。寅恪先生常见否？便见时恳略代一探（如何方式），俟接约后再通问也。"同年 6 月 1 日岑仲勉致函："顷南京已寄来聘书，拟下月初就职。寅恪先生邮址，盼能日间见告。"由上述信件，我们可知岑仲勉能够进入历史语言研究所，陈垣、陈寅恪在促成此事中起着巨大作用。

岑仲勉在学术上曾受陈垣的影响。陈垣在北京各大学讲授"史源学研究

（实习）"一课，提出读史要"追寻其史源，考正其讹误"。1937年，岑仲勉在《辅仁学志》发表的《新唐书突厥传拟注》一文中，亦提出《新唐书》整理中宜注意"史源之不可不讲"。在文中举出三个例子说明追溯史料来源的重要性。岑仲勉揭示出《新唐书·宰相世系表》是"《元和姓纂》之嫡子"。姜伯勤认为"这是他在史源学上的一个最有光采的发现"。岑仲勉在史源学上的另一个见解，是认为前人修史未取之材料即所谓"史余"，也是一种史源，故称："集之一部为史源，亦史余也。"岑仲勉之所以在《登科记》《方镇年表》《郎官题名》等研究上扩大清人的成果，即在善于利用史余扩大史源。翰林学士壁记的研究是岑仲勉的独创性工作。这一研究同时也体现了岑仲勉在史源学上的犀利眼光，他探明了多层次的史源从出关系，给予后来研究者重要的启发。

由于陈垣与岑仲勉有深厚的友谊，相知甚深，所以1961年岑仲勉逝世时，陈垣参加了中山大学岑仲勉教授治丧委员会，并致函岑仲勉家属，吊唁岑仲勉逝世。

二、 从事专题研究的广东文化背景

宗教史研究是陈垣主要的研究领域之一，而且是他成名的领域。对明清之际岭南僧传的研究，是他长期关注的课题。姜伯勤撰写过《陈垣先生与明清之际岭南僧传的研究》一文。该文认为陈垣的《明季滇黔佛教考》"为研究明清之际的岭南禅学史提供了一种楷模"。

1646年旧历十一月，桂王朱由榔在广东肇庆即位，次年改元为永历元年，此即永历政权。南明永历帝失败后，遁逃于禅的士人频见于广东番禺之雷锋寺、广州海幢寺、仁化丹霞别传寺、广州长寿寺及澳门普济禅院等。1941年，陈垣在《清初僧诤记》的《小引》中说："去岁撰《明季滇黔佛教考》本有法门纷争一篇，以限于滇黔，未能论及东南各省，兹特扩为此篇，以竟其说。"在书中直接论及明清之际岭南之澹归大师、大汕大师，并论及广东名僧木陈忞。

从《陈垣来往书信集》中得知，早在1936—1937年，汪宗衍已开始与陈垣讨论明清之际岭南禅僧的史料。1938年，陈垣撰《释氏疑年录》，该书据《海云禅藻集》等文献，考证了明末清初广东禅僧群的姓氏及生卒年月。在该书中，陈垣把明清之际岭南禅僧分为几组。其中一组是粤籍出身而进入顺治宫廷的禅师，在《清初僧诤记》中被称为"新朝派"，如木陈忞、茆溪行森等。后来陈垣还写了《汤若望与木陈忞》《语录与顺治宫廷》两文，分别详记他们的事迹和评价。另一组是以天然和尚为代表的"故国派"。天然及其法徒多为明末遗民，富有抗清思想。《释氏疑年录》记有天然函昰法徒多人，其中不少属于天然大师付法的法嗣。从汪宗衍与陈垣的通信中，可知陈垣对天然禅师和千山剩人的研究十分关注。

在陈垣的帮助和影响下，岭南学者完成了一批对研究岭南禅僧有奠基之功的作品，如汪宗衍《天然和尚年谱》《剩人禅师年谱》、吴天任《澹归禅师年谱》、冼玉清《广东释道著述考》等。

对明清之际岭南僧传的研究，不仅能增进我们对中国禅学史的了解，而且可以从一个侧面推进明清之际岭南学术文学史的研究。姜伯勤说："陈垣先生对这一研究所作的奠基性的研究工作，确实为我们打开一个有重大课题价值的研究的道路。"

关于天主教，清代广州地区天主教发展迅速，影响亦大。陈垣对此十分关注。1934 年他撰《从教外典籍见明末清初之天主教》一文，曰："余为广东人，且略研究教史。""余尝注意广东教务，有雍正十年六月广东巡抚鄂弥达奏广东省城设立教堂情况一摺，于教堂所在地及堂主，入教人数，均详细叙明；并知当时男女分堂，为一极新史料。"其文过繁，列为《雍正十年广东省天主堂调查表》。该文还记有张汝霖撰《澳门纪略》中澳门天主教的情况。此项内容，还以《广东公教先进伟人》为题，被发表于 1935 年的《我们的教区》第一卷第二期。陈垣在 1933 年还写过《陈白沙画像与天主教士》一文，曰："吾尝见懋勤殿旧档有粤督进呈马国贤所画陈白沙遗像摺，今此像不知下落，特录其折如下。"

陈垣的元史研究取得卓越成就。而他之所以对元史研究感兴趣，却是因为在广州有机会读到方功惠藏旧抄本《元典章》。方功惠，曾为广东知府，家于广州，藏书 10 余万卷。他死后，家人把书运到北京求售。陈垣在北京，因偶然的机会重见这抄本，认为是奇事，把它买下。他把它与原有的沈家本的刻本《元典章》两相校对，于是开始了《元典章》校补工作，同时也开始了元史的深入研究，为写《元西域人华化考》奠定了基础。

三、 对故乡新会文化事业的关心

20 世纪 30 年代初，为再修新会县志，以县长黄槐庭为当然主席的新会县修志委员会成立。1933 年 2 月，县修志委员会致函聘陈垣为总纂。同年 3 月 20 日，陈垣复信新会修志委员会，婉拒此事，"事关桑梓，垣愿任一名誉职以效一得之愚"。同年 5 月 1 日，新会县修志委员会再次致函陈垣："当经一致议决，仍请先生担任总纂一职，并决定先生无须长川驻会等议在察。"同年 5 月 30 日，陈垣复新会县修志委员会第二函："倘将聘书往复寄还，殊非事体，谨暂行留下，以副雅名，唯总纂不必限定一员，似可增聘一人，垣改为名誉职，亦不用增加预算。"信中还提出修志应规定完成期限，记载事项应截止于近期而不是清末。同年 6 月 4 日，陈垣三函新会县修志委员会："垣一时未能即返，恐碍会务进行，兹因本邑黄霄九先生还粤之便，特托其代表到会接洽一切，乞赐延晤。""再者，志会似应设收掌一员，专收掌分发各种文件及接洽纂修会与志委会之间之事项，并转达总纂与分纂、采访间之意见，其待遇可略如分纂。垣既不能常川驻会，须有一人枢纽其间，方可免隔阂之患。今霄九先生适返家园，若会中能聘霄九先生，及霄九先生允任此职，则大善矣。"陈垣委托的黄霄九，辛亥革命前在广州办《人权报》，鼓吹革命。民国成立后，与陈垣同当选为众议员，亦在北京定居。借返乡之便，陈垣委托他代办一切。现存陈垣给他的一份调查及办事提纲。内容如下：

> 一、预备修若干年？一、预备几时开办？一、分纂聘定何人，担任何门类？一、采访聘定何人，各区分配？一、现有收掌一职否？一、通函各村绅、学校征集志目所列各种材料。一、县署倘有志目所列材料，尽量抄交到会。一、采访材料未到时，分纂应作之事：旧志编订；县署材料采集。一、旧志现存若干种：弘治李承基；嘉靖黄佐；万历王命璿；康熙贾雒英；乾隆王植；道光林星章；彭志止于何年，能寄一部到平否？附：一、津粤直放船情形。一、江门至会城交通情形。一、新会通函地址。一、会馆契件。

1933 年 6 月 13 日，黄霄九回到新会以后，曾多次致函陈垣，《陈垣来往书信集》中收入 12 封。这些信件反映了当时修志的一些情况及存在的问题。

同年 7 月，新会县修志委员会函告陈垣，8 月 15 日召集总、分纂莅会，成立修纂委员会，请他届时返会主理一切。8 月 4 日，他复电："删日之会，垣不能到。总纂一席，实无暇兼顾，仍恳另举贤能。"10 日，新会县修志委员会电陈垣："期迫不能变更。如难回，请派人暂代。恳复。"11 日，他再复电："辞意决，请另推主席。"

陈垣虽然辞去了总纂的职务，但在这之前，他确为新会县志的修纂实花了许多心思。从现在保存下来的一些信札可以知道，他曾多方查阅多种新会县志及地方志。如 1933 年，徐鸿宝致函陈垣："昨承教为快。故宫所藏乾隆《新会志》，顷代查询，尚有一部留平未运，谨以奉闻。"显然，这是徐鸿宝答复陈垣的查询，这是为新修新会县志做准备。

尤其是在陈垣致新会县修志委员会的三封信及为修改《采访征例》所提出的意见中，总结了他多年来运用地方志的经验，对修新志提出许多值得珍视的意见。

1. 修志"非独考古，且以知今"

陈垣在致新会县修志委员会的第一函中，一开头就明确提出："方志之作，非独考古，且以知今。"这是修地方志的方针、目的问题，陈垣为此做了明确的规定。

2. 正确对待旧方志

编修新志，不能撇开旧志。如何对待旧志，陈垣在第一函中提出了"荟其精英，删其芜蔓，正其谬误，补其缺漏"的原则。具体到旧志的各门，他在第二函中说："关于职官、宦迹、人物诸门，前志已载者是否复载，抑补续其所未载，须公定。在未公定之前，可先补续前志之所未备。若建置、古迹、艺文、金石诸门，前志已载者，似应仍行采访，以知其是否存在。阖邑金石，尤应借此机会尽行推拓，载其全文，勒成新录。"这是根据不同情况提出不同的处理办法。

3. 知今必须利用档案及实地调查

陈垣在第一函中说："知今之事，须取之官署档册；档册不足，须继以调查。调查固贵得人，指挥尤须通识，选能任使，头绪纷繁，此非离群索居者所能办也。"档案是原始资料，修地方志应充分利用当地档案材料。实地调查是编好方志的重要条件。而要调查好，除调查得人、指挥通识之外，还要有一份周密的调查提纲。陈垣亲自为新会县修志委员会整理了一份《方志调查项目》，它的原稿还被保留了下来。

4. 要编活方志，不要编死方志

何谓活方志？何谓死方志？陈垣在第二函中说："鄙意欲觇一邑之是否进步，必须利用历年统计，曾见有方志调查项目，谨另纸抄呈，俾资参考。倘择其必要者制为表格，即可按项填入。其县署业调查有案者，志会即可据以编纂。譬如自某年起本县有公路若干里，汽车若干辆，今已增至若干里，若干辆。自某年起本县有电灯用户若干家，电话用户若干家，今已增至若干家。苟有细密调查，任举一端，皆可证明本县之进步至何等程度，如此方为活方志，非死方志，未审诸公以为如何？"活方志就是动态的方志，有纵向比较的方志，既有古亦有今的方志。陈垣对活方志的提法多么形象生动。

这是 20 世纪 30 年代陈垣对新编新会县志所作出的贡献。新中国成立后，陈垣对新会县志仍十分关注。1958 年 1 月 31 日，陈垣复新会修志会函："鄙人无状，离乡数十年，诸公犹知有'吴下阿蒙'，至为感激。"同年 3 月 26 日，陈垣复新会修志会："二月六日大函并修志大纲等件，早收到，阅读数遍，大致妥善，至为钦佩。""编纂地方志，科学规划委员会已列为哲学社会科学研究事业中重点项目之一……诸公膺此光荣任……一定能作出一部适合人民所需要的县志，谨此预贺。"1960 年 5 月 19 日，陈垣复新会政协修志会："承征集本县作家著作及小传，鄙人著作多系解放前所写，殊无足观，今遵嘱付上著作目录并小传各一纸。""再者，石头乡白云书楼有一明朝碑记，旧志未著录，今将拓本附呈，可否采人新志文物栏，请酌。"陈垣对故乡文化事业的关心与眷恋跃然纸上。

第六章　晚年求进步　思想更化醇

　　1949 年，陈垣 69 岁，已进入老年，至 1971 年逝世，在新中国生活了 23 年。这时期他一方面焕发青春活力，积极参加各种政治活动，活跃在学术界和教育界，加入了中国共产党；另一方面由于"文化大革命"，他在苦闷、孤独中走完了人生历程。

一、拒绝南下、迎接北平解放

　　1948 年底，平津战役的炮火硝烟弥漫北平上空。北平城周围的国民党军队与解放军对抗，城内为争夺文化人的斗争也激烈开展。国民党政府指使傅斯年等开列著名学者名单，并派飞机乘载分批南撤。同时，北平中共地下党及其外围组织亦在加紧行动，在文化高层人物中间广泛宣传中共的政治主张，介绍解放区的社会民主、文化教育情况，希望著名学者和社会名流能够留下来，共同迎接新的民主国家诞生。

　　陈垣是辅仁大学的校长、著名的历史学家，名望甚高，自然受到关注。国民党政府于 1948 年底到 1949 年初撤离北平时，先后三次把飞机票送到陈垣家，要接他南下。1 月 9 日，北平、南京的报纸都发出中央社消息，说"陈垣等人昨日离平飞京"，以此假消息惑人耳目。1 月 10 日，陈垣致函三儿约之：

　　　　昨日此间各报纸载我南飞消息，不确。恐传至粤，以为我真已南飞也。自前月十七八，政府来电并派飞机来接，都未成行，后又敦促数次，均婉谢，因无走之必要也。只难为粤中家人挂念耳。其实情形不至如报纸所传之恶，吾未尝一日废书，书案堆书如山，竟至不能伸纸写信，今此信亦在书堆上写，凹凸不平，无法清理，只好如此。

　　陈垣为了避免国民党通过各种关系要他南下，他三次躲避起来，第三次是躲在学生刘乃和家，在刘家看书写字，直到晚上，估计南下的飞机早已飞去，不会有什么麻烦了，才放心回家。

　　陈垣坚决留在北平，拒绝跟国民党南下，是有思想基础的。从 1948 年下半年起，他已开始了解中共和解放区的一些情况。他能比较全面地了解解放区的情

上编　近代之世界学者——陈垣

95

况得益于斯诺的《西行漫记》①。辅仁大学国文教师张恒寿将《西行漫记》和冯玉祥著的《我所认识的蒋介石》送给陈垣，他十分高兴。尤其是《西行漫记》内容具体，文字流畅，可读性强，他像读古籍一样，认真阅读，还在天头作了几行眉批，内容是关于年代的校正。这两本书给他启发很大，使他念念不忘。直到1961年春天，他遇到了张恒寿，还一再提及恒寿对他的"启发"。更何况陈垣一生同情革命，向往光明和进步，具有强烈的民族意识和爱国情感。所以，陈垣留在北平，是一种历史必然。

1949年1月31日，北平和平解放。这天下午，陈垣与学生柴德赓、刘乃和一行三人，从辅仁大学出发，步行10多里，至西直门大街，与群众一起欢迎解放军进城。他看到解放军纪律严明，秋毫无犯，心情十分激动。

北平解放后不久，陈垣开始与共产党高层革命家有了来往。据陈述回忆，新中国成立初，他陪徐特立、周谷城去拜访陈垣，在兴化寺街5号，励耘书屋南房，四人相谈甚快。第二天，陈垣回拜徐特立，并赠送徐老《南宋初河北新道教考》《明季滇黔佛教考》《通鉴胡注表微》和《元西域人华化考》四部著作。陈垣谈了8年闭户和著书旨趣，徐老表示很敬佩。徐老的亲身革命经历，使陈垣对中共有了更深认识。

新中国成立后，陈垣开始学习马列主义理论和毛泽东著作。由于字体小，阅读吃力，他经常手持放大镜，一篇篇，一本本，认真阅读学习。更有趣的是，他把《毛泽东选集》拆开，按内容类别和时间先后，重新编定为六卷，分装成六册小本平装，请辅仁大学印刷厂重新印刷，其读书方法与读赵翼《廿二史札记》相同。柴德赓回忆他读该书的情景，说："他读这些书，也像读史书那样认真，日日夜夜读。他说：'有意思，过去我从来没有见过这些新东西。'"由于眼睛不好，字小看不清，他就让助手把经典著作抄成大字直行供他读，在励耘书屋，这种大字直行的马列经典手抄本成堆成摞。这些新书给了他很大的启发，使他的思想得到升华，人生观发生重大转折。1949年3月14日，陈垣写信给他的三儿约之说到自己思想的变化："余近日思想剧变，颇觉从前枉用心力。从前宥于环境，所有环境以外之书不观，所得消息，都是耳食，而非目击。直至新局面来临，得阅各种书报，始恍然觉悟前者之被蒙蔽。世界已前进，我犹固步自封，固然因为朋友少，无人提醒，亦因为自己天份低，没由跳出，遂尔落后，愿中年人毋蹈予覆辙（港得书似较易），及早觉悟，急起直追。毋坐井观天，以为天只是如此，则大上当也。"

---

① 编者注：即《红星照耀中国》（*Red Star Over China*），是美国记者埃德加·斯诺所著的纪实文学作品，于1937年10月在伦敦首次出版，于1938年2月首次出版中文版。当时为了在国民党统治区出版方便，曾易名为《西行漫记》，下文类似情况不赘注。

二、 给胡适的一封公开信

1949 年 4 月 29 日，陈垣写了致胡适的公开信，并于 5 月 11 日在《人民日报》上发表。公开信如下：

现在我可以告诉你，我完全明白了，我留在北平完全是正确的。
…………
今年一月底，北平解放了。解放后的北平，来了新的军队，那是人民的军队，树立了新的政权，那是人民的政权，来了新的一切，一切都是属于人民的。我活了七十岁的年纪，现在才看到了真正人民的社会，在历史上，从不曾有过的新的社会。经过了现实的教育，让我也接受了新的思想，我以前一直不曾知道过。你说'决无自由'吗？我现在亲眼看到人民在自由的生活着，青年学生们自由的学习着、讨论着，教授们自由的研究着。要肯定的说，只有在这解放区里才有真正的自由。
…………
我现在很挚诚的告诉你，你应该正视现实，你应该转向人民，幡然觉悟，真心真意的向青年们学习，重新用真正的科学的方法来分析、批判你过去所有的学识，拿来为广大的人民服务。再见吧！希望我们将来能在一条路上相见。

1949 年 4 月 17 日在中国革命大学

1950 年 1 月 9 日，胡适写《共产党统治下决没有自由——跋所谓〈陈垣给胡适的一封公开信〉》发表在台湾《自由中国》2 卷 3 期上。文中说："这信的文字是很漂亮的白话文；陈垣从来不写白话文，也绝写不出这样漂亮的白话文，所以在文字方面，这封信完全不是陈垣先生自己写的；百分之一百是别人用他的姓名假造的。"同年 9 月 28 日，傅斯年也在台湾《中央日报》发表文章："适之先生作了一篇考据文，证明陈垣先生的'公开信'是别人作的。"

胡适的"考据"是否正确？陈垣的公开信是否别人作的？这需要用事实来回答。

先看这封信的书写经过。刘乃和的弟弟刘乃崇是写这封信的当事人之一。他回忆："有一天，陈老又让乃和姐来叫我，我到他家后，他说他已经看到了新的社会，新的国家，读到了新书，这都是过去所没法子知道的，因此愿意把所见所闻告诉那些看不到听不到的人，比如他的老朋友胡适之，就随国民党政府走了，就不可能知道北平解放后的情况。我告诉陈老，我在石家庄时看见《新华日报》上刊登蓝公武与胡适的一封信，他立刻说胡适走前也给我写过一封信，说罢就取出给了乃和姐，当时陈老就与柴（德赓）师、乃和姐和我共同研究，决定也用公开信的形式把自己所见所闻的新气象写出来。经过陈老反复讲述自己的意思，并征求我们的意见，由乃和姐执笔写出，再经陈老亲笔改定。由陈老与乃和姐同去范文澜范老住处，请他修改。一九四九年五月十一日，距北平解放整整一百天，他的《给胡适之的一封公开信》就在《人民日报》上发表了。"

陈垣之嫡孙陈智超手头保留有四份公开信的底稿，可以证实和补充刘乃崇的叙述。

第一份是一沓纸条，是刘乃和的笔迹，写着公开信的一些片段。这应是"陈老反复讲述自己的意思"的记录稿。

第二份是信件的第一稿，是柴德赓的字迹，上面有陈垣多处修改或添补的笔迹。

第三份是信件的第二稿，是刘乃和的字迹，上面也有陈垣改补的笔迹。

第四份是信件的定稿，是用钢版刻印的，仍有个别涂改，这就是后来交给范文澜并在报纸发表的底稿。

由此看来，这封信虽然由陈垣的助

1949 年 4 月 17 日摄于不老松下

手执笔，但无论是写信的动机还是信件的内容，都完全是陈垣本人的意思，可以确认是他写的信。这封信生动地记录了他在新社会的思想的变化，以及这些变化的原因。

三、 政治上获得新的生命

新中国成立后，陈垣的思想与时俱进，进步很快。1949 年 9 月 21 日至 30 日，中国人民政治协商会议第一届全体会议在北平召开，他被列为特邀代表参加会议，参与了新中国的筹建。10 月 1 日，中华人民共和国宣告成立，陈垣登上观礼台，参加了开国大典。11 月 20 日，陈垣作为民主人士代表出席第二届北京各界人民代表会议。

1950 年和 1951 年，陈垣率领辅仁大学师生进行抗美援朝宣传，声讨美军侵略朝鲜的罪行。

1951 年 4 月 8 日在德胜门外做抗美援朝宣传

1951 年，陈垣以 71 岁高龄申请到西南参加土改，得到批准并被任命为由 500 多人组成的西南土改工作团的总团长。6 月 14 日重庆《新华日报》发表社论：

> 西南土地改革第二团，在团长陈垣，副团长裴文中、吴羹梅、张锡钧、于松如等先生率领下，一行五百三十一人，于本月十、十二两日分批先后抵达重庆。我们谨向不辞辛苦，来西南援助广大农民群众翻身解放事业的工作团全体同志，致热烈欢迎。

陈垣在农村访贫问苦，和农民一起下田打稻。这次社会实践，使陈垣更多地接触社会，了解人民群众和国家政治，对他的政治立场和学术思想都起了深刻的影响。

1951年10月23日，中国人民政治协商会议第一届全国委员会第三次会议在北京开幕，陈垣作为社会人士代表被特邀列席了本次会议。毛泽东致开幕词，指出："思想改造，首先是各种知识分子的思想改造，是我国在多方面彻底实现民主改革和逐步实现工业化的重要条件之一。"陈垣在10月31日的会议上，作了题为《教师们要努力实行自我教育和自我改造》的发言。他指出，部分知识分子的思想受孔孟之道影响较深，脱离实际生活，不问政治，

1951年8月27日，陈垣在四川巴县田间收稻

1951年8月27日，陈垣在四川巴县安仁乡王大娘家访贫问苦

以及崇洋恐美，缺乏民族自信心等毛病，联系自己的不足，强调要加强思想改造和学习。陈垣发言之后，毛泽东主席特意走到他的座位旁与他交谈，并夸奖他："你今天发言，认识深刻，很有道理。"陈垣说："我是解放后才学习你写的《新民主主义论》的，我闻道太晚了，要努力赶上。"11月1日，在怀仁堂举行国宴，毛泽东主席与陈垣同席交谈。毛泽东主席向别人介绍："这是陈垣先生，读书很多，是我们国家的'国宝'。"陈垣这时期的思想已发生了深刻的变化。1952年12月2日，陈垣在致友人杨树达的信中说："《积微居金文说》已由科学院送到，稍暇当细加钻研，以答盛意。来示谦欲法高邮（指清代学者王念孙、王引之父子——引者注），高邮岂足为君学？况我公居近韶山，法高邮何如法韶山（指毛泽东——引者注）？"1953年底，陈垣在医院病榻前郑重地对前来探望的北京师范大学党委书记何锡麟说："唯恨自己对马克思主义、毛泽东思想认识太晚，今世的理想恐难实现，特向你推荐我的秘书（刘乃和）入党。她大弟早年参加革命，牺牲在晋察冀边区。她还年轻，能为党做很多工作，希望党组织对她加强培养教育。"还说："作为你们的知己，我瞑目之后，我的书籍等一切遗产，请你和丁浩川同志代表我全权处理。"从这些材料看，1953年以前陈垣就有了加入中国共产党的信念。

1954年9月15日至28日，陈垣作为广东省推选出的代表，参加在北京召开的第一届全国人民代表大会。在9月27日的会议上，陈垣就政府工作报告作大会发言，号召社会各界重视师范教育。

1959年1月28日，陈垣以79岁高龄加入中国共产党。他在会上表示了自己的决心：今天党给了他宝贵的政治生命，他要珍惜这一新的开始。今年他已年近80，自恨闻道太晚，但俗话说"虎老雄心在"，年岁的老少，不能阻挡人前进的勇气；闻道的迟早，不能限制人觉悟的高低。他要以有生之年，竭尽能力，为党的事业，不休不倦地继续工作。刘乃和记述，在政治上他要"从头学起"，在学术上他"不愿做旧社会的史学大师，愿做马克思主义史学的小学生"。这就是他鲜明的政治态度和坚定的立场。

陈恒出席人民代表大会的代表证

1959 年 3 月 12 日，《人民日报》等发表陈垣《党使我获得新的生命》一文，文中陈垣回顾新中国成立前的彷徨困惑，新中国成立后参加的各种政治斗争。他说，10 年来的自我改造，是一个革故鼎新的过程，今天作为一个新党员，更要严格要求自己，更好地担负起党所交给的任务。此文发表，正值全国史学工作者百余人汇集北京，讨论中国历史提纲，其拜读此文，非常感动。乃由唐长孺赋诗，推侯外庐题词，书于织锦封皮宣纸册页，题词并诗曰："建国十年，以历史提纲之讨论，集全国史学工作者于首都，百家争鸣，齐放己见。到会同志欣闻史学前辈援老光荣加入中国共产党，并读大作《党使我获得新的生命》，感动异常。咸认为援老入党，乃史学界之光荣，对共产主

1960 年陈垣在励耘书屋院内劳动

义接班人青年，教育甚大。长孺同志即席赋诗一首：'八十争先树赤帜，频年知己效丹衷。后生翘首齐声贺，岭上花开澈骨红。'同志皆愿署名于册，以志纪念。"题词后有蔡尚思、郑天挺等与会者 105 人签名。有一次陈垣见到周恩来总理，周总理还特意走到他身边向他祝贺，和他谈了很多，肯定了他在北京解放 10 年时选择这一光荣的政治归宿。

1960 年 11 月，陈垣 80 岁，学术界在北京饭店设宴庆祝他 80 华诞。此后，陈垣的政治活动就越来越少，而学术活动又多了起来。

四、 晚年的学术研究

新中国成立后，陈垣是国家学术工作的主要领导者之一。他在国家学术研究机构、杂志社和学术团体任多种职务，曾先后任中国科学院历史研究所二所所长、《历史研究》编委会委员、中国史学会理事、中国科学院哲学社会科学部委员、国务院科学规划委员会古籍整理出版小组成员等。

陈垣晚年与旅居澳门的汪宗衍书信来往不断，现在收入《陈垣来往书信集》中的 100 多通陈、汪书信，反映了陈垣晚年学术研究的一个侧面。汪宗衍在 1972 年 2 月作的《陈援庵先生论学手简·后记》中说："一九三三年夏，援老回粤，时衍方增订旧作《陈东塾先生年谱》，持以就正，语及新收东塾复戴子高书墨迹，适衍自陈氏后人假得子高与东塾书原本，出以相视，援老大喜，欲为双璧之合而未果，乃将戴书抄寄，遂有《戴子高遗文与年岁》之作。自是四十年来书

简往还不辍。愧余学殖荒落，疑莫能释，或访求书册，久而未获，时时邮函叩询，靡不指示周详，稀见之本，亦悉力为衍搜求抄影，近二十年来，犹源源以东塾资料远寄，其为人服务，诚如援老表字之称也。衍稚性难驯，偶有商榷，援老亦欣然接纳，且于增订本中齿及，尤足令人悚愧。"这些书信，既反映了陈垣晚年的学术研究状况，也说明了陈垣提携后学的无私奉献精神。

新中国成立后陈垣写的学术论文，收入《陈垣学术论文集》第二集中有29篇，包括《书大德南海志残本后》《关于徐光启著作中一个可疑的书名》《关于徐氏庖言》《书傅藏永乐大典本南台备要后》《在中国佛学院教学问题讨论会上的发言》《在道教研究工作座谈会上的发言》《谈北京双塔寺海云碑》《佛牙故事》《法献佛牙隐现记》《鉴真和上失明事质疑》《跋陈东塾与郑小谷书墨迹》《跋陈鹏年自书诗卷》《跋凌次仲藏孙渊如残札》《跋洪北江与王复手札》《余嘉锡论学杂著序》《跋王羲之小楷曹娥碑真迹》《跋西凉户籍残卷》《跋陈东塾与玉仲札》《跋董述夫自书诗》《跋陈鹏年书秋泛洞庭诗册》《中国历史要籍介绍及选读一书审查意见》《商朝与殷朝》《柬埔寨始通中国问题》《柬埔寨史迹丛考一文审查意见》《论科学的考据与旧考据的不同一文审查意见》《陆棠介绍》《黄生借书说句读有误》《钱竹汀手简十五函考释》《两封无名字无年月的信》。《两封无名字无年月的信》是陈垣的最后一篇论文。1965年10月21日改定后送《文史》，因"文化大革命"爆发，杂志停刊而未能发表。可见陈垣为学术而工作到不能够工作为止，从不间断。

1961年，陈垣接受了中华书局点校新、旧《五代史》的任务。中华书局俞筱尧回忆："陈援老对新旧五代史作了大量工作，灿然同志（原中华书局总编金灿然）要乃乾（陈乃乾）先生和我去拜访陈援老，请陈援老担任。陈援老治学严谨，对自己已经做过的工作还不够满意，认为草率出版是对读者不负责任的。"后来几度磋商，"并征得陈援老同意，请柴德赓和刘乃和两位同志作助手，由刘乃和同志协助整理《旧五代史》，柴德赓同志协助整理《新五代史》。柴德赓同志为此特地从苏州借调到北京来作这项工作"。在陈垣的指导下，柴与刘编制了《新五代史不列传人名索引》《旧五代史不

陈垣与柴德赓、刘乃和
讨论新旧《五代史》点校工作

列传人名索引》《册府元龟五代部分人名索引》《通鉴五代部分人名索引》《有关五代史论著书名录》《五代十国年表》等，并将薛史的熊本、刘本和殿本分别互相对校一过，列成各本异同表。大量的准备工作和初步校点，为最后的成稿打下了坚实的基础。后来"文化大革命"开始，这项工作停止。1971 年，二十四史点校工作重新启动，新、旧五代史的点校任务，改由他人完成。这项工作中途易人，据刘乃和讲，这是姚文元的意思，理由是因为陈垣等人校点所出校勘记太多、烦琐的缘故。俞筱尧说："陈垣老主持整理这两部史书，竟也会遇到'天下大乱'的年代，落得如此不幸的结局。"

1955 年到 1964 年，陈垣在助手刘乃和的帮助下，重新修订了他的大部分主要著作 11 种，由科学出版社、古籍出版社再版。1964 年中华书局又将《元典章校补》《元秘史译音用字考》《元西域人华化考》《旧五代史辑本发覆》和《吴渔山年谱》以木版印刷出版，名曰《励耘五种》，共 10 册。

五、在"文化大革命"的岁月里

1966 年至 1971 年，这是陈垣人生旅程的最后阶段。"文化大革命"爆发后，高级知识分子多被列入"牛鬼蛇神"的范围。举国上下大字报铺天盖地而来，红卫兵"造反有理"口号响遍全中国。有这种形势下，陈垣提心吊胆，闷闷不乐，他对形势的发展担忧、陌生而又不理解，只有保持沉默。他很孤独，对人生倍感冷漠。他已经有一种在劫难逃的感觉。"文化大革命"前，儿子乐素、儿媳洪美英、孙子智超、孙媳曾庆瑛一家人去看望他时，他特别高兴，有说有笑，问这问那。可是"文化大革命"开始后，儿孙们来看他时，他好像变成了另一个人，面对着儿孙们的到来，他一言不发，满面愁容，进食很少，觉睡不安。看到他忐忑不安的状况，智超向当时主持历史研究所工作的副所长尹达反映了陈垣担惊受怕的情况。尹达为了宽慰他，于 1966 年 3 月 18 日到其居所看望他。这次谈话效果不错，陈垣还留尹达在家吃晚餐，这是极少有的例外。

"文化大革命"期间，陈垣极少外出，各方面的消息主要来自他几十年如一日的听新闻广播的好习惯，再就是来自家人的传达。陈垣子女当时在世者还有八人，但多在外地，在北京的只有长子乐素、次子仲益。乐素在北京的人民教育出版社任历史室主任、历史研究所兼职研究员。仲益体弱有病，与陈垣住在一起。乐素有两子在北京，智超在历史研究所工作，智纯在北京矿业学院任教。每逢节假日，乐素全家老小，必到陈垣处团聚。

北师大为陈垣配备有工作人员。专职秘书刘乃和，从 1947 年研究生毕业后做了陈垣的助手。另有专职护士老郭、公务员小郭，还有自费请来的两位抄书先生和一位专门做饭的保姆袁姐。陈垣生活简朴而有规律。早餐牛奶一碗，面包若干片，或烤馒头两片，特别喜欢喝小米粥。午餐、晚餐米饭一小碗，一荤一素一汤，腐乳一小块。家乡特产鲮鱼也是他喜食之物，偶尔买到一听罐头，能吃两三天。

随着"文化大革命"的迅猛发展，陈垣身边的人陆续被"撤走"了，一座两进的四合院里只剩下3个60岁以上的老人：除陈垣外，还有儿子仲益和专门做饭的保姆袁姐。其他家属各有自己的工作单位，都要参加运动，照顾陈垣起居的任务自然落在仲益身上。陈垣无可奈何地说："现在是老人照顾老老人。"

在"文化大革命"中，启功、刘乃和来看望陈垣

1966年5月，他的夫人徐蕙龄在天津去世，他让仲益和刘乃和到天津，带去300元，为她立块石碑。不到一星期，他的结发妻子邓照圆在广州去世，家人不敢告诉他，以免使他雪上加霜。

有一次，家属们向他讲述了北京的两派斗争，陈垣问家属们，你们是哪一派的，家属说，我们是反对王（力）、关（锋）、戚（本禹）这一派的。他想了一下，指指自己，又指他们，说："我跟你们是一派的。"说完开心地笑起来，逗得大家也大笑起来。这是那个岁月中难得听到的他的笑声。

在艰难的岁月里，他深居简出，与外界的同仁断绝了联系。有几个得意门生：启功、史树青、刘乃和、许大龄等几年中来看过他几次，危难之中见真情。启功回忆："在1967年时，空气正紧张之际，我偷着去看老师，老师口诵他从前给一位老朋友题什么

与前来看望的卞孝萱、史树青、刘乃和合影

图的诗共两首，我没有时间抄录，匆匆辞出，只记得老师手捋胡须念道：'老夫也是农家子，书屋而今号励耘。'抑扬的声调，至今如在。"所言的两首诗，是陈垣于20世纪40年代为湘潭宁某题《锄耕图》手卷的诗。诗曰："两世论交话有因，湘潭烟树记前闻。寒宗也是农家子，书屋而今号励耘。"自注：吾先人在

湘潭办茶。先父名田，号励耘。又一首曰："仲尼立论轻农圃，儒者由来爱作官。可是丈人勤四体，未教二子废铅丹。"这两首诗深得陈垣之意，故常吟诵。在社会混乱的"文化大革命"期间，还念念不忘，可见其超凡脱俗之心境。

在"文化大革命"中，逢国庆、"五一"等节日，能否在公众活动中"亮相"是自身是否平安的标志。为了让亲朋好友宽心，陈垣还是尽可能出席这种集会。他每次外出，要换衣换裤，非常麻烦。他的行动已极不方便，总要两三人合力连座椅带人抬至门口

1970 年 11 月陈垣与启功合影

上车。1970 年国庆，陈垣最后一次登天安门参加国庆观礼。

1969 年底，陪了陈垣 3 年的仲益，病体坚持不住，终于进了医院。家里只剩下陈垣和一个做饭的老保姆。陈垣处于无人照管的悲惨状况。有一次，陈垣从床上摔到地上，自己起不来，在地上一坐就是半天，没人知晓。在这样的情况下，智超夫妇决定向周恩来总理求助，以陈垣的名义给周恩来总理写信，说身边无专人照顾的困难，希望有专人照顾。这封信很快起到了作用。1970 年 1 月 6 日左右，周恩来总理派了一位军代表到北师大，将刘乃和调回陈垣身边照顾他，不久，护士老郭、公务员小郭也调回来了。

1970 年，陈垣身体日衰。7 月至 9 月，他因脑血栓后遗症又一次住进医院。出院不久，他又于 12 月 14 日发低烧住进北京医院，从此再也没有回家。

陈垣在弥留之际，仍关心着二十四史的校点工作。刘乃和说："他逝世前，在北京医院住院时，隔壁就是顾颉刚老先生住的病房。当他得知重新组织点校二十四史的班子时，还让我过去问顾老情况。他很高兴这次工作由顾老负责，但对两部五代史不让他再继续点校，以至完成，是表示非常遗憾的。"

1971 年 6 月 21 日，陈垣病逝于北京医院，享年 92 岁。6 月 24 日，在八宝山革命公墓举行告别仪式。告别仪式由中共中央政治局委员、国务院副总理李先念主持。中共中央委员、全国人大常委会副委员长郭沫若致悼词。

《人民日报》等刊载陈垣逝世的消息：

> 陈垣同志解放前一直从事教育工作。新中国成立后，曾任北京师范大学校长，中国科学院历史研究所所长，中国人民政治协商会议北京市委员会副

主席，第一、二、三届全国人民代表大会常务委员会委员等职。一九五九年一月，陈垣同志在他七十九岁的时候光荣地参加了中国共产党。陈垣同志忠于党，忠于毛主席，热爱社会主义。他努力学习毛主席著作，注意改造思想。在毛泽东思想光辉照耀下，他人虽老而志愈坚，年虽迈而学愈勤，为社会主义教育事业做出了贡献。

陈垣的学生邵循正撰挽联曰："稽古到高年，终随革命崇今用；校雠捐故技，不为乾嘉作殿军。"

陈垣的学生启功撰挽联曰："依函仗卅九年，信有师生同父子；刊习作二三册，痛余文字答陶甄。"

陈垣逝世后，家属遵照他的遗愿，将他40000册藏书、大批有很高史料价值的文物以及40000元稿费，全部捐给国家。现在他的图书由国家图书馆收藏，文物由北京市文物管理局收藏。他的大量遗稿，由孙儿智超收集保存。

陈垣故居、励耘书屋旧址，原兴化寺街5号，1939年至1971年陈垣在此居住，现为北京市西城区兴华胡同13号

第七章　陈氏三代史　资鉴启后人

　　2002 年底在广东珠海召开的"纪念陈乐素教授百年诞辰国际学术研讨会"上，浙江大学著名的宋史专家徐规说："祖孙三代人从事历史研究的人不多，但像陈垣、陈乐素、陈智超祖孙三代都取得了卓越贡献，成就这么突出的，可以说在历史上没有过。"他还举例，云南人民出版社 2001 年出版的《二十世纪中国文史考据文录》，选载 20 世纪文史两界代表性的考据文章 165 篇（一人 1 篇），祖孙三代同时入选的，只有新会陈氏一家，真是史坛佳话。邓广铭曾经对史学界同仁讲："史学界的陈援庵祖孙三代就像京剧界的谭鑫培祖孙三代。"暨南大学的张其凡说："三代史学名家的'新会陈氏'，已经引起了学术界人士的注目，且已有人在进行研究了。家学渊源，三代相承，诚为二十世纪学术史上的一段佳话。"

一、陈垣的学术地位与影响

　　中国史学会会长戴逸在《纪念陈垣教授诞生 110 周年》一文中认为，为什么在清末民初的几十年内产生了像陈垣等一大批史学大师和名家，这是史学史上值得深入研究的重要课题。他认为"这时，正是传统历史学发生巨大变化，进入近代历史学的时期，生活在这个变革时代中的杰出历史学家，既继承了中国历史学优秀的传统，具有广博的学识和扎实的学风，又接受欧风美雨的洗礼，睁眼见到了前人所未曾见到的新世界，掌握了历史研究的新思想、新方法，发现了新的研究课题与研究资料，所以能够超越前人，新辟蹊径，把历史学推上新的高峰"。桑兵在《国学与汉学——近代中外学界交往录》一书的《绪论》中，说过同样意思的话，"近代中国学术界名家辈出，形成宋以来学术发展的又一高峰。究其原因，史料大量涌现，承袭清学余荫，沟通域外汉学，当在首要之列"。"近代学问大家，对于清学用功颇深，源流脉络，长短利弊，了解周详。……清学极端发展，得失清晰凸显，适为近代学者奠定更上层楼的基础。认识和把握清学史，正是近代学者超越前人的妙诀之一。"

　　我们从上述陈垣的一生中知道，他之所以能够成为中国近代的世界学者，一是由于他精通清学史，继承乾嘉学风而又更上一层楼。二是由于他"沟通域外汉学"，与国际汉学界的顶尖人物如法国的伯希和、日本的桑原骘藏等交往密切，对日本的那珂通世也十分了解，而又能吸收西方的科学方法，包括自然科学、医学的方法，他在20世纪30年代的一封家书中说："余今不业医，然极得医学之益，非只身体少病而已。近二十年学问，皆用医学方法也。有人谓我懂科学方法，其实我何尝懂科学方法，不过用这些医学方法参用乾嘉诸儒考证方法而已。"三是由于他不断发现新材料，提出新的研究课题。陈垣成功的经验，是值得我们借鉴的。有学者提出，如果把18世纪中国史学称为钱大昕时代，那么20世纪中国史学可以称为陈援庵时代。

陈垣的中国近代的世界学者地位，可以从世界学者的评论中得到印证。

执掌国际汉学界牛耳的一代宗师法国的伯希和说："中国近代之世界学者，唯王国维及陈（垣）先生两人。不幸国维死矣，鲁殿灵光，长受士人之爱护者，独吾陈君也。"据梁宗岱回忆："三十年代初北平一次热闹的宴会上，聚当时旧都名流学者于一堂，济济跄跄，为的欢迎著名汉学家、东方学家法国伯希和教授。除伯希和外，参加者还有其他欧美人士，因此交谈语言有中法英三种，我躬逢其盛，担任义务口译。席上有人问伯希和：'当今中国的历史学界，你以为谁是最高的权威？'伯希和不假思索地回答：'我以为应推陈垣先生。'我照话直译。"

伯希和与陈垣结缘，开始于摩尼教研究。1923年4月，陈垣发表《摩尼教入中国考》，此文所引材料及探讨问题较前人详备，或认为论及此事者虽有蒋伯斧、伯希和、王国维等数人，"具体解决者，只有陈援庵一人"。伯希和看到此文后，即致函陈垣，查询有关宋元间摩尼教入福建的情况。陈垣接信后即托樊守执代为查访。1930年，陈垣在《敦煌劫余录·自序》中说："清光绪三十三年，匈人斯坦因、法人伯希和相继至敦煌，载遗书遗器而西，国人始大骇悟。"友人劝说不要直接提名字，不要用"劫后"两字，以免"太刺激"。陈垣说："用劫余二字尚未足说明我们愤慨之意，怎能更改。"3年后伯希和来华，并不以"劫余"两字为不悦，反而对陈垣推崇有加。伯希和与陈垣在许多领域如元史研究等都有交往。1945年10月，伯希和因癌症而与世长辞，陈垣"阅报知伯希和先生已作古，更为之怅然"。致函傅斯年，以述哀思。"天下英雄谁敌乎"，陈垣"心目中的天下英雄唯使君，域外恐怕非伯希和莫属"。而伯希和对陈垣又有如此高的评价，真是惺惺惜惺惺。

桑原骘藏，是日本的东洋史学创始人之一，比陈垣长10岁，于1931年病逝。他"不满于以往汉学式的中国史研究，采用西洋史学的方法论，开始构筑从广阔的世界史的角度重新认识中国史的新东洋史学"。京都大学文学部东洋史研究室特设"桑原文库"。桑原骘藏与年轻时的陈垣有过交往，对陈垣的研究成果给予高度评价。1924年，桑原为陈垣寄赠给他的《元西域人华化考》撰写书评，认为陈垣为现在中国史学者中，"尤为有价值之学者也"。中国"虽有如柯劭忞氏之老大家及许多之史学者，然能如陈垣氏之足惹吾人注意者，殆未之见也"。

桑原列举了陈垣研究的两大特色：一是以中国和外国的关系为研究对象；二是具有科学的研究方法。竺沙雅章认为，"上述陈垣的研究特色，事实上正是桑原自己的研究特色。桑原的代表作《蒲寿庚之事迹》是一部被译成英文和中文的名著"。1925 年 4 月 10 日，顾颉刚致函陈垣介绍傅彦长，说彦长"倾心于那珂、桑原二公，谓先生为中国之桑原，故渴欲一谒也"。可见两人在学问上有许多共同之点。现在京都大学文学部东洋史研究室的"桑原文库"中，藏有 1924 年陈垣赠送给桑原的三部书：《元西域人华化考》稿本、《心泉学诗稿》6 卷、《钓矶诗集》4 卷。

1933 年杨钟羲、尹炎武宴请伯希和，陈垣应邀作陪

陈垣的学术地位，不但为国际汉学界所公认，也是国内学术界的公意。陈寅恪于 1935 年为陈垣重刻《元西域人华化考》作序，明确指出："近二十年来，国人内感民族文化之衰颓，外受世界思潮之激荡，其论史之作，渐能脱除清代经师之旧染，有以合于今日史学之真谛，而新会陈援庵先生之书，尤为中外学人所推服。盖先生之精思博识，吾国学者，自钱晓徵以来，未之有也。""先生是书之所发明，必可示以准绳，匡其趋向。"傅斯年也曾说过，中国有两个世界级学者，一个是王国维，另一个就是陈垣。1928 年，傅斯年为筹建中央研究院历史语言研究所事致函陈垣，以陈与王国维相比，称颂"静庵先生驰誉海东于前，先生鹰扬河朔于后，二十年来承先启后，负荷世业，俾异国学者莫敢我轻，后生之世得其承受，为幸何极！"1932 年 1 月 25 日，孙楷第致函陈垣，说"窃谓吾国今日，生产落后，百业凋零，科学建设，方之异国，殆无足言；若乃一线未斩唯

在学术"。方今宇内，不乏名流，"此可谓一时之俊，未可谓百代之英也"。余嘉锡、王重民均推崇陈垣"不藉他力，实至名归，萃一生之精力，有悠厚之修养，……亦精亦博，亦高亦厚，使后生接之如挹千顷之陂，钻弥坚之宝，得其名言足以受用，聆其一教足以感发，此在今日固不多见，而窃以为先生者即其人也"。1934 年，尹炎武在南京邂逅黄侃和朱希祖，"偶谈及当世史学巨子，近百年来横绝一世者，实为门下一人，闻名无异辞"。由此可见，以陈垣为中国学术首座，虽出自伯希和之口，却一定程度上表达了中国学术界的公意。

陈垣卓越的学术成就，赢得了海内外学术界的赞誉，不仅为后人留下了丰富的文化遗产，而且对今后中国史学的发展产生了深远的影响。他桃李遍天下，培养了许多名家，雄踞学术界的各个领域。据牛润珍《陈垣学术思想评传》"动世界而垂久远"的学术影响一节所介绍者就有姚从吾、郑天挺、方豪、柴德赓、王重民、孙楷第、陈述、容庚、容肇祖、台静农、翁独健、蔡尚思、余逊、冯承钧、牟润孙、单士元、刘乃和、张恒寿、邓广铭、杨廷福、白寿彝、赵光贤、史念海、启功、杨志玖等。而且，薪尽火传，陈垣的弟子一代接一代，都是当今中国文史各个领域的骨干和后起之秀，影响着今后学术界的发展。

陈垣逝世后，国内外学术界开展了对陈垣学术成就、学术思想及其生平的研究。据王明泽《陈垣事迹著作编年》附录一《陈垣研究论文目录索引》统计，已超过 200 篇（本）。陈垣诞生 100 周年、110 周年、120 周年，北京和广州分别召开了纪念会，出版了纪念论文集。学界出版了研究陈垣的学术著作十数种。学者在呼唤"陈垣学"。由此可见陈垣学术影响的深远。

二、 陈垣与陈乐素父子的学术传承

陈垣的长子陈乐素（1902—1990），原名博，是 20 世纪中国宋史研究的开拓者和奠基者之一，著名的历史学家、教育家，著有《宋史艺文志考证》。论文数十篇，编集为《求是集》第一、第二集。乐素幼聆庭训，熏陶甚深。六七岁时，父亲陈垣给他一套《三国演义》，并让他把每回中首次出现的人物及地名写在书眉上，把它们记熟，这是他接受的文史启蒙教育。乐素 16 岁时留学日本，学习经济学。在日本期间，乐素为陈垣搜集宗教史的材料。现在还保存一册乐素在日本抄的宗教史材料。封面《两眼考》的书名是陈垣题写的，还有他的批语："一九一八年六月，博儿抄于东京帝国图书馆。"书末还有他的识语："是考纯在《破邪集》采掇而成，无甚条理，不足观也。但未见《破邪集》者，得此亦可略见当时天主教被迫之痕迹。一九一八年六月廿三日垣记。"在日本留学 4 年，乐素亲身感受到，日本确实有很多值得尊敬的、纯正的学者，但也有些学者自觉不自觉地充当日本军国主义的侵略工具，在史学领域尤其明显。这也激发了乐素把学习重点转移到历史学。1922 年乐素回国后，一面在广州南武中学等校教授文史，一面系统地阅读二十四史、《资治通鉴》等历史典籍，为后来的史学研究打下基础。

陈垣与乐素父子两代都能成为著名的历史学家、教育家，在中国近现代史上是少见的。陈智超编注的《陈垣来往书信集》，收入陈垣致乐素书信一百多通。这些书信充分反映了陈垣与乐素父子的学术传承关系。

（一）学术思想的传承

陈垣"实事求是"的科学精神，给乐素以深刻的影响。"实事求是"是陈垣学术思想的精髓。他一生从事考证，认为"欲实事求是，非考证不可"，把实事求是作为治学的金科玉律。他对"实事求是"并没有太多的阐述，而是通过其踏踏实实的史学著作来实现，载之空言，不如见诸行事，求真、求实、求新，不言诸口，而体现在笔端。1945 年 1 月 31 日的信，充分说明了他写《通鉴胡注表微》的实事求是精神。他认为："说空话无意思，如果找事实，则必须与身之（按：即胡三省）相近时事实，即宋末及元初事实，是为上等；南宋事实次之；北宋事实又次之；非宋时事实，则无意义矣。"说明立论必须以事实为依据。陈垣的学术师承乾嘉考据学，在乾嘉诸儒中，最推崇钱大昕、继承了钱大昕"实事求是"的治学精神。

陈垣在书信中不断以治学必须"实事求是"的精神教育乐素，乐素亦

陈乐素为陈垣抄的一部宗教史资料

1946 年陈垣、陈乐素、陈智超祖孙三代在南京明故宫机场合影

虔诚地接受、继承了这种科学精神。综观乐素的著作，如《徐梦莘考》《三朝北盟会编考》《宋史艺文志考证》等，都是在"实事求是"精神指导下，经过艰苦卓绝的努力而取得的重大成果。

陈垣通史以经世致用的思想，给乐素以重要影响。陈垣的学术思想，经历过前后两个阶段。1937 年七七事变以前，陈垣"服膺嘉定钱氏"，专心致志于精密考证；七七事变以后，发生了变化，越来越推崇经世致用的思想。他的这种思想直接来源于清初著名学者顾炎武。他反复研读《日知录》，并以这部书和赵翼《廿二史札记》、全祖望《鲒埼亭集》作为"史源学实习"课程的教材。陈垣把这门课程的目的、教材、教法、经验写信告诉乐素，并建议他也开同样的课程。陈垣以《鲒埼亭集》为教材，是"欲以正人心，端士习，不徒为精密之考证而已"，"唯其文美及有精神"。这种"精神"是什么？是在民族的危急关头，我们的祖先反对民族压迫的光荣传统，唤起人民的民族意识和斗争的精神。在抗日战争时期，陈垣用史学作为抗日斗争的武器，这时期写的《明季滇黔佛教考》《清初僧诤记》《南宋初河北新道教考》《通鉴胡注表微》几部著作，都体现了其通史以经世致用的思想。他认为"古人通经以致用，读史亦何莫非以致用？"《通鉴胡注表微》是陈垣通史以经世致用思想的最高境界。陈垣在书信中把这部书的"史法"、"史事"、写作过程、全书的格式、完成进度，多次告诉乐素，而且言之极详。所以，陈垣通史以经世致用思想的形成和表现，乐素是十分清楚的。

乐素从踏进史学门槛开始，就受这种通史以经世致用思想的影响与陶冶，并运用于自己的研究实践中。乐素在《学习历史，整理古文献》的讲演中，简略地论述了他的史学研究，都是经世致用的。20 世纪 30 年代初，他发表的《魏志倭人传研究》《后汉刘宋间之倭史》等论文，旨在以历史上我国对日本的友好文化传播，对比当时现实，唤起同胞对日本军国主义者侵略野心的同仇敌忾。九一八事变之后，他对日本侵占东北和当时政府所持的不抵抗主义十分愤慨，发表了《宋徽宗谋复燕之失败》一文，意指像徽宗这样的昏君，也还有过谋复燕云的行动，难道现时代的执政者连古代昏君也不如？从此便把宋代历史作为主要研究对象，由研究它的外患频仍进而研究它的经济、政治、文化。抗日战争时期，乐素居住于香港，他受叶恭绰和《广东丛书》编印会的委托，主持明末清初广东志士屈大均所著《皇明四朝成仁录》的汇编、校订工作。这部书对唤起人民的爱国热情、发扬民族气节有促进作用。1979 年乐素调到广州暨南大学任教，目睹广东开放改革，经济发展迅速，他开始研究两广地区古代与中原文化的联系，写出了《珠玑巷史事》《流放岭南的元祐党人》《桂林石刻〈元祐党籍〉》等论文，为岭南地区历史研究作出了重要贡献。乐素是陈垣通史以经世致用思想的承传者，也是忠实地实行这一思想的实践者。

（二）治学方法的传授

陈垣在自己的历史研究实践中，有许多行之有效的具体方法，通过家书教育乐素，而乐素亦步亦趋，终成事业。这些具体方法，举其大者，有下列数端。

以目录学为治学门径的方法。陈垣治学以目录学为门径，特别是从《书目答问》和《四库全书总目》两部书入手，形成具有陈垣自己独特风格的学术道路和治学方法，这是史学界公认的事实。陈垣在家书中亦经常教导乐素治学要从目录学入手，而且要花时间和精力去研究目录学。乐素所发表的论著，有相当部分是关于目录学的，如《宋初三馆考》《记万历刊本毛诗六帖》《直斋书录解题作者陈振孙》《四库提要与宋史艺文志之关系》《袁本与衢本郡斋读书志》等。他在大学开设过"中国目录学史"课程。特别需要指出的是他对《宋史·艺文志》的研究，《宋史艺文志考证》是他大半生心血的结晶，也是他对宋史研究做出重要贡献的学术成果之一。

搜集材料要"竭泽而渔"的方法。研究问题搜集材料要"竭泽而渔"，也就是说要详细地占有材料，这是陈垣治学的一贯主张。他的著作如《元也里可温教考》《元西域人华化考》《吴渔山年谱》《元典章校补》等都是"竭泽而渔"地搜集材料的典范。陈垣把这一方法传授给乐素，而且把怎样才能做到搜集材料"竭泽而渔"的章法告诉儿子。1939 年 3 月 26 日信说："欲撰陈同甫年谱，应将四库全书全部南宋人文集与同甫年代不相上下者尽览一遍，方可无遗漏。""且凡撰年谱，应同时撰一二人或二三人，因搜集材料时，找一人材料如此，找三数人材料亦如此，故可同时并撰数部也。若专撰一人，则事多而功少矣。"乐素接受这种方法的教育，并将之贯彻到自己的研究实践中，最显著的例子，就是《宋史艺文志考证》一书。该书第一篇《宋史艺文志考异》就对《宋志》著录的9000 种只有书名、卷数、作者而无其他记载的古籍进行考订。凡是《宋志》记载与他书有异，或本志上下有异的，一一举出。然后加以分析、考证，哪些是宋志的错误，哪些是他书的错误。不能判断是非的，也加以说明。乐素对《宋史·艺文志》的研究，凡 50 年，倾其半生心血，对材料可谓"竭泽而渔"。

专题深入与窄题宽作的方法。蔡尚思曾论及陈垣的"专题深入的治学方法"。他说陈垣"比清代朴学家更加集中精力，专做'窄而深'的史学工作"。陈垣这种专题深入研究的著作很多，不胜枚举。乐素继承了这种治学方法，他所发表的有影响的论著都是遵循这一方向进行研究的结果。他一生以宋代历史为主要研究对象，就是按照陈垣"欲成一专门学者，仍尚须缩短战线，专精一二类或一二朝代"的教诲。他的《徐梦莘考》和《三朝北盟会编考》，旁征博引，考证并纠正了《三朝北盟会编》各种传抄本和刊本的不少错误，也考订了《三朝北盟会编》本身的不足之处，是贯彻、学习陈垣窄而深的专题研究方法的典范。

（三）教书与做人的教诲

在如何教书和做人方面，陈垣对乐素有许多教诲，使乐素常以安贫乐道、粗茶淡饭为自乐，故自号"乐素"。

陈垣多次致书教育乐素安心教书。陈垣说："教书最好能教学相长，详人之所略，略人之所详，而后能出色。"1939 年 8 月 21 日的一封信，很详尽地说明如何教书："教书可以教学相长，教国文尤其可以借此练习国文（于己有益，必有进步）。教经书字音要紧，最低限度，要照《康熙字典》为主，不可忽略。吾见教书因读错字闹笑话而失馆者多矣，尤其在今之世，幸注意也。"同年 9 月 9 日的信说："《左传》、四书教法，应注重文章，不能照经书讲，总要说出使人明白有趣为主。我近亦在《论》、《孟》选出数十章（目另纸），令学生读之烂熟，涵泳玩索（每一二句），习惯自然，则出口成文，可免翻译之苦。……学本国文贵能言文一致，今以《论》、《孟》为文言一致之标准，选出数十章，熟读如流，不啻若自其口出，则出笔自易。"

在教学中如何启发学生兴趣，陈垣也谆谆教导。1940 年 2 月 19 日信云："认真多奖励（即尽心之谓），要学生有精神，生趣味为要。凡说学生懒学生闹者，必教者不得法之过也。"同年 6 月 27 日信云："又中学教员有批评学生不用心，或讲话，或睡觉者，分明系教者不能引起兴趣，或不得法。又大学教员有上堂批评人，说人人都不成，以自显其能，学生反问他，则又不能满答。凡此种种皆不适宜。大约教书以诚恳为主，无论宽严，总要用心，使学生得益。"

在大学中如何处理好教学与研究的关系，陈垣也有许多令人深思的意见。他强调大学的教师一定要搞研究，不能单成为教书匠，强调教学与科研并重。

如何做人，如何处理好同事关系，如何在学生中树立好的形象，陈垣给乐素也有深刻影响。尊老，是中国传统美德，陈垣在家书中，字里行间洋溢着对老一辈学者崇敬的感情。对交友，陈垣认为必须有诤友，在学问上互相切磋、辩难，才能成学。对于一般同事的关系，陈垣提醒"对同事要注意，太生疏不好，太密亦不好，总要斟酌及谦让，不可使人妒忌，使人轻侮。交友原本要紧，无友不可以成学，但同事则又另一样，与为学问而交之友不尽同，因有权利关系也"。陈垣以非常深刻的人生阅历教育乐素，这是十分可贵的。

总之，通过教育，陈垣把乐素塑成了"一位笃实严谨的学者，严肃认真的老师，敦厚纯朴的长者"的形象。陈垣的学术得以承传。

三、 第三代陈智超的学术成就

陈乐素长子、陈垣嫡孙陈智超（1934— ），著名历史学家，北京大学历史系毕业，中国社会科学院历史研究所研究员、博士生导师。研究领域涵盖宋至清初历史、历史文献、史学史、中外关系史等。专著及主编之学术资料集有《解开宋会要之迹》、《宋会要辑稿补编》、《中国封建社会经济史》第三卷、《旅日高僧东皋心越诗文集》、《日本黄檗山万福寺藏旅日高僧隐元中土来往书信集》、《美国哈佛大学哈佛燕京图书馆藏明代徽州方氏亲友手札七百通考释》等十余种，发表论文百余篇，选辑 40 余篇结集为《陈智超自选集》。先后在法国、日本、美国、加拿大各著名大学及研究机构做客座教授、访问学者。

（一）少年时受的文史熏陶

智超出身于书香门第，从小受祖父、父亲的熏陶，对他的成长影响很大。陈垣与乐素没住在一起，靠书信联络，我们从陈垣致乐素的书信中，可以看出陈垣对智超的成长十分关心。智超 4 岁学写字，1938 年 7 月 19 日，陈垣的信曰："小子学字，最好用手指多写，然后用笔。所谓'昼作势，夜画被'，均指手而言，不必一定用笔墨也。"1941 年，智超将所读唐宋词抄寄给祖父，其中有张志和的《渔歌子》"青箬笠，绿蓑衣，斜风细雨不须归"之句。祖父回信："'斜风细雨不须归'，小子要爷爷不要南归吗？"祖父很关心智超的身体，1946 年信说："智超身体如何？停学一年不读书，纵其自习，亦一样有益。甲午广州大疫，余停学一年，读书之基树于此也。"1947 年 2 月 17 日信说："小子病宜少读书，停一二年不入学无要紧，身体第一，读书第二，幸注意。"

1941 年前后，乐素开始久已计划的《宋史艺文志考证》的写作。他让智超姐弟查阅《四库全书总目》，每人分若干卷，将其中提到"宋志"或"宋史艺文志"的地方用红笔标出。标完之后，交换复查，凡查出有遗漏者，发一小奖品。智超对于奖品是什么，早已没有印象，但姐弟们查出别人的遗漏时那种得意之情，令他至今难忘。

乐素有时还带只有 7 岁的智超到图书馆帮他抄资料。当时同在图书馆看书的容肇祖对智超小小年纪抄书印象深刻，半个多世纪以后，容肇祖还对智超谈起这段往事。

1946 年浙江大学复迁杭州之前，智超利用附中放暑假，在家中帮助父亲抄写《宋史艺文志考证》。当时在遵义，受物质条件所限，乐素只买得起质地粗糙的毛边纸，将它裁成长条，代替卡片，一书一纸。母亲在家务之余，深夜将有关资料汇抄在纸条上，再由父亲删联成文，智超再按照顺序将这些散条誊录在稿纸上，这就是《宋史艺文志考证》的第一稿。这部书稿现在还保存完好，是家中珍贵的纪念品。

1947 年，乐素发表的《主客户对称与北宋户部的户口统计》一文中，有关北宋前七朝的户口统计数字和客户百分比，都是先由智超反复计算，由父亲最后复核的。

1948 年，乐素在酝酿《读〈宋史·魏杞传〉》时，一天突然有所触发，午睡时不能入睡，把妻子叫醒，分享他的心得。智超也在场，成了第二听众，他也从中体会到科学研究的乐趣。

春风沐人，细雨润物。智超对史学的兴趣和对研究的追求，与父亲的启发有密切关系。

（二）学术成就

智超高中毕业后，曾在云南边疆从事公路建设多年。1957 年秋季考入北京大学历史系，1962 年毕业，其毕业论文题目为《嘉靖中浙江福建地区反对葡萄牙殖民者的斗争》，由向达指导。他的论文以优等成绩通过答辩。答辩委员会认为，作者"提出自己的创见，论点明确清楚，史料运用正确，文章逻辑性较强，给予优等成绩"。随后《北京大学校刊》《北京晚报》《北京日报》对智超的答辩予以详细报道。《北京大学学报》全文刊登了这篇 2 万字的论文，真是"不鸣则已，一鸣惊人"。

毕业前夕，中国科学院哲学社会科学部（现名为中国社会科学院）历史研究所派人找智超谈话，建议他报考历史所宋史专业研究生，说他父亲乐素是历史所的兼职研究员，因在人民教育出版社任历史室主任，主持全国中小学历史教科书的编写，任务繁重，没能更好发挥他作为宋史专家的专长。如果智超当他的研究生，将来毕业可以协助他父亲更好地研究宋史，发挥其父的更大作用。既然组织上这样动员他，智超就报考了历史所的宋史研究生。入学后，当时的副所长熊德基对智超说："你与乐素先生有三重关系：父子、师生、同志。"说完开怀大笑。

关于智超的学术成就，我们选择四项他的发现，略作介绍，即可见一斑。

1.《宋会要辑稿》遗文和嘉业堂清本的发现与《宋会要》的复原

《宋会要》是宋王朝设置专门机构，把各种重要文件按不同性质归类，编成会要，会要就是原始档案的分类汇编。它是历史研究的史料宝库。在元灭宋、明灭元的过程中，《宋会要》失传了。但《宋会要》的主要内容，保存在《永乐大典》之中。清朝的徐松被派去修《全唐文》，他利用修《全唐文》的机会，命书吏把《永乐大典》中，凡是引《宋会要》的内容都另抄出来，大约抄了 1000 万字。徐松想恢复《宋会要》的原貌，但后来他犯法，被充军到新疆，这部辑本也流落在外了。民国四年（1915），浙江湖州的藏书家刘承干用重金买下这批已经过两次易手的稿子，并请人加以整理，编成 800 万字的《宋会要》嘉业堂清本（刘承干藏书楼名嘉业堂）。到 20 世纪 30 年代，北平图书馆从刘承干那里把徐松的辑本买下，又把嘉业堂清本借到北平图书馆，并成立以陈垣为委员会长的委员会。经查徐松辑本已被刘富会割裂、拆订，已失去原有面目。正在此时，九一八事变爆发，北平局势紧张，委员会决定先影印徐松的辑本，只印了 200 套。1957 年，中华书局影印了《宋会要辑稿》，对推动宋史研究起了重要作用。但因为是经过扰乱的稿本，混乱不堪，使用不便。1981 年，智超奔走于北京、上海、浙江之间，经过他的努力，终于找到了《宋会要辑稿》遗文和嘉业堂清本。1982 年，智超写成《宋会要辑稿遗文和嘉业堂清本的再发现》一文，并出版了《宋会要辑稿补编》一书。

经过 10 多年对《宋会要》的研究，智超于 1995 年出版了他的第一部个人专著《解开宋会要之谜》（社会科学文献出版社出版）。史学界对此书评价很高。邓广铭说：“《宋会要辑稿》影印本行世，对宋史研究起了很大推动作用。然而编次杂乱，学者仍难藉以窥知宋人历次所修会要的原面目。这本书的出版，为全面整理《宋会要》提供了可行的方案。作者在本书中运用的方法，也可供历史工作者借鉴。”徐规说：“此一成果的意义将远远超出其研究对象《宋会要》以外。它对《辑稿》（按：《宋会要辑稿》）混乱和存在问题的澄清……对于宋史与中国古代史的研究，无异提供了最可靠的丰富资料。”日本著名学者斯波义信说，它“真是对于宋史研究空前绝后之贡献伟业”。中年学者方健说：“它代表了迄今研究《宋会要》的最高水平。”

2. 郑成功信件的发现

1993 年，智超应日本“日中友协”的邀请，访问日本 1 个月，主要任务是搜集旅日高僧东皋心越的材料，后来编成《旅日高僧东皋心越诗文集》。在访日过程中，得日本黄檗文化研究所所长大规先生的支持，访问了黄檗山万福寺，在此发现了旅日高僧隐元中土来往信件，其中有一通没有署名的信，写信人自称“本藩”。从信中内容可知，隐元从中国到日本，是由“本藩”拨船相送。经智超考证，“本藩”就是郑成功，这封信就是郑成功的亲笔信。郑成功信件在日本被发现后，中央人民广播电台、中国国际广播电台、《人民日报》、日本的《读卖新闻》都纷纷报道，一时引起很大反响。同事见到智超就笑着说：“你成了新闻人物了。”后来智超写了《郑成功致隐元信件的发现——介绍一批南明抗清斗争新史料》一文，与其他两位同事共同编注了《日本黄檗山万福寺藏旅日高僧隐元中土来往书信集》，此书获中国社会科学院优秀成果奖。

3. 发现明代徽州文书——方用彬信件

美国波士顿哈佛大学哈佛燕京图书馆藏有一批明朝人的信件，共 733 封，名刺 190 件。这么多的明朝人信件，而且收信人基本是同一个人，在国内外都是仅见的，可以说是该馆镇馆之宝，有很高的文物价值和史料价值。

1997 年 7 月至 1999 年 5 月，智超在哈佛大学做访问学者，大部分时间都在研究这批信件。在此之前，介绍这批信件的专文只有一篇，作者是位曾到哈佛的访问学者。可惜文章把收信人搞错了，误认为是浙江兰溪人方太古。经过智超的艰苦卓绝的研究，搞清楚了收信人籍贯、名字，他就是徽州歙县岩镇人方用彬，字元素，别字思玄。智超用了3年多的时间，写出一部120万字的专著《美国哈佛大学哈佛燕京图书馆藏明代徽州方氏亲友手札七百通考释》，2001年安徽大学出版社出版。这部书现在成了哈佛燕京图书馆馆际交流的必备书，成了访问学者作品的典范。

4. 从事《旧五代史》的重辑工作

在中国二十四史中，其中二十三部，都是原来的本子流传下来的，只有一部宋初修的《旧五代史》是个例外，它的原本已经失传。清乾隆修《四库全书》时，邵晋涵从《永乐大典》等书中辑出。后经乾隆皇帝正式批准，与其他二十三史并列，故有二十四史之称。到20世纪30年代，有学者对《旧五代史》辑本提出了许多问题，其中影响最大的是陈垣《旧五代史辑本发覆》一书，其指出辑本对《旧五代史》原来的胡、虏等字作了篡改，有时甚至把句子的意义也改了。此后，他又制订了校改《旧五代史》的计划。"文化大革命"开始后，他中止了这一工作。智超要做的工作，可以说是继续完成祖父陈垣的未竟之志，而且还要把这项工作推向前进。

四、陈垣、陈乐素学术遗著的整理与研究

（一）陈垣遗稿的保存与整理

陈垣逝世后，大量遗稿由其嫡孙陈智超收集保存。据陈智超《陈垣同志遗稿的保存与整理》一文介绍，遗稿内容大致分九个方面。

（1）已发表专著的手稿

陈垣的专著，有10种经过校订后在新中国成立后重新出版。这10种专著包括《二十史朔闰表》《中西回史日历》《史讳举例》《校勘学释例》《释氏疑年录》《明季滇黔佛教考》《清初僧诤记》《南宋初河北新道教考》《中国佛教史籍概论》《通鉴胡注表微》。这些著作的手稿有部分被保留了下来，它们和其他一些资料，遵照郭沫若的意见，在1972年1月交北京图书馆收藏。

（2）已发表论文的手稿和校订稿

陈垣一生发表史学论文百余篇。

（3）基本完成或部分完成的著作

计有《日知录校注》、《道家金石略》、《廿二史札记考正》、有关《四库全书》的著作、有关基督教史的著作和资料。

（4）未发表的论文

（5）资料和索引

（6）有关历史教学的材料

（7）论学书信

（8）早年著作

（9）新中国成立后的发言、意见和经验介绍

"文化大革命"结束之后，智超则集中时间和精力，研究和整理陈垣的遗稿。到目前为止，整理出版的著作有下列数种：

（1）《陈垣学术论文集》第一集、第二集，由中华书局分别于 1980 年、1982 年出版。

（2）《陈垣史源学杂文》，由人民出版社于 1980 年出版。

这本集子是陈垣亲手编定的，收文 30 篇，是陈垣讲授"史源学实习"课所作的范文，名为《陈垣杂文》。为了避免与一般理解的杂文相混，智超改为此名。智超对这本集子的整理工作主要是校订、注释、标点、按语，并写了一篇近万字的《前言》，介绍了"史源学实习"课的目的、教材、教法及本集的主要内容。

（3）《道家金石略》，经陈智超、曾庆瑛校补，由文物出版社于 1988 年出版。

该书是一部大型的道教碑刻资料集，收汉至明碑 1300 余通，100 多万字。智超夫妇做的整理工作，主要是校勘、增删、标点、注释、统一字体与格式、编排、编制目录及索引。我们从《校补前言》中可知他们整理此书的艰辛和坚忍不拔的精神。他们给自己定下一个目标：一定要学习垣老严谨的学风，完成他生前没有来得及完成的工作，整理出一部符合他的心愿、符合科学研究要求的《道家金石略》。光"校勘"一项工作，其精神就令人感动。他们住在北京的东南郊，要到西北郊的北京大学校碑，往返一次需三四小时，"动身时往往还是残月斜照，到达北大已经是旭日临窗了"。"无论寒暑风雨，每周少则一次，多则四次，连续前去校碑。""拿着稿本与拓片逐字逐句核对"，"有时头晕目眩，半天也对不完一通碑文"。真有点像当年陈垣去北平图书馆阅读《四库全书》的精神。此外，经过智超夫妇的努力，还增补了 400 余通道教碑文。经增补后的《道家金石略》"已是目前收罗最为宏富的道家石刻总集，数量之多与范围之广，都远远超越了前人"（蔡美彪语）。

（4）《陈垣来往书信集》，由上海古籍出版社于 1990 年出版。

该书有 62 万字，收有陈垣致他人的信件 375 函，经智超五六年时间的搜集整理才告竣。它反映了 20 世纪 50 年代中国史学的一个侧面。这大量的信件，反映了陈垣在政治上不断追求进步的精神；在学术上精益求精、谦虚谨慎的精神；对晚辈的关怀和培养。这是陈垣留给后人的一笔很宝贵的精神财富。

（5）《陈垣早年文集》，台湾"中央研究院"中国文哲研究所将之作为"中

国文哲专刊"，于 1992 年出版。

该书收录陈垣 1907—1913 年发表于《时事画报》《医学卫生报》《光华医事卫生杂志》的文章 165 篇，陈智超写了《前言》。这些文章充分反映了陈垣在青年时代是一位反帝反封建的民主斗士，是中国医学史研究的开拓者和奠基者，为我们更好地了解、学习、研究陈垣提供了丰富的资料。

（6）陈智超还编校了《陈垣史学论著选》（上海人民出版社 1981 年版），选编了《陈垣先生往来书札》（台湾文哲研究所近代文哲学人论著丛刊之二）、《近现代著名学者佛学文集·陈垣集》（中国社会科学出版社 1995 年版）、《中国社会科学院学者文选·陈垣集》（中国社会科学出版社出版）、《陈垣学术文化随笔》（中国青年出版社出版），校订并导读《元西域人华化考》（上海古籍出版社蓬莱阁丛书）。

在上述工作的基础上，陈智超整理编辑了《陈垣全集》。《陈垣全集》除收入陈垣已刊的论著之外，还收入《日知录校注》《廿二史札记考正》《四库书目考异》，选录了有关教材和新中国成立后陈垣的发言、意见和经验介绍等。往来书信比《陈垣来往书信集》扩充了 300 余封。《陈垣全集》的编辑工作已完成，不久将可出版与读者见面。《陈垣全集》的出版，将为陈垣树立一座供后人学习景仰的丰碑。智超在近 30 年中，写过研究陈垣、陈乐素的论著 40 多种。他们不但是血统上的祖孙三代，而且在学术上有很深的传承关系。

有的同事对智超说："你如果不整理你祖父、父亲的遗著，你的成果会更多。"智超说："我整理他们的遗著，其实也是向他们学习的过程，学到祖父、父亲的许多好方法，增加不少新知识。"也有同行以为他之所以取得这么大的成就，似乎他有"祖传秘方"。他常对朋友说："学问是不会遗传的，我只有祖传基因、血缘关系，哪来的秘方。只要认真钻研他们的著作，都是可以摸得着、学得到的。"智超对祖父是非常敬仰的，常说："祖父真了不起，没有上过正规的大学，没有受过正规的史学教育，完全是靠自己的努力，自学成才，成为一个世界级的知名学者。"30 多年来，他一直在收集祖父的有关资料，一张纸条也不放过。这种对先辈的遗著孜孜不倦地研究、整理的精神是难能可贵的。

（二）对陈乐素遗著的整理

陈乐素的论文在生前已选编为《求是集》第一集、第二集，由广东人民出版社出版。其遗稿《宋史艺文志考证》其逝世后由其子智超整理，于 2002 年纪念陈乐素诞辰 100 周年时由广东人民出版社出版。

二十四史中有艺文（经籍）志者，有汉、隋、唐、宋、明五朝六志。其中汉、隋、唐、宋四朝五志，均著录前代图书。从明开始，不再著录前代图书，只著录本朝图书。因为《明史·艺文志》不著录前代图书，无从得知前代图书在明代的流传。因此，《宋史·艺文志》在了解古代图书流传方面，就有着不可替代的作用。汉、隋、唐艺文（经籍）志有多家注释、考证，唯独《宋史·艺文志》无人问津。因此陈乐素的《宋史艺文志考证》弥补了这个缺憾。

《宋史·艺文志》（以下简称《宋志》）由于成书仓促，错误很多。《四库全书总目》批评："诸史艺文志未有荒谬于《宋志》者。"《宋史艺文志考证》的写作前后经历了半个世纪，其间三易其稿。正式开始于1941年，用了5年时间于1946年完成了初稿；1958年至1964年完成了第二稿；第三稿的写作开始于1987年，还没有修改完成这部著作，乐素便于1990年7月20日与世长辞了。

陈智超怀着完成父亲未竟之业的心情整理遗稿，经过1年多的努力完成此稿的整理。

《宋史艺文志考证》由3篇论文组成。第一篇《宋史艺文志考异》，这是全书的基础，也是它的主要内容。它对《宋志》著录的9000多种只有书名、卷数、作者而无其他记载的古籍进行考订。第二篇《宋史艺文志误例》，它是在《宋史艺文志考异》的基础上对《宋志》的种种错误作了概括，因而把对《宋志》的认识提高到一个新的高度。第三篇《宋史艺文志研究札记》，是陈乐素"从《宋史·艺文志》考证进而作《宋史·艺文志》研究"的成果，主要是陈智超根据陈乐素《宋史艺文志研究》的笔记摘录、编排而成的。《宋史艺文志考证》把对《宋志》的研究提高到了一个崭新的阶段，对宋史的研究也将起推动作用。学术界认为，这是一部可以传世的著作。

中国学术传统中向来有所谓家学之说，祖孙父子相传，形成学统。近世学校授业，老师与弟子相传，家学遂不再为人称道。事实上，父子兄弟受业的家学，日夜相从，耳濡目染，可以得到特有的学习环境，仍是学术传承的良好途径。陈垣哲嗣乐素继承父学，成为研究宋史的名家。智超继承父、祖之学，研究宋元明史及历史文献学，成绩卓著。近30年来，智超又不遗余力，整理祖父、父亲的遗著，使陈垣的家学得传，遗稿得以传布。这是学术界值得庆幸的事。

上 编 后 记

　　本编的编著主要吸收北京师范大学陈垣研究室的诸位先生：刘乃和、周少川、王明泽、邓瑞全的长期研究成果（其著作见"主要参考书目"）。中国人民大学牛润珍的《陈垣学术思想评传》给我教益尤大。陈垣嫡孙陈智超及夫人曾庆瑛为我提供很大帮助：他们将其论著无私赠送，还审读了初稿，提出许多有益的修改意见并提供部分图片。暨南大学张其凡先生对我有求必应，提供相关资料。我在吸收学术界研究成果时，有时没有更好的表达方式，便直接引用了他们的文字。限于"广东历史文化名人丛书"的体例，没有一一注释，只在书后附"主要参考书目"，请诸位先生谅解。新会陈垣故居纪念馆为我提供了拍照的方便，本编的相关照片是由广东人民出版社张力平拍摄的。对以上先生的支持，我谨致以由衷的感谢。本编书稿文字的录入由我的内子黄曼宜和在职博士生陈莉帮助处理，在此也致谢意。

张荣芳

2005 年 3 月 10 日

于广州中山大学

　　本编原是朱小丹、欧初主编的"广东历史文化名人丛书"中的一种（广东人民出版社 2005 年版）。这次收入《文集》时，删去了朱小丹、欧初为"广东历史文化名人丛书"撰写的"总序"，为尊重历史原貌，其他内容没有作太大改动。

张荣芳

2023 年 12 月

于中山大学

中编 （中国科学院哲学社会科学部委员） 陈垣

第一章　家世、家乡与童年

一、 人杰地灵

史学大师陈垣，清光绪六年（1880）十月初十日（11 月 12 日）出生在广东新会县石头乡。

辛亥革命前的中国，一般都有修家谱的传统，用它来维系宗族的团结、确定家庭财产的继承权。中国人在修家谱时，总要把有名的人物拉来作为自己的祖先，光宗耀祖，陈氏家谱也不例外。

根据陈氏家谱的记载，新会陈氏的祖先可以追溯到中国历史上最早的帝王虞舜。周朝时，舜的第二十八代孙名胡公满受周武王（约前 11 世纪）封为陈国（今河南淮阳一带）国王，因而以"陈"为姓。胡公满的第三十八代孙陈寔（104—187）是东汉时一个很有气节的官员。陈寔第五代孙名陈登，三国时（2 世纪初）为伏波将军。陈登的第二十二代孙名陈洪，在北宋初年（10 世纪中）为官。先在金陵（今江苏南京），后迁到福建。陈洪的第五代孙名陈寅，又迁到广东北部的南雄保昌县珠玑巷。陈寅的第四代孙名陈宣，有七兄弟，当时已是南宋末年（约 13 世纪下半期）。保昌县有一名姓黄的珠宝商人，勾引皇妃苏氏潜逃，宋朝发兵要消灭保昌县的百姓，陈宣兄弟又从南雄迁至珠江三角洲的顺德、新会一带。陈宣的次子名陈仲义，定居于新会县石头乡，他就是陈垣的直系祖先。

从虞舜到陈洪，只是一些传说，而不可能是真实的历史。如：陈寔到陈登，相隔只有二十几年，陈登不可能是陈寔的第五代孙。在《陈氏家谱》中，从陈寅到陈仲义这一段，也有许多传说的成分，如所谓黄姓商人勾引皇妃的故事就是如此，类似的故事在广东其他姓的家谱中也有记载。在这些传说背后，隐藏着一段真实的历史故事：12 世纪初和 13 世纪末，中国发生了从北至南的人口迁移，促进了珠江三角洲的开发。1127 年前后，中国东北女真族建立的金朝向宋朝发动猛烈的进攻，攻陷了首都开封，河北、河南的官吏和百姓，一部分随宋高宗逃到长江三角洲太湖流域一带；一部分随皇太后逃到江西的洪州（今南昌）、虔州（今赣州），有些越过五岭而到达广东北部的南雄一带。到 13 世纪 70 年代，由于北方蒙古族的南侵，原在粤北南雄一带的百姓又南迁至珠江三角洲一带。陈垣的祖先就是从中原的河南经南雄，最后迁到珠江三角洲的。这仅仅是众多家庭中的一家。《家谱》中所说陈寅迁到南雄，反映了13世纪70年代的第二次大迁移。而《家谱》中有关皇妃的事，在历史记载中也可以找到一点影子。宋度宗在位（1265—1274）时的一位妃子的父亲得罪了当时的权相贾似道，皇帝被迫将这位妃子赶出宫廷当尼姑去了。而到了民间的传说中，妃子当尼姑成了潜逃，而且同第二次南迁联系起来了。

陈垣的祖先，陈宣以下，在《家谱》中都有明确的生卒年代及葬地，家族到此才算有真正的历史。从陈宣到陈垣相隔600余年，陈垣是陈宣的第二十三代孙，大约30年为一代。

从《陈氏家谱》可见，陈宣以下都没有在政府中当官员的，只有十世祖和十四世祖是所谓的"庠生"，即地方学校的学生，算是小知识分子。到陈垣的祖父海学时，才经营起中药材生意，陈家才开始富裕起来。

《陈氏家谱》也部分地反映了社会乃至整个珠江三角洲的开发情况。它的开发与黄河流域以至长江流域相比，时间是比较晚的，它是随着大批中原地区的人民一次一次的大迁移而实现的。

根据历史记载，大约在东晋（317—420）时，才在新会设立"县"一级行政机构。这表明当地人口已大增，经济也有相当的发展，使得政府认为有必要在此派驻常设的官员和机构。到了隋朝（581—618），才正式命名为"新会"，这个地名一直沿用到今天。

陈垣的祖父海学生于清嘉庆十六年（1811），取名海学，是按《陈氏家谱》的宗亲诗而得名的。封建时代的中国非常重视家庭的辈分，有严格的界限，绝对不能混淆或颠倒。为了家庭方便区分辈分，每家都选一首诗，按诗的字句取名。近代石头陈氏宗亲诗如下：

世德施光裕，
明廷擢茂良。
学维宗孔孟，
华国以文章。

据说这首诗的作者是陈白沙。诗的意思是：做学问要尊孔孟，报国则用文章。海学轮在第一辈，故在结婚时按例取诗中第一个字"学"字，取名海学。海学在1836年26岁时（中国人在过去计算年岁都按虚岁，人一出生就算一岁，过了年就算两岁。如果一个小孩出生在年末，出生后两天，便算两岁了），在新会开了一家名叫"松记"的药材商店，主要是在新会县采购陈皮到广州摆地摊卖。由于经营有方，几年之后就在广州城晏公街租了闽漳会馆旧址，正式开办了"陈信义"药材商行。店的门前挂了一副对联，题"信人所任，义事之宜"。药店取名陈信义，"陈"为姓也，"信"是信用、信誉；"义"是义气，表示商店谨守信用，讲究义气。

海学有 3 个妻子，第一位是谢氏（辛亥革命前的中国，许多妇女只有姓而无名，或只有小名），比他小 7 岁，12 岁时便死了，可能是童养媳，或订婚后未完婚就死了。海学娶的第二个妻子钟氏，按当时中国的说法叫"继配"，也是正妻，她比海学小 6 岁。富裕起来后，海学又娶了一个比他小 23 岁的女子黄氏为妾。娶妾在旧中国较富裕的人家是普遍现象，在广东尤为盛行。钟氏和黄氏一共生了 9 个儿子。在中国，无论是嫡子（正妻所生之子）还是庶子（妾所生之子），在继承财产上有同等权利，只是嫡长子地位较高。海学的儿子，按宗亲诗的第二个字"维"字取名，9 个儿子都有一个"维"字。九兄弟中，除老四读过几年书外，其余八子都继承父业经商。

陈垣的生父名维启，是海学的第五个儿子，生于清朝咸丰五年（1855）。维启除了经营中药材外，还做过茶叶生意，他曾到过广东北面的湖南湘潭县采办过茶叶，所以陈垣在 19 世纪 40 年代为湘潭宁氏题词时，写道：

两世论交话有因，
湘潭烟树记前闻。
寒宗也是农家子，
书屋而今号励耘。

自注：吾先人在湘潭办茶。先父名田，号励耘。
又一首曰：

仲尼立论轻农圃，
儒者由来爱作官。
可是丈人勤四体，
未教二子废铅丹。

维启的号叫"励耘"，他对陈垣一生的事业发展影响很大。陈垣后来将自己的书斋取名"励耘书屋"，一方面是用"励耘"（努力耕耘）来自勉，另一方面也是表达对自己父亲的怀念。

维启的妻子周氏比丈夫小 4 岁，在维启 26 岁、周氏 22 岁时，也就是清朝第十一代皇室——光绪皇帝的第六年十月初十日，即 1880 年 11 月 12 日，他们的第一个儿子诞生了，他就是近代的史学泰斗陈垣。周氏之后还生了 3 个儿子、4 个女儿。但其中两个儿子早年就夭折了。

按家谱，陈垣的大名为"道宗"。一般人很少知道他的大名，只知道陈垣字援庵。他的弟弟叫陈国键。

陈垣的家乡新会县棠下镇石头乡位于新会县的北部，距广州市 103 公里，距江门市 4 公里，距新会县城 20 公里。石头乡位于珠江三角洲的西南边缘，境内水道纵横，风景秀美，山清水秀，全乡面积 50 平方公里，人口 7000 余，但石头乡人（含华侨）在外地（包括省内的广州，省外的香港、澳门，甚至是东南亚、美洲）的人数大大超过了本土的。石头乡内有龙山、虎山、狗山（依其形象而取名）等，都是高几十米至百余米的小山。龙山最高，登上龙山，俯瞰大地，可见石头乡完全是一派珠江三角洲特有的美色：河网、鱼塘、果树，稻田交错，气象万千，十分壮观。塘边比塘稍高，当地叫塘基，塘基上种的是清一色的荔枝树，采花酿蜜，至五六月荔枝成熟时，绿中透红，景色迷人，一派生机。石头乡是名副其实的鱼米之乡。

陈垣出生之时，陈信义药店已创建 44 年了，家境比较富裕。祖父海学是在他出生前两年去世的。海学生前在家乡为儿孙们买地置产。故居中三排九栋房屋，每个儿子一栋（六、七、九三个儿子，后来又各建一栋）。每栋格式都一样，进入大门是天井，两侧各有一间小屋，一边为厨房，一边堆柴草。进入正厅，厅有五六十平方米大，高五六米，正面是安放祖宗牌位的供桌。正厅两侧，各有两间厢房，是卧室，这在当地当时是比较好的居住环境了。陈垣父亲维启的那栋房，在第二排中央。三排住房的后面是一片菜地，菜地后面是个种满了树的小山坡。园地周围，用石头堆砌成院墙，整个大庭院称为"陈宁远堂"。光绪二十四年（1898）树立的界碑，至今还在原处。住房前面有一口大鱼塘，再往前是走带有慈善性质的药房——"太和堂"。陈氏家族每年将广州等地陈信义行采办的药材中的头和尾，运回家乡。"太和堂"还请了一位医生坐堂看病，乡里人来太和堂看病取药，收费很低，贫困的乡人拿不出钱的，就记在账上，因为谁也不会去催账，实际上便是免费的。稍远处还有个麻风病院，也是慈善性质的。还有"太祖祠"，是祭祀陈氏宗族迁来石头乡的第一代祖先的。后来在祠堂内办起了一座学校，吸收乡村中的儿童入学，让他们读书识字，校长多由陈氏族人担任。陈垣在《寄汉侄》诗中有云："昔吾廿五居乡校，今汝传经太祖祠。"

陈垣 6 岁时（实际上不到 5 岁），他的三伯父维举去世了。维举比陈垣生父维启大 2 岁，死时 33 岁，他只有一个女儿，没有儿子。在当时的中国社会，一个人如果死时没有儿子，他的灵魂无人供养，无人为他祭祀，是大憾事。在几兄弟中，维举与维启感情最好，所以由维启的儿子过继给维举，但维启当时也只有陈垣一个儿子（他的弟弟比他小 15 岁），按照家法，陈垣兼祧两房。从此搬到过继母亲那里去住。陈垣成年后还经常回忆孩童时代的经历、心情。他说，在幼童时代，自己虽然与过继母亲一起生活，然而毕竟是在生母的怀抱中长大的。生母虽识字不多，但常教他儿歌，他对自己的生母还是很依恋的。每次吃饭，他总是先在过继母亲处吃一点，然后又偷偷跑回生母那里去吃饭。三房在第一排，五房在第二排，两房离得很近，很容易就跑过去了，好像是"身在曹营心在汉"。这样，陈垣就有了两个母亲。一位是他的生母——周氏，她活到76岁；一位是过继母亲——李氏，她28岁便开始守寡，一直活到90岁。

新会是个人才辈出的好地方，在15世纪，新会县出现了一位著名的思想家——陈献章（1428—1500）。因他的家乡在白沙里，故后人称他为白沙先生。他是新会历史上第一个具有全国性影响的杰出人物。他在学术上主要的贡献是：打破了从明朝初年（14世纪下半叶）以来，朱熹之学在中国思想、学术界的独尊地位，为以后以王阳明为代表的"心学"新思潮开辟了道路。

一直到近代，陈白沙在新会仍然有很大影响，民间流传着许多有关他的故事。

17世纪以后，随着西方势力向东发展，广东因处在海上交通线上，得风气之先，与西方接触最早，与西方交流也最多。

新会人钟鸣仁、钟鸣礼兄弟，是中国最早的神职人员。钟氏兄弟自幼随父在澳门人天主教耶稣会，钟鸣仁跟随利玛窦最久，以后又助王丰肃在南京传教。1610年利玛窦死，钟氏兄弟同往北京办理丧事。1617年南京发生第一次教案，钟氏兄弟均被捕。

中国史书上有记载的第一位西医名高竹，他也是新会人。清康熙十六年（1677）至暹罗（即今泰国）跟从葡萄牙人学医，并加入天主教。回国后曾经担任过康熙皇帝的御医，并治好过皇太后的乳疮。

进入19世纪，新会涌现出一大批杰出人物。例如：孙中山早年的革命友人，与孙并称为"四大寇"的陈少白。其中最著名的人物是梁启超，他与他的老师康有为并称为"康梁"。梁启超当时发表的宣传改良维新的政治见解，风靡全中国。梁启超还是中国近代史学的开创者之一，代表性的著作有《中国历史研究法》等，还有一系列的专著和论文，影响都很大。

梁启超的家乡是新会茶坑，与陈垣的石头乡很近，相距20多公里。梁启超比陈垣大7岁，是同一代的人。但他们两人的家庭背景有很大不同。梁启超生长在一个书香之家，家境殷实，而陈垣出生在一个以贩卖陈皮起家的中药材商人家里。但陈垣的生父慧眼独具，有先见之明，认为借先人遗荫，终非长久之计，故鼓励陈垣从学，使他成为陈氏家族中第一个真正的读书人。

关于陈皮，需要做些解释。中国分柑与橘为两大类，每大类下又可细分为名目繁多的各个品种。柑的皮比橘厚，所谓陈皮，就是干燥的柑皮，是新会的特产。早在元代初期（13世纪下半叶），新会已有柑橘的生产记载。新会柑刚从树上摘下时比较酸，存放到冬天味转甜，剥开皮，香气扑面而来。但它的皮的价值比果肉还高。陈皮就是晾干的成熟的柑果皮，它既是调味品，又是一种用途广泛的中药，对治咳嗽、去痰、开胃、降血压有奇效。柑皮以熟而红者为佳，且存放的时间越长越好，所以叫陈皮。每年都有商人从新会大量收购陈皮转到广州及中国的其他省市。据说，陈皮运到广东、湖南、江西交界的五岭以后，越发显出香味。有超过百年的陈皮，要用称黄金的小秤来称，可见陈皮之珍贵。

二、 启蒙教育、 求学之路

1885 年，陈垣 5 岁，他的父亲维启把他带到了广州，他从此离开家乡，除了回乡探亲、应试外，很少在家乡长住。在广州经商的父亲没有余暇教他读书，为了生意经常奔走在外，所以让陈垣同二伯父维谦住在一起。他父亲是个很开明的生意人，为了让他读书，大力提供经费，为他创造好的环境。到广州第二年，陈垣进入一家私塾学校读书。这家私塾设在成兴杂货店后院的北房，老秀才冯掞微当了他的启蒙老师。学生不多，他以后又曾转到过几个学馆就读，先后学习了《大学》《中庸》《论语》《孟子》《诗经》《周易》《尚书》《礼记》《左传》等。这些都是儒家经典，陈垣认为私塾的教学很死板，特别对八股文没多大兴趣，反而在学习中对历史书籍产生了兴趣。12 岁时，陈垣在闽漳会馆随冯掞微读书时，在冯老师的书架上偶然发现了一本《书目答问》，此书是晚清洋务大臣张之洞撰写的。书中告诉初学者两个急需解决的问题：哪些是比较重要的书，哪些版本的书是好书。它是一本介绍读书、治学门径的书。陈垣发现后大开眼界，如获至宝，从此按经、史、子、集各种书买自己喜欢的书阅读。陈垣喜欢收集前辈的墨迹，特别是他们的手稿，除了欣赏书法，更重要的是研究他们做学问的方法。他买到了清初新会县一名学者胡方临摹的智永草书《千字文》，非常高兴。胡方是新会金竹人，学者们称他为"金竹先生"。为此，他还写了首诗——《题胡金竹先生草书千字文》。诗曰：

> 棠下墟期三六九，
> 先生故里幼常过。
> 当年未读乡贤传，
> 天地玄黄总咏歌。

棠下现在是一个镇，过去则是农村集市的所在地。1963 年，陈垣 84 岁时，还回忆，说："余少时趁棠下墟，必经金竹冈村口，村口有丰碑，高寻丈，刻曰'金竹先生故里'，故余对金竹之名甚熟。"

《三字经》《百家姓》《千字文》都是陈垣在接受启蒙教育时期反复背诵的书。《三字经》是三个字一句的韵语，相传是南宋末年著名学者王应麟（1223—

1296）所作。以后又经明、清学者陆续补充，是中国旧时最流行的儿童启蒙课本。《百家姓》是将中国不同姓氏按四字一句编为韵语。第一句是"赵钱孙李，周吴郑王"，把赵姓摆在第一位，是因为这部书是宋代编的，宋朝皇帝姓赵。《千字文》是南朝梁朝周兴嗣著，拓取 1000 个王羲之遗书不同的字，编为四言韵语，叙述有关自然、社会、历史、地理、教育等方面的知识，至隋朝开始流行。开头第一句是"天地玄黄，宇宙洪荒"，是说开天辟地时，世界是一片混沌，反映了当时对自然界的认识。

当时的教学方法主要就是背诵，老师读一句学生跟着读一句。学生每天的作业就是背诵若干课文，第二天如果背不来，就要挨板子。中国过去流传一句名言"读书百遍，其义自见"，老师很少讲解课文的意思。

陈垣 9 岁、10 岁时的私塾老师为陈直卿，私塾在广州晏公街华光庙。1892年他 13 岁，老师改为冯寅初，私塾在闽漳会馆。一直读到 17 岁，不背书了，改到惠爱街禺山关帝庙，老师是冯远材，这段时间主要写八股文、作诗，为参加科举考试做准备。

从上段经历看，陈垣和当时的商人子弟没什么不同。在旧中国，商人虽然有钱，但社会地位比较低，商人子弟若想出人头地，最理想的前途就是参加科举考试，一旦被录取就可以做官，也就是《论语》所说的"学而优则仕"，"学也，禄在其中矣"。读书做官可以改变自己的社会地位。晚清学子参加科举考试，身份的限制少了许多。

13 岁时的陈垣对《书目答问》很感兴趣，几十年之后，曾回忆："书中列举许多书名，下面注着这些书有多少卷，是谁所作，什么刻本好，我一看，觉得这是个门路，就渐渐学会按着目录买自己需要的书看。"1893 年陈垣 14 岁了，进而阅读《四库全书总目》。《四库全书》是清乾隆皇帝（1735—1796 年在位）于1772 年下令编纂的一部大丛书，总收书 3461 种，有 79337 卷，约 7.7 亿字。在编纂《四库全书》的同时，还收入《四库全书》以及只抄存卷目的共 10254 种书籍，每种书都撰写了内容提要，结集成书，这就是总共 200 卷的《四库全书总目》，简称《四库提要》。它的规模远比《书目答问》大得多。非常难得的是 14 岁的陈垣不但读《四库提要》，而且读得很认真，颇感兴趣。几年之后，竟把这部近 300万字的大书读了几遍，并且按着书目，有重点、有选择地借书、买书、读书。

三、　开明的父亲

应当指出，陈垣的读书，得到了他父亲全力的支持和鼓励。因为陈垣当时的学习，并不是按照科举考试的要求去读书，而是博览群书。在陈氏家族中，不少长辈认为，他既不经商，又不好好准备科举考试，对他有不少指责。而他的父亲则不然，不惜花费重金，供他买书，不加任何限制。要多少钱买书就给多少钱，这是父亲对他的厚爱。1941 年，陈垣在家书中曾深情地回忆道："余少不喜八股，而好泛览。长老许之者夸为能读大书，而非之者则诃为好读杂书，余不顾也。幸先君子不加督责，且购书无吝，故能纵其所欲。"16 岁时，他开始购买大部头的书籍：花 8 两银子买《四库全书总目》，花 7 两银子买《十三经注疏》，花 13 两银子买《皇清经解》，花 100 多两银子买二十四史。

早年的陈垣，曾想通过科举考试功成名就，将来成为一名好官吏。但是，科举之途总是不顺利，因自己"放笔直书"，"文不就范"，乡试失败以后又发愤苦练八股文，最终考中了秀才。但在不断变化的形势下，他又不愿再顺着这条死胡同走到底，而是投入了救世济民的医学中去。后来，八股科举废除了，他可以一面教书，一面读书，走上了一条自学成才的道路。

陈垣在 60 多年后，对那段钻研八股文的情况做了总结："等到八股文学好，科举也废除了，白白糟蹋了两年时间。不过也得到一些读书的方法。……就是苦读，也就是我们现在所说的刻苦钻研，专心致志，逐渐养成了刻苦读书的习惯。"这也为他后来从事史学研究奠定了扎实的基础。

可以说陈垣一生的光辉成就，主要是在两方面：一是历史学的研究，另外是从事了 70 年的教学事业。两方面成就显赫，是他青少年时代的刻苦读书的必然结果。当然天赋很高，记忆力超人，加上勤学苦读，是他童年时期的特点。

第二章 热血青年

一、 不平坦的科举之途

18 岁（光绪二十三年，1897）那年，陈垣希望走当时一般青年走的科举致仕的道路。因为广东乡试名额少，顺天府乡试名额多，陈垣的父亲花 8 两银子，为陈垣捐一监生资格，从而得以参加顺天府乡试。这年旧历七月他从广州北上，日夜兼程，历时十余日至北京，住在新会会馆，与同乡前辈伍铨萃（字叔葆）相识。叔葆为光绪壬辰（光绪十八年）翰林。八月在顺天府贡院参加乡试，陈垣清楚地记得当时的情景。在 1941 年 10 月 23 日的《家书》中说："丁酉赴北闱，首场再求之艺，文之以礼乐。题本偏全，放笔直书，以为必售。出闱以视同县伍叔葆先生，先生笑颔之。"考试完毕，他估计能中，于是在会馆中等候发榜。九月九日发榜，他却名落孙山。这是他平生以来受到的第一次较大打击，心情郁闷。九月十七日，他打点行装，由京返乡。"出京时重阳已过，朔风凛冽，伍叔葆先生远送至京榆路起点之马家铺。临别，珍重语之曰：'文不就范，十科不能售也。'虽感其厚意，然颇以为耻。"这是陈垣第一次到北京，因八股文不合规范而未中，但积累了一定的科举考试经验。

回到家乡后，陈垣发奋学习八股文。他将丁酉（1897）以前的十科乡试、会试中榜者的试卷买来，经过初选、再选和三选，最后选中一二百篇，"以为模范，揣摩其法度格调，间日试作，佐以平日之书卷议论，年余而粗技成"。功夫不负有心人，陈垣在 21 岁（光绪二十六年，1900）时参加了新会县乡试，列第二名，被录为俏生。陈垣回忆："此次新会案首为卢熙。他年岁大，文章肯细打磨，然很拘泥。本次主考的县知事左学易后来对人说：我所以不给陈某案首，是因卢某年岁大了，不作案首以后不易考取，而陈某年纪还轻，前途无量。"22 岁，陈垣考取了秀才。秀才考试分县试、府试两级进行。二月在新会参加县试，他所作八股文，虽然按其形式，但不拘泥经书章句，而是上下古今，纵横捭阖，议论风生，文中多作怪论。主持新会县试的杨介康思想开放，很欣赏这类文章，陈垣在全县考得第一名，震惊全县，被送广州府应试。四月在广州参加府试。广州知府施典章主持府试。他对陈垣文章的思想倾向很不满，在试卷上批曰："直类孙汶（文）之徒。"后来又将"孙汶"二字圈掉，改为"狂妄"。知府施典章思想保守，一因施（典章）与杨（介康）私人间有隙，二因陈垣文章奇特，施典章不赞成。按一般情况，各县第一名，府试无不取之理，但这次府试第一、第二试放榜，都无陈垣之名。这种出于常情之事，舆论哗然，大家都很惊奇。不想出榜当日夜间，忽有人星夜敲门，原来是新会县教官，让陈垣马上就跟着教官入考场，明早应试。陈垣说榜上无名不去，教官说府君已给补上名字，是在最后一圈榜的第一名。他因自己是新会第一名，竟补在最末圈，坚决不去。教官求他务必去考，不然无法应府君之命。这时陈垣家人也都劝他，他才肯去考。府试第三次试题为"出辞气，斯远鄙倍矣"，出自《论语·泰伯》。这次试题明显针对陈垣前两次文章的"狂妄"而出的。陈垣因在府试两次受挫折，这次做的文章未按他自己的写法，而是用按部就班的平常写法，一挥而就。文章虽不高明，但也无懈可击。施典章看过这平稳文章，也无话可说。后来府试的后几次考试也顺利通过，他又参加了院试，考取了秀才。

1930 年 11 月 12 日，陈垣 50 岁寿辰时，当年主持县试的考官，新会县令杨介康寄来贺诗，记述当年陈垣全县考第一的情景，诗曰："我昔尹新邑，局试促檐暑。何意枚叔才，腹笥捐片纸。乾坤阐义爻，河洛发明理。射策晁董俦，哀然弁童子。"原注云："试日焚香限刻，生笔不停辍，学有根柢，遂以弁冕辟材。"陈垣做七绝一首以答："沔阳自昔爱恩深（杨介康为湖北沔阳人），此日欣闻座右箴。犹益当年施太守（典章），嗤余狂妄亦知音。"这是陈垣考秀才的一段趣话。

23 岁（光绪二十八年，1902）时，陈垣被补为廪生。陈垣自填履历表均写"前清廪生"。此年陈垣入开封参加"光绪帝三旬万寿恩科"顺天乡试。这是补行光绪二十六年因八国联军侵占北京而未举行的庚子乡试。因顺天府贡院焚毁，遂借河南开封贡院举行顺天乡试。这次仍未考中。陈垣回忆，这次考试曾有一广东同乡甄某请代考，因自己作文较快，便应允了。考试时，自己作两篇文章，给甄某一篇。公榜结果，自己未中，而同乡甄某却得中第 62 名顺天府举人。父亲对此事很不高兴，但也无可奈何。自己未中，究其原因，是自己的文章思想奇特，不合当时口味，越用心越南辕北辙，代别人作文，不下功夫，作普通文章，反而中了。

从此以后，陈垣彻底放弃科举考试，转向史学研究和对现实社会的关注。

二、 民主革命报人，读书不忘爱国

中国近代，广东已成为中西经济文化交汇之地，陈垣说"广州滨海，得风气最先"。当时督两广的林则徐、张之洞提倡文化，引进西学，设书院，译书报，岭南风气大开。广州又是康有为、梁启超宣传维新变法思想的基地，陈垣在 20世纪 50 年代曾谈及他在广州求学时代与康有为万木草堂弟子们的接触往来，使他受到很大影响。随后，广东又是孙中山领导的资产阶级革命活动十分活跃的地区，反清思潮也极为高涨。在这种政治文化环境熏陶下，被封建卫道士施典章知府斥为"狂妄"的陈垣走出书斋，胸怀爱国救国之志，积极参加如火如荼的反帝反封建爱国运动。对此，陈垣自己说："我青年时在广州，受到一些维新思想的影响，也曾抱有爱国之志，参加了一些当时反帝反封建活动。"

1905年，陈垣与革命画家潘达微、高剑父、陈树人等创办《时事画报》。潘达微，曾任中国同盟会广东分机关负责人，1911年广州起义后，收葬烈士遗骸于黄花岗。高剑父，曾任中国同盟会广东支会会长，是反清的"支那暗杀团"的中坚人物。陈垣也是同盟会会员，曾任广东支部评议员。陈垣与这些革命同志志同道合，一起创办《时事画报》，宣传民族主义，反对满清封建统治和帝国主义的压迫。1911年春，陈垣又与康仲荦在广州共同创办《震旦日报》，担任该报主编，并兼副刊《鸡鸣录》主笔，更为猛烈地宣传反清。"鸡鸣录"之名取《诗经·风雨》"风雨如晦，鸡鸣不已"之意，反映出这一刊物是为配合孙中山的民主革命而呐喊鼓动的。

陈垣在这两个报刊上发表了大量抨击时政的文章。据陈垣的嫡孙陈智超编辑的《陈垣早期文集》统计，陈垣在《时事画报》上发文57篇，在《震旦日报》上发文14篇。这些文章的内容概括起来有五个方面。

（一）反对清政府的压迫政策和封建专制制度

陈垣发表文章所用笔名谦益、钱罂均有反清之意。陈垣在1959年7月7日复广州中山图书馆的函中说，报中文字多倾向民族主义，当时在内地讲民族主义，不如在港澳放言之便，故广州《时事画报》，系在内地发行的唯一革命报。其笔名为谦益、钱罂等。谦受益，取其与"满招损"对仗，钱罂取其别名"扑满"（储蓄钱币的瓦罐），这是当时的思想。

陈垣的这类文章，充分利用清历代皇帝的"上谕"。他把这些"上谕"编为5册《柱下备忘录》，按问题分类剪贴，标题有《利用宗教（孔子、喇嘛、回回）》《汉官之无足轻重》《汉人欲为奴才不可得》《暴虐汉人之确供》《汉人之被没为满洲家奴》《圈占汉民地亩之强权》《驻防旗下之纵横》《旗人鱼肉汉人之一斑》《满兵之欺侮汉兵》《汉满权利不平等之杂志》《阴行离间汉人之术》等。利用这5册《柱下备忘录》，他写出了《释汉》《记王将军墓》《书李袭侯》《说正朔》《国朝首请泯除满汉畛域者仁和杭堇甫先生》《说满汉之界》《释奴才》《孔子诞感言》《识粤东驻防地界图》《论安插内地驻防》《种族之界说》《调和满汉》等大量寓意反满清政府、反对封建专制富有战斗性的文章，而且"秦汉以来，天子久以此国为天子一家之物矣"。所谓汉朝，不过"刘氏一家之国号耳"。以汉朝的"汉"代表中国，是"变私名为公名"。

（二）反对美国的排华政策和对中国的侵略

19 世纪中叶，美国政府为了开发西部，大量吸收中国劳工。数以万计的中国劳工漂洋过海，披荆斩棘，垦荒、筑路、开矿，为美国西部的开发作出了巨大贡献。到 19 世纪下半叶，美国政府又反过来掀起种族压迫的排华运动，颁布"华工禁约"。1904—1905 年"华工禁约"期满，海内外华人一致要求废除这项苛刻的规定。美国政府强行续约，对华工施加种种限制和虐待，排斥华工，激起了中国人民的愤怒。广东籍华侨冯夏威在上海美国领事馆前愤然自刎，以示抗议。一时间举国上下，群情汹涌澎湃，上海、广州等地民众纷纷组织"拒约会"，抵制美货，散发拒约传单，形成群众性的反美爱国运动。陈垣在广州被推选为"拒约会"负责人之一。1905 年 9 月，美国国防部长与总统女儿率领一个 200 多人的庞大旅游团到广州调查抵制美货情况。《时事画报》此时正在筹备期间，画报同仁立即刊出漫画《龟仔抬美人》，画一个美女坐轿子，两只乌龟抬之，这是说抬美人者便是乌龟。广州当时交通工具只有轿而无车，同仁乃鼓动全城轿班罢工，四处张贴《龟仔抬美人》漫画，香港《世界公益报》及时转载《龟仔抬美人》漫画，该画在省港两地引起很大反响。美国旅游团与地方官吏互相勾结，狼狈为奸，一方面出告示禁止张贴这幅漫画；一面缉拿印贴漫画者，逮捕曾在街头演说的人。他们逮捕了拒约总公所主任马达臣及潘信明、夏重民三人。夏重民是陈垣创办的义育学堂的学生。马、潘、夏三人被捕之后，广州市民群情激愤，游行、集会，以示抗议。清政府被迫释放马、潘、夏三人。但广州群众拒约、抵制美货的运动并未停息，仍坚持了 1 年多。《时事画报》为配合这次反帝爱国运动，还刊载了《华人受虐原因图》《木屋图》《西关抵制图》《广东拒约公所图》《欢迎马、潘、夏出狱图》等时事漫画作品。

（三）激励革命党人活动

陈垣在《时事画报》发表《书水浒传》一文，认为《水浒传》一书是"元世之革命党杂志也"。并说作者施耐庵，以宋遗民身份，"痛故国之飘零"，乃集合同志 16 人，以编辑《水浒传》为事。刊行后，大江南北，上及士大夫措绅，下及贩夫走卒，"各手一编，津津乐道"。由于该书的广泛传播，元末才有张士诚、韩林儿、徐寿辉、陈友谅、明玉珍，以及朱元璋等各路豪杰起义，达到了"文字收功日，全球革命潮"之效果，这说明用文字推动革命的重要性。陈垣以此来激励革命党人。在《元世广东乱民志》一文中，陈垣给清末革命党人正名。文章指出，元朝所谓"乱民"，是指中原豪杰抵抗蒙元的"忠臣义士"。而在清朝，对于当时起义者如洪秀全，以及"悬金购募达二十万者"的革命党人孙文，也称他们为"乱民"。实际这些人都和元朝的"中原豪杰"一样，是"忠臣义士"。这种论点，无疑激励了当时被清政府镇压的革命党人。

（四）争取民权，主张民主

《老父识民权》一文，引述了《后汉书·逸民列传》中的《汉阴老父传》：汉桓帝到竟陵，过云梦，临沔水，到处受百姓围观，有老父独耕不停。尚书郎南阳张温问老父，人人都来观看皇帝，老父为什么继续耕种而不来观看？老父回答，自己是一位野人，不懂什么道理，但请问立天子是为了爱护天下老百姓，还是役使天下老百姓去侍奉天子呢？以前的圣王，住朴素茅屋，天下安宁。现在的皇帝，"劳人自纵，逸游无忌，吾为子羞之，子何忍欲人观之乎？"陈垣借这个故事发表议论，读西方民约书，知总统乃国民之公仆，"系以天下役天子，不以天子役天下也"。陈垣当时有这种民权民主思想，是难能可贵的。

陈垣在《震旦日报》副刊《鸡鸣录》上，以"大我"之名发表时政文章，为孙中山领导的民主革命而摇旗呐喊，也是一种民主思想的表现。

1907 年发表的《老父识民权》

（五）反对愚昧，推动解除妇女封建束缚

《放胸的说帖》一文反对妇女束胸陋习。文中说，由于中国士大夫提倡放足，做了宣传，中国缠足之习俗已逐渐消失。而束胸之陋习尚未革除，摧残妇女

健康。陈垣从人体生理学的角度，通俗地解释了肺的重要功能以及束胸对肺部的危害。文中认为，社会上有一种偏见，认为"胸大为贱格，胸小为高贵"。这是一种言论，而非事实。如果人们作大量的宣传舆论，反对束胸，提倡放胸，"则不难将亿万人之眼力而转移之"。所以，人们应革除这种束缚妇女的封建陋习。这在当时是有积极意义的。

由以上五点我们可以看出陈垣青年时代在广州参加了反帝反封的爱国运动，以其精通典籍、好考掌故的特点，写出笔锋犀利的文章，直捣腐败的清政府及瓜分中国的帝国主义，可谓一名反帝反封建的爱国斗士。1913 年 3 月陈垣离开广州到北京参加众议院。当时的《民谊》杂志第五号《耿庐漫笔》介绍陈垣："陈君垣，号援庵，新会人，淹通典籍。少好考掌故，稍长，勤攻经史，刻志苦励，为粤中有名人士。""社会上每有事故发生，陈君垣考据一二古今遗文轶史与现事相影响者，登诸报端，以饱人眼帘，其饱学可见一斑。至其在党内，尤具一片挚诚，为同人所钦仰。然生有傲骨，魄力雄厚，是非辨之甚严，非一般所能企及也。"这是对在广州时的陈垣的恰当评价。

三、 志做济世良医， 爱国不忘读书

废除科举之后，青年人的出路是上学堂学习技艺，当时流行的说法是"家有良田万顷，不如薄技在身"。陈垣思想较成熟，对此感受更深。1892 年，广州发生大瘟疫，传染得很快，陈垣看见郊区四处尸横遍野，都来不及掩埋。他认为，如果医学发达，瘟疫不至于传染蔓延，这时他就产生了学习医学的想法。1906 年，他父亲患膀胱结石病，虽然自家有中药行，亦认识名医，无奈服药无效，痛苦非常。最后入博济医院行膀胱取石手术后方痊愈。这更坚定了他学习西医的信念。1907 年（28 岁）他考入了美国教会办的博济医院的南华医学校学习西医。当时博济医院院长关约翰（John M. Swan）为人刚愎自用，不善管理，既歧视中国员工、学生，又无法和外国医生合作，引起院内的普遍不满。恰好这一年在来往广州与香港的佛山轮上发生印度籍警员踢死中国人事件，因当时的医疗事故鉴定权掌握在外国人手中，死者被认定为心脏病猝死，而使中国人败诉。这事震动广州西医界，一些爱国者决心集资创立中国人自办的西医学校，争取"国权""医权"和"医学教育权"。1908 年，梁培基、陈衍芬、陈子光、郑豪等商议，除成立"光华医社"外，还成立中国人自办的第一所私立西医学校——广东光华医学堂，同时开办光华医院。光华取"光我华夏"之义。梁培基为董事长，郑豪为校长，陈衍芬为校务长兼同时成立的光华医院院长。陈垣对此事给予极大的支持。当时，他所在的博济医院正处于风雨飘摇之中，学生正在掀起学潮。陈垣不仅自己从博济医院退学，转入广东光华医学堂，还带领部分博济学生转入广

东光华医学堂。同时，陈垣被选为该校董事会董事。因此，陈垣是该校的第一届学生、毕业生，也是该校的创办人之一。陈垣回忆："光华医学院者，合全粤医师之力而成，谋学术自立之先锋队也。学术贵自立，不能恒赖于人。广州海滨，得风气最先。近代医学之入广州百年矣，然迄无一粤人自办医学教育机关，有之，自光华始。……光华之成，余忝为创办人之一，复而就学焉。"陈垣在建校之始便提出建立图书馆的建议，董事局即予采纳。他带头捐献古医书 10 多种。1910 年陈垣 31 岁，从广东光华医学堂毕业，并留校任教。讲授人体解剖学、细菌学、生理学和生物学。

四、 医史研究结硕果

从 1908 年到 1910 年陈垣在广东光华医学堂读书时，就参与创办《医学卫生报》和主编《光华医事卫生杂志》，并在上面发表一系列文章。据统计，他在医学卫生报》发表了 62 篇，在《光华医事卫生杂志》发表 30 篇。此外还编了《奉天万国鼠疫研究会始末》一书，单独出版发行。这些文章和著作，在我国医学史研究领域中具有开拓性意义。因为在此之前，除了唐甘伯宗《历代名医录》、宋周守中《历代名医蒙求》、明李濂《医史》等专著，很少有人探讨医学史的问题。自西方医学传入我国之后，知识界的许多人认为中国医学也应该变革，改革中国医药卫生面貌，也是振兴中华的一个重要方面。陈垣在 20 世纪初，竭尽全力从事医学研究和医学史研究，其深刻意义自不待言。综观这些文章和著作，主要有四方面的内容。

（一）关于医学史人物的记述与评论

这方面的内容如《张仲景像题辞》《王勋臣像题辞》《黄绰卿像题辞》《高嘉淇传》《古弗先生》《古弗先生之业绩》等，都是很有意义的文章。张仲景、王勋臣、黄绰卿三位医家像的题辞不同程度地记载了各位医家的不同贡献和医学特点。张仲景是我国汉代著名医家，东汉建安末年，他的宗族 200 多口人因感染大疫而死亡三分之二，他为此非常悲痛，乃发奋研究医学，最后著成《伤寒杂病论》一书，论述伤寒发热病的发展和治疗规律。该书所列方剂，一直为后世所遵循，被推为"众方之祖"。陈垣称张仲景为"中国方书元始家"。并认为该书"两千年来，吾国言医者，竟莫能出其外也"，对该书赞誉有加。同时更赞誉张仲景的变革精神，认为张仲景《伤寒论》自叙的主旨在于说明"凡墨守旧法而不求新知者，为先生所深鄙也！"要求人们应该认真领略张仲景不断革新的精神。

《王勋臣像题辞》中的王勋臣，名清任，河北玉田人，是我国清代著名医家。他认为我国古代医籍有关脏腑理论记述并不详尽，而治病不明脏腑生理病状，是无法正确诊病的。为此他用了数十年时间，写出《医林改错》一书，论证了《内经》脏腑描述之差误，从而总结了活血化瘀的治疗理论，拟制了血府逐瘀汤、补阳还五汤等名方，对中国医学发展有很大贡献，受到人们的赞誉。陈垣对王勋臣敢于冲破封建礼教束缚探索人体脏腑机理的追求真理的求实精神十分赞赏，呼吁人们应该学习王勋臣的革新思想和坚忍不拔的求知精神。

《黄绰卿像题辞》中的黄绰卿，是我国近代最早留学欧洲学习医术者。黄氏于道光二十七年至咸丰七年（1847—1857）赴美英留学，陈垣称黄氏之留学欧洲"为我邦医人之始"。他比日本最早留学外国学习西洋医学的人要早。有关黄绰卿的事迹发表后，陈垣之族兄则参先生曾对陈垣说，中国人始留学西方学医者，还不是黄绰卿，康熙时有高老番随葡萄牙人学习西医，并曾给康熙太后治愈乳疮，因此被康熙帝赐为养心殿御医。后来陈垣写了《高嘉淇传》，嘉淇名竹，号广瞻，乡人称高老番。"高老番者，粤人称国外人为番，邑人以嘉淇久处外洋，又习其医，故称之。"陈垣认为根据考证，我国学习西洋医学之最早人物，虽不敢说即为高嘉淇，但是为高嘉淇、黄绰卿写传，记录事实，发潜阐幽，使其姓氏事迹不致"湮没不称"。这点在我国医学史研究上具有重要意义。

《古弗先生》与《古弗先生之业绩》两文中的古弗（近人译为科赫，Robert Koch，1843—1910）系德国细菌学家，曾用染色法发现细菌，并分离出结核杆菌，炭疽杆菌和传染性弧菌，对人类健康作出了很大贡献，在 1905 年获得诺贝尔医学奖。对于这样一位世界知名医学家，在他去世的当年（1910），陈垣能迅速作出反应，写文章全面介绍他的细菌学成就，逐年排列了他的业绩，这反映了陈垣站在国际医学的前沿，了解世界医学的进展。这两篇文章不仅普及了医学知识，也表达了我国医学界对这位伟大科学家的深切纪念之情。这是我国第一篇记载伟大细菌学家古弗的文章。

（二）关于医学史的研究

这方面的内容主要著作有《牛痘入中国考略》《洗冤录略史》《中国解剖学史料》等文。

《牛痘入中国考略》，对免疫学在我国的发展作了最早的介绍。陈垣认为，"牛痘之法，虽不可谓发端于中国人，而中国人早有见及，则典籍具在，不可得而诬也。所谓'人工免疫法'，为人类思想所同到"，将中国早有牛痘发明的史实罗列清楚。此外，陈垣还写了《论人工免疫之理》和《告种痘者》等文，在我国医学免疫学发展史上都是开拓之作。

《洗冤录略史》最早提倡改革我国法医制度。按我国古代汉律、唐律，虽然对刑事检验之事也较重视，但因时代的局限而不完备。至南宋，宋慈（惠父）因任刑事法官多年，荟萃众说，著成《洗冤集录》一书，受到人们的重视，以致后世凡官司检验多奉之为金科玉律。但是，至清末时，由于西方人体构造新说传入，《洗冤集录》所记载骨骼脏腑之说与实际相差甚远。为此，陈垣将我国历代法医著作寻检一遍，并将英国人德贞（John Dudeon，1837—1901）所著的《洗冤新说》和英国人傅兰亚（John Fryer，1839—1928）与我国赵元益等合译的《法律医学》介绍至国内。他指出"检验之事，各国均委请医生，称为法医学。我国医生不为此，均委之仵作（收尸者），仵作所凭者《洗冤录》"，其影响甚至达于日本和朝鲜。但日本自明治以后，改裁判医学为法医学，改善检验尸体之法，法医学成为独立学科。我国法医检验之事应有所变革。陈垣的这篇著作，可以说是一篇对我国落后的法医状况必须变革的最早呐喊，具有重要意义。

《中国解剖学史料》一文，引用《灵枢》《史记》《汉书》《宾退录》《邵氏闻见录》《医旨绪余》等历代资料，说明我国医学重视解剖学有悠久的历史渊源。但汉代以后，由于封建思想束缚，解剖学没有得到相应发展。因此，我国医学在一段很长的历史时期中处于因循保守状态。在世界医学日渐发达之日，如果不变革，仍"拘守残帙"，则更加落伍。陈垣呼吁，应该重视人体解剖学的研究，以促进我国医学的发展。此外，《肺痨病传染之古说》也是一篇有关疾病史的论述，增进了我国人民对于传染病和细菌学的认识。

（三）关于医事方面的研究

这方面的成果有《论江督考试医生》《释医院》《粤中医院之始祖》《日本德川季世之医事教育》《奉天万国鼠疫研究会始末》等文。

《论江督考试医生》一文，记清两江总督端方有考试医生之举，于光绪三十四年（1908）在南京要求所有开业医生均参加考试。考试成绩分为最优等、优等、中等、下等、不列五级。前三等给予文凭，准予行医，后二等则不准行医。这次试题特点是中西医结合，为我国历来医学考试所没有的。这是在当时变法维新政治形势影响下，在医学变革方面的一个体现。陈垣此文认为此次江督考试，试题虽然包括中医、西医内容，但只注重临床科目，而没有注意基础医学。考试新医学，必须先扩充医师教育，使医生经过系统学习，然后再参加考试。如日本培养医师之教育机构。陈垣认为，我国医学之进步，应首先从扩充医师教育入手，5年以后就可以培养出一批医生。此次江督考试医生的试题，至少促使学者"多读许多新书，多识许多新理"，是有好处的，这样"未始非振兴中国医学之一大关键"。

《释医院》一文，主要从建立医院和防治疾病必要出发，回顾我国医院制度。陈垣认为我国医院的建立，始自六朝。《南齐书·文惠太子传》有"六疾馆"记载，此即医院雏形。自此以后，唐有"养病坊"，宋有"安济坊"，宋、金、元均设有"惠民药局"。在国外，医院有许多专科病院，如传染病、精神病、胃肠病、皮肤病等专科医院。医院的构造必须具有"较寻常住宅养病为宜"的条件，还要有医生、器械、看护等。文章列举了光绪三年（1877），西医传入后，西人已在中国设立医院，如上海公济医院等。清政府民政部在京师内外城开办了官医院数所，这如"旭光之曦微"，是一个进步。这篇文章反映了100多年前我国医院初始状况的历史实际。此外，陈垣还写过一篇《粤中医院之始祖》，认为"粤之有医院，不自六朝始也，盖始于宋宝祐间之寿安院"。

《日本德川季世之医学教育》一文，是陈垣与何叔均共同署名的。这是一篇介绍日本医学变革历程的文章。文中认为："吾国素无医事教育，故外人得操吾国医事教育权，可耻也。"所以，这篇文章虽述日本医学发展的历史，实际上都蕴含着对我国医学发展的无限希望。

《奉天万国鼠疫研究会始末》一书，主要是记录1910年10月至1911年2月我国哈尔滨附近发生的严重鼠疫，疫情后来曾蔓延到东北许多地方，死亡46000人。清政府派广东新宁籍（即台山）的英国剑桥大学的医学博士、时为天津陆军医学堂副监督的伍连德主持扑灭鼠疫重任。伍连德经过4个月的努力，使疫情平息，这在国际上产生了很大影响。为此，清政府于1911年4月在奉天（沈阳）召开了科学研究性质的"国际鼠疫研究大会"，邀请了俄、美、日、德、法、英、奥、意等11国，共34人参加会议。伍连德被选为大会主席，会议进行了4周，举行了10余次全体会议。光华医社派9人参加，陈垣因有其他事，没有参加这次会议。但在诸君出发之日为词勉励之，所言极为悲壮。他以报人的敏感，不失时机地根据当时报纸、书信和大会的讨论发言等，以纪事本末体写成《奉天万国鼠疫研究会始末》一书。他在自序中说："陈子既纂《奉天万国鼠疫研究会始末》毕，喟然曰：中国学者，其果不足与外国学者抗行乎？万国医学大会中，中国学者果不容置喙乎？今观斯会，知其不然。""今日之会，伍君（连德）竟能本其所学为祖国光，其招外人之妒忌也宜哉！""是书所讨论，与《素问》《难经》之意相类，实足引起青年男女致学之心。"这篇序言充满爱国之心、民族之情。广东光华医学堂校长郑豪作序曰："陈君固邃于国学，其于细菌学又为专门，故所述能原原本本。其于国权一节尤三致意，又不徒为学术观已。"这次会议是我国科学史上第一次召开的国际科学讨论会，意义深远。此书记录了会议的全过程，在我国医学史上留下了非常重要的一页。

（四）对日本医史文献的搜集与研究

光绪三十四年（1908），陈垣利用暑假之便，与清末民初著名诗僧苏曼殊的堂兄苏墨斋前往日本，主要目的是搜集医书，并访问日本著名的医史学家富士川游。富士川游，字子长，出身于汉医学世家。他笃好治史，在广岛医学校学习西医，后留学德国2年，返日后担任中外医事新报编辑。他曾获医学、文学两博士头衔，著有《日本医学史》巨帙。陈垣在复叶恭绰信时说此书"考据精详，条理缜密，为东方医史界空前杰作，真不愧子长者也"。这也是陈垣要访问富士川游的原因。在富士川游家，陈垣看到日本著名学者丹波元胤（陈垣在致叶恭绰信中写作"多纪元胤"）1826 年著成的《医籍考》80 卷的手稿。丹波元胤，号柳沜，为德川氏医学世家丹波元简长子。除《医籍考》外，还著有《体雅》《药雅》《脉法》《医林撮要》《柳沜目录》《柳沜日钞》《香泉日抄》《伊香山日抄》《屏巷随抄》《心迹双清堂随抄》《柳沜文集》《聿修堂医书目录》等。陈垣认为《医籍考》"其书仿朱彝尊《经义考》体例，条举中国历代医籍撰人、卷数，著其存佚，录其序跋，及诸家评论，加以考订，精审无比。道光以前中国医籍搜罗殆遍，为医史学一巨著，中国人未之先也"。"其治学方法，一如乾嘉诸老，吾尝谓柳沜为日本医史学界之钱竹汀，信非虚也。"对于这样一部重要的手稿，因富士川游告诉陈垣，不久便会出版，故陈垣未借抄录。后来日本将《医籍考》影印，分 8 大册出版。1936 年，上海中西医药研究社筹资据日刊本缩印成书。陈垣在扉页上特别题诗二首祝贺。诗云：

> 竹垞竹汀合一手，庶几医学之渊薮。
> 成自东儒大是奇，实斋史籍亡何有。
> 卅载闻声富士川，梦中何幸到琅嬛。
> 食单见后思鹈炙，喜遇医林复古年。

由以上四点可以看出，陈垣青年时期在广州所从事的医学和医学史研究工作，结出了硕果，为近代中国医学史的学科建设作出了开拓性的贡献。他反对因循守旧，主张变革进步的精神，推动了我国医学的发展。所以，陈垣被认为是近代中国医学史研究的开拓者和奠基人。

第三章　经世致用，著书立说

一、参与时政，当选议员

1911 年 10 月 10 日武昌起义爆发，革命党人发起的辛亥革命推翻了满清封建帝制。1912 年 1 月，中华民国成立，4 月，民国临时政府迁往北京。陈垣参加广东医学共进会。1912 年 5 月，陈垣与广东医学共进会同仁欢迎孙中山先生等，并摄影留念。1912 年 12 月至 1913 年 2 月，全国进行了第一次国会选举，陈垣因办报宣传反清甚有影响，故以"革命报人"身份正式当选众议院议员。1913 年 3 月，陈垣离开广州到北京参加第一届国会会议，并从此定居北京，弃医从政。

在陈垣离开广州前，光华医学院召开恳亲会，欢送陈垣赴北京任众议院议员。梁培基在《光华医事卫生杂志〉续出发刊词》中说："陈（垣）君被选为众议院议员，议院为立法机关，陈君素知医学与国家强弱之关系，愿出其学，使国家法律重视医学，以强盛中国。更愿陈君毋忘母校，有以光大我光华也。陈君起而答曰：以今之大势，我国不欲强及不欲免外人干涉内治则已矣；我国苟欲强而免外人干涉内治，则卫生政治岂能不竭力实行乎！若实行卫生政治，则必要提倡医学，培植医材。"叶慧博在《送陈君援庵之北京序》中说："陈君此行受国人之负托。""吾于陈君此行卜之，而国家亦将重赖有土也。"可见光华医学院的同仁在欢送陈垣之集会上气氛相当热烈，同仁对陈垣此行寄以重托，陈垣亦以效力于国、爱国之情报答同仁。这是陈垣人生的一大转折。

1913 年 4 月，中华民国第一届国会召开，陈垣出席了会议。6 月，袁世凯发布《尊孔祀孔令》。8 月，孔教会代表陈焕章、梁启超等上书北京参、众议院，请于宪法中定孔教为国教。这一议案引起国会宪法起草委员会的激烈争辩，一时舆论蜂起。陈垣拍案而起，激烈反对，认为信教自由，不当强定一教为国教。陈垣因为反对强立孔教为国教，遭到孔教教徒们的攻击。马相伯为陈垣所著元也里可温考》作序，云："君即民国二年反对孔子为国教，而狂夫某电京，嗾明正典刑者之一也。"

陈垣到北京后，结识了广东三水人梁士诒。梁士诒是交通系首领，先后任总统府秘书长、交通银行总理、财政部次长、税务处督办、参议院院长、国务总理等。因为同乡关系，陈垣参与了梁氏的政治活动。他曾先后在梁氏主持的全国税务处、国内公债局、毛革改良会等机构任职，但都是出于谋生的考虑，两人志趣不同。后来梁士诒赠书给陈垣，在封面题字，曰："援庵著述甚夥，人将爱之，诒将哀之。因袭近人诗赠之曰：销磨一代英雄尽，故纸堆中问死生。是耶？非耶？"而1939年陈垣致陈乐素家书中亦说："此余与三水（指梁士诒）一段因缘，三水不喜人读书，所以不能久处，然在今日思之，当时若随三水不去，亦不过如刘铁城等，多赚几个钱而已，孰与今日所就之多也，为之一叹。"可见他们两人志趣不同，梁士诒走政治仕途，陈垣则倾心学问。

1921年12月至1922年5月，陈垣任了6个月的教育次长，并代理部务。任职之初，一些友人、名流如蔡元培等纷纷致函出谋献策，推荐人才，陈垣亦想对教育事业有所建树。刘乃和记述说：陈垣就职后，遇到的是政府克扣教育经费、裁撤教育部的附属机关等事。教育部的附属机关，当时不过10处，每月开支甚微，且所管多是关于平民教育的调查、教育材料的采集，以及有关社会教育等，大都是关于教育前途的事。当时援庵师为此事发表声明，说："教育一事，应逐年扩张，因困于经费，不能如愿，已属抱歉，万不能再为缩小范围。"不同意裁撤教育部的附属机构。他在教育部任职期间，解决了八院校教职员代表到教育部"索薪"之事，各院校教职员常年欠薪的困境有所缓解。

1923年10月，曹锟利用诱骗收买和武力威胁的手段操纵全国选举，当上总统。陈垣事前不知其中的政治阴谋，糊里糊涂亦参加了选举，事后警醒，甚感上当，后悔莫及。这件事给他留下了深刻的教训，使他遗憾终生。他自1913年移居北京至此已有10年，前后三次做众议员。现实给他深刻的教训，使他感到国会不过是各派系军阀玩弄政治阴谋、争权夺势的一块招牌，难以表达民意。他想在政治上有所建树的美梦破灭了。10年来与当时政治若即若离的情况终于改变，他弃政从史，走上自由的学术研究的道路，追求人格独立的精神。陈垣晚年回忆，说："眼见国事日非，军阀混战连年，自己思想没有出路，感到生于乱世，无所适从，只觉得参加这样的政治是污浊的事情，于是就想专心致力于教学与著述。"从此以后他专心致力于教学与著述，终于成为著名的史学家和教育家，成为一代学术宗师。

二、 历时十年， 研究 《四库全书》

《四库全书》是清乾隆三十七年（1772）酝酿，三十八年（1773）开始编纂，到乾隆五十二年（1787）基本完成，共用了十几年时间编纂的一部综合性大型丛书。抄成7部，分藏于7座藏书楼：文渊阁、文溯阁、文源阁、文津阁、文宗阁、文汇阁、文澜阁。此后100多年间，没有人对它进行过全面的调查研究。直到1920年，陈垣成为全面调查研究《四库全书》的第一人。

1915年，原藏于承德避暑山庄文津阁的《四库全书》被移存国立京师图书馆（国家图书馆前身），这是陈垣渴望已久的书，他千方百计与图书馆取得联系，并开始到馆阅览。

1920 年 5 月，法国总理班乐卫来中国，建议将退还的庚子赔款用来影印《四库全书》。当时徐世昌总统允诺影印后，分赠法国总统及中国学院，并明令派朱启钤督办其事。又派陈垣往京师图书馆就文津阁《四库全书》实地调查架、函、册、页的准确数字，以便为影印做准备。陈垣把主要精力放在《四库全书》的全面调查上。6 月至 8 月，陈垣带领樊守执、杨名韶、王若璧、李倬约、李宏业、张宗祥等人全面清点《四库全书》的册数、页数等。当时京师图书馆目录课谭新嘉于 1921 年 10 月在清点数据单后面题写跋语，记述当时情况："时政争激烈，近畿枪林弹雨，京城各门白昼仅启一二小时者二十余日。樊君诸人每日挥汗点查，未尝一日间断。""当戎马倥偬之际，得以从容镇静各事其冷淡生涯，几若世外桃源。"通过这次检查，陈垣等人弄清了这部丛书的详细情况。他们对其中每部书的册数、页数都进行了清点，列出书名、作者，并作了索引，还将赵怀玉本《四库简明目录》与《四库全书》原书进行核对，将有书无目、有目无书、书名不符、卷数不对等情况一一罗列，然后撰成《四库书目考异》5 卷、《四库书名录》、《四库撰人录》等。以后，陈垣断断续续对《四库全书》作了长达 10 年的研究，取得了丰硕的开创性成果。他的学生刘乃和在《书屋而今号励耘》一文中记述了当时的情景："当时他家住在北京城内西南角，贮存文津阁《四库》的京师图书馆在城东北角。当时紫禁城前后的东西街道还是宫廷禁地，没有直达道路，必须绕道走，来回路程需要三个多小时，逢阴雨风雪，甚至要四个多小时。他每天清早，带着午饭，到图书馆看《四库全书》，图书馆刚开馆就赶到，下午到馆员下班时才离开。就这样前后读了十年，把这部包括三千多种、三万多册的大丛书做了详尽地了解。"

1925 年 1 月，陈垣还带领北大学生清点了文渊阁《四库全书》。他后来画了《文渊阁四库全书排架图》，将文渊阁书排列的函、架次序，按原来排放位置画为图式，颇便观览。4 月 28 日，他在故宫摛藻堂发现了尘封多年的《四库全书荟要》，并特意留影纪念。《四库全书荟要》与《四库全书》同时编纂的，是乾隆皇帝命四库馆臣选择《四库全书》的精华，缮写为《四库全书荟要》，其编写形式与《四库全书》全同。共收书 473 种 11151 册，分装于 2000 函中，另外 1 函为总目。这一发现，也是陈垣对《四库全书》的重要贡献。

现在收入《陈垣学术论文集》第二集的关于《四库全书》的文章有 9 篇，即《编纂四库全书始末》《文津阁四库全书册数页数表《四库全书中过万页之书》《大唐西域记之四库底本》《四库撤出书原委》《书于文襄论四库全书手札后》《景印四库全书未刊本草目签注》《四库提要中之周亮工》《再跋于文襄论四库全书手札》。我们从这 9 篇文章中可以看出陈垣对《四库全书》研究的贡献主要表现在五方面。

第一，查清了《四库全书》的基本数字。统计的结果：《四库全书》收书共3461 种，99309 卷；存目有 6793 种，93551 卷。全书共 2290916 页，分装成36275 册，总字数 99700 万。过万页之书 31 部，页数最多、部头最大者是《佩文韵府》，444 卷，28027 页；第二名是《册府元龟》，1000 卷，27269 页。这一基本统计为人们认识《四库全书》提供了方便。

第二，《编纂四库全书始末》一文，第一次将编修《四库全书》全过程做了简明扼要的记载。关于《四库全书》是如何编成的，虽有零星记载，但并没有系统的材料，人们并不清楚编纂全过程。此文采用编年体例，以事系年，逐年逐目编列，记述了乾隆三十七年（1772）至五十七年（1792）《四库全书》的编纂始末。从此文我们得知参加修书者前后有 900 多人，乾隆第六子永瑢等 8 人为总裁，纪昀、陆锡熊、孙士毅任总纂修者，邵晋涵、周永年、余集、戴震、杨昌霖等任校勘。《四库全书》采入书本有敕撰本、内府本、《永乐大典》本、各省采进本、私人进献本和通行本等 6 种。《四库全书》抄成 7 部，建 7 阁分藏。

第三，考证《四库全书》撤出书原委。《四库撤出书原委》是 1928 年陈垣致余嘉锡的信，他根据乾隆宫廷档案，考出周亮工等人的书被撤出的原因：因书中有被清廷视为"违碍"之句，或有"猥亵"之疑，故被撤出。被撤出的书共有 11 种之多。又在《四库提要中之周亮工》一文中说："周亮工著述，四库全书著录五种，存目三种。""乾隆五十二年，复勘四库全书……亮工著述之已著录及存目者一律扣除，已刻提要之有亮工名者亦一律抽改。"

第四，对于文襄论《四库全书》手札的研究。于文襄即于敏中，《四库全书》总裁之一，他曾写信给《四库全书》总纂修之一的陆锡熊，论《四库全书》，前后 56 通，附函 5 件，手札有日、月，但无年代。1933 年《北平图书馆馆刊》刊载《于文襄手札》时，只以日、月的次序，故事实多倒置。陈垣根据手札用信笺，内容及所书月、日，考出这些信是乾隆三十八年（1773）至四十一年（1776），"故此诸函前后亘四年"，纠正了原刊本的错误，可见陈垣考证之功力。

陈垣认为，这些信件非常重要，说修《四库全书》的材料很详细，好多官方文书都赶不上。从这些信件中知道，于敏中在修书过程中，发出指示，"密授机宜，不徒画诺而已"。又曰："统观诸札，办书要旨：第一求速，故不能不草率；第二求无碍，故不能不有所删改；第三求进呈本字画无讹误，故进呈本以外，讹误遂不可问。敏中亦深知其弊，故其奉办《日下旧闻考》附函有日'此书私办更胜于官办'；六月十一日函亦曰'欲将《玉海》校正，别行刊板，不由官办更妥。'然则世之震惊四库全书者可以不必矣。"统观信札，于敏中对《四库全书》的评价是正确的。

第五，对《四库全书》整理与刊行的意见。1920 年，有重印《四库全书》之议，因款项巨大，未能实现。1924—1925 年，教育部有两次议印之举，计划具在，因故未果。1933 年又有选印《四库全书》之议。教育部函请陈垣等 15 人为"编订四库全书未刊珍本目录委员会"委员，编定《四库全书未刊珍本目录》，选书 231 种，于 1935 年由商务印书馆印成发行。这次影印四库全书未刊珍本，陈垣之功不可没。陈垣写《景印四库全书未刊本草目签注》，对《四库全书》的整理和刊行提出了十分重要的意见。经陈垣"签注"，有 52 种书"均应剔出，可省二万二千四百八十一页。此外已有刊本应剔出者尚多，应俟公同订定。"8 月 21 日，陈垣致信时任教育部长王世杰说："承以编订四库全书未刊本目录事见……乞即博采众说，将共认为未见刊本之书先行付印，庶得早日观成，至以为幸。"陈垣这些意见，基本被采纳。早在 1925 年，商务印书馆负责人李宣龚在准备影印文津阁本《四库全书》时，致信陈垣："敝馆承印《四库全书》事，屡承指导，铭感不谖。且文津阁一书，原为我公平日所整理者，一切简帙，秩然有序，尤堪征信。……俟全书运沪之后，拟请执事莅沪一游，共商绵蕝。辱蒙允许，此不独敝馆之荣幸，异日书成，揭橥得当，必更有餍海内人士之望者，则皆我公之赐也。"从这里可以看出，学术界、文化界对陈垣《四库全书》研究的承认与推崇。

三、　著《元也里可温考》一鸣惊人

1917 年春，陈垣研究中国基督教史，于是搜求明末基督教遗著，准备仿照朱彝尊《经义考》、谢启昆《小学考》之例，撰《乾隆基督教录》，以补《四库总目》之缺。后来得读英敛之的《信善录》，知道英敛之藏此类书甚多，向英敛之借读，敛之"尽假而读之"。从此，陈垣与英敛之建立了深厚的友谊，这对他以后的宗教史研究和社会实践活动都起着十分重要的作用与影响。

英敛之在北京香山静宜园创办辅仁社，组织主持宗教史研究，所拟研究课题有《唐景教碑考》《元也里可温考》《清四库总目评论教中先辈著述辨》等。1917 年春，陈垣拜访英敛之，二人谈及宗教史研究，十分投机，英敛之即出示辅仁社课题目录，供陈垣选择研究。又谈及元也里可温教，英敛之将社内学生研究初稿及资料交付陈垣，嘱他作系统考证。陈垣允诺承担《元代也里可温考》课题，5 月成稿出版发行。初稿面世后，陈垣继续深入研究元也里可温，由于"续获资料几及倍，其中复有有力之证据数条"，于是对原稿作重大补充修改，并于 8 月再版。以后他又搜集国内外有关资料，经 1920 年、1923 年、1934 年三次修订，题目改为《元也里可温教考》。

《元也里可温教考》是陈垣第一部史学论著。元以前无"也里可温"之称谓，"也里可温"仅见元代著述。何谓"也里可温"，钱大昕《元史·氏族表》曰："不知所自出。"《元史·国语解》："蒙古语，应作伊鲁勒昆；伊鲁勒，福分也；昆，人名，部名。"直到清道光年间，刘文淇指出"即天主教也"。陈垣此文的贡献在于将其准确地断定为基督教聂思脱里派。他指出"《观大兴国寺记》及《元典章》，均有也里可温教之词，则也里可温之为教，而非部族，已可断定。复有麻儿也里牙（马利亚）及也里可温十字寺等之名，则也里可温之为基督教，而非他教，更无疑义。"并"确信也里可温者为蒙古人之音译阿剌比语，实即景教碑之阿罗诃也"。此文分15章，脉络清晰紧凑，论证严谨，无懈可击，廓清了隐晦七八百年、无人知道的元代也里可温之称谓、本义、词源及相关的史学问题。也里可温教东传之途径、宗教戒律、教徒人数、主要人物、教徒军籍、徭役、租税等方面的豁免权，官府的尊崇地位，也里可温教与异教的关系，元末明初的衰落，金石碑刻的存佚等也一一澄清。本文引用文献近50种，除正史外，还有大量文集、方志、碑刻等，囊括了全部汉文文献资料。此文是关于这一课题的空前绝后的杰作，彻底解决了元也里可温教的历史问题。此文发表时，马相伯为之作《叙》，说："向余只知有元十字寺，为基督旧教堂，不知也里可温有福音旧教人之义也，知之，自援庵君陈垣始。"英敛之为之作《跋》，说："乃承先生以敏锐之眼光，精悍之手腕，于也里可温条，傍引曲证，原原本本，将数百年久晦之名词，昭然揭出，使人无少疑贰。"

1917年10月，陈垣随梁士诒访问日本，将《增订再版元也里可温考》线装一册赠送日本著名学者桑原骘藏，并应日本学者之请，在学术会议上宣读此文，得到中外学者的称赞。12月8日，陈垣从日本大阪致慕元甫函，说"拙著《元也里可温》，此间学者，颇表欢迎，将引起此邦学界之注意"。《元也里可温教考》使他一鸣惊人，成为陈垣最终弃政从史的重大契机，同时对其日后史学研究的方向和特色有重大影响。

第四章 大师之路

一、 自学成才的北京大学导师

1920 年北京大学拟创立国学、外国文学、自然科学、社会科学等 4 个研究所。以"国学门较为重要，特先设立"，1921 年 11 月正式成立"北京大学研究所国学门。由蔡元培、顾孟余、沈兼士、李大钊、马裕藻、朱希祖、胡适、钱玄同、周作人等 9 人组成研究所国学门第一届委员会作为领导机构，蔡元培任委员长，沈兼士主持日常工作。此时国学门主要由特别阅览室、歌谣研究会、考古学研究室等组成。研究科目分为文字学、文学、哲学、史学、考古学五大类，后发展为名称相应的五个研究室。

此时期的国学门导师队伍盛极一时，除本校教授沈兼士、刘半农、钱玄同、周作人、胡适、陈万里、林语堂、马衡、马裕藻、顾颉刚、常维钧、单不庵等外，还聘请校外的国学大师王国维、罗振玉、陈垣等教授，以及俄国学者伊凤阁博士、德国哲学博士钢和泰等为导师。不到校的通讯研究员有国内四川、广东、福建等 18 个省的 34 人，还有丹麦人吴克德博士、日本人泽林专太郎、法国人伯希和等人。可见此时国学门导师包括了国内外各个领域极有成就的学者。而陈垣就是这众多导师中的一员。值得指出的是，陈垣是没有正规史学训练的背景，完全靠自己积累知识，刻苦钻研而取得重大成就的、自学成才的导师。自此至 1935 年，陈垣一直是北大国学门导师，并经常在北大三院聚会、教学与研究。这个时期，陈垣在国学门主要从事以下工作。

第一，首创"中国史学名著选读""中国史学名著评论"两门课程。陈垣在北大教课，因在五四运动之后，提倡白话文，青年在中学时念古文机会少了，作为历史学的学生来说，应该学习文言文，会看原始资料。为解决这个问题，陈垣首创"中国史学名著选读"这门课。为了进一步了解史学古籍情况，又设立"史学名著评论"这门课，他说这两个课是姐妹课。一个是介绍讲解历史古文，一个是历史学应读的书籍，作为基础的这两门课都是必修的。新中国成立后高校历史系的两门必修课——"历史文选"和"历史要籍介绍"，就是由陈垣的首创衍变而来的。陈垣任导师并亲任这门课。对"中国史学名著评论"一课，据学生王树民回忆："他是着重在每部书的内容，分析其得失优缺之点。如《廿二史札记》，便从史法与史事分别论述。又如新、旧《唐书》，特别指出《旧唐书》

文字虽不如《新唐书》，其记事详细具体，更符合史学的需要，是有胜于《新唐书》的。对于初学的人来说，这都有很大的启发作用。"对"中国史学名著选读"一课，据学生傅振伦回忆："以《四库全书》史部提要为主，每论一史，辄叙其'史源'（即史料）和文心、史心。"

陈垣讲课，并不只注意客观事实的考订，还会时刻对学生进行爱国思想教育，关心国家兴亡。学生朱海涛回忆，抗战前夕，日本在酝酿"华北国"，北平政治空气恶劣，"我们要求他对时局作一指示。他沉沉地说道：'一个国家是从多方面发展起来的；一个国家的地位，是从各方面的成就累积的。北平市商会主席到日本去观光，人家特别派了几位商业上的领袖人物来招待，倾谈之下，我们的商人什么都不明白，连谈论的资格都不够，像这样凭什么去和人家竞争？凭什么能使人尊重？我们必须从各方面就着个人所干的，努力和人家比。我们的军人要比人家军人好，我们的商人要比人家商人好，我们的学生要比人家的学生好，我们是干史学的，就当处心积虑，在史学上压倒人家'"。在北大的集会上，陈垣经常说，现在中外学者谈汉学，不是说巴黎如何，就是说东京如何，没有提中国的。我们应当把汉学中心夺到中国，夺回北京。

第二，任明清史料整理会委员，领导整理明清内阁大库档案。北大的国学门主要从事整理明清内阁大库档案、金石、甲骨刻辞、民俗谣谚、方言方音等。陈垣等人领导史学系学生整理内阁大库档案。明清内阁大库档案的发现，和殷墟甲骨、汉晋简牍、敦煌石室遗书一起，被称为我国近世新史料的四大发现。所谓"内阁大库"，就是明清的中央书籍档案库，所藏书籍占十分之三，档案占十分之七。这批档案，仅有几千件是明代的，其余都是清代历朝政府所奉行的朱谕、臣工缴进的敕谕、批折、黄本、题本、奏本，外藩属国的表章，历科殿试的答卷，等等。史料价值极高。但是由于人为的和自然的损坏，这批档案已流失了不计其数；或作为一种特殊商品转卖于私人之间，甚至一度被酝酿尽售于外国。在此存毁留弃关键之时，陈垣与北京学术界人士痛心疾首，为此奔走呼吁，既严词斥责当局的不负责任，力阻盗卖贩运于外国，又筹谋如何妥善将之长远保存，与相关机构往来交涉研究归属、经费、人事等问题。使这批档案得以保存。

1922 年 5 月 12 日，北京大学呈文教育部，请求将历史博物馆收藏的明末及清代内阁档案，拨归北京大学。陈垣时任教育部次长，于 12 月 25 日批准北京大学的呈文，北京午门历史博物馆所藏的这批档案正式移交北京大学，教育部派专员监督移交工作。这批档案，由北大国学门导师陈垣和朱希祖领导史学系学生整理，拟出整理办法，分作三步，首先就其形式分类、统计；其次识别年代；再次编号、摘要；最后研究考证。

第三，从事著述。北大研究所国学门设有编辑室，其任务有三：一是影印本所所藏的有关学术参考利用的器物、文献、图书；二是编纂学术研究的工具书；

1925 年跋故宫藏教王禁约等

三是编录有关重要典籍之专门参考书。陈垣认为古籍中的类书，颇嫌俗陋，其所引证，又不出典。因此他在国学研究所指导工具书的编辑时，编辑了《艺文类聚引用书籍》等十几种工具书。

陈垣相当一部分论著由北大研究所国学门出版问世，列入丛书的有《中西回史日历》《二十史朔闰表》等。由《国学季刊》刊载的有《火祆教入中国考》、《摩尼教入中国考》、《摩尼教残经一、二》、《元西域人华化考》前四卷、《记徐松遣戍事》。载入《北京大学研究所国学门月刊》者有《回回教进中国的源流》。发表于《国学周刊》者有《一句成语在元曲中之发现并质疑（答郑宾于）》。《宁远堂丛录》中的《奴才》《武科》《胡中藻诗案》等。

二、著录敦煌，聚焦国学

敦煌，地处甘肃省西部，在魏晋时设有敦煌郡，唐代又属沙州。此地是当时中国通向西域的门户。因而在地上或地下，保留了许多中国传统文化的遗物、遗书。加之西北地区气候干燥，水分稀少，使得这些遗物、遗书，常保存千余年而不腐。这些遗物、遗书，有的被密封在石窟藏经洞内，长期以来没有被人们发现。直到1900年，道士王圆箓发现敦煌莫高窟的藏经洞，洞内有四万多卷古写本文书，立即引起帝国主义的垂涎，英国的斯坦因、法国的伯希和、俄国的奥登堡、日本的大谷探险队等，相继从这里劫走了三万余卷。这样，我国的敦煌文书就流散到世界各地，如英国伦敦大不列颠博物馆藏的《斯坦因文书》、法国巴黎国家图书馆藏的《伯希和文书》、苏联列宁格勒东方研究所的《敦煌特藏》、日本京都龙谷大学藏的《大谷文书》等，都是来自敦煌的古文书。

外国人将大量敦煌文书劫走，引起国人的震惊。清宣统二年（1910），当时的学部责成甘肃官员，将藏经洞所藏的剩余残卷全部运回北京，移藏部立京师图书馆，使经卷得以保存。

1922 年春，陈垣以教育部次长兼任京师图书馆馆长。他认识到敦煌经卷的重要性，开始查阅、著录京师图书馆所藏敦煌经卷，编成《敦煌劫余录》一书，这是北京图书馆馆藏敦煌经卷的一部专题目录，于 1931 年由中央研究院历史语言研究所印行。陈垣在自序中说："十一年春，予兼长馆事，时掌写经者为德清俞君泽箴，乃与俞君约，尽阅馆中所藏，日以百轴为度，凡三越月，而八千轴毕。"《敦煌劫余录》凡 14 卷。著录写经 8679 号，兼采中国传统目录与近代西方目录索引的编制方法进行编排。首著"总目"，著录书名，译撰者、卷数、轴数、页次等；再著"检目"，将原轴编号即排架号按千字文顺序排列，以便查索；再次为各轴介绍，"略仿赵明诚《金石录》前十卷体式，每轴著其原号、起止、纸数、行数及内容。原号者，由甘肃解部时所编之号。起止者，每轴首二行之首二字及末二行之末二字也"。每轴经卷著录之后，又有"附记"，为各轴简要考证与说明。读者由此可知敦煌写经概貌，从而大大提高了该书的学术价值和实用价值。

1929 年秋陈垣与中央研究院历史语言研究所同仁傅斯年等及蔡元培院长在北海留影

陈寅恪为《敦煌劫余录》作《序》说："一时代之学术，必有其新材料与新问题。取用此材料，以研求问题，则为此时代学术之新潮流。治学之士得预此潮流者，谓之预流（借用佛教初果之名）。其未得预者，谓之未人流。此古今学术史之通义，非彼闭门造车之徒所能同喻者也。敦煌学者，今日世界学术之新潮流也。……吾国学者，其撰述得列于世界敦煌学著作之林者，仅三数人而已。

……会陈援庵先生垣，应中央研究院历史语言研究所之请，就北平图书馆所藏敦煌写本八千余轴，分别部居，稽核同异，编为目录，号曰《敦煌劫余录》，诚治敦煌学者不可缺之工具也。……国人获此凭借，宜益能取用材料以研究问题，勉作敦煌学之预流。"可见陈寅恪对此书评价之高。胡适说："敦煌石室所藏写本，凡数万卷，三十余年来分散各地……巴黎的目录最先出，但很简略，伦敦的目录开始很早，到最近才有完成的消息。北平的目录，胡鸣盛先生主编，近年才编完，虽然没有印行。另有陈垣先生的《敦煌劫余录》流行于世，其考订之详，检查之便利，已远在巴黎、伦敦诸目之上了。"可见该书为学界所推崇。据刘乃和记述，当时有的朋友曾劝陈垣在序中不要直接提伯希和、斯坦因之名，因为他们会来中国，在学术界集会上彼此还常常见面，而且"劫余"二字太刺激，是否改一名称。陈垣说："用'劫余'二字尚未足说明我们愤慨之思，怎能更改！"可见陈垣对祖国优秀传统文化的热爱以及对这些遗产被外国人掠夺之愤慨。

三、 清点故宫文物， 保护文化遗产

陈垣在1924年11月至1928年6月这3年多的时间里，在"清室善后委员会"（以下简称"善委会"）"故宫博物院理事会"等机构任过重要职务。陈垣与清宫遗老和各种军阀势力进行坚决的斗争，为保护故宫、保护文化遗产、故宫博物院的成立及其早期工作，作出了重要贡献。

辛亥革命后，清帝溥仪在不废帝号、年领400万两经费等优待条件下，宣布退位，但仍居住在皇宫内。1924年10月，冯玉祥发动北京政变，令其部将鹿钟麟，驱逐溥仪出宫，并修改了清室优待条件。还成立以李煜瀛（字石曾）为委员长的"清室善后委员会"，聘请蔡元培、陈垣、沈兼士、俞同奎等社会人士和知名学者10人任委员，另有宝熙、罗振玉、耆龄等5人为清室代表，并特聘庄蕴宽等3人为监察员。"善委会"的主要任务是清理清宫内的公产和私产。

当时正值军阀混战时期，政权经常变动，当政者无不想占领故宫；清室也不甘心退出他们盘踞几百年的紫禁城。因此，他们围绕"善委会"的成立展开了几年激烈的斗争。

12月20日召开第一次"善委会"，清室代表五人拒不出席，以示不承认"善委会"。会上讨论并通过了《点查清宫物件规则草案》，决定23日开始点查。并决定于1925年10月10日辛亥革命纪念日成立故宫博物院。"善委会"委员长李煜瀛经常外出，频频来信，委托陈垣代理会长职务，12月来信曰："敬启者，窃煜瀛承乏本会会长，照章应兼常务委员，惟本会会务甚繁，一人实难兼顾，敬请先生担任本会会长所应兼任之常务委员一席，以便办理一切。又煜瀛其他事务亦甚繁颐，如值出京之时，所有本会会长职务，亦请先生随时代理，以免有误要

公，是为至感。"这样"善委会"的工作实际由陈垣主持。在点查过程中，清室五人始终未到，并暗中进行频繁活动，与"善委会"对抗，以图恢复小朝廷。12 月 31 日，孙中山到京，卧病于北京饭店。清室遗老以为有机可乘，乃由内务府宝熙等 4 人出名，致书向孙中山"申诉"，要孙氏"主持公道"。孙中山以秘书处的名义复函，明确驳斥了"申诉"，并说"促清室移宫之举，按之情理、法律，皆无可议"。孙中山的明确答复，使清室的计划未得逞。但是清室遗老与段祺瑞执政府有相当关系，他们多方活动，日夜奔走，继续与"善委会"对抗，破坏点查工作。直到 1925 年 7 月，"善委会"在点查养心殿时，于密匣中发现遗老与溥仪往来的密件，他们准备阴谋复辟。"善委会"将此事检举，诉诸法院，清室遗老才暂时收敛。

1925 年 9 月底"善委会"开会通过故宫博物院的组织大纲和董事会、理事会名单。董事有严修、蔡元培、庄蕴宽、张学良等 21 人，理事由李煜瀛、易培基、陈垣等 9 人组成。10 月 10 日，故宫博物院按原定日期开幕，举行开幕典礼，李煜瀛以"善委会"委员长名义报告博物院筹备经过。段氏执政府对李煜瀛、易培基久已不满，1926 年 3 月 19 日，借故通缉李、易二人，二人潜离京师，故宫顿失领导。董事会、理事会联席会议，推举庄蕴宽为维持员。这时一直驻守故宫的国民军要撤退，故宫安全受到威胁。为了保卫紫禁城的安全，暂借调内务部警卫队接防。公推陈垣为"善委会"代表，办理交接事宜。4 月 4 日，奉军轰炸北京，在故宫南三所掷炸弹一枚。事后陈垣写一题记，刻在现场拾到的一枚铜螺盖上："丙寅寒食，有飞机掷炸弹于故宫南三所前，余与庄思缄、沈兼士、俞晃枢、李玄伯、马叔平、胡文玉、吴稼衣、吴景洲、李春圃诸君往观，拾铜螺盖、铁碎片各一，翌日植柏于其处。新会陈垣记。"内务部某些人早有占据故宫的野心，借此机会准备进驻宫中。陈垣在交接会上，除谈交接事务外，激昂慷慨，痛斥内务部派员进驻事，不平之气，溢于言表。

1926 年段氏执政府垮台后，杜锡珪组织新内阁。清室遗老又积极活动，致书新国务院，要求将故宫收归清室。7 月 10 日，新国务会议秘密决定成立"故宫保管委员会"，拟改组博物院。21 日在中南海居仁堂开会，由杜锡珪主持，出席人有清室遗老、亲贵，内阁阁员和"保管会"委员，会上选举了赵尔巽、孙宝琦为正副委员长。8 月 2 日赵、孙二人来故宫执行其委员长职权。故宫原负责人紧急研究，共同决定由陈垣、吴瀛、俞同奎、江瀚 4 人出面交涉。会上陈垣代表故宫方面发言，提出"接收故宫必需做到三点：一、不能还给溥仪；二、不能变卖；三、不能毁灭"。并郑重声明："如要接管，必需组织点交、接收两个委员会，必需点完一处，移交一处，未点以前仍用旧封，由旧会负责，点完则交由新会封锁，由新会负责。""点交工作，是接收中最重要的关键，我们要清手续以明责任。""如你们不同意点交，则可由接收人登报声明，说明自愿负故宫的全部责任，此后凡故宫的建筑、文物、图书有损失，都与旧人无关。"赵尔巽、孙宝琦听了这理由充分、无法辩驳的发言，无言以对，只好说："等我们商量商量再办吧！"

北洋军阀霸占故宫之心不死，8月8日上午，宪兵司令部王琦派人将在故宫工作的陈垣逮捕。经多方营救，于下午释放，送回西安门大街寓所软禁起来。当时报纸报道："宪兵司令王琦，则以委员会拒绝接收之故，遂令武装宪兵传拘陈垣问话，陈即据词答复，王无以难，乃送至回家，犹命便衣侦探两人，监其出入。"那志良记述："那些攀龙附凤的人，大失所望，把这次未能接收的原因，都归诸陈先生（陈垣）的坚持清点。8月8日的清晨，陈先生被宪兵司令部逮捕了。陈先生到了宪兵司令部，便问何事被捕？司令部的人也只能说是奉命办理，究竟为何事，也莫名其妙。到大家把他营救出来的时候，他不肯离去，一定要问明白，究竟何事被捕？事后宪兵司令王琦还对人说：陈某太可恶，放了他还不肯走，一定要问为什么捕他。"当时顾颉刚从厦门来信，谴责当局对清室善后委员会工作的破坏，说："览报，悉清室善后委员会竟遭破坏，至愤。未知先生三年辛苦不至徒劳否？军机处档案仍继续整理否？古物、图书两馆仍可照预定计划进行否？至念。时局未定而谗言已逞，使人怃然。"

1926年9月，军阀政权又有变动，杜锡珪内阁解体。奉军人主京师，又想强占故宫。李煜瀛鉴于当时形势，提议邀请社会知名人士、名流学者重新组织维持会，并特邀当时政、军、警有关人士参加，共同合力维护故宫安全。10月中旬成立"故宫博物院维持会"，会由37人组成，当时著名学者柯劭忞、梁启超、陈垣等被邀请，会上推定陈垣、沈兼士、袁同礼等15人为常务委员。至1927年1月8日召开第一次委员会，故宫的局面，才大致安定下来。

陈垣在故宫工作时，主持正义，担当风险，坚持斗争。当他被逮捕、被软禁时，一些人提出"打倒陈垣"的口号，到处张贴，以制造舆论，一时咒骂陈垣之声不绝。他曾写过两首诗，记下当时的感想和不平。诗曰："满城标榜倒陈垣，五十年来此纪元。受宠竟居贤者后，鲰生也把姓名传。""不聋不痴不作师，古语翻新意更奇。一处欢迎一打倒，同门桃李各分枝。"这是他于1926年所写，其时他47岁，"五十"言其整数。"贤者"句指李煜瀛等被通缉。"同门"句指反对者和故宫同人中某人，二人原是同学，而态度迥异，反对者要打倒陈垣，在故宫的那位则对陈垣极为欢迎。

因清点故宫文物工作繁重，故"善委会"约请了很多北京大学文、史两系的教职工和学生参加，此外还聘请了不少学者协助工作。当时聘请的有马裕藻、马衡、董作宾、徐炳昶、杨树达、蒋梦麟、徐森玉、黄文弼、容庚、单士元、魏建功、吴承仕等。工作分若干组，每组由"善委会"委员负责，组中人员各有分工。每组人员到齐，工作才能开始。查点完毕，各自签名，以示负责。

1925 年 10 月，故宫博物院成立，设古物、图书两馆，图书馆又分图书、文献二部。陈垣任图书馆长，袁同礼、沈兼士任副馆长，分理图书、文献事务。陈垣任馆长数年，对故宫的图书、文献、档案的整理和研究多有建树。

（1）1925 年 1 月，陈垣带领北京大学学生清点了文渊阁《四库全书》。

（2）1925 年 4 月 28 日，陈垣在故宫摛藻堂发现尘封多年的《四库全书荟要》。

（3）陈垣在点查武英殿刻书处时，发现了自《四库全书》中撤出准备销毁的书，有李清《诸史同异录》、周亮工《读画录》等残本，都是极难看到的书。

（4）陈垣在故宫斋宫发现元刻《元典章》，并据此撰写了《沈刻元典章校补》。

（5）陈垣为故宫博物院购买清末湖广总督端方的档案 600 余册。这批档案多关系清末军国大政。原是北京大学教授伦明在琉璃厂所购买，后陈垣为故宫博物院买来。

（6）陈垣致函北洋政府国务院总理许世英，要求将清军机处档案和杨守敬观海堂藏书一并移交故宫博物院。这些档案得以保存在大高玄殿中。

（7）陈垣在点查图书中，遇不经见之书，择其尤者亟赴印刷，以广流传。又裒辑档案为《文献丛编》《史料旬刊》相继问世。

关于陈垣对 1924 年至 1928 年故宫博物院早期的历史贡献，单士元评价："溥仪被迫出宫后，当日清室皇族、清朝遗老以及虽在民国身为巨宦，而心仍眷恋前朝之人，联合一起，日谋扼杀清室善后委员会和筹办博物院事。如何保护这具有完成辛亥革命未竟之业的大事，陈师首当其冲。在指导点查文物工作，筹办博物院组织方案之外，还与上述恶劣势力相周旋，因之触怒旧军阀，竟将陈师逮捕，形势危急，已临险境。当日有关心故宫事业名流，从中斡旋，加之以陈师社会声望，才释放，软禁寓所。故宫坎坷的局面，直到 1928 年北伐成功，南北统一始定。……上述博物院早期的经历，非亲见其事者，不能体会故宫博物院缔造之艰难，陈师实为贡献最大的人。"

四、 轰动学术界的 《二十史朔闰表》

1925 年底，北京大学研究所国学门出版了陈垣的《二十史朔闰表》。该书出版不久便被抢购一空，半年后即再版。全书尽是干支和数字的表格，为什么轰动了学术界？尤其是引起了研究文史的学者们极大的重视？因为它是一部读史不能离开的极好的工具书，内容确切严密，使用方便。这本书出版前，我国从来没有一部贯穿 2000 年，中历、西历、回历可以互换的精确年表。

陈垣早年致力于古宗教的研究，在研究过程中，常常遇到中西回历对比的问题，深感没有一本中西回的日历，给研究造成极大的不便。

为什么要对照中、西、回三种历法呢？因为这三种历法各不相同。中西历纪年，一年相差 10 多天至 50 多天，西历岁首，一般都在中历岁末，如不按年月日计算，而以中历某年作为西历某年，则在岁首岁尾之间，会有一年的差误。回历与中西历都不相同。回历每月的天数固定，单月大尽，各 30 天；双月小尽，各 29 天。每隔两三年有一次闰年，逢闰年 12 月末加 1 天，成为 30 天。所以回历平年 354 天，闰年 355 天。因回历不设闰月，故每年岁首不定，与季节无关。回历和中历对算，每经三十二三年就差 1 年，即回历每过三十二三年就比中历多 1 年，每 100 年多 3 年多，每 1000 年多 30 多年。所以，如不了解这三种历法的差异，则必然会在历史记载的运用上出现很多错误。

为了今后考史的人工作方便，陈垣决心写一本 2000 年的历表，表中包括中、西、回三历。"稿凡五易，时阅四年"，终于编写出《中西回史日历》一书，他说："这是一人劳而百人逸，一时劳而多时逸的事情，再困难也要把它做出来。"在《自序》中说："兹事甚细，智者不为，然不为终不能得其用。余之不惮烦，亦期为考史之助云尔，岂敢言历哉！"但因《中西回史日历》一书，"卷帙较繁，一时不能付印"，所以先将《二十史朔闰表》先付影印，于 1925 年底出版。《中西回史日历》一书则是 1927 年出版发行。这两本书是相辅相成的，陈垣在《中西回史日历》初版《序言》中说：这两部书"繁简不同，然实互相为用，《朔闰表》为此编之卷首，而此编则是长编也"。

《中西回史日历》"以西历为衡，中历回历为权"，就是用西历的表格（即日序表）作为基础，把推算出的中历、回历分别标记在西历月日旁。全书用红、黑两色套版。

因为西历每 4 年 1 闰年，所以日序表的版式是西历 4 年为 1 个单元，每单元印成 2 页，2000 年都用这一种版式。每单元的末一年，即中历逢子、辰、申之年，都是西历的闰年，这年 2 月为 29 天。日序表分上下两层：上层是纪年，包括西历纪年、中历甲子纪年即干支纪年、历代帝王年号纪年、罗马纪年（至西历 476 年西罗马灭亡）、回历纪年（自西历 622 年开始）几项。下层纪月日，是按西历每月日的次序排列的日序表。

书后附日曜表、甲子表、年号表。日曜表可查 2000 年间某日是星期几，甲子表可查 2000 年间某天的干支纪日，年号表列出历代帝王年号，按年号第一字笔画多少排列。

《日历》起于西历元年即汉平帝元始元年。凡历史上西历元年后各朝中历、西历、回历年月日的对比，以及每天的干支、日曜，随手很快检出。正像《日历·自序》里所说："此编不啻两千年之中西月份牌，而一千三百五十年之西域斋期单也。"

《二十史朔闰表》可以说是《中西回史日历》的姐妹篇。为什么不叫"二十四史朔闰表"而名"二十史"呢？陈垣说，这本年表，最初只想写自汉至清二十部历史的年月朔闰，二十四史中除去其年代重复的五部，再加上《清史稿》，共二十史，所以书名就用了《二十史朔闰表》。起于汉高祖元年。自汉平帝元始元年起，加入西历，以中历之朔闰可求西历的月日。自唐高祖武德五年起，加入回历，以回历之岁首可求中历的月日。西历476年以前并注明罗马历。此书原写至1940年，1962年中华书局再版时，重加修订，改正错误50处，并增加了60年，至2000年。

这两部书是中国近代历表编制的创举，为2000年来中、西、回三种历法提供了可靠的换算工具，更重要的是使中国近代史学研究由传统走向科学。1925年《二十史朔闰表》出版时，在学术界引起极大轰动。胡适评论："此书在史学上的用处，凡做过精密的考证的人皆能明了，无需我们一一指出。""我们应该感谢陈先生这一番苦功夫，作出这样精密的工具来供治史者之用。""这种勤苦的工作，不但给刘羲叟、钱侗、汪曰桢诸人的'长术'研究作了一个总结，并且给世界治史学的人作一种极有用的工具。"刘乃和说："这部书是我国历表的创举，六十多年来，学人称便。内容有其自己的特点，为目前其他历表所不能代替。"由此我们可以看到陈垣对年代学、历表的重大贡献。

五、 "石破天惊" 之作—— 《元西域人华化考》

《元西域人华化考》于1923年撰写完成，共8卷29目。元代西域人主要是色目人，元代是大批色目人来华的时代。最初来华的多半是军人、部族首领、工匠、商人等，他们与汉人杂居，居住既久，他们的子孙有不少人"舍弓马而事诗书"，读儒家的书，遵从中国的礼教，喜爱中国的文字，能写诗、填词、作曲，生活习惯与文化如同汉人，并产生了不少文学家和诗人。他们以儒家自居，这就是所谓"华化"。这是一个很值得重视的问题，它不仅关系到元代文化的发展变化，也是元代民族融合的表现。著名元史专家杨志玖在《陈垣先生对元史研究的贡献》中说："这样一个大题目，由陈先生首先发现、研究并写成专著，说明陈先生不仅对元史有深厚的功底，而且有史学家敏锐的眼光和深邃的洞察力。"

该书引用典籍200余种，爬梳剔抉，提要钩玄，汇集众说，成一家言，是陈组精心撰著的一部著作，也是他早年最为满意的一部著作。1964年2月4日，陈垣在致友人欧阳祖经的信中说："兹送上40年前拙著一部（指《元西域人华化考》——引者注）。此书著于中国被人最看不起之时，又值有人主张全盘西化之日，故其言如此。"在当时形势之下，这种对中国文化发自内心的尊崇和重视、自信和自豪，蕴含着对祖国的无限热爱之情。

该文公开发表之后，在中外学术界引起巨大的轰动。蔡元培称此书为"石破天惊"之作。日本著名汉学家桑原骘藏在 1924 年写读陈垣氏之《元西域人华化考》，说："陈垣氏为现在支那史学者中，尤为有价值之学者也。""陈垣氏研究之特色有二。其一，为研究支那与外国关系方面之对象。……其二，氏之研究方法为科学的也。""其本论博引旁搜元人之文集随笔等一切资料，征引考核，其所揭之各题目，殆无遗憾"。"非独为研究元代历史，即研究支那文化史者，亦有参考此论著之必要。"1935 年，陈寅恪为此书重刊本作《序》说："近二十年来，国人内感民族文化之衰颓，外受世界思潮之激荡，其论史之作，渐能脱除清代经师之旧染，有以合于今日史学之真谛，而新会陈援庵先生之书尤为中外学人所推脱。董先生之精思博识，吾国学者自钱晓徵以来未之有也。""先生是书之材料丰实、条理明辨，分析与综合二者极具工力。""今日吾国治学之士，竞言古史，察其持论，间有类乎清季夸诞经学家之所为者。先生是书之所发明，必可示以准绳，匡其趋向。然则是书之重刊流布，关系吾国学术风气之转移者至大，岂仅局于元代西域人华化之一事而已哉！"白寿彝评论："在援庵先生前期著作中，他比较重视《元西域人华化考》一书。""它的规模宏大，材料丰富，条理明辨，是在国内外久享盛誉的著作；对于治中国民族关系史的学者来说，是一部必须阅读的书。"许冠三在《新史学九十年》中认为，该书材料丰富，论证谨严，文字精练简洁，"论朴实，极类顾炎武；论简赅，直逼王国维；论明白通晓，可敌胡适之"。"从以科学方法整理国故的路向考察，《华化考》无疑是北大《国学季刊》出版以来第一部划时代的杰作。""是新史学摸索前进中罕见的佳构。"李思纯在《元史学》中曾专节介绍该书，誉为"精湛绝伦"。该书由美国学者钱星海和古德里译成英文并加注释，作为《华裔学志》专论第十五，于 1966 年在洛杉矶出版，《前言》中说他们译注的原因是"由于舆论界对这书所给予的高度评价"。

第五章　辅仁大学校长——风雨二十七年

一、辅仁社与辅仁大学

辅仁大学的前身是辅仁社。辅仁大学是罗马教廷天主教会在 1925 年创办的。1912 年，天主教知名人士马良（字相伯）、英华（字敛之）二人联名上书罗马教廷，请求在中国创办大学。当时该请求未能实现。

1913 年，英华因见教会青年子弟多不注意学习中国文化，当时他在香山休养，于是在香山静宜园办起辅仁社，主要培养各省教会中的青年子弟。社中传授文化知识，课程主要是学习"国学"，讲授中文、历史、书法（即习字）等课程，收有学员几十人。社中备有各种古今书籍和名人法帖，以供诸生探讨之用。辅仁社学生须定期撰文，称为"社课"。1913 年，陈垣从广州来到北京后，常到辅仁社中与社长英华一起探讨文史。陈垣第一篇史学论文《元也里可温考》就是辅仁二社的课题。1917 年，直隶（今河北省）水灾，熊希龄在北京设慈幼局，救济受灾儿童，请英华任局长。次年，英华离开香山，香山辅仁社因之停办。这是第一次成立的香山辅仁社。"辅仁"一词乃取《论语·颜渊》"以文会友，以友辅仁"之意。

1919 年以后，罗马教廷重提前议，曾多次派人来中国，了解中国教育情况，并曾与英华多次会面，商谈在中国办学之事。经磋商，罗马教廷认为在中国兴学，以委派美国本笃会办理为宜。因该会筹措办学经费比较容易。

1923 年 8 月 7 日，全美本笃会开大会决议，将创办大学的事，委派美国宾夕法尼亚州圣文森院院长司泰来。1925 年，司泰来派本笃会教士奥图尔（Otoole，美国人）当未来大学校长。奥图尔 1 月来到中国，与英华在北京会面，商讨着手筹办大学的各项事宜。8 月，筹备工作已渐就绪。在大学班招生之前，决定先成立国学专修科，招收大学预科学生一班，两年毕业，作为升入大学的预科，学校取名为辅仁社，仍沿袭英华在香山所办的辅仁社之名。这个辅仁社是辅仁大学的前身，正式委派英华作社长。10 月 10 日开学，预科的学生是按教会系统从各地送来北京学习的，共 23 人。预科班讲授中国文学、历史、哲学、英文、数学等课。

1926 年 1 月，英华逝世，临终以大学校务托付陈垣。陈垣受托后，继续筹办建立大学事务。辅仁大学从 1925 年设立辅仁社开始，到 1952 年高等院系调整与北京师范大学合并，前后经历了 27 年，陈垣始终担任副校长、校长之职，他是辅仁大学历史的见证人。辅仁大学在其历史发展过程中，可以分成几个阶段：初创期（1927年—1928年）；逐渐完备期（1929年—1933年7月）；继续充实期（1933年8月—1937年7月）；抗日战争时期（1937年7月—1945年8月）①；解放战争时期和新中国成立初期（1945年8月—1952年）。

辅仁大学初创期。按当时教育部公布的《私立学校条例》第三条规定，私立学校应组织董事会，设置正、副校长。学校乃以奥图尔为正校长，陈垣为副校长。更名为"公教大学辅仁社"（公教即天主教）。设立大学文科，分为史学、国文、英语三系，并准备附设二年制和三年制的预科。1927年6月举行第一次董事会。会上报告了本校成立经过、筹款情况、决算和预算。提出组织机构，设总务长、教务长、训育部、会计部、秘书等职，并建立财政委员会、行政委员会、学务委员会，分理各项事务。会议决定改名为辅仁大学，全名为"私立北京辅仁大学"。会上推选陈垣为校长，奥图尔为校务长。会后呈报教育部立案。不久，教育部派员视察，批准试办。学制分本科、预科二部。本科修业年限为四年；分四系：国文系、史学系（附考古学）、英文系、哲学系。1928年开始，创办了学术性学报《辅仁学志》，编辑凡例说："本志主旨在研究中国学术，凡关于历史、语言、文字、宗教、哲学、美术、金石等著作或译文，均所欢迎。"同年学校影印出版了陈垣校长励耘书屋钞本《名理探》等书数种。经过几年的筹备，辅仁大学已建立起来，并略具规模了。

辅仁大学逐渐完备期。按当时教育部的条例，大学必须有三个以上学院。该校于1929年6月增设理学院和教育学院，将原有的文科各系成立文学院，合为3个学院，共12个系，各院系情况如下：文学院设国文系、史学系、英文系、哲学系、社会经济学系共5个系；理学院设数学系、物理系、化学系、药物学系、生物系共5个系，附设医学先修科；教育学院设教育系、心理系两个系，附设美术专修科。

根据教育部的规定，学校决定聘请"学邃望重、热心教育，且与本校有历史关系"的社会人士作为董事，重新组成新校董会。1929年组成的新校董会，共27人，除校长陈垣、学校校务长奥图尔之外，增加了许多有社会影响的知名人士，如张继（前北平政治分会主席）、马良（前国立北京大学校长）、柯劭忞（前清史馆馆长）、傅增湘（前教育总长）、陆徵祥（前国务总理）、张相文（中国地学会会长）、沈尹默（河北省政府委员兼教育厅厅长）、沈兼士（本校教授）、刘复（本校教务长）、英千里（本校教授）等。七月，召开新董事会。会

---

① 编者注：该文完成于2017年1月之前，此前中国人民抗日抗争一般使用"8年抗战"的说法。本书按新的文件精神，抗战时间从1931年9月18日九一八事变开始算起，至1945年9月2日结束，共14年抗战。下文类似情况不赘注。

上推举张继为董事长。通过了学校的预算、决算，并讨论了学校的发展计划。

由于院系的增加和扩大，各院系都增聘了教师。当时聘请的中国教师有朱希祖、郭家声、刘复、朱师辙、尹炎武（国文系主任）、张星烺（史学系主任）、马衡、范文澜等60余人，外籍教师20余人。

1931年9月18日，日本帝国主义发动了对我国东北的武装侵略，蒋介石政府采取不抵抗的政策，全国掀起抗日反蒋运动。辅仁大学虽创立不久，但也有不少学生参加抗日民主运动。

辅仁大学继续充实期。1933年6月，由于学校的创办者美国本笃会因国际经济关系，基金价格低落，经济困难，对筹募办学款项甚感拮据，罗马教廷将办学的工作改派美德两国圣言会接替。决定由"全球圣言会"总会长葛林德（德国人）为监督，派穆尔菲（美国人）来中国。这样重新调整了董事会。张继连任董事长，陈垣仍为校长，穆尔菲为校务长。这次董事会，通过了《辅仁大学组织大纲》，发展充实辅仁大学。这个时期的一个重要发展是开办文理两科研究所，为大学毕业生继续研究学术之所。研究所暂设史学部和物理部，制定《私立辅仁大学文理两科研究所暂行规程》。自此，该校有了硕士学位授予权。这样，辅仁大学已经发展成为有幼儿园、附小、附中、专科、本科、研究生的完整意义上的大学。

1935年辅仁大学董事会合影

抗日战争时期的辅仁大学。1937年7月7日卢沟桥事变，日本开始了全面侵华。7月底北平沦陷，国立大学纷纷迁往内地，各校一部分师生也辗转南下。北平的各大学从此落入日伪之手。当时只有外国教会办的燕京大学、辅仁大学尚未被日伪接管。1941年冬，燕京大学被迫停办。辅仁大学因为创办者美国本笃会已于1933年由美德两国圣言会接替，北平沦陷时罗马宗座驻华代表蔡宁是德国人，而本校校务长美国人穆尔菲逝世后，于1936年由德国人雷冕继任。辅仁大学在这世界风云变化、错综复杂的情况下，得以继续开办，不但当时未被关闭，而且一直继续维持到抗战胜利。这时期陈垣校长坚持民族气节，不任伪职，发扬爱国精神；谆谆教导学生，修炼品行、刻苦读书，为祖国保留"读书种子"；闭门著书，寄托自己反对投降、斥责汉奸的爱国情怀。

1941年陈垣与辅仁大学同仁合影

解放战争时期和新中国成立初期的辅仁大学。1945年8月，抗日战争胜利后，随着全国政治形势的变化，辅仁大学也发生了变化。监督学校的日本人细井次郎离开学校，日伪时期被捕的师生，先后被释放，到后方去的教师也相继返校。这时掌握学校实权的校务长由德国人神甫雷冕换成了美国人神甫芮歌尼。抗战胜利后，蒋介石国民党政府违背人民的意愿，不但没有给人民以和平、独立、自由、民主的前途，反而发动了反共、反人民的内战。辅仁大学的师生在中国共产党地下组织的领导下，也参加了反对国民党独裁统治、反饥饿、反内战的民主运动，为争取解放战争的胜利，作出了应有的贡献。

1942年4月陈垣在辅仁司铎书院海棠花下留影

陈垣在新中国成立初期为捍卫祖国的教育主权而作出了重大贡献。

1949年1月31日，北平和平解放，解放军进城。陈垣与柴德赓、刘乃和等从辅仁大学步行到西直门大街，站在马路旁边欢迎解放军。2月16日，辅仁大学成立中国教员会。18日，陈垣召集教员会、职员会、职工会、学生自治会及各社团代表，公开发表今后学校态度及行政方针。辅仁大学中国教员会发表成立宣言，提出三大原则作为今后努力的目标：①使辅仁建立起新民主主义的教育；②宗教与教育必须分开；③辅仁的行政权完全交与中国人。主持辅仁大学校政的天主教神父递交书面报告，宣布退出副校长、校务长、总务长、女院院长、训导处等地位与职务。陈垣召开学校各方面负责人会议，宣读书面报告，并说，"今后本校一切由中国人主持了"，我们要"迅速地把我们辅仁的新制度建立起来"，"这个时代是伟大的时代，和以前大大的不同了，我们应该毫不犹豫地努力，研究向新的方向走。我今年已七十，可惜闻道晚矣，但是本人一定努力的跟上去"。

6月19日，辅仁大学成立校务委员会。校务委员会名单，有校长陈垣，教授顾随、杜任之、赵光贤、余嘉锡等12人，讲助代表2人，学生代表2人，及教会代表芮歌尼、卢修女2人等。

1950年1月30日，辅仁大学新的校刊《新辅仁》创刊。陈垣在创刊号上发表《发刊词》，指出《新辅仁》与旧校刊不同，旧校刊没有真正掌握在教师和学生的手里。《新辅仁》是真正属于全校教职学工自己的刊物，它将配合、推动全校师生的学习，反映辅仁大学的真实生活和进步。

7月17日，天主教驻辅仁大学代表芮歌尼致函陈垣校长，提出非法要求，正式挑起外国教会组织侵犯中国人民教育主权的事。芮歌尼在信中以办学经费相威胁，要陈垣答应四个条件，才能拨划经费，其中有"一个新的董事会将要由教会选任""教会经由教会代表对人事聘任有否决权"，并随信附上不能续聘的5位教员的名单。陈垣接信后，当即口头告知芮歌尼，说"第二项是违反人民政府的法令，绝对做不到的"。7月22日，经请示教育部之后，他复函芮歌尼，说"教会代表对人事聘任有否决权，是绝对不能答应的"。7月28日，芮歌尼再次来函，他竟然要求陈垣在半天内给他满意答复，否则"在七月底停止继续拨款"。陈垣当即复信，坚持原来的立场，并对芮氏的态度提出警告，说"如果因为你坚持这条件，使教会不继续津贴，那么对于教会、对于学校、对于人民政府，一切后果，你要负责任的"。7月29日，芮歌尼在校内散发所谓《告本校同仁同学书》，宣布"自8月1日起教会对辅仁大学之补助费即告断绝"，煽动师生的不满，发出"此后校内所有开支应归陈校长负责"的威吓。下午，教育部高教司张宗麟副司长等人到校，听取陈垣校长报告后，即在各方代表座谈会上发表讲话，指出"这次辅仁的问题，是帝国主义向我们进攻"，教会"要持解聘教师之权"，"就是侵犯中国主权，侵犯中华人民共和国的教育权"。"校长不答应是对的。我们政府支持辅仁的正当斗争，并且支持到底。它不给钱，政府自有办法。政府决不能看着两千人失业失学，学校一定要办下去。"

7月31日晚，该校校务报告大会在大礼堂召开，暑期留校的800多教职学工到会。陈垣详细报告了这次补助费交涉的经过，传达了教育部张宗麟副司长的讲话。他强调："这次交涉中，芮司铎以十四万四千美元要挟我答应条件，我个人从不为钱屈服过，我怎能为了十四万四千美元丧失中国人民的主权呢？"他总结这件事情，"乃是中国人民和帝国主义的斗争"。9月25日，周恩来总理对解决辅仁大学的问题作了指示。教育部部长马叙伦以书面谈话的形式致函芮歌尼，阐述了教育部解决这一问题的五个基本原则，其中包括"在一个独立民主的国家里，不允许外国人办学"；"外国人在旧中国所办的教会学校"，"必须在它真实地遵守中国人民政治协商会议共同纲领及教育方针与法令的条件下，可以暂时允许它继续办，但中央人民政府保有根据需要以命令收回自办的权利"。马叙伦还在书面谈话中答复了有关辅仁大学的几个问题，其中包括"在中国境内的学校，必须设革命的政治课"；"教会与辅仁大学的关系只是补助经费及主持宗教选课，不能涉及学校行政及其他"；"辅仁大学校长陈垣执行中央人民政府政策法令，处理校务，能称其职，其职位不应有所变更"；"你们从8月1日起停发补助费，我们不能让这几千师生员工失业失学，所以答应了陈校长的请求支付每月需要的经费"；"你们这样举动对辅仁大学是不利的，对几千师生员工是有害的，是会使中国人民的教育事业受到损害的。因此，中央人民政府在认为不能容忍的时候，即将收回自办"。

10月12日，中央人民政府教育部长马叙伦举行记者招待会并发表书面谈话，宣布："北京私立辅仁大学已经由政府接办了。"为了使社会了解真相，马部长简单说明了事情的经过，揭露了教会代表芮歌尼挑起事端的过程。他指出，8月份教会停发补助费以后，"声言要打五位教授，更企图组织新校董会，撤换陈垣校长，引起学校内部极大的不安，使辅大的工作陷于极大的混乱和停顿。至此，政府已不能再容忍"，"中央人民政府政务院于10月12日命令将该校接收自办，并提请中央人民政府任命陈垣为校长"。辅仁大学师生员工3000人集会庆祝人民政府接收自办辅仁大学。陈垣校长致开会辞，祝贺"辅仁得到了真正的解放"。

10月13日，中央人民政府政务院第五十四次政务会议通过提请中央人民政府委员会批准任命陈垣为辅仁大学校长。其后由中央人民政府毛泽东主席签署，聘任陈垣继续担任辅仁大学校长。

10月25日，陈垣在《新观察》上发表《辅仁大学反帝斗争的经过——是争教育主权，不关宗教信仰》一文，回顾辅仁大学的历史，指出这次接办辅仁是为了争夺教育主权，而与宗教信仰无关。陈垣在新中国成立初期，为中国人民从教会手中夺回教育主权作出了重大贡献。

1952 年 5 月 19 日，教育部正式宣布辅仁大学与北京师范大学合为新的北京师范大学，辅仁大学校名取消。

二、 以文会友， 以友辅仁——辅仁大学的国学教育

辅仁大学的"辅仁"取自《论语·颜渊》"君子以文会友，以友辅仁"。意思是说："君子用文章学问来聚会朋友，用朋友来帮助我培养仁德。"宋邢昺注解："言君子之人以文德会合朋友，朋友有相切磋琢磨之道，所以辅成己之仁德也。"27 年来，陈垣始终按这一宗旨来办学。

辅仁大学能够成为近代中国国学教育与研究的重镇，是与陈垣和他的同事们的努力分不开的。陈垣担任校长，虽然并不能完全执掌辅仁的一切大权，但在管理、教育和研究等方面却发挥了重要作用。

陈垣遵照办学宗旨和他在学术界的地位与影响，高举国学教育的旗帜，集中了一批学术造诣深的学者于辅仁大学，研究国学，切磋学问。如刘复（半农）、沈兼士、朱希祖、郭家声、朱师辙、尹炎武、张星烺、马衡、范文澜、容肇祖、余嘉锡、柯昌泗、谭其骧、陆懋德、高步瀛、罗常培、魏建功、唐兰、孙人和、顾随、陆宗达、赵万里、王静如、于省吾、孙楷第、刘盼遂、刘彦、陆开钧、姚从吾、储皖峰等，这一国学队伍的阵容，在当时所有的公立和私立大学中，是不多见的。以国文系和历史系为主体的文学院，是辅仁大学国学人才培养的中心，其对于国学人才培养的宗旨是十分明确的："每系于一、二年级，授以各种基础科目，至三、四年级，即导以自动研究各项专题。对于中国固有文化之特长，发扬光大，以增长其民族自信力。向之所短，则利用科学，救其弊，补其偏，务使习国学而毋故步自封，读西籍而毋食欧不化。不托空言，期裨实用，此本院共同一致之所冀图者也。"这说明辅仁大学的国学教育，是为了弘扬中国历史文化传统，更重要的是培养具有适应现代社会发展需要、参与中西文化融合的新型人才。

陈垣治学不重视经学、子学，觉得研究经学、子学容易导致主观、空泛。他受钱大昕等考据学影响，早年又受过系统的现代科学训练，崇尚实证的学术和专门的学问。这种观念，对于他本人的教学与研究和他所领导的辅仁大学的教学与研究，都有极大的影响。所以，辅仁大学国学课程中，没有容易导致"空泛弘廓"的课程，最重视国文和断代史、专题史。陈垣除自己亲自上国文课之外，还遴选教学经验丰富、对国学确有专长的国文教师，比如张鸿翔、柴德赓、余逊、周祖谟、启功、牟润孙、苏晋仁等知名国学专家来上国文课。陈垣之所以重视国文教育，是为了使学生能作文，更重要的是，对于学习和研究中国历史和文化的人来说，国文学习尤其重要。陈垣要求两周作一次文，教师评讲，选取好的作品

张贴墙报专栏，相互观摩，名曰"以文会友"。牟润孙后来回忆在陈垣门下受教的感受，说，按照陈垣的指点去学习国文，"我自己则因此改变了囫囵吞枣、不求甚解、匆匆翻书的坏习惯。以后遇到要精读的书，肯去细心体会，养成一字一句读书的习惯，其基础确是在这四年里养成的。回念先师栽培教导之苦心，终身难忘"。

陈垣在辅仁大学开过许多课，除"大一国文"外，还有"中国史学名著选读""中国史学名著评论""中国佛教史籍概论""史源学实习""清代史学考证法"等。这些课程都体现了"以文会友、以友辅仁"的精神。

"史源学实习"课的方法和目的是什么？陈垣在"导言"中加以说明："择近代史学名著一二种，一一追寻其史源，考正其讹误，以练习读史之能力，警惕著论之轻心。"

"历史研究法的史源学大概分四项：一见闻，二传说，三记载，四遗迹。今之所谓'史源学实习'，专指记载一项。"

"考寻史源，有二句金言：毋信人之言。人实诳汝。"

"空言不能举例，讲授不便，贵乎实习。孔子曰：我欲托之空言，不如见诸行事之深切著明也。古人有言：'临渊羡鱼，不如退而结网'。"

陈垣亦建议其儿子陈乐素开设这门课程，在家书中说："史源学一名，系理论，恐怕无多讲法，如果名'史源学实习'，则教者可以讲，学者可以实习，……颇有趣。""前辈工具书不完备，史源实习之事不可少也。"

关于这门课的具体讲授及实习方法，陈垣在致陈乐素的信中说得很具体：选定教材后，"预先告学者端楷抄之，虽自有书亦须抄，亦一种练习"。"抄好后即自点句，将文中人名、故事出处考出：晦者释之，误者正之。隔一星期将所考出者缀拾为文，如《某某文考释》或《书某某文后》等。"通过这样的实习，考察教材，"一、看其根据是否正确：版本异同，记载先后，征引繁简。二、看其引证是否充分。三、看其叙述有无错误；人名、地名、年代、数目；官名。四、看其判断是否的确：计算、比例、推理"。

实习的方法调动了学生学习的主动性和积极性，"学者以找得其错处为有意思"；同时，经过自己实践得到的经验教训，印象比较深刻，效果更为显著。

对这门课程教材的选择，陈垣是很费斟酌的。首先要是史学名著，使学生在学习中能得其精神。除外，还必须符合这门课的要求，所以他说："选书有四难：一、分量不大不小。二、时代不远不近。三、范围不广不狭；四、品格不精不粗。"根据此一要求，陈垣先后选择过三部书作教材，即赵翼《廿二史札记》，顾炎武《日知录》和全祖望《鲒埼亭集》。对这三部书，陈垣作了比较，"错误以《札记》最多，《鲒埼》次之，《日知》较少。学者以找得其错处为有意思，然于找错处之外能得其精神，则莫若《鲒埼》也"。

陈垣每次布置学生做练习、写考释，自己事先也写一篇，事后或印发，或张贴，以为示范。陈垣将其中的 30 篇文章亲手编定，名为《陈垣杂文》，其嫡孙陈智超将它改名为《陈垣史源学杂文》，以区别于一般意义上的杂文，由人民出版社 1980 年出版。这部集子的大部分文章，是 1941 年至 1945 年陈垣在辅仁大学所写，是把教学与研究有机结合起来的典范。

"史源学实习"一课开始于 1938 年，1948 年以后，辅仁大学就不再开此课了。此课是陈垣在辅仁大学开设时间最长的一门课，最具特色，很受学生欢迎，学生史树青说："每逢开课，都有很多学生听讲"，"对学生研究历史以及撰写论文的方法都有很大帮助。"他开设此课亦是他提倡爱国史学的主要内容。

1943 年 11 月 24 日，陈垣在致方豪的信中说："至于史学，此间风气亦变。……故前两年讲《日知录》，今年讲《鲒埼亭集》，亦欲以'正人心，端士习'，不徒为精密之考证而已。"他还写信给儿子陈乐素，建议他在浙江大学开设此课，说："关于汝所担任功课，我想《鲒埼亭集》可以开，不管用什么名目，但以此书为一底本，加以研诵及讲授，于教者学者均有裨益。我已试验两年，课名是'史源学实习'，即以此书为实习。……如是则可知谢山文组织之方法及其美恶。惟其文美及有精神，所以不沾沾于考证。"所谓"正人心，端士习"，学习全祖望的"精神"，都是指爱国主义、民族气节而言。

柴德赓感到陈垣"史源学实习"一课对自己影响很大。他曾说："我在读书时候，吴时鉴《晋书斠注》刚出来，我花了半年多时间从头到尾读，连小注也不放过，并且抄出来，对原文，看他到底引了多少书来注《晋书》。这样，我不仅读了《晋书斠注》，而且也读了不少关于《晋书》的其他书籍。这是要花一些工夫的，必须日积月累地去做，到后来，得益是很大的。"

牟润孙也说："我学了先师的方法，以正史与《通鉴》相比对，不仅了解了《通鉴》的史源，更进一步认识清楚司马温公如何剪裁史料，如何安排史料，如何组织成书。同时，也了解了他的史料取舍标准。我之能窥见涑水史学之堂奥，实在是基于陈先生的启发。我运用先师的方法，在台湾、香港教了若干学生，有些人因而进入史学之门。"

从陈垣高足这些话中可以看出，"史源学实习"课不仅直接培养了一代国学名家，而且实际影响了此后新生代国学人才的成长。

"清代史学考证法"是陈垣在辅仁大学史学研究所为研究生开设的一门课，所用教材为顾炎武的《日知录》，其方法与"史源学实习"相同，许多人亦将此课称为"史源学实习"。当时的研究生赵光贤回忆，同学五六人，每人买一本《日知录》，从卷八开始（卷八以前是关于经学的，先生从不搞经学，故从卷八开始）要他们自己读，主要工作是要他们将书中每条引文都找出原书查对一遍，并写出笔记。查原书出处，有的很容易，比如在正史里的，有的则很难，比如只有一个人名，年代、籍贯、行事、著述全不知道，简直像大海捞针。他们每读一卷，即翻检群书一遍，然后写出笔记。先生看了同学的笔记后，即指出哪条写得不对，应当如何写法等。记得一次查一条故事，他走了"捷径"，翻了一下《辞源》，说见《说苑》，一查《说苑》，果有此条，即写见《说苑》某篇，自以为得计。先生看了说，不对。这条最早见于《吕氏春秋》，《吕氏春秋》在前，《说苑》在后，所以应写见于《吕氏春秋》某篇，不能用《说苑》。有一次，一位同学写了某条见于《辞源》，先生说不行。说自《康熙字典》以下，这类的字典辞典，只能供翻阅，不能引用。又说，古人的字典，比如《说文》，可以引用，因为许慎所见的书，大半亡佚了。他们见不到，因此《说文》对他们来说，就可看作有权威的出处。清人所见的古书，他们差不多都能见到，因此要从他们能见到的古书中去找来源，何况当时这类字典辞典，错误常见，不核对原书是要上当的。这些话，乍看来好像是老生常谈，对他却有很大启发，终身受益无穷。我们从赵光贤的回忆可以看出这门课程对学生的教益多么深刻。

"以文会友，以友辅仁"的宗旨，体现在辅仁大学国学教育的各个方面，这是一种十分深刻的人文精神。

三、 不悬日伪旗， 不读奴化书

抗日战争时期，沦陷区的很国立大学都由日伪组织直接控制，他们在学校门前竖起日本国旗，派进去大批日籍教师和教官。有的学校师生每天进校门时，要向日本国旗、日本军官行礼。他们强迫学生读日文，有的学校必须用日文课本，或不许读中国历史，有的大学使用从东北运来的伪"满洲国"编写的历史教材，进行奴化教育。

辅仁大学则由教会德国人出面，与敌伪政府周旋，经过往返协商，文理各科课程仍用原有教材，不用日文课本，不悬挂日本国旗，日文不作为必修课程。

"七七事变"后，北平原来各大学的教师，一部分转入内地，到祖国的西北、西南；也有的教师，因种种原因仍留在北平，但又不甘心在日伪直接进驻的大学任教，因此不少知名教授转入辅仁大学。辅仁教师队伍扩大，人才济济，鼎盛一时。当时的青年也因为得知北方沦陷区只有辅仁大学是当时国民政府承认的学校，很多青年激于爱国思想，不甘去读日伪控制的大学，又一时不能离开沦陷区，就纷纷投考辅仁大学。所以入学考试的竞争很大，录取学生的质量大大提高。这对大学的发展是有利的。

陈垣校长坚守辅仁，坚持民族气节，不任伪职，发扬爱国精神。陈垣对于知名学者纷纷离开北平，撤向大后方，他是支持的，自己也想走，但他嗜书如命，离不开励耘书屋，而且坚信中国不会亡，因此没有南撤。北平组织汉奸政府，他们想利用陈垣的社会名望，一再拉拢威胁，软硬兼施，逼他出去做事。陈垣的学生柴德赓回忆："陈先生拒不见客，敌人老是麻烦他，要他参加东洋史地学会（这名义上是学术团体，实际上是汉奸组织），他拒绝；敌人要他出来担任当时敌伪最高文化团体——大东亚文化同盟会会长，他也坚决拒绝。""大东亚文化同盟会"是日本人控制的东亚各国最高文化机构，会长月薪数千元。陈垣义正词严地说："不用说几千元，就是几万元，我也不干。"他还劝说朋友拒受伪职。敌伪请他不动，又想拉拢他的朋友任伪会长，陈垣连夜到朋友家劝阻，他知道这位朋友已接受伪职后，便愤然拂袖而去，从此与之绝交。

　　1938 年 5 月 19 日，徐州沦陷。敌伪政府令北平机关、学校挂日伪国旗"庆祝"。辅仁大学和附中拒绝挂旗。陈垣亦受到恫吓："你不依命令，难道不怕死吗?"陈垣镇定自若，心情沉重地说："自己国土丧失，只感到悲痛，要我们庆祝，办不到!"还吟《孟子》"生亦我所欲也，义亦我所欲也。二者不可得兼，舍生而取义者也"之句，以蔑视之。

　　柴德赓曾回忆过这样一件事。有一次，一个日本"帝大"的讲师到了北京，说受"帝大"老博士的委托，一定要见见陈先生，要请陈先生题几个字，陈先生给他题了曹子建的一首诗："煮豆燃豆萁，豆在釜中泣，本是同根生，相煎何太急。"那人拿了就立即走了。陈先生说："就是要他拿回去。我们对这些人要特别注意，一点不能妥协。我们说的话，他们回去可以造谣，但写在纸上的东西，他们就没有办法了。一定要注意，不能有半点客气。"从这里我们可以看出陈先生的对敌斗争是很勇敢、很坚决的。

　　一次学校礼堂放映一部体育新闻电影，在影片中的运动场上，偶然出现当时中国国旗，在场师生因在沦陷区忽见自己祖国的旗帜，情不自禁鼓起掌来。事后日本宪兵连日找学校行政，并找陈垣校长，让学校交出鼓掌同学，陈垣校长和他们力争，并说："是我鼓掌，要逮捕就把我逮去。"宪兵队纠缠了多日，后来才未再追究。

　　抗战时期，辅仁大学一直是北平抗日进步知识分子活动的据点。辅仁大学秘书长英千里，教授沈兼士、张怀等领导的"华北文教协会"是一个抗日团体，经常在辅仁大学秘密活动。1944 年春，该团体被日伪侦知，日本宪兵队搜捕了英千里、赵禹锡、葛信益、赵光贤等教授、教师及附中师生 30 余人。作为校长的陈垣千方百计去营救。赵光贤回忆："出狱之后，去拜见先生，先生热情地握着我的手说'你们终于胜利归来，欢迎你!'"陈垣坚持民族气节，爱国精神感召着他的同事们和学生们。

　　抗战时，陈垣为《辅仁》年刊创刊作"序"，曰："夫自昔登科题名之录众矣。而宋绍兴十八年，宝祐四年，登科诸录，独重于世，岂非以其中有令人可景仰之人哉。"这里所言宋绍兴十八年、宝祐四年，登科录因列有进士萧燧、李彦颖等和文天祥、陆秀夫、谢枋得等忠节之士，而受历代士人重视。陈垣在民族危难之时，以此激励辅仁学生。

1942 年 4 月在返校节运动会上讲"孔子开运动会的故事"

　　抗战期间，陈垣不遗余力地在辅仁学生中倡导"品行""读书"，以保中国文化不亡。他十分赞赏元初河北全真教精神，曰"全真家可贵，非徒贵其不仕也，贵其能读书而不仕也，若不读书而不仕，则滔滔天下皆是，安用全真乎！若因不仕而不读书，则不一二世悉变为无文化之人，此统治者所求之不得也，故全真虽不仕，书却不可不读"。陈垣一再勉励青年学生要爱护名誉，认真读书，为国家保留"读书种子"。1939 年，他为《辅仁》年刊题词，曰："毋事浮嚣，毋失礼于人，毋徒顾目前，毋见利忘义，永保汝令名。"1940 年 5 月 18 日他为辅仁返校节题字，曰："规矩严、功课紧，教授认真，学生在校时每不甚愿意也，及至毕业出世，所知所能者少，则又每咎学校规矩之不严，功课之不紧，教授之不认真，何也？语曰：书到用时方恨少。又曰：闲时不学忙时悔。诸君皆过来人，能一告在校同学使毋遗后悔。努力、努力、加紧努力！"1941 年 5 月 12 日，他在辅仁大学史学会第一次例会发表题为《官书与私书》的学术讲演，说："所足为痛者，乃今之学生，过于注重生活问题，而忽略了学术研究，吾常说人生以品行为上，身体次之，学问又次之，金钱为下。因人生尚有至高目的，倘能学术与生活打成一片，于温饱之后，多读书，多作学术之研究，则善莫大焉。"6 月，他为《辅仁》年刊题词，再三强调"品行第一"，"身体第二"，"学问第三"。

　　陈垣在 1940 年为毕业生同学年刊题词："子张问行，子曰：言忠信，行笃敬，虽蛮貊之邦，行矣。言不忠信，行不笃敬，虽州里行乎哉！今诸君毕业将行，谨书此为赠。"题词的子张一段引自《论语·卫灵公》。他看到有的同学毕业后给敌伪做事，甚至有助纣为虐的，他告诉毕业同学们纵然在敌人统治的地方，也不要做那种奸凶险诈的人。

1942 年 4 月返校节时，全校师生和返校的校友先在大操场开运动会，由陈垣致辞。他看到当时参加运动会的有伪政府人员，有汉奸，也有投机倒把的暴发户。同学中则有不用功、不好学、成天鬼混的人。他想借机抨击投贼仕敌的人，讥讽贪财害民的人，也想趁同学集会这一难得机会勉励大家几句，但在敌伪的监视下，怎样才能表达这些想法呢？他巧妙地讲了一个古代的故事，名之曰"孔子开运动会"。他引用《礼记·射义》中的一段话。他说孔子有一次在矍相菜园广场上举行射箭的运动会，观众很多，刚要开始射箭时，孔子命学生子路宣布：凡是败军之将、投降仕敌的人，凡是亡国大夫、在敌伪做官的人，凡是贪财好利的人，都不能进运动会会场。宣布后，有些人就只得溜走了，观众只剩下一半人。射箭比赛后，孔子又让学生宣布：在场观众，有幼壮二弟，年老好礼，不随波逐流，一直到死都能修身洁己的人，可坐众宾之位。说完后，又只留有一半人，其余不合格的人也惭愧地走了。最后又让学生举杯宣布：凡好学不倦，好礼不变，八九十岁仍能正直不乱的人，才真能坐在众宾之席。这样就所剩无几了。他说孔子开运动会，参加的人是有选择的。这是对汉奸严厉的斥责，并告谕青年尽管在敌人统治下，也要不辱大节、不随流俗。他讲完之后，参会的敌伪达官贵人们有的气愤，有的羞愧，悄悄地溜走了。敌人明明知道陈垣的目的所在，但因他讲的是孔子，也奈何他不得。

1942 年 6 月，陈垣为《辅仁毕业生同学录》题词，曰："《孝经》曰：士有诤友则身不离于令名，父有诤子则身不陷于不义。交友之道在得切磋之益，毋徒事侠宴乐，是之谓辅仁。"劝导学生在任何时候都要讲仁义，不要贪图享乐、投贼事敌。

四、 傲骨撑天地， 奇文泣鬼神——抗战时期的 "宗教三书"

抗战爆发后，北平很快沦陷，使陈垣无法再继续埋头他的"纯学术研究"。在授课中，他以《日知录》《鲒埼亭集》为教材；在研究中，则转向对宋、元、明、清之际动乱历史的考察，以同社会政治关系密切而未为人注意的宗教史为主要研究对象，以史为鉴，褒扬忠贞，贬斥奸逆，以此作为他的"报国之道"。抗战期间，他足不出户，闭门著书，所写著作，一改过去的写作风格，在考证中时发议论，真所谓"傲骨撑天地，奇文泣鬼神"。其代表作，有所谓"宗教三书"，即《明季滇黔佛教考》《清初僧诤记》《南宋初河北新道教考》。

《明季滇黔佛教考》，1938 年开始撰写，1940 年成书出版。这部书在史料运用上很有特点：一是于常见书中发掘出被常人忽视的材料，如《徐霞客游记》所记载的佛教史料；二是于罕见书中得到大量从未有人利用过的材料，如《嘉兴藏》中的大量僧人语录。

1939 年初，陈垣在故宫古物陈列所发现了《嘉兴藏》。这是一部关于佛教经义、史事、语录、塔铭等文献的汇编，多少年来尚未被人利用。陈垣在致陈乐素的信中说"此三百年沈霾之宝窟"。他带领助手，花了一年多的时间，将《嘉兴藏》中僧人语录阅读一遍，并抄录了大量僧人语录材料。由于藏书地点阴暗潮湿，蚊子很多，为了预防疟疾，每次查书，都事先服用奎宁丸，日复一日，不避寒暑，搜集到很有价值的珍贵史料，并运用于《明季滇黔佛教考》中。他说："以语录入史，尚是作者初次尝试，为此前所未有。"方豪盛赞陈垣善于发现研究题材，在《对日抗战时期之陈援庵先生》一文中说，"余尝谓援庵先生最善读书"，"读中国任何古今典籍，皆能见人所未见，发人所未发，谓为别具只眼，当非过誉之词；但善读之外，尤善发现应研究之题材，易言之，善择书名，以当时情况，身处北平，而以'滇黔佛教'为研讨对象，常人岂能见及？"

《明季滇黔佛教考》共 6 卷 18 目。前三卷论述了佛教自明中叶至明末由衰而兴的变化，第四卷考察了僧徒对滇黔的开发，后二卷论明末遗民逃禅。

这部著作谈到"僧徒之外学"。僧徒于教外之学——作诗、撰文、论杂文、挥毫书法，泼墨绘画，问难善辩，以儒雅情趣见其志向和故国情思。以《士大夫之禅悦及出家》和《遗民之逃禅》两节最能体现该书的思想。《遗民之逃禅》一节末尾曰："明季遗民多逃禅，示不仕决心也。""范蔚宗谓'汉世百余年间，乱而不亡，皆仁人君子心力之为'，然则明之亡而终不亡，岂非诸君子心力之为乎！"1940 年 5 月 3 日，陈垣在致陈乐素的信中说："本文之着眼处不在佛教本身，而在佛教与士大夫遗民之关系，及佛教与地方开辟、文化发展之关系。若专就佛教言佛教，则不好佛者无读此文之必要。惟不专言佛教，故凡读史者皆不可不一读此文也。三十年来所著书，以此书为得左右逢源之乐。"陈垣于 1957 年为此书作《重印后记》："此书作于抗日战争时，所言虽系明季滇黔佛教之盛，遗民逃禅之众，及僧徒拓殖本领，其实欲表彰者乃明末遗民之爱国精神、民族气节，不徒佛教史迹而已。"

柴德赓在《陈垣先生的学识》一文中说："陈先生写《明季滇黔佛教考》是继承了全祖望、莫友芝的写作方法。全祖望是清代有名的学者，是清代研究晚明史，特别是明末东南一带反清斗争历史的专家。他研究晚明史是有感情的，并非一般的客观的叙述。我们在抗战时期很喜欢读他的著作，陈先生对全祖望更是推崇。""更重要的是这本书反映了陈先生的爱国思想。也可以这样说，从这本书起，陈先生在自己的著作中开始大量发表议论，抒发自己的爱国感情。"

陈寅恪为该书作《序》，给予很高的评价，说："严格言之，中国乙部之中，几无完善的宗教史，然其有之，实自近岁新会陈援庵先生之著述始。"寅恪喜读内典，又旅居滇地，而于先生是书征引之资料，所未见者殆十之七八，其搜罗之勤，闻见之博若是。至识断之精，体制之善，亦同先生前此考释宗教诸文，是又读是书者所共知。""宗教与政治，终不能无所关涉。"明末滇黔之"学人端士，相率遁逃于禅，以全其志节，今日追述当时政治之变迁，以考其人出处本末，虽曰宗教史，未尝不可作政治史读也"。陈其泰认为，该书的成就体现在三个方面：①对遗民的思想和行动的政治意义，作了深刻的阐释，大力表彰他们的爱国思想、民族气节；②由于掌握了遗民逃禅以抗清这一规律，故能将分散而隐晦的材料，处处互相印证，从而获得新解，使长期被掩盖的当日志节之士逃禅的真实历史得以恢复面目；③从这部著作开始，陈垣先生在论著中大量正面发表富有思想性和政治意义的议论，实现了由严密考证向更高层次的自觉体现时代精神的飞跃，这就为陈垣先生的学术注入了新的生命。

《清初僧诤记》发表于1941年，共10章3卷。书前《小引》曰："闲阅僧家语录，以消永昼。觉其中遗闻佚事，颇足补史乘之阙，时复默而识之。去岁撰《明季滇黔佛教考》，本有法门纷争一篇，以限于滇黔，未能论及东南各省，兹特扩为此篇，以竟其说。"1962年重版《后记》中说："1941年，日军既占据平津，汉奸们得意洋洋，有结队渡海朝拜、归以为荣、夸耀于乡党邻里者。时余方阅诸家语录，有感而为是编，非专为木陈诸僧发也。"1946年2月23日，陈垣在致方豪的信中说："此记（指《清初僧诤记》——引者）与佛、道二教考（指《明季滇黔佛教考》与《南宋初河北新道教考》——引者）为弟国难中所撰'宗教三书'之一，前数篇因派系纠纷，殊眩人目，然此烟幕弹也，精神全在中后篇。"

所谓"精神全在中后篇"，指卷三"新旧势力之诤"多论及宗教与政治的关系。清初佛门部分僧人攀附新朝，形成以木陈忞为首的新朝派和以玉林为首的半新朝派。全书主要叙述法门中故国派与新朝派之间的矛盾，虽为"门户之争"，却反映了不同的政治倾向，书中借抨击明亡后变节事清之僧人，影射沦陷区媚事新朝的汉奸。该书与《明季滇黔佛教考》互为表里，后者"其所欲表彰者乃明末遗民爱国精神，民族气节，不徒佛教史迹而已。"前者旨在借昭示木陈忞、玉林等攀附新朝作恶，痛斥日伪汉奸欺压国民。

柴德赓在《陈垣先生的学识》一文中评论：《清初僧诤记》是一部宗教史著作，实际上是写清初东南一带人民抗清斗争的历史。这是一本专门的书，不多做介绍，只讲其中的两个问题。一是弄清了黄宗羲不愿意做和尚的原因。原来当时庙中都保存有一块牌子，上面写着"当今皇上万岁万万岁"。和尚每天都必须对此朝拜。当今皇上是清廷统治者，这岂不是天天要向清廷统治者叩头吗？不干！这就是黄宗羲不愿做和尚的原因，过去一直不清楚，到抗战时候那就看得很清楚了。二是解决了什么是"投降"的问题。清初清廷统治者规定人人都要剃头，做它的顺民。这样剃了头是否就算投降了敌人呢？不算！因为这是被迫的，虽然也是耻辱，但还可以原谅。如果出去做官，那就是主动向清朝投降。在沦陷区中受耻辱的事很多，如打手印、领良民证等，但这些都是被迫的，不能算是投降。凡是在敌伪大学教书，在敌伪机关工作的，那就是汉奸。《清初僧诤记》不仅解决了历史上的问题，而且解决了现实中的问题。

《南宋初河北新道教考》发表于 1941 年，凡 3 篇 4 卷 23 章 7 万余言。书前有作者"识语"，书后有朱师辙"跋"，该书为抗战时期一部爱国史著。1957 年 7 月，陈垣在该书的《重印后记》中说明了著述经过及其义旨，曰："此书继《明季滇黔佛教考》而作，但材料则早已蓄之三十年前，一九二三、二四年间，作者曾辑有关道教碑文千余通，自汉迄明，按朝代编纂《道家金石略》百卷，以为道教史料之一部分，藏之箧衍久矣。卢沟桥变起，河北各地相继沦陷，作者亦备受迫害，有感于宋金及宋元时事，觉此所谓道家者类皆抗节不仕之遗民，岂可以其为道教而忽之也。因发愤为著此书，阐明其隐，而前此所搜金元二代道教碑文，正可供此文利用，一展卷而材料略备矣。诸人之所以值得表扬者，不仅消极方面有不甘事敌之操，其积极方面复有济人利物之行，固与明季遗民逃禅者异曲同工也。"1941 年 9 月 2 日，陈垣在致汪宗衍的信中说，"年来饱食终日，著《明季滇黔佛教考》外，并著《南宋初河北新创三教考》（即《南宋初河北新道教考》）以配之"。《明季滇黔佛教考》写的是清推翻明朝北京政权后已"实为畿辅"之滇黔，《南宋初河北新道教考》写的则是北宋亡后沦于金统治下之河北，两书实为姐妹篇。孙楷第评论："三道教有史，自先生始。称先生是书有不可及者三：一曰真积力久，二曰心解神契，三曰诠叙有方。真积力久，指长期积累、考订史料之功力；心解神契，指知人论世，善解古人之意；诠叙有方，指全书结构匀称，材料驾驭得当。""然余尤服先生议论之正也。真积力久是学，心解神契是识，诠叙有方是才。议论正则德也。""故读史，观其议论可以知其人。心术正则议论正然后可以示惩劝。"曾觉之评论："尝谓历史家之责任，贵在叙述正确之事实，而尤贵传达真切之心情；内在心理之真盖尤重于外表事实之真。真实为过去陈迹，心理则现前活在，永远流动于吾民族血脉之中，此历史之可贵也。"

除以上"宗教三书"之外，陈垣还写了《中国佛教史籍概论》一书，这也是抗战时期陈垣"多有为而发"的著作之一，亦是他提倡"有意义之史学"的一项研究成果。

《中国佛教史籍概论》完成于 1942 年 9 月，1943 年陈垣为辅仁大学研究生新开的一门课程，即以此书为讲义。直至 1955 年，郭沫若将此书推荐给科学出版社出版，并为此书题写了书名。全书分 6 卷，著录六朝以来佛教史籍 35 种，按成书先后排序。该书是近代以来第一部介绍佛教史籍的目录学书，也是迄今为止唯一一部系统揭示在史学研究中如何利用佛教典籍的专著。

这部书对佛教史研究的贡献在于四方面：第一，每部佛教史籍都有题解，分列书名、卷数、作者、版本、内容等，并以"本书之体制及内容""本书之特色及在史学上的利用""本书之得失""本书版本异同""本书之流行"及撰者"略历"，有关史实"辨误""正误"等小标题，一一评价、考辨。每一解题即一独立成篇的学术论文，揭示出各部佛教史籍的主旨、特点与史料价值。这样就大大提高了它的目录学价值，使人有耳目一新之感。第二，重视对佛教典籍的版本分析，对每部典籍详细分析其版本源流，先条列版本系统，再缕析各本间异同、考订传本的失误。其版本考据远在清代学者之上。第三，对前代各种目录学专著的失误辨正极多。他纠正《四库全书总目》错误凡29条，并在解题中，专列"《四库提要》辨误"一目。第四，蕴含着陈垣丰富的爱国主义思想。书中一再论曰："言宗教不能不涉及政治"，"道人虽然离俗出家，然每与政治不能无关系"。故考证佛教史籍，注意从政治的角度进行论述，表彰历史上的爱国僧人，借以鼓舞沦陷区人民不屈不挠的斗争精神；同时又贬斥投降变节之臣，借以痛责汉奸无耻事敌。陈垣在《重印后记》中说："稿成于抗日战争时期，时北京沦陷，故其中论断，多有为而发。"此书史料丰富，叙述详尽，考证精辟，是了解和使用佛教资料的重要参考书，在中国及日本均产生相当大的影响。1957年6月，教授佛教史的日本友人野上和小笠原访华，曾谈到该校很多教师都用此书作为讲义。

五、"学识记里碑"式的著作——《通鉴胡注表微》

陈垣在1945年7月完成了他抗战时期最后一本专著《通鉴胡注表微》。这是他的著作里最有代表性的一部。

《资治通鉴》（以下简称《通鉴》）是宋代司马光用了19年时间编著的一部记载从战国到五代的编年史巨著，具有极高的价值。司马光自己说"臣之精力，尽于此书"。《通鉴》所引史事和涉及的有关地理、典章制度等，有不少难解的地方，所以很需要注释。南宋末年元朝初年的胡三省为《通鉴》作注，称为《通鉴胡注》（以下简称《胡注》）。《胡注》精于校勘，注《通鉴》名为音注，实为校注。原书难解处，都为注释考证；原书有误处，多加校勘校正。对书中的有关典章制度、音韵训诂，都有注解，对官制变化、地理沿革，考证尤详。《胡注》对《通鉴》的阅读、理解帮助很大。可以说《胡注》与《通鉴》同样是博大精深的巨著。《胡注》前后用了30年时间，胡三省说"吾成此书，死而无憾"。

胡三省生于南宋理宗绍定三年（1230），死于元大德六年（1302）。南宋亡后，入元不仕，隐居山中注书，很少与外界来往。因为他曾亲眼看到宋朝的腐败，亲身经历了南宋的灭亡，又身处异族统治之下，心情悲愤异常，所以在《通鉴》注释里隐晦地流露出他的民族气节和爱国心情。这一思想长期以来未被后世治史者所注意，《宋史》《元史》都没有留下他的传记。因此，这位南宋爱国史学家的真实情况，几百年间很少人知道他的身世，更无人了解他的思想。到了清朝，考据学兴起，才有人偶然提到他，认为他擅长舆地与考据。陈垣在1957年《通鉴胡注表微》（以下简称《胡注表微》或《表微》）的《重印后记》中说："这样一位爱国史学家是在长时期里被埋没着，从来就没有人给他写过传记。到清朝，有人认为他擅长地理，有人认为他擅长考据，才偶然提到他。至于他究竟为什么注《通鉴》？用意何在？从没有人注意，更没有人研究。""我写《胡注表微》的时候，正当敌人统治着北京。人民在极端黑暗中过活，汉奸更依阿苟容，助纣为虐。同人同学屡次遭受迫害，我自己更是时时受到威胁，精神异常痛苦。阅读胡注，体会了他当日的心情，慨叹彼此的遭遇，忍不住流泪，甚至痛哭。因此决心对胡三省的生平、处境，以及他为什么注《通鉴》和用什么方法来表达他自己的意志等，作了全面研究，用三年时间写成《通鉴胡注表微》二十篇"，以表出《胡注》之微，以阐发《胡注》之隐，将长期被埋没的胡三省的生平、抱负和学术情况公之于世。刘乃和说："我们也可以说《表微》实堪称为《胡注》的功臣。"陈垣对这一著作也十分满意，认为是他"学识的记里碑"。

《通鉴胡注表微》有两方面的意义。

第一，陈垣通过对胡三省生平抱负和学术精神的阐扬，对自己的史学研究做了一次总结。《表微》前十篇"言史法"即本朝篇、书法篇、校勘篇、解释篇、避讳篇、考证篇、辨误篇、评论篇、感慨篇、劝戒篇。陈垣将目录学、年代学、校勘学、史讳学、版本学、考据学、史源学的知识全部运用于提示胡三省注释《通鉴》所潜伏的思想中。同时对自己校勘、避讳、考证、评论、劝戒的研究做科学的总结。

第二，在《表微》中充分体现了陈垣通史以经世致用的思想，是他坚持民族气节、爱国情怀的历史篇章。《表微》后十篇"言史事"，即"治术篇""臣节篇""伦纪篇""出处篇""边事篇""夷夏篇""民心篇""释老篇""生死篇"和"货利篇"。言史事不能脱离政治。他1950年初在致友人席启骃教授的信中说，抗战时期"所著已刊者数十万言，言道、盲僧、言史、言考据，皆托词，其实斥汉奸、斥日寇、责当政耳"。

斥日寇。"解释篇"引《通鉴》卷二十二云："汉武帝征和四年，匈奴得汉降者，常提掖搜索。"《胡注》曰："师古曰：'搜索者，恐其或私赍文书也。'余谓恐其挟兵刃。"《表微》说："旧注既谓'恐其私赍文书'，身之何以谓'恐其挟兵刃'？盖有见于元时汉人持兵刃之禁甚严，不啻三令五申也。当时汉人许持弓矢者，仅汪惟和一家。《元史·世祖纪》载：'至元二十六年六月，巩昌汪惟和曰：近括汉人兵器，臣管内已禁绝。自今臣凡用兵器，乞取之安西官库。帝曰：汝家不与他汉人比，弓矢不汝禁也，任汝执之。'呜呼汪氏！何以得此于元世祖哉！《十驾斋养新录》九曰：'汪世显仕金，官至镇远军节度使。据《金史·忠义·郭虾蟆传》，世显背国嗜利，乃小人之尤。久通款于元，不待阔端兵至，即率众降'云。惟和固世显孙也。"这段《表微》，是陈垣有感于日寇在沦陷区，不准人民藏兵刃器械，经常到居民家中搜索，有被搜出的，枪没收、人被捕的举动而发；而汉奸则可以收藏枪械。此汪氏，则指汉奸头子汪精卫等。

斥汉奸。汉奸走狗卖国贼为人所不齿。《表微》对汉奸恨之甚、斥之深。"治术篇"："当地方沦陷之秋，人民或死或亡，或隐或仕，不出斯四者。奋勇杀贼，上也；褰裳去之，次也；杜门用晦，亦其次也；觍颜事敌，是谓从逆，从逆则视其为威力所迫胁，抑同心为逆，而定之罪，可矣。"陈垣认为事敌之汉奸，可以定罪，定罪之轻重，则视其是被迫从敌还是甘心之逆。

责当政。陈垣所说的"责当政"，是指对国民党政权的斥责，他对腐朽的国民党政权久存不满，"边事篇"屡次说到日寇之侵略是由于中国积弱已久的问题，他认为由于政治腐败，国力空虚，遂给敌人以可乘之机。抗战开始，失地丧城，连连败退，忌功争权，陷贤害能。国民党政府空喊收复失地，实际不打日寇，专打内战，兄弟相争，为敌所快。"劝戒篇""感慨篇""伦纪篇"都有议论。抗战期间，大敌当前，西南犹自歌舞升平，所谓"皆无防寇之心，唯有聚敛之意"，陈垣为此"长叹息也"。"感慨篇""劝戒篇""治术篇""解释篇"多次谈到"商女不知亡国恨"。抗战终于胜利了，接收大员飞到北平，这些大员以胜利者自居，享受特权，聚敛财宝，贿赂公行。对原沦陷区人民则蔑视歧视，沦陷区人民大失所望。据刘乃和说：《表微》虽作于抗战胜利前，而印于抗战胜利后，故于临付印前又增加了部分内容，对来接收的新贵，发出了新的感慨。

《表微》是陈垣呕心沥血之作，花3年时间写成，其间他翻阅了难以统计的资料，阅读了几遍原书。《通鉴》和《胡注》，据中华书局点校本统计，共600多万字。写《表微》要几遍几遍地阅读，读时一字不曾放过，可见其用功之勤。

这本书写得非常艰苦。陈垣1945年1月31日在致陈乐素的信中说："《胡注表微》，至今始写定《本朝》及《出处》二篇。成书殊不易，材料虽已找出一千一百余条。未必条条皆有按语。如果按语太少，又等于编辑史料而已，不能动众；如果每篇皆有十条廿十条按语，则甚不易。说空话无意思，如果找事实，则必须与身之相近时事实，即宋末及元初事实，是为上等；南宋事实次之；北宋事实又次之；非宋时事实，则无意味矣！因'表微'云者，即身之有感于当时事实，援古证今也。故非熟于宋末元初情形，不能知身之心事，亦不知身之所指者为何也。"书名"表微"也是经过反复推敲的，最初作"述义"，后又改"论""探微"，最后才定名"表微"。关于这本书的写作情况，刘乃和回忆："他有时谈起自己的新见解，总愿意谈论一番，每说到得意处，话语渐多，甚至滔滔不绝；但也常有联系当时在敌人统治下的处境，面对着险恶形势，悲愤已极，每到这时，我们常是相对唏嘘，真是'不禁凄然者久之'。此时此际，我只有默坐无言，经常是因听到傍晚巡逻的日本警车尖厉的叫声，意味着马上就要净街戒严时，我才不得不向他告别，匆匆退出孤灯暗淡的励耘书屋，骑车回家。"

1945 年 10 月陈垣在抗战胜利后首次辅仁返校节上

白寿彝在谈到陈垣的史学遗产时说："我愿意特别推荐《通鉴胡注表微》这部书，这是援庵先生所有著作中最有代表性的作品，其中有不少值得我们好好挖掘的东西，这是更可珍贵的遗产。"吴怀祺说："《通鉴胡注表微》全面反映援庵先生的史学思想、治史成就和学风特征，是援庵先生史学发展到一个重要阶段的标志。""援庵先生没有全面讲史学方法的书籍，但《通鉴胡注表微》可以说是援庵先生的具有民族特点的史学方法的著作。""从《表微》书中所加的大量的按语中体味出先生的思想具有强烈的历史感与时代感。治史不再是以书斋为天下，而是以天下为己任，期望着民族的崛起，民族的自强。"《通鉴胡注表微》是陈垣史学研究的一个总结，也是记载他坚持民族气节、大义凛然、热爱祖国和人民、具有崇高爱国主义思想的历史篇章。

第六章　新中国诞生前后

一、拒绝南下，留守北平

1948 年底，平津战役的炮火硝烟弥漫北平上空。北平城周围的国民党军队与解放军对抗，城内为争夺文化人的斗争也激烈开展。国民党政府指使傅斯年等开列著名学者名单，并派飞机乘载分批南撤。同时，北平中共地下党及其外围组织亦在加紧行动，在文化高层人物中间广泛宣传中共的政治主张，介绍解放区的社会民主、文化教育情况，希望著名学者和社会名流能够留下来，共同迎接新的民主国家诞生。

陈垣是辅仁大学的校长、著名的历史学家，名望甚高，自然受到关注。国民党政府于 1948 年底到 1949 年初撤离北平时，先后三次把飞机票送到陈垣家，要接他南下。1 月 9 日，北平、南京的报纸都发出中央社消息，说"陈垣等人昨日离平飞京"，以此假消息惑人耳目。1 月 10 日，陈垣致函三儿约之说："昨日此间各报纸载我南飞消息，不确。恐传至粤，以为我真已南飞也。自前月十七八，政府来电并派飞机来接，都未成行，后又敦促数次，均婉谢，因无走之必要也。只难为粤中家人挂念耳。其实情形不至如报纸所传之恶，吾未尝一日废书，书案堆书如山，竟至不能伸纸写信，今此信亦在书堆上写，凹凸不平，无法清理，只好如此。"陈垣为了避免国民党通过各种关系要他南下，他三次躲避起来，第三次是躲在学生刘乃和家，在刘家看书写字，直到晚上，估计南下的飞机早已飞去，不会有什么麻烦了，才放心回家。

陈垣坚决留在北平，拒绝跟国民党南下，是有思想基础的。从 1948 年下半年起，他已开始了解中共和解放区的一些情况。他能比较全面地了解解放区的情况是得益于斯诺的《西行漫记》。辅仁大学国文教师张恒寿将《西行漫记》和冯玉祥著的《我所认识的蒋介石》送给陈垣，他十分高兴。尤其是《西行漫记》内容具体，文字流畅，可读性强。他像读古籍一样，认真阅读，还在天头作了几行眉批，内容是关于年代的校正。这两本书给他启发很大，使他念念不忘，直到 1961 年春天，他遇到了张恒寿，还一再提及恒寿对他的"启发"。更何况陈垣一生同情革命，向往光明和进步，具有强烈的民族意识和爱国情感。所以，陈垣留在北平，是一种历史必然。

1949 年 1 月 31 日，北平和平解放。这天下午，陈垣与学生柴德赓、刘乃和一行三人，从辅仁大学出发，步行 10 多里，至西直门大街，与群众一起欢迎解放军进城。他看到解放军纪律严明，秋毫无犯，心情十分激动。1950 年他曾撰文谈到当时的心情，说："北京解放，这是一次翻天覆地的变革，这时才把我从梦中唤醒。"他说他初次看到了纪律严明的军队，勤劳朴实的干部，一切为人民利益着想的政党，他感到惊奇，感到佩服。他亲眼看到了解放军入城，百闻不如一见，才切身感受到共产党政治清明。从此，他急于想彻底认识新社会，经常和同事谈，和学生谈，特别是从解放区来的学生，多次召见，详细询问。与他接谈较多的是从解放区回来的学生刘乃崇（刘乃和的弟弟）。刘乃崇回到北平后，工作上虽然与陈垣并没有什么联系，但陈垣经常召他到家或亲自到刘乃崇家谈论中共政治和解放区的情况。此外，辅仁大学国文教师张恒寿也有朋友从解放区来，常将自己所闻告知陈垣。陈垣身边的两位得意门生柴德赓、刘乃和一向追随共产党，这对他的政治倾向也起了很大影响。

1950 年 11 月庆贺 70 寿诞后与学生合影

北平解放后不久，陈垣与共产党高层革命家也开始有了来往。据史学家陈述在《回忆陈援庵老师的治学和教学》一文中说，新中国成立初，一天，陈述陪徐特立和周谷城到兴化寺街 5 号看望陈垣，在励耘书屋南房，四人相谈甚欢。较多的是徐特立说如何在艰窘条件下，远道步行去教小学；办师范时，如何收录一熊姓铁匠当学生。又如何参加革命，过草地。陈垣说闻道有先后，言下有感于闻道太晚。这次谈得很高兴。第二天，陈垣拣出抗战期间的著作《南宋初河北新道教考》《明季滇黔佛教考》《通鉴胡注表微》三册和以前的一部《元西域人华化考》，去北京饭店回访徐特立。陈垣谈了 8 年闭户和著书旨趣等。徐特立表示很敬佩。徐特立原是毛泽东的老师，为"革命五老"（董必武、徐特立、林伯渠、谢觉哉、吴玉章）之一，共产党老一辈资深的革命家、教育家。他的亲身经历，使陈垣对共产党有了更深刻的认识。

新中国成立后，陈垣开始学习马列主义理论和毛泽东著作。由于字体小，阅读吃力，他经常手持放大镜，一篇篇，一本本，认真阅读学习。更有趣的是，他把《毛泽东选集》拆开，按内容类别和时间先后，重新编定为六卷，分装成六册小本平装，请辅仁大学印刷厂重新装订，其读书方法与读赵翼《廿二史札记》相同。柴德赓回忆他读该书的情景，说："他读这些书，也像读史书那样认真，日日夜夜读。他说：'有意思，过去我从来没有见过这些新东西。'"由于眼睛不好，字小看不清，他就让助手把经典著作抄成大字直行供他读，在励耘书屋，这种大字直行的马列经典手抄本成堆成摞。这时他每月的工资，除了一些生活必要开支外，全部都买了新书，从此励耘书屋的书架上、书桌上，增添了大量马列主义理论书籍。这些新书给了他很大的启发，使他的思想得到升华，政治立场和人生观发生了重大转折，他也以此教育学生。1949年他为《辅大年刊》题词："诸君入学在胜利后，毕业在解放后，要认清时代，向前迈进，努力为人民服务。"1949年3月14日，陈垣写信给他的三儿约之说到自己思想的变化："余近日思想剧变，颇觉从前枉用心力。从前宥于环境，所有环境以外之书不观，所得消息，都是耳食，而非目击。直至新局面来临，得阅各种书报，始恍然觉悟前者之被蒙蔽。世界已前进，我犹故步自封，固然因为朋友少，无人提醒，亦因为自己天分低，没由跳出，遂尔落后，愿中年人毋蹈予覆辙（港得书似较易），及早觉悟，急起直追。毋坐井观天，以为天只是如此，则大上当也。"同日再致约之信说："余思想剧变事，已详前信。世界大势所趋，必然做到，早晚而已。已颓败之势，无可挽回。学术思想，应从新生的路上走，余甚悔往日之懵然妄觉也。"

二、 致胡适的一封公开信

1949年4月29日，陈垣写成致胡适的公开信，并于5月11日在《人民日报》上发表。公开信说：

> 现在我可以告诉你，我完全明白了，我留在北平完全是正确的。
> …………
> 今年一月底，北平解放了。解放后的北平，来了新的军队，那是人民的军队，树立了新的政权，那是人民的政权，来了新的一一切，一切都是属于人民的。我活了七十岁的年纪，现在才看到了真正人民的社会，在历史上，从不曾有过的新的社会。经过了现实的教育，让我也接受了新的思想，我以

前一直不曾知道过。你说'决无自由'吗？我现在亲眼看到人民在自由的生活着，青年学生们自由的学习着、讨论着，教授们自由的研究着。我肯定地说，只有在这解放区里才有真正的自由。

我读了《中国革命与中国共产党》和《新民主主义论》，认清了现在中国革命的性质，认清了现在的时代。读了《论联合政府》，我才晓得共产党八年抗日战争的功劳，这些功劳都是国民党政府一笔抹杀的。读了《毛泽东选集》内其他文章，我更深切地了解了毛泽东思想的正确，从而了解到许多重要的东西，像土地改革的必要性，和我们知识分子的旧的错误的道路。读了史诺①的《西行漫记》，我才看到了老解放区十几年前就有了良好的政治，我们那时是一些也不知道的。我深深地受了感动，我深恨反动政府文化封锁得那样严紧，使我们不能早看见这类的书。如果能早看见，我绝不会这样的度过我最近十几年的生活。

…………

说到治学方法，我们的治学方法，本来很相近，研究的材料也很多有关系，所以我们时常一起研讨，你并且肯定了我们的旧治学方向和方法。但因为不与外面新社会接触，就很容易脱不开那反人民的立场。如今我不能再让这样一个违反时代的思想所限制，这些旧的'科学的'治学方法，在立场上是有着他基本错误的，所以我们的方法，只是'实证主义'的。研究历史和其他一切社会科学相同，应该有'认识社会，改造社会'两重任务。我们的研究，只是完成了任务的一部分，既有觉悟后，应即扭转方向，努力为人民大众服务，不为反人民的统治阶级帮闲。

…………

我现在很挚诚的告诉你，你应该正视现实，你应该转向人民，幡然觉悟，真心真意的向青年们学习，重新用真正的科学的方法来分析、批判你过去所有的学识，拿来为广大的人民服务。再见吧！希望我们将来能在一条路上相见。

这封信深刻地说明了陈垣的政治立场、人生观和治学方法都发生了很大的变化以及发生这种变化的原因。

1950 年 1 月 9 日，胡适写《共产党统治下绝没有自由——跋所谓〈陈垣给胡适的一封公开信〉》发表在《自由中国》2 卷 3 期上。文中说："这信的文字是很漂亮的白话文；陈垣从来不写白话文，也绝写不出这样漂亮的白话文，所以在文字方面，这封信完全不是陈垣先生自己写的；百分之一百是别人用他的姓名假

---

① 编者注："史诺"现多翻译为"斯诺"。下文类似情况不赘注。

造的。"同年 9 月 28 日，傅斯年也在《中央日报》说："适之先生作了一篇考据文，证明陈垣先生的'公开信'是别人作的。"

胡适的"考据"是否正确？陈垣的公开信是否别人作的？这需要用事实来回答。

先看这封信的书写经过。刘乃和的弟弟刘乃崇是写这封信的当事人之一。他回忆："有一天，陈老又让乃和姐来叫我，我到他家后，他说他已经看到了新的社会，新的国家，读到了新书，这都是过去所没法子知道的，因此愿意把所见所闻告诉那些看不到听不到的人，比如他的老朋友胡适之，就随国民党政府走了，就不可能知道北平解放后的情况。我告诉陈老，我在石家庄时看见《新华日报》上刊登蓝公武与胡适的一封信，他立刻说胡适走前也给我写过一封信，说罢就取出给了乃和姐，当时陈老就与柴（德赓）师，乃和姐和我共同研究，决定也用公开信的形式把自己所见所闻的新气象写出来。经过陈老反复讲述自己的意思，并征求我们的意见，由乃和姐执笔写出，再经陈老亲笔改定。由陈老与乃和姐同去范文澜范老住处，请他修改。一九四九年五月十一日，距北平解放整整一百天，他的《给胡适之的一封公开信》就在《人民日报》上发表了。"

陈垣之嫡孙陈智超手头保留有四份公开信的底稿，可以证实和补充刘乃崇的叙述。

第一份是一沓纸条，是刘乃和的笔迹，写着公开信的一些片段。这应是"陈老反复讲述自己的意思"的记录稿。

第二份是信件的第一稿，是柴德赓的字迹，上面有陈垣多处修改或添补的笔迹。

第三份是信件的第二稿，是刘乃和的字迹，上面也有陈垣改补的笔迹。

第四份是信件的定稿，是用钢版刻印的，仍有个别涂改，这就是后来交给范文澜并在报纸发表的底稿。

由此看来，这封信虽然由陈垣的助手执笔，但无论是写信的动机还是信件的内容，都完全是他本人的意思，可以确认是他写的信。这封信生动地记录了他在新社会的思想的变化，以及这些变化的原因。

这个时期陈垣思想的变化，不但反映在《致胡适的一封公开信》，而且在其他公开言论和私下的家书都有所反映。1949 年 9 月 9 日陈垣在《人民日报》发表《对北平各界代表会议的感想》，说："我以前没有看见过好的政治，就以为凡是办政治的就办不好，就令人失望，于是只好用消极的方法，对政治不闻不问。""现在不同了，从解放以后，我静心的观察政府的一切措施、一切法令，真是基本上和从前不同了。不用说别的，就看他们提倡艰苦朴素的作风，没有一点奢华享受的习气，已经是从前所没见过的。""我们在这样的政府下生活，有什么理由能对政治灰心，对政治不闻不问呢？"11 月 14 日，陈垣在致长子乐素的信中说："个人自修，不如集体学习，单是读书，不如实地训练，就是作一回下乡调查工作，也是实地学习之一。""来信问社会发展史研究提纲，只见有艾思奇著的《社会发展史提纲》，未算定本，拟明日寄你一部。又有恩格斯的《从猿到人》，薛暮桥的《政治经济学》即社会发展史"，陈垣思想的变化，是新社会给他教育的结果，也是他学习马克思主义理论的结果。

三、 活跃在各种政治活动中

新中国成立后，陈垣的思想能与时俱进，进步很快，不仅认真学习马列主义和毛泽东著作，还积极参与各种政治活动。他当选为北京市各界人民代表大会代表。

1949 年 10 月 1 日，中华人民共和国宣告成立，陈垣登上观礼台，参加了开国大典。

1950 年 6 月 1 日至 9 日，陈垣参加首届全国高等教育会议。到会者有各大行政区教育部及全国各主要院校负责人：陈垣、吴有训、楚图南、潘梓年、江隆基、汤用彤、叶企孙、林砺儒、陆志韦、李达、许崇清、徐悲鸿、嵇文甫、杨东莼、陈望道、杨石先等，中央人民政府各部委、院署代表及高等教育方面专家，中央教育部司长以上干部共 180 余人，连同列席者共计 300 余人。这是新中国成立初期首届最高层次的高等教育会议。政务院董必武、郭沫若、黄炎培等副总理，文教委员会副主任陆定一，财经委员会副主任马寅初，政法委员会副主任张奚若等均亲临指导。马叙伦部长致开幕词。会议期间，毛泽东主席、周恩来总理亲临大会。周恩来就"新民主主义教育方针""理论与实际一致""团结与改革"三个问题做了具体指示。6 月 5 日，陈垣在会议关于"理论与实际一致"的专题讨论中发言，检讨自己以前学术研究"为学术而学术"的问题。他说："我一辈所研究的，都是狭小的问题与冷僻的问题，凡是有人研究的，我就不研究；我本来研究的，既有人研究，我也不研究。因此从没有在书报上，与人有过论战等事，很像与世无争的。我是研究历史的，但上古史一段，我没有研究；近代史一段，我也没有研究。我所研究的，就是从周秦到清初而止；我所研究的，就是我自己觉得有兴趣的，与社会实际无关，谈不到大众化，更谈不到为人民服务。"他认为这种情况要改变，教育要培养理论与实际一致的青年。他的发言获得了与会者的好评，《光明日报》还作了专题报道。

1950 年 6 月 25 日，美国发动侵略朝鲜的战争。10 月 19 日中国人民志愿军赴朝作战。11 月 21 日，陈垣率领辅仁大学师生进行抗美援朝宣传。27 日，他在《人民日报》发表的《美国从来就是我们的敌人四十五年前的回忆》一文，揭露了美帝国主义半个世纪以来对中国、对亚洲，乃至对世界的侵略野心。12 月 2 日，新华社、《人民日报》发布朝鲜战场上朝鲜人民军和中国人民志愿军击溃美军麦克阿瑟圣诞节前总攻势的消息。全国各地热烈祝贺中朝人民伟大胜利，首都学生为庆祝胜利，狂欢游行。陈垣以一张四尺多长的大纸，书写"阅今日报，欣悉中朝部队反攻大捷，我辅仁大学全体教职学工谨向朝鲜人民军和我中国人民志愿部队致敬"的大字题词。辅仁大学学生们把它装在玻璃框里，挂在学校礼堂的门前。1951年4月8日，陈垣还与辅仁大学抗美援朝宣传队伍一起步行到德胜门外四间房村，并与四间房村的村民一起声讨美国侵略朝鲜的罪行。

　　1951年，土地改革运动在新解放区普遍开展。中央政府决定组织土改工作团，并吸收民主党派和知识分子包括大学教授参加，深入广大农村地区指导土地改革。这年陈垣72岁，他申请到西南参加土改，得到批准，并被任命为由500多人参加的西南土改工作团二团团长，下面分川东、川北、川西、川南4个分团。5月28日，辅仁大学师生员工集会，欢送陈垣校长及其他5位先生参加西南农村土改。学生会主席徐炳鑫在发言中说："陈校长以72岁高龄，抱着向农民虚心学习的热情坚持参加这个向封建势力斗争的运动，曾得到了毛主席和刘少奇副主席的关怀。"陈垣在答辞中说："我看见我们学校的教授参加土改回来后都进步了，觉得自己老不进步，所以我要求到实际工作中去学习。"6月13日，重庆《新华日报》发表社论《欢迎西南土地改革工作团第二团》，说："随着中国人民政治协商会议全国委员会参加与参观三大运动筹备委员会所组织的参加西南土地改革工作团第一团之后，西南土地改革第二团，在团长陈垣、副团长裴文中、吴羹梅、张锡钧、于松如等先生率领下，一行五百三十一人，于本月十、十二两日分批先后抵达重庆。我们谨向不辞辛劳，来西南援助广大农民群众翻身解放事业的工作团全体同志，致热烈欢迎。"陈垣在重庆市政府参加学习，6月15日下午听刘乃和读土改材料，读到知识分子和农民谁养活谁的问题，以及农民运动是自己解放自己的运动一节，陈垣动感情地哭了。他感到自己以往的功夫白费了，不能对人民有很多的贡献。7月5日，陈垣在巴县参加斗争恶霸大会，在一位贫农妇女悲惨控诉时，流出了同情的眼泪。陈垣在农民土改分田会上讲话，讲明要互助互让，和气分田，穷人都是一家人，在自己的阶级里，不要争吵，让地主和坏人钻空子。陈垣在农村访贫问苦，和农民一起下田打稻。陈垣参加土地改革运动4个月，于9月27日回到北京。这次社会实践，使陈垣更多地接触社会，了解人民群众和国家政治，对他的政治立场和学术思想都起了深刻的影响。10月27日西南土改工作团第二分团举行工作总结会，陈垣在讲话中，谈了他在土改期间思想的转变和收获，他说："我是研究宗教史的，过去对书本的看法，很迷信。经过这次土地改革，对书本的看法起了变化，觉得书本并不十分可靠。""过去，知识分子看不起农民，老年人看不起青年人。但在实际斗争中，认识了农民的伟大的力量和无穷的智慧，看见了青年人的忘我的工作精神，深深感到是自己所不及的。"

　　土改归来的第二天，陈垣又投入到"教师思想改造"运动中。这场运动是由北京大学校长马寅初、副校长汤用彤、教务长张景钺等 12 位教授发起，得到毛泽东、刘少奇、周恩来等人的肯定，不久迅速推广到全国教育系统。教育部成立了"京津高等学校教师学习委员会"，并在天津成立了"京津高等学校教师学习委员会天津总分会"，各大学也成立了学习委员会分会。总学习委员会主任委员为马叙伦，陈垣为总学习委员会 21 名委员之一。这是新中国成立后共产党在知识分子中开展的一场自我教育与自我改造运动，目的是让从旧社会过来的知识分子把立场转向人民。陈垣与辅仁大学教师一起开会、讨论、学习、总结新中国成立后自己的思想变化和收获。10 月 27 日，陈垣在《人民日报》发表《祝教师学习成功》一文，谈参加高校教师思想学习的重要性、必要性及个人的体会。他说："我们知识分子的通病，就是自高自大，觉得自己了不得，架子搭起半天高，平日看不起广大的工人农民，拿起笔来就说'贩夫走卒、引车卖浆之流'不识字。其实多识几个字，多念几部书，有什么了不得。况且所谓知识分子，知识并不见得完全。"他特别联系自己的实际，说："我是一个旧知识分子，又是一个老知识分子，受旧社会的熏陶很多。这二年多，虽然不断的学习，总是进步很慢。究竟岁数大了，接受新鲜事物，比年轻人差得多，耳目精神，更不用说。可是，我相信了马克思列宁主义的普遍真理，面对着祖国的史无前例的辉煌成就，我欢欣鼓舞地下决心要加强学习。我这次到四川参加土地改革以后，思想上起了很大变化，深感从前在书本上得来的知识，都要从新估定。又听了周总理的报告，有好些话正中我的毛病，真是打着痛处，我更觉得要彻底清理自己的思想，老老实实，从头学起。"

四、　"陈垣先生读书很多，是我们国家的国宝"

　　1951 年 10 月 23 日，中国人民政治协商会议第一届全国委员会第三次会议在北京开幕，陈垣作为社会人士代表被特邀列席了本次会议。毛泽东致开幕词，指出："思想改造，首先是各种知识分子的思想改造，是我国在多方面彻底实现民主改革和逐步实现工业化的重要条件之一。"陈垣在 10 月 31 日的会议上，作了题为《教师们要努力实行自我教育和自我改造》的发言。他指出，部分知识分子的思想受孔孟之道影响较深，脱离实际生活，不问政治，以及崇洋恐美，缺乏民族自信心等毛病，联系自己的不足，强调要加强思想改造和学习。陈垣发言之后，毛泽东主席特意走到他的座位旁与他交谈，并夸奖他："你今天发言，认识深刻，很有道理。"陈垣说："我在解放后才学习你写的《新民主主义论》的，我闻道太晚了，要努力赶上。"11 月 1 日，在怀仁堂举行国宴，毛泽东主席与陈垣同席交谈。毛主席向别人介绍："这是陈垣先生，读书很多，是我们国家的国宝。"新中国成立之初，能得到毛泽东这样赞誉的，只有齐白石、陈垣等少数大师。毛泽东说陈垣"读书很多"，这可以从上述陈垣的学术成就中得到印证。陈垣对《四库全书》下过一番苦功夫，详尽地掌握了中国历史文献资料，就能够在我国书籍的海洋里，上下浮沉，运用自如了。新中国成立后，各单位或个人遇有难解决的问题，或查找什么材料，经常来向他请教，就是因为他对历史文献了如指掌。因此，凡来请教的，无不得到满意的回答。20世纪50年代，郭沫若出席一次国际性的纪念会时，遇到有关屈原的一个问题不能解决，特意从国外打来电话向陈垣核对这个史实。他就像是一本中国古代历史文献的活字典，胸中装有千万册图书，很快解决了问题。

1954年11月陈垣与齐白石合影

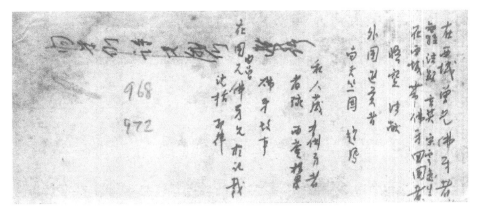

《佛牙故事》手稿一页

　　1961 年 7 月 20 日，陈垣在《人民日报》发表《佛牙故事》一文。该文考证和提示了佛牙传入中国后，在南北朝、唐五代、辽宋元明各时期有关佛牙的保藏、传授及影响等历史记载。当年中国佛教协会迎送佛牙出国奉游锡兰，陈垣应佛教协会之邀，撰写此文。刘乃和回忆："1961 年，中国佛教协会为了佛牙出国，拟整理一份材料。原佛牙自南北朝时传入中国，到现代共一千五百年，但中间有几百年，在书籍上找不到连续的下落。他应佛教协会邀请，在中国的内典、外典各种文献中，终于考证出佛牙延续的历史。当时正是三伏天，气候闷热，他不顾酷暑，亲自指导我们阅读查找《历代三宝记》《宋高僧传》等大量文献。……他一会儿亲自去书库翻书，一会儿又阅读、思考。屋里太热就把桌子搬到庭院廊下，汗流如雨，汗水浸透了他的夏布背心。……有一天午睡时间，他已躺在床上很久，忽然叫我到书库拿出沈括《梦溪笔谈》，他说偶然想起，好像这书里有记佛牙……翻找一遍，果见有一段有意思的佛牙记载。……我后来问他怎知这书里会有，他说以前找别的材料时似乎看到过，还依稀有些印象。"我们的"国宝"，读书之多，记忆力之强，实在令人敬佩。

第七章 科教兴国——北京师范大学老校长

一、 毛泽东任命的北京师范大学校长

1951 年 10 月，政务院公布了《关于改革学制的决定》，决定对高等院校进行调整。1952 年 5 月 19 日，教育部正式宣布辅仁大学与北京师范大学合为新的北京师范大学，辅仁大学校名取消。6 月 7 日，陈垣为此写了《热烈拥护院系调整》的笔谈，认为全国高等学校有计划的调整，是全国等高教育彻底改革的开始，也是全国高等教育服从国家需要、为祖国培养建设干部的合理措施。他说："我们辅仁大学听到我校与北京师范大学调整为一个新师范大学的消息后，全体师生员工都觉得能够参与培养新中国人民教师的工作，是一个伟大的光荣任务，一致表示热烈拥护。"9 月 15 日，中央人民政府主席毛泽东签署任命陈垣为北京师范大学校长。9 月 16 日设宴招待新任教务长、副教务长，各系主任及各系新调来的教授。他在会上讲话："新中国建设首先需要干部，干部的培养需要师资，而培养中等师资今后就要靠我们大家的共同努力，所以我们的工作是关系到我们国家建设的重要一环。"他指出新师范大学的任务重大，建设新师大首先要明确新师大的任务。两校同仁要很好地合作，真诚坦白，肝胆相见，要一切从工作出发，互取彼此的优点。

10 月 18 日，由辅仁大学、北京师范大学及燕京大学教育系调整而成的新的北京师范大学举行开学典礼。陈垣校长首先致辞，他指出，经过院系调整而诞生新的北京师范大学，这是新中国教育史上一件有意义的大事。教育部长马叙伦、中国人民大学校长吴玉章、北京大学校长马寅初、清华大学副校长刘仙洲、前师大校长现任教育部普通教育司司长林砺儒也在会上先后讲话、祝贺。

陈垣任北京师范大学校长一直到 1971 年他生命的终结，长达 20 年之久。这一时期，他一方面焕发青春活力，积极参加各种政治活动，活跃在学坛上，加入了中国共产党；另一方面由于"文化大革命"，他在苦闷、孤独中走完了人生历程。

北京师范大学生物系 59 届毕业生与陈垣校长合影

二、　发展新中国史学事业的老兵

新中国成立，百废待兴，史学事业也有一个复兴、发展的过程。20 世纪 50 年代初，国家有关史学的事情都咨询陈垣，有关史学、文化的接待任务或国际性的会议，都邀请陈垣参加。1952 年 10 月 18 日，陈垣出席亚洲各国文化关系座谈会，并在会上发言。出席座谈会的有范文澜、汤用彤、郑振铎、翦伯赞、柴德赓、钱伟长、梁思成、季羡林、向达、翁独健、邵循正、周一良、马坚、金克木、白寿彝、荣孟源、万斯年等。11 月 9 日，陈垣出席中国科学院举行的座谈会。中国科学院邀请苏联文化工作者代表团团员、苏联著名历史学家叶菲莫夫和我国历史科学工作者举行座谈会。在京的我国著名历史学家绝大多数都出席了座谈会。座谈会由范文澜主持。叶菲莫夫还应邀到北京师范大学作了题为《中苏友谊发展史》的报告。报告会由陈垣校长主持。

史学是意识形态领域里的一个重要阵地，为了有组织地领导开展史学研究，新中国成立新史学研究会，陈垣积极参与其事。1951 年 2 月 8 日，新史学研究会召开，到会者有北京大学、清华大学、燕京大学、北京师范大学、辅仁大学、中国人民大学、考古研究所、近代史研究所的代表 100 余人。林伯渠、郭沫若、徐特立、吴玉章在会上讲话。陈垣在会上发言，提出中国科学院应该成立历史研究所。随后中国新史学研究会筹备会为了提供中国近代史研究的资料，配合大学课程的改革，组织了中国近代史资料丛刊编委会，准备编印一套《中国近代史资料丛刊》，陈垣是编委会成员。按当时分工，洋务运动和辛亥革命两部分，由辅仁大学史学系编辑，陈垣负责组织。这套丛书的编辑方针是：①编到旧民主主义时代完结止；②只提供资料，不做分析与论断；③搜集的资料必须是能反映近代史上某一运动的主要内容或某一侧面的；④所录材料，一律保存原型。这套丛书的编印是一项庞大的工程。

1953 年在党中央的直接关怀下，中国科学院拟成立历史研究所一所、二所、三所。一所所长郭沫若，三所所长范文澜，二所所长最初考虑陈寅恪，因此陈寅恪早年学生汪钱拿着中国科学院院长郭沫若、副院长李四光的信前往广州请陈寅恪任二所所长。此事与陈垣商量过，陈垣在 1953 年 12 月 18 日致冼玉清的信中说："中古史研究所（即二所）事情当汪君（即汪籛）未南行前，曾到舍间商酌，同人意见以为所长一席，寅恪先生最为合适。今闻寅恪先生不就，大家颇为失望，奈何！"陈寅恪没有北上时，推荐陈垣担任中古史所（即二所）所长，被有关部门接受。1954 年，陈垣被任命为中国科学院历史研究所二所（中古史研究所）所长。因为一所、二所属新组建，起步十分困难。陈垣为筹建二所花了不少精力。首先是充实研究人员。同年 5 月 25 日致函侯外庐、向达二所副所长，商议调武汉大学唐长孺教授入历史研究所二所一事。函云："顷接武汉大学教授席启驷先生来信，推荐该校历史系唐长孺教授入研究所。称其人'方逾强年，心精力果，专治魏晋南北朝隋唐诸史，主讲武汉历史系已历十载，中间以师资缺乏，系中赖以槽柱，授书之余，著述斐然。其所述造，尤迫而未已'等语。我曾读其《魏晋户调制度及其演变》《九品中正制度试释》等论文，服其治学甚勤，读书有得，信如席所说，研究所如能罗致则大佳。谨请公等了解考虑，至以为幸，并盼示覆。"

1954 年 2 月，《历史研究》杂志创刊。杂志编委会主任郭沫若，主编尹达，副主编刘大年，陈垣任编委。当年，陈垣当选为中国史学会理事。第一届理事 43 人，候补理事 9 人，主席郭沫若、副主席吴玉章、范文澜。

1955 年 5 月 31 日，陈垣当选为中国科学院哲学社会科学部学部委员。此次中国科学院成立四个学部，共选出学部委员 233 名，其中哲学社会科学部委员 61 人。6 月 1 日，中国科学院学部成立大会召开。郭沫若院长在开幕词中说明了中国科学院成立四个学部的重大意义：各个学部委员在学术研究上或科学组织工作上为我国科学事业曾作出不少贡献；学部的成立，标志着我国科学事业发展中的一个新阶段的开始；由于学部拥有众多的我国各主要科学部门有代表性的科学家来进行集体领导，使科学院有可能对院内外的科学研究工作加强学术领导或指导，加强科学工作的计划和组织，同时也为中国科学院进一步建立学术称号与学位制度准备更好的条件。陈垣在成立大会上，代表哲学社会科学部发言。6月11日，为庆祝中国科学院学部成立大会胜利闭幕，《人民日报》记者发表通讯《新中国科学工作的远大前途——记中国科学院学部成立大会》，文中记述陈垣在会上充满感情的讲话：

1955年6月陈垣在中国科学院学部成立大会上讲话

我是一个研究历史的人，今年七十多岁了。以往七十年的漫长岁月都是在旧社会，所作的研究工作都是在困苦艰难的情况下过来的。那时候，读书研究，没有正确的领导，没有明确的方向，只凭自己的兴趣，作埋头的钻研。解放前大多数科学研究工作者都是'单干户'，各人搞各人的，谈不到什么集体。彼此之间很少有联系，更难得有合作。结果常常是'所学非所用'、'所用非所学'、'为学术而学术'、'脱离实际'。对国家和人民不可能有多少贡献。而且反动统治者根本不重视科学。就是我们有一些创造和发明，也得不到应用和推广。

中国起了翻天覆地的变化，我们有了自己的政府，我们可以按照人民的迫切需要，国家当前的任务来从事科学研究工作了。我们科学家受到党和政府、受到毛主席的无微不至的照顾和关怀。我们在政治上有了地位，我们的学术研究工作有了保障，得到人民充分的支持与重视。

1956年，陈垣参与中国科学院哲学社会科学学部《历史科学研究工作十二年远景规划草案（初稿）》的制定。他多次参加会议，发表意见。他的意见可以分为两个方面。一是强调要重视规划的制定，说自己几十年走过非常曲折和艰苦的学术道路，今天可以亲身参加国家的历史科学计划，非常兴奋。12 年后他是 88 岁，所谓"一息尚存，此志不容稍懈"，他愿和大家一起为完成 12 年规划的任务而共同努力。二是提出要加强索引等工具书的编制。他说，他校《旧五代史》时，自己找人做《册府元龟》的资料索引，他不想用《永乐大典》，以前这种事情都要自己做，现在可以发动大家来做。以前刘申叔做学问，材料用得好，他比自己大一点，自己想他为何能如此，原来刘申叔家有《册府元龟》《太平御览》等索引，是他家几代相传，父子祖孙自己用，不传外人。有不少索引，像《左传》人名、地名索引，都是日本人编的。以前编工具书，是"智者不为"，今后要改变这种风气。他的这些意见，对制定历史科学远景发展规划具有重要的参考价值。

1958 年 9 月与范文澜在北京图书馆内

　　1956 年，陈垣对古籍整理也发表很好的意见。5 月 12 日，他为高等教育出版社审查山西师范学院编写的《中国历史要籍介绍及选读》书稿，写了《中国历史要籍介绍及选读一书审查意见》，他肯定了编者的成绩，并对校注古籍提出了一些要共同注意的原则，如不可迷信《四库提要》，对古籍标签式的批判似可不必，选文出处不仅要注书名，还要注卷数，介绍要籍或选文要注意史源等。5 月 22 日，他与《光明日报》社黄贤俊谈古籍整理问题。他认为，现在年轻人读古籍有困难，不能点句。因此，要对古籍进行点句，"点句要让谁来做？要有恰当的人选，既有学问又有精力，但以前真有学问的人则以为点句为小事，不愿做。现在有人组织校点《通鉴》，这很好"。他得知翦伯赞最近要做《历代四夷传汇编》，要标点加注，认为"这项工作很有意义"。这些意见对历史科学的发展，以及使史学事业后继有人，是十分重要的。

　　1957 年，陈垣提出正确对待历史文化遗产的问题。1 月 4 日，陈垣为《历史研究》杂志审查罗尔纲的论文，撰《论科学的考据与旧考据的不同一文审查意见》。陈垣认为旧考据有不科学的，也有科学的，反对将旧考据一笔抹杀。他说，文中提到"顾炎武的日知录完全为封建统治者服务，赵翼的《廿二史札记》骂农民革命为盗为贼"，这都是时代的关系，无可苛求。如果说这些都是要不得的，那么我们就无历史可看，更无前人文化遗产可继承。这些意见对历史科学的发展、对历史文化遗产的继承都具有指导意义。

　　1958 年 2 月 11 日，国务院科学规划委员会古籍整理出版规划小组成立，陈垣为规划小组成员。规划小组成员共 19 人，由齐燕铭负责，下设哲学、历史、文学三个分组，各由潘梓年、翦伯赞、郑振铎负责。规划小组讨论了整理出版古籍的方针和任务，决定在 10 ~ 15 年内，把我国古代、近代以至"五四"以前的重要学术著作有计划、有系统地整理和出版。7 月 12 日，陈垣在《北京日报》发表《学点历史》一文，阐明了什么是历史，什么是历史科学，学历史有什么用等问题。他说："历史就是人类社会发展的过程。""历史科学就是研究人类社会发展规律的科学。""学点历史，可以看出人民群众在历史上所起的作用，就不会迷信个人，迷信权威，可以培养我们的群众观点。""学点历史还可以培养我们的唯物论观点，革命观念，并且可以培养我们的爱国主义思想。""我们学点历史，不是为学习而学习，不是为了向后看，而是为了要更好的向前看"，"是为了在历史上学习斗争经验，吸取教训，更有效地进行今天的革命和建设"。这些意见，都是非常深刻和具有现实意义的。

1959 年 5 月与中华书局总编辑金灿然等合影

　　1961 年 1 月 21 日，陈垣在历史研究所学术委员会扩大会议上发表重要讲话。讲话的后半部分曾以《谈谈文风和资料工作》为题发表在当年 3 月 16 日的《光明日报》上。他说："现在有些学术性的论文，空论太多，闲话不少。""言之无物的文章最好是少写。""还有批评的文章，也应作到以理服人。""我以为，发表的文章，最低要求应当：（1）理要讲清楚，使人心里服；（2）话要讲明白，使人看得懂；（3）闲话不说，或者少说。"他还强调资料工作的重要性，认为看不起资料工作是错误的。"学术理论是为人民服务，资料工作也是为人民服务。研究和著述，离不开资料，我们史学工作者提不出史实，就无法论证。""依我看，理论是作战方针，资料好比弹药。只有弹药，作战方针错误，打枪没有方向，则不能取胜。但如果只有正确的方针指导，而枪炮没有弹药，作战也难以取得胜利。"3 月 22 日，陈垣参加由中共中央统战部召集的道教研究座谈会。他在发言中指出："研究中国历史和中国哲学思想史，不能把道教抛开不谈。""但是，据我所知，到现在道教还没有一部比较完整的历史，所以如果能集合大家的力量写出一部道教的历史，是很需要的。"这些意见，对发展历史科学都具有指导意义。

1961 年 1 月出席历史所学术委员扩大会议

1962 年 10 月，陈垣在《红旗》杂志发表《衷心喜悦话史学》一文，结合自己的亲身体会，总结解放 13 年来史学界工作的发展。如理论水平的提高和立场观点的改变；有计划、大规模地整理、出版历史资料，包括二十四史、《资治通鉴》、《续资治通鉴》的标点和陆续出版，《册府元龟》《永乐大典》《明经世文编》的影印，故宫档案的整理，等等；各抒己见，百家争鸣，研究成果发表、出版的机会和数量大大增多；研究的内容和范围也大为广阔，如对各少数民族历史的编写等。

我们从上述陈垣从解放初期到 20 世纪 60 年代上半期的学术活动看，他参加了历史科学发展的重大事件，在关键时刻发表了重要指示性意见。他是历史学界的领导者和组织者之一，是历史科学发展的老兵。

三、"青年们，欢迎你们来参加人民教师的队伍！"

1953 年 2 月，陈垣在《人民教育》杂志发表《为着祖国的未来，我们必须加强学习》一文，呼吁教师们为祖国的建设事业培养更多更好的人才。"我们不仅要做到'诲人不倦'，同时也必须做到'学而不厌'。""我们过去所研究的业务知识，所具有的学术思想，所掌握的治学方法，所熟悉的教学经验，都还不能或还不完全能适合于今天的要求。我们一定要加强政治理论学习"，"端正教学态度，改进教学内容"。

1954年8月6日，陈垣在《文汇报》上发表《青年们，欢迎你们来参加人民教师的队伍》一文，文章开头说："我，一个年过七十的老人，一个有了五十年教龄的教师，作为人民教师队伍里一名老兵，愿意向这次报考师范学院和被分配学师范的青年同学、青年朋友们举起我的双手，高声欢呼：青年们，欢迎你们来参加人民教师的队伍！"他在文章里回顾了自己教小学、中学、大学的经历，回顾了新中国成立前后教育界的不同境遇，分析了新时代人民教师的光荣职责，充满感情地勉励青年同学们加入教师队伍，希望他们肩负起祖国交给的培养社会主义新人的使命。

他深情地说：

> 青年同学们、青年朋友们：我愿意以教师队伍里的一名老兵的资格对你们说，你们在教师工作岗位上的成就，必然地要超过你们的前辈不知道多少倍！我们老一辈教师过去的劳动，有很多是浪费了，但是对你们说来，你们的心血、你们的劳动却必然会得到丰收。因为我们的社会制度，我们的国家制度，我们的宪法给你们作了这样的保证。我完全相信，十年二十年过后，当我们的祖国已经建设成为一个强大的社会主义国家，当我们要向更美满、更幸福的共产主义社会前进的时候，你们一定会在祖国的大地上、海洋上和天空中，无论白天和黑夜都将看到你们的辛勤劳动所培育出来的新人所完成的光荣业绩，你们将会感到不晓得比我今天所感到的高多少倍的喜悦和安慰，当你们也像我这样年岁的时候，燃烧在你们生命的青春不晓得更要美丽多少倍！

1959年4月陈垣出席全国人代会二届一次会议

9 月 15 日至 9 月 28 日，陈垣出席第一届全国人民代表大会第一次会议。9 月 27 日在大会发言，呼吁社会各界重视师范教育。他说，新中国成立后的 5 年，"我们高等师范教育，也有了显著的发展和提高"，我们要加倍努力，把工作做好，"不断培养出大批优秀的合格的人民教师，以怀辜负国家对我们的信任和委托"。"我们看到人民教师已得到社会的重视，投考高等师范学校的青年已经逐年增加，我们北京师范大学的新生，把投考师范学校当作第一志愿的比率一年比一年上升，就是很好的例证。但是，我们还希望全国人民和社会舆论大力支援，使我们的高等师范教育得到更迅速的发展。"

至于师范院校的学生如何培养？陈垣特别强调教育实习的重要意义。

1953 年 5 月 25 日和 6 月 24 日，陈垣分别在"北京师范大学教育实习总结大会"和"北京师范大学第三届教育实习总结大会"上讲话和致辞。这两次讲话都强调教育实习的重要意义，要进一步重视师范学校的实习工作。他说，"我们师范大学的同学，在校的时候应当成为非常好的学生，毕业后，也应当成为非常好的人民教师"，"好学生本身就不但包括他的政治水平、科学理论水平，而且包括他的教学实践能力"。"如果我们只是政治水平和科学理论水平提高，而在教学实践方面有所欠缺，是决不能成为一个好教师的。因而，如果在学习期间忽视教育实践的锻炼，他也就不算是一个好学生。""古人说：'学然后知不足，教然后知困'。教然后知困，这一方面是说同学在实践中得到锻炼，使他们把理论和实践结合起来。另方面也是使教师在同学实践过程里，了解自己进行教学时，对于同学的教育和培养有哪些缺点和不足，这对于今后教学质量的提高，教学方法的改进，一定会有很大有帮助。"他号召师生更紧密地把理论与实践结合起来，提高工作质量，更好地完成培养人民教师的任务。

陈垣多次与青年学生谈学习与读书，反对学习中的形式主义和空洞口号，提倡踏实钻研、循序渐进、持之以恒的优良学风。

1957 年 4 月 26 日，陈垣与北京师范大学历史系一年级学生谈学习古文的问题，他说："尤其学史学、文学的，像《论语》、《孟子》这些书，概括了二千年前的风俗、习惯、社会情况，我们一定要念，懂多少算多少，也可以把它当作一种工具，字数也不多，《论语》只有一万多字。""我们念历史的，不但要懂得新的，也要了解旧的，只看别人的批判是不够的。《论语》、《孟子》是散文的老祖宗，学了它，掌握了它文字的规律，唐以后的文章就好读了，应当重视它。"

1959 年陈垣连续发表和青年谈读书学习的文章。6 月 19 日，他《中国青年》发表《和青年同学谈读书》，批评那种以为读书就是走白专道路的说法，他说："读书也可能走白专道路，但也完全可以走红专道路。如果说读书就是走白专道路，难道不读书反倒是走红专道路吗？"他反对有些学校过分强调集体互助，认为学习关键要靠自己消化咀嚼，不能包办代替。他认为学习要踏踏实实，循序渐进；反对在学习，上搞所谓"多快好省"，轰轰烈烈。6 月 19 日，他在《北京日报》发表《怎样才能学习好》一文，再次批评某些学校中出现的提空洞口号、不切实际的指标，搞群众运动式的集体复习、集体行动，"大干三十天，消灭一、二、三（分）"的现象。他指出，学习是个体的脑力劳动，有其本身的特点和规律。要想学习好，必须塌下心来，刻苦钻研，不能心浮气躁；必须循序渐进，不能急于求成；必须持之以恒，不能搞形式主义的突击竞赛。一曝十寒，是不能学习好的。

四、"党使我获得新的生命"

新中国成立后，通过一系列的教育，学习马克思主义，参加伟大的社会实践活动，陈垣的政治立场、思想方法、学术观点都发生了深刻的变化，认识到中国共产党的伟大、光荣与正确，产生了加入中国共产党的信念。1952 年 12 月 2 日，他在致友人杨树达的信中说："《积微居金文说》已由科学院送到，稍暇当细加钻研，以答盛意。来示谦欲法高邮，（指清代学者王念孙、王引之父子——引者注）高邮岂足为君学？况我公居近韶山，法高邮何如法韶山（指毛泽东——引者注）？"1953 年底，在医院病榻前郑重地对前来探望的北京师范大学党委书记何锡麟说："唯恨自己对马克思主义、毛泽东思想认识太晚，今世的理想恐难实现，特向你推荐我的秘书（刘乃和）入党。她大弟早年参加革命，牺牲在晋察冀边区。她还年轻，能为党做很多工作，希望党组织对她加强培养教育。"还说："作为你们的知己，我瞑目之后，我的书籍等一切遗产，请你和丁浩川同志代表我全权处理。"从这些材料看，1953 年以前陈垣就有了加入中国共产党的信念。

1959 年 1 月 28 日，陈垣以 79 岁高龄加入中国共产党。他在会上表示了自己的决心，说今天党给了他宝贵的政治生命，他要珍惜这一新的开始。他已年近80，自恨闻道太晚，但俗语说"虎老雄心在"，年岁的老少，不能阻挡人前进的勇气；闻道的迟早，不能限制人觉悟的高低。他要以有生之年，竭尽能力，为党的事业，不休不倦地继续工作。刘乃和记述：在政治上他要"从头学起"，在学术上他"不愿做旧社会的史学大师，愿做马克思主义史学的小学生"。这就是他鲜明的政治态度和坚定的立场。

刘乃和曾回忆陈垣的人生经历和思想转变过程，说："解放时，他已 69 岁，几十年他饱经忧患，历尽沧桑。青年时期，热心革命，帝制推翻，民国建立，国家却日益贫困，他失望，他惶惑不解，不愿再过问政治。弃医从政后，又弃政从史，埋头书斋，著书育才，八年沦陷，身困敌城，他不畏强暴，洁身保节，抗战胜利，却又是国事日非，他再一次失望，又惶惑不解，在政治上却没有找到答案。他在年近 70 的时候，国家发生了翻天覆地的变化。经历过苦难的人最容易接受真理，经历过黑暗的人最渴望找到光明。共产党使他打开了眼界，他这才看见过去追求的国富民强的道路，已经呈现在眼前；他这才知道教育救国、科学救国，实际上社会制度不变，这些想法都很难实现；他这才认清只有共产党才是中国的救星，只有社会主义制度才能救中国。他认识到党的事业的伟大，自己愿意作其中的一员，以为国家多尽力。但总觉得自己条件不够，年岁又太老了，不能为国家做多少事。后来，和他年岁差不多的老朋友，有的当时已提出入党申请，如地质部部长李四光；有的则已被批准，如清华大学副校长刘仙洲等，他反复考虑，决心向党递交了申请书，在他79岁高龄时，组织上批准他入党了。他感到高兴，感到光荣。"

1959 年 2 月史学界侯外庐等百余人签名祝贺陈垣入党

1959 年 3 月 12 日，《人民日报》等发表陈垣《党使我获得新的生命》一文，文中陈垣回顾新中国成立前的彷徨困惑，以及新中国成立后参加的各种政治斗争。他说，10 年来的自我改造，是一个革故鼎新的过程，今天作为一个新党员，更要严格要求自己，更好地担负起党所交给的任务。此文发表，正值全国史学工作者百余人汇集北京，讨论中国历史提纲，众人拜读此文，非常感动。乃由唐长孺赋诗，推侯外庐题词，书于织锦封皮宣纸册页，题词并诗曰："建国十年，以历史提纲之讨论，集全国史学工作者于首都，百家争鸣，齐放己见。到会同志欣闻史学前辈援老光荣加入中国共产党，并读大作《党使我获得新的生命》，感动异常。咸认为援老入党，乃史学界之光荣，对共产主义接班人青年，教育甚大。长孺同志即席赋诗一首：'八十争先树赤帜，频年知己效丹衷。后生翘首齐声贺，岭上花开澈骨红。'同志皆愿署名于册，以志纪念。"题词后有蔡尚思、郑天挺等与会者 105 人签名。有一次陈垣见到周恩来总理，周总理还特意走到他身边向他祝贺，和他谈了很多，肯定了他在北京解放 10 年时选择这一光荣的政治归宿。

　　1960 年 11 月，陈垣 80 岁，学术界在北京饭店设宴庆祝他 80 华诞。此后，陈垣的政治活动就越来越少，而学术活动又多了起来。

1959 年 11 月北师大领导成员祝贺陈垣 80 华诞

五、 生命不息， 笔耕不辍——晚年的学术研究

　　新中国成立后，陈垣是国家学术工作的主要领导者之一。他在国家学术研究机构、杂志社和学术团体任多种职务，曾先后任中国科学院历史研究所二所所长、《历史研究》编委会委员、中国史学会理事、中国科学院哲学社会科学部委员、国务院科学规划委员会古籍整理出版小组成员等。

　　陈垣晚年与旅居澳门的汪宗衍书信来往不断，现在收入《陈垣来往书信集》中的 100 多通陈、汪书信，反映了陈垣晚年学术研究的一个侧面，也说明了陈垣提携后学的无私奉献精神。

　　新中国成立后陈垣写的学术论文，收入《陈垣学术论文集》第二集中有 29篇，包括《书大德南海志残本后》《关于徐光启著作中一个可疑的书名》《关于徐氏庖言》《书傅藏永乐大典本南台备要后》《在中国佛学院教学问题讨论会上的发言》《在道教研究工作座谈会上的发言》《谈北京双塔寺海云碑》《佛牙故事》《法献佛牙隐现记》《鉴真和上失明事质疑》《跋陈东塾与郑小谷书墨迹》

《跋陈鹏年自书诗卷》《跋凌次仲藏孙渊如残札》《跋洪北江与王复手札》《余嘉锡论学杂著序》《跋王羲之小楷曹娥碑真迹》《跋西凉户籍残卷》《跋陈东塾与玉仲札》《跋董述夫自书诗》《跋陈鹏年书秋泛洞庭诗册》《中国历史要籍介绍及选读一书审查意见》《商朝与殷朝》《柬埔寨始通中国问题》《柬埔寨史迹丛考一文审查意见》《论科学的考据与旧考据的不同一文审查意见》《陆棠介绍》《黄生借书说句读有误》《钱竹汀手简十五函考释》《两封无名字无年月的信》。《两封无名字无年月的信》是陈垣的最后一篇论文。1965 年 10 月 21 日改定后送《文史》，因 "文革" 爆发，杂志停刊而未能发表。可见陈垣为学术而工作到不能够工作为止，从不间断。

1961 年，陈垣接受了中华书局点校新、旧《五代史》的任务。中华书局俞筱尧回忆："陈援老对新旧五代史做了大量工作，灿然同志（原中华书局总编金灿然）要乃乾（陈乃乾）先生和我去拜访陈援老，请陈援老担任。陈援老治学严谨，对自己已经做过的工作还不够满意，认为草率出版是对读者不负责任的。"后来几度磋商，"并征得陈援老同意，请柴德赓和刘乃和两位同志做助手，由刘乃和同志协助整理《旧五代史》，柴德赓同志协助整理《新五代史》。柴德赓同志为此特地从苏州借调到北京来作这项工作"。在陈垣的指导下，柴与刘编制了《新五代史不列传人名索引》《旧五代史不列传人名索引》《册府元龟五代部分人名索引》《通鉴五代部分人名索引》《有关五代史论著书名录》《五代十国年表》等，并将薛史的熊本、刘本和殿本分别互相对校一过，列成各本异同表。大量的准备工作和初步校点，为最后的成稿打下了坚实的基础。后来 "文革" 开始，这项工作停止。1971 年，二十四史点校工作重新启动，新、旧五代史的点校任务，改由他人。这项工作中途易人，据刘乃和讲，这是姚文元的意思，理由是因为陈垣等人校点所出校勘记太多、烦琐的缘故。俞筱尧说："陈援老主持整理这两部史书，竟也会遇到 '天下大乱' 的年代，落得如此不幸的结局。"

1955 年到 1964 年，陈垣在助手刘乃和的帮助下，重新修订了他的大部分主要著作 11 种，由科学出版社、古籍出版社再版。1964 年中华书局又将《元典章校补》《元秘史译音用字考》《元西域人华化考》《旧五代史辑本发覆》和《吴渔山先生年谱》以木版印刷出版，名曰《励耘五种》，共 10 册。

六、 在 "文化大革命" 的岁月里

1966 年至 1971 年，这是陈垣人生旅程的最后阶段。"文化大革命" 爆发后，高级知识分子多被列入 "牛鬼蛇神" 的范围。举国上下大字报铺天盖地而来，红卫兵 "造反有理" 的口号响遍全中国。在这种形势下，陈垣提心吊胆，闷闷不乐，他对形势的发展担忧、陌生而又不理解，只有保持沉默。他很孤独，对人

生备感冷漠。他已经有一种在劫难逃的感觉。"文革"前，儿子乐素、儿媳洪美英、孙子智超、孙媳曾庆瑛一家人去看望他时，他特别高兴，有说有笑，问这问那。可是"文革"开始后，儿孙们来看他时，他好像变成了另一个人，面对着儿孙们的到来，他一言不发，满面愁容，进食很少，觉睡不安。看到他忐忑不安的状况，智超向当时主持历史研究所工作的副所长尹达反映了陈垣担惊受怕的情况。尹达为了宽慰他，于1966年3月18日到其居所看望他。这次谈话效果不错，陈垣还留尹达在家晚餐，这是极少有的例外。

"文革"期间，陈垣极少外出，各方面的消息主要来自他几十年如一日的听新闻广播的好习惯，再就是来自家人的传达。陈垣子女当时在世者还有八人，但多在外地，在北京的只有长子乐素、次子仲益。乐素在人民教育出版社任历史室主任，历史研究所兼职研究员。仲益体弱有病，与陈垣住在一起。乐素有两子在北京，智超在历史研究所工作，智纯在北京矿业学院任教。每逢节假日，乐素全家老小必到陈垣处团聚。

北师大为陈垣配备有工作人员。专职秘书刘乃和，从1947年研究生毕业后做了陈垣的助手。另有专职护士老郭、公务员小郭，还有自费请来的两位抄书先生和一位专门做饭的保姆袁姐。陈垣生活简朴而有规律。早餐牛奶一碗，面包若干片，或烤馒头两片，特别喜欢喝小米粥。午餐、晚餐米饭一小碗，一荤一素一汤，腐乳一小块。家乡特产鲮鱼也是他喜食之物，偶尔买到一听罐头，能吃两三天。

随着"文化大革命"运动的迅猛发展，陈垣身边的大多被"撤走"了，一座两进的四合院里只剩下3个60岁以上的老人：除陈垣外，还有儿子仲益和专门做饭的保姆袁姐。其他家属各有自己的工作单位，都要参加运动，照顾陈垣起居自然落在仲益身上。陈垣无可奈何地说："现在是老人照顾老老人"。

1966年5月，他的夫人徐蕙龄在天津去世，他让仲益和刘乃和到天津，带去300元，为她立块石碑。不到一星期，他的结发妻子邓照圆在广州去世，家人不敢告诉他，以免使他雪上加霜。

有一次，家属们向他讲述了北京的两派斗争，陈垣问家属们，你们是哪一派的，家属说，我们是反对王（力）、关（锋）、戚（本禹）这一派的。他想了一下，指指自己，又指他们，说："我跟你们是一派的。"说完开心地笑起来，逗得大家也大笑起来。这是那段岁月中难得听到的他的笑声。

在艰难的岁月里，他深居简出，与外界的同仁断绝了联系。过去的学校领导、朋友都自身难保，谁还顾得上他呢。有几个得意门生：启功、史树青、刘乃和、许大龄等几年中来看过他几次，危难之中见真情。启功回忆："在1967年时，空气正紧张之际，我偷着去看老师，老师口诵他从前给一位老朋友题什么图的诗共两首，我没有时间抄录，匆匆辞出，只记得老师手持胡须念道：'老夫也是农家子，书屋而今号励耘。'抑扬的声调，至今如在。"所言的两首诗，是陈垣于 20 世纪 40 年代为湘潭宁某题《锄耕图》手卷的诗。

在"文革"中，逢国庆、"五一"等节日，能否在公众中"亮相"是自身平安与否的标志。为了让亲朋好友宽心，陈垣还是尽可能出席这种集会。他每次外出，要换衣换裤，非常麻烦。他的行动已极不方便，总要两三人合力连座椅带人抬至门口上车。1970 年国庆，陈垣最后一次登天安门参加国庆观礼。

1969 年底，陪了陈垣 3 年的仲益，病体坚持不住，终于进了医院。家里只剩下陈垣和一个做饭的老保姆。陈垣处于无人照管的悲惨状况下。有一次，陈垣从床上摔到地上，自己起不来，在地上一坐就是半天，没人知晓。在这样的情况下，智超夫妇决定向周总理求助，以陈垣的名义给周总理写信，说身边无专人照顾的困难，希望有专人照顾。这封信很快起到了作用。1970 年 1 月 6 日左右，周总理派了一位军代表到北师大，将刘乃和调回陈垣身边照顾他，不久，护士老郭、公务员小郭也调回来了。

1970 年，陈垣已经 91 岁，身体日衰。7 月至 9 月，他因脑血栓后遗症又一次住进医院。出院不久，他又于 12 月 14 日发低烧住进北京医院，从此再也没有回家。

陈垣在弥留之际，仍关心着二十四史的校点工作。刘乃和说："他逝世前，在北京医院住院时，隔壁就是顾颉刚老先生住的病房。当他得知重新组织点校二十四史的班子时，还让我过去问顾老情况。他很高兴这次工作由顾老负责，但对两部五代史不让他再继续点校，以至完成，是表示非常遗憾的。"

1971 年 6 月 21 日，陈垣病逝于北京医院，享年 92 岁。6 月 24 日，在八宝山革命公墓举行告别仪式。告别仪式由中共中央政治局委员、国务院副总理李先念主持。中共中央委员、人大常委会副委员长郭沫若致悼词。

《人民日报》等刊载陈垣逝世的消息："陈垣同志解放前一直从事教育工作。新中国成立后，曾任北京师范大学校长，中国科学院历史研究所所长，中国人民政治协商会议北京市委员会副主席，第一、二、三届全国人民代表大会常务委员矮员等职。一九五九年一月，陈垣同志在他七十九岁的时候光荣地参加了中国共产党。陈垣同志忠于党，忠于毛主席，热爱社会主义。他努力学习毛主席著作，注意改造思想。在毛泽东思想光辉照耀下，他人虽老而志愈坚，年虽迈而学愈勤，为社会主义教育事业做出了贡献。"

陈垣的学生邵循正撰挽联曰："稽古到高年，终随革命崇今用；校雠捐故技，不为乾嘉作殿军。"

陈垣的学生启功撰挽联曰："依函仗卅九年，信有师生同父子；刊习作二三册，痛余文字答陶甄。"

陈垣逝世后，家属遵照他的遗愿，将他 4 万册藏书、大批有很高史料价值的文物以及 4 万元稿费，全部捐给国家。现在他的图书由国家图书馆收藏，文物由北京市文物管理局收藏。他的大量遗稿，由孙儿智超收集保存。

第八章　交友之道，在得切磋之益
——陈垣学术交往举隅

一、惺惺惜惺惺——与英华的交往

英华（1866—1926），字敛之，号安蹇斋主，又号万松野人，北京人，满族，爱国天主教人士。精国学，擅诗文，书法亦遒劲可爱，而提倡维新，痛斥清末政治之腐败，尤为难能可贵。著述有《也是集》《也是集续编》《安蹇斋丛残稿》《万松野人言善录》《劝学罪言》《复友人驳劝学罪言书》《敝帚千金》《蹇斋剩墨》《安蹇斋随笔》《万松心画》等。清光绪二十八年（1902）五月十二日，在天津创办《大公报》，"以启民智，宣民隐为宗旨"。1912 年，喀拉沁王福晋及夫人爱新觉罗淑仲女士等，向清皇室请领香山静宜园，兴办女学女工，委托英华经理其事。1913 年秋，他在香山静宜园创办辅仁社，为各省教会培养青年弟子。社中所拟研究课题有"太古中西同源考""唐景教碑考""元也里可温考""清四库总目评论教中先贤著述辨"等。1917 年，京畿大水，大批难民逃来北京城内。熊希龄为赈灾督办，设慈幼局，聘他为局长，后移香山，改名慈幼院，收养孤儿。他又与马良联名上书美国本笃会，建议创办中国公教大学。1925 年 1 月，美国本笃会教士奥图尔来华商讨筹办公教大学事宜，具体筹办由他与马良负责。同年 7 月他受聘为北京公教大学国学部主任。8 月 15 日，他订立《北京公教大学附属辅仁社简章》寄呈国内神父，并决定在大学班招生前，先成立国学专修科——辅仁社（沿用他 1913 年创立辅仁社之名）。10 月辅仁社开学，学生 23 人，他任社长，陈垣是主讲教师。1926 年，他临终前以辅仁社和公教大学事务相托陈垣，逝世后，陈垣任辅仁社社长、公教大学副校长。陈垣为英华《蹇斋剩墨》一书作《跋》说："生平服膺基利斯督，好利西泰、汤道未之言，慕徐子先、李振之之风；慨雍乾以后，教学凌替，隐然以文艺复兴为己任，曾于香山静宜园创辅仁社，四方来游者众，犹以为日尚浅，成效未大观，乃复著书劝学，名曰《罪言》。卒以诚动教廷，声闻邻国，于是有公教大学之设。公教大学者，以阐发文明，保存旧学为标帜，造端弘大，未能即成。今甫成国学一部，而先生已赍志以没矣，悲夫。"

陈垣结识英华于 1917 年春，现存二人来往书信中，有民国六年闰二月二十九日英华致陈垣函，"华回山后得读赐示，虚怀下问之诚，令人钦佩曷极"，并约陈垣相见。1919 年 4 月，陈垣撰《万松野人言善录跋》有言，"余之识万松野人，因《信善录》也。丁巳（1917）春，居京师，发愿著《中国基督教史》，于是搜求明季基督教遗籍益亟"，"已而得《言善剥》，知野人藏此类书众，狂喜，贻书野人，尽假而读之，野人弗吝也。余极感野人，野人亦喜有人能读其藏，并盼他日汇刻诸书，以编纂校雠之任相属，此余订交野人之始也"。英华对陈垣的宗教史研究影响很大，陈垣的第一篇史学论文《元也里可温考》，即辅仁社的课题，并由辅仁社出资印行。英华十分赞赏陈垣的才华，遂来往甚笃，讨论学术。陈垣为英华刊校教籍出谋划策。1917 年 5 月 8 日，陈垣致英华函云："顷言翻刻旧籍事，与其倩人缮钞，毋宁径将要籍借出影印。……故拟仿涵芬楼新出《四部丛刊》格式，先将《超性学要》（廿一册）付影印，即名为《天学二函》，并选其他佳作，为三函，有余力并复影初函。如此所费不多，事轻而易举，无缮校之劳，有流通之效，宜若可为也。乞函商相老（马相伯），从速图之。此事倘行于数年前，今已蔚为大观矣。"此后马相伯、英华、陈垣三人在重刊教籍中都写序或跋，如重刊《主制群微》《辨学遗牍》《译书》《灵言蠡勺》《大西利先生行迹》等，都有他们分别写的序或跋。陈垣写《明李之藻传》《休宁金声传》《华亭许缵曾传》都与马相伯、英华有密切的关系。

陈垣对英华的爱国思想十分称赞，于 1953 年 3 月撰《天主教徒英敛之的爱国思想》一文。该文分九部分：①英敛之的略历；②为反对教士愚民政策上书教廷；③为教士排斥中国学问阻止教徒爱国特撰《劝学罪言》；④为友人驳他《劝学罪言》复友人的信；⑤为宣传《劝学罪言》给他儿子的信；⑥为刊印爱国爱教书籍给某教士的信；⑦为反对袁氏称帝给某教士的信；⑧为反对官僚媚外给某部长的信；⑨现在天主教徒应学习英敛之的爱国精神。陈垣通过许多具体材料，表彰了英华的爱国精神。陈垣号召中国天主教徒应当继承和发扬这种爱国传统，学习英华的爱国精神。

二、 忘年之交——与马相伯的交往

马相伯（1840—1939），原名志德，字斯臧，又名钦善，亦名建常，改名良，字相伯，别署求在我者，晚号华封老人，祖籍江苏丹徒（今镇江市）。

马相伯是一位著名教育家、宗教界名人和爱国者。他信奉天主教，出生未久，即受洗礼，教名若瑟（或作若石）。他熟悉拉丁文、法文、希腊文等多种外国语，精通中外文化学术、天文、数学、神学。教会授他神职为司铎（神甫），进行传教。后因与教会不睦，他退出教会进入仕途。他初佐山东藩司余紫垣，后追随李鸿章达 20 年之久。在这期间，他还到过日本、朝鲜、美国、英国、法国和意大利等国。60 岁以后捐产兴学，他先后创办了震旦大学和复旦大学。民国元年他一度代理北京大学校长。他曾协助英华创办辅仁社，刊印教籍，又一起筹办辅仁大学。1920 年南归，定居上海徐家汇土家湾。1931 年"九一八"事变，他已 92 岁高龄，奋起倡言抗日，呼吁国人团结自救，被誉为爱国老人。1937 年 3 月他任南京国民政府委员。"七七事变"后，马相伯西迁桂林，寓风洞山。1938 年冬，他入云南、四川，道经越南谅山，"因病不得进，遂留居"。1939 年 11 月 4 日，马相伯溘然长逝，享年 100 岁。毛泽东、朱德和彭德怀还特电其家属表示哀悼。

陈垣与马相伯相识，当在民国初年。那时，马相伯为江苏省议员，并担任总统府高等顾问等职，陈垣为广东省议员。陈垣在《马相伯先生文集·序》中说："余自民元北上，即与先生（按指马相伯）暨英敛之先生过从甚密"，"二先生有所计议，余往往得首先闻之；二先生有所刊布，余亦得先观为快"。马相伯在《元也里可温考·序》中也说："君（指陈垣）即民国二年反对孔子为国教，而狂夫某电京，嗾明正典刑者之一也。"陈、马由相识到相知。

马相伯比陈垣大 40 岁，但陈垣第一篇史学论文《元也里可温考》得到马相伯鼎力相助。陈垣在《元也里可温考·初版缘起》中说："余乃重理其稿，并经马相伯先生为之点定，乃付刊。"陈垣在此文中，多处说到"马相伯丈"的意见。马相伯并不以长者自居，而是竭力提掖陈垣，一方面建议英华将《元也里可温考》出线装单行本，另一方面还特地为论文作序，向读者推荐，而且赞佩陈垣"君真余师也！"此后，凡陈垣有著作或校刊，多请马相伯作序。而马相伯对陈垣期望甚殷，凡教中典籍，认为需要考订者，均企望陈垣能重新考订。马相伯曾有意延聘陈垣为震旦大学教授，但遭法国神甫以压低薪金作梗而未果。

《黄钧选先生暨罗夫人七十双寿序》稿

陈垣对马相伯非常尊敬，曾向老人提出写点什么给他留个纪念。1920 年秋，马相伯以 81 岁高龄，亲临"王觉斯赠汤若望诗翰跋"寄往北京，赠送陈垣。条幅中说："新会援庵先生于史学有特长，而于天学之流传中土史尤三致意焉。见余八十有一，而手不甚颤，力索余书，为他日之纪念，故录右诗以明坐云则坐之意。庚申秋马良。"1923 年，陈垣作《黄钧选先生暨罗夫人七十双寿序》云："垣游京师十年，父事者二人；曰丹徒马先生相伯，日梅县黄先生钧选。二先生者皆不以垣为不敏，而乐与为忘年之交者也。马先生不常居京师，或往或来，来则谈宴竟日。"1926年1月英华病逝，由陈垣任辅仁大学校长之后，马相伯一直与陈垣保持联系，对陈的学术研究与辅仁教务，时有所商，仅《马相伯先生文集》和《文集续编》中，提到陈垣之处不下数十条之多。陈垣有关辅仁之事，总设法让马相伯知道。像马相伯这样一位我国近代高等教育事业的开拓者，如果能将他一生所经过的大事记录整理发表，当是一项宝贵的财富。陈垣有鉴于此，在1930年间，陈垣乘其长子陈乐素在上海之便，命陈乐素经常去访问老人，请老人将其一生经历逐段详谈，陈乐素将这些访问的内容整理出来，以《相老人八十年经过谈》为题，发表于《人文月刊》上。1947年陈垣为方豪编辑的《马相伯先生文集》作序时说："先生（指马相伯）毕生精研中西学术，兴办高等教育，复躬与逊清及民国两代大政，一身系中国近百年文教者至巨。况去世之岁，寿臻期颐，阅世之久，世罕其俦，故其议论，虽吉光片羽，亦足资后人圭臬。"这是对马相伯一生的功绩的极好评价。

三、"史学二陈"——与陈寅恪的交往

陈寅恪（1890—1969），原籍江西修水人，生于湖南长沙，著名历史学家，享誉中外，学贯中西。祖父陈宝箴，历任清浙江、湖北、直隶按察使、布政使、湖南巡抚等职。父三立为光绪十二年进士，官授吏部主事，因参与维新运动被革职，隐居原籍，致力于诗文写作。寅恪幼承家学，长大后，四处求学，留学日、美、德、英等国。1925年他学成回国，受聘为清华大学国学研究院导师。1937年"七七事变"，他随清华大学南迁，先至长沙，后绕道香港、越南，入昆明，为西南联大教授。后他又任香港大学、广西大学教授。抗战胜利后，他于1946年10月重新回清华园。新中国成立后，他执教于岭南大学和中山大学。陈寅恪著作等身，2001年北京三联书店出版《陈寅恪集》十三种十四册，收入现在所能找到的陈寅恪的全部著述，计有《寒柳堂集》《金明馆丛稿初编》《金明馆丛稿二编》《隋唐制度渊源略论稿》《唐代政治史述论稿》《元白诗笺证稿》《柳如是别传》《诗集（附唐筼诗存）》《书信集》《读书札记一集》《读书札记二集》《读书札记三集》《讲义及杂稿》。

陈垣与陈寅恪，学术界并称为"史学二陈"。两人相识于20世纪20年代，交谊甚笃，相知甚深。20年代，陈寅恪曾荐举陈垣为清华大学国学研究院导师，陈垣婉言恳辞。蒋天枢《陈寅恪先生编年事辑》记："王（国维）、梁（启超）两先生相继逝世，赵元任先生常去外地调查方言，研究院事务遂集于陈先生一身。……无巨细，悉由陈先生处理。……寅恪先生为发展研究院计，请校方聘章炳麟、罗振玉、陈垣三氏为导师，马叔平（衡）为特别讲师，校方一一致聘，

章、罗均不就，陈氏自以不足继梁、王二先生之后为词，再三恳辞。"陈寅恪为陈垣的《敦煌劫余录》《元西域人华化考》《明季滇黔佛教考》等著作作序，对其学术成就及治学方法评价极高。陈垣对陈寅恪亦推崇备至，嘱自己的学生应当读陈先生的著作，学习其方法。牟润孙在《敬悼陈寅恪先生》一文中说："我的老师励耘先生对他（指陈寅恪——引者注）恭维备至，谆谆嘱我应当读陈先生的著作，学他的治学方法。"抗战时期，陈垣在致陈乐素家书中，有 22 段是关于陈寅恪的，字字情深意切，充分表达了陈垣对陈寅恪的情谊。如 1939 年 1 月 14 日信中说："前者文成，并先就正于伦（明）、胡（适）、陈（寅恪）诸公。今诸公散处四方，无由请教，至为遗憾……直谅多闻之友不易得，当以诚意求之。"

今保存在《陈垣来往书信集》中的 19 通陈垣与陈寅恪的来往书信中，更可看出他们切磋学术、质疑问难的学术友谊。如一封署 8 月 8 日的陈寅恪致陈垣的信说："顷欲检'布拉特阿哈'（元世祖时派赴波斯者。欺名卜儿吉。《新元史》卷二十八、十六页上、氏族表上）事迹，非乞灵于尊编之《七家元史类目》不可，求便中示复，不胜感极之至。"陈垣一贯重视工具书的利用，为研究之便，往往自编有关索引，陈寅恪请陈垣查自编工具书，可见他们互相了解之深。1935 年 1 月 6 日，陈寅恪致陈垣："顷读大作讫，佩服之至。""大作不仅有关明清教史，实一般研究学问之标准作品也。拜诵之后，心悦诚服。"此作品是指陈垣的《从教外典籍见明末清初之天主教》一文。文章运用大量档案、官书、文集等教外典籍，阐明明末清初天主教史的许多问题，为研究宗教史开辟了新的广泛的材料来源。所以，陈寅恪将之高度评价为"实一般研究学问之标准作品也"。

他们之间还互相推荐人才。如陈寅恪向陈垣推荐汤涤（定之）为辅仁大学艺术系教师，孙道昪为辅仁附中国文课教员，推荐吴其昌为师范大学史学系、辅仁大学国文系史学系教授等。陈垣向陈寅恪推荐岑仲勉等。陈垣将岑仲勉的论文转送寅恪阅，寅恪读后，感叹道："岑君文读讫，极佩（便中乞代致景慕之意）。此君想是粤人，中国将来恐怕只有南学，江淮已无足言，更不论黄河流域矣。"后来经傅斯年、陈寅恪的努力，岑仲勉进入中央研究院历史语言研究所。二陈之间经常互相介绍学人、推荐书籍、借书赠书等。

新中国成立后"二陈"甚少直接往来，消息互通主要通过冼玉清和汪宗衍。1949 年冬，陈寅恪夫妇与冼玉清同游岭南大学附近的漱珠冈纯阳观。在这次"寻梅"之旅中，陈寅恪赋诗《纯阳观寻梅呈冼玉清教授》，冼玉清和诗一首《侍寅先生漱珠冈探梅次元韵》。1950 年 1 月 15 日，冼玉清复函陈垣："陈寅恪先生身体日健，常有晤言。前旬因登漱珠冈探梅，往返步行约十里。陈夫人谓渠数年无此豪兴，附唱和诗可知也。"并抄录唱和诗寄陈垣。通过冼玉清，陈垣得以常常读到陈寅恪的诗文。1954 年 4 月 23 日，陈垣致信冼玉清："谷雨既过，花事正浓，有与寅恪先生唱和否？录示一二，为盼。"就在这一年，陈寅恪曾作

《饮韵冼玉清教授寄怀陈援庵》诗，可惜已佚。

1953 年冬，陈寅恪早年的学生汪篯带着中国科学院院长郭沫若、副院长李四光的信来广州，劝说陈寅恪返北京就任即将成立的中国科学院中古史研究所所长。汪篯此行无功而返。1953 年 12 月 18 日，陈垣致冼玉清函："中古史研究所事情当汪君（即汪篯）未南行前，曾到舍间商酌，同仁意见以为所长一席，寅恪先生最为合适。今闻寅恪先生不就，大家颇为失望，奈何！"陈寅恪拒绝北返，推荐陈垣担任中古所所长，并被有关部门接受，后来陈垣被任命为中国科学院历史研究所二所（中古研究所）所长。

陈寅恪《论再生缘》这部著作，陈垣也看到了。1959 年 11 月 2 日，陈垣复汪宗衍函："奉到《论再生缘》一册，

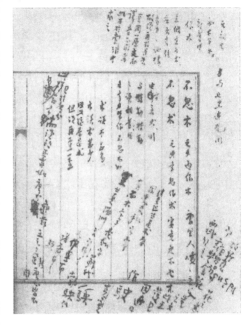

20 世纪 30 年代陈垣与陈寅恪笔谈遗墨

在远不遗，至为感谢。惟书前缺去三、四页，美中不足。"同年 12 月 5 日，汪宗衍复函："《论再生缘》一书乃寅老数年前之作，冼三家（即冼玉清）屡为言之，乃其未成之稿，后流入港肆，被人盗印出售。偶得一册，而书中间有累句，出版说明更推波助澜，多违时之语，故特抽出三纸。顷承垂询，检出补寄。"可见汪宗衍所寄是香港友联图书编译所排印出版的《论再生缘》。汪宗衍把寄赠陈垣的书撕去前面的出版说明。

陈垣与陈寅恪在史学上都取得很高的成就，他们学术成就的取得，固然与天赋及努力分不开，但从他们的交往与友谊可以看到，充分认识到彼此的长处与短处，不是文人相轻，而是取长补短，互相切磋，是其成功的重要因素之一。这也是两位大师留给后人的一份珍贵的遗产。

四、 直谅多闻的诤友——与胡适的交往

胡适（1891—1962），初名嗣穈，学名洪骍，字适之，安徽绩溪人，著名哲学家、思想家、史学家。幼年在家乡私塾读书，肄业于上海中国公学，后到美国康奈尔大学、哥伦比亚大学留学，师从实用主义哲学家杜威。1917 年他回国后任北京大学教授，参加编辑《新青年》，提倡白话，反对文言，主张"文学改

革"，与陈独秀、李大钊等同为新文化运动的领袖人物。胡适 1938—1942 年任国民政府驻美大使；1946—1948 年任北京大学校长；1949 年去美国；1958 年返台湾任"中央研究院"院长。其主要著作有《中国哲学史大纲（上）》《尝试集》《白话文学史》和《胡适文存》（四集）等。

陈垣与胡适经他们共同的朋友沈兼士介绍相识于 20 世纪 20 年代初。1922 年 3 月，北京大学《国学季刊》编辑部成立，胡适为编辑部主任，沈兼士既是《国学季刊》编辑委员，又是北大研究所国学门主任。陈垣被聘为北大研究所国学门导师，并成为《国学季刊》的主要撰稿人之一。1923 年 1 月，《国学季刊》创刊号出版，胡适发表了著名的《发刊宣言》，提出要"用历史的眼光来扩大国学研究的范围"。同期发表了陈垣的《火祆教入中国考》，第二期发表了他的《摩尼教入中国考》，第三期发表了他校录的摩尼教残经，第四期发表了他的《元西域人华化考》的上半部。陈垣的这几部著作，可以说是胡适《发刊宣言》最有力的体现，从此他们也建立了长期的友谊。

陈垣在编纂《中西回史日历》和《二十史朔闰表》时遇到的问题，也请教胡适。胡适在查阅了《大英百科全书》以后，以长函做了回答。这两部书作为北大研究所国学门丛书，先后于 1925 年、1926 年出版。胡适在《现代评论》杂志上发表的《介绍几部新出版的史学书》中，第一部就是介绍陈垣的《二十史朔闰表》。陈垣在致胡适的信中说："关于《中西回史日历》英文名有所领教。嗣经友人之解释，已照付印。所有叙例点句，及每段首行低格等等，均照尊属办理。又将《现代评论》大著印做广告。"可见胡适对陈垣这两部书有所帮助。

以后陈垣与胡适在学术上多有讨论。1933 年胡适将他"生平最得意的一篇考证史学的小品文字"《蒲松龄生年考》以及刚写定尚未发表的《评论近人考据老子年代的方法》送给陈垣看，陈垣复信："先生所定蒲松龄生年及年岁，精确不可移易，至佩至佩。""惟先生所下判决书，断定全集皆系捏造，愚见颇为被告抱冤"，提出商榷意见。1933 年胡适撰《四十二章经考》，认为汉代译经即有"佛""沙门"等名词。他将文稿送陈垣征求意见。陈垣致函胡适，运用汉代君臣诏令奏议称"浮屠""浮图"，而不言"佛""沙门"的材料，反驳胡适的观点，认为现存《四十二章经》非汉译亦非襄楷所引之汉译佚经。以后双方书信来往前后 10 余日，书信达 8 封。对于这场辩论，许冠三在《新史学九十年》中评论，陈垣"考《四十二章经》身世，能以缜密傲视胡适之"。其周密推证和严谨、科学的方法使胡适深深折服，甚为敬佩。陈垣嫡孙陈智超在《陈垣先生与佛学》一文中说："他与胡适关于《四十二章经》的辩论，更是宗教史研究中的一段佳话。……今天回顾这一场辩论，犹如欣赏一场精彩的高水平的友谊比赛。双方实力伯仲，旗鼓相当。经过辩论，在一些问题上取得共识；未能一致的地方，也因此充实了自己的论据，使自己的观点更严密。前辈学者在学术上坦率的态度，令人向往。"胡适对这次讨论相当重视，将《四十二章经考》一文及 4 月 5 日两人来往信函、6 日致陈函都收入他自编的《胡适论学近著》一书中，首次公开发表。其原因，正如他 6 日信中所说的"此次所论，问题虽小，而牵涉的方法问题颇关重要"；是展示他的"历史演变的观点"的一个实例。陈垣对这次讨论也相当重视。同时他也为有胡适这样直谅多闻的诤友而高兴，他在信中盛赞胡适"绝顶聪明""研究态度及方法亟当师法"。

1947 年 5 月陈垣请胡适到辅仁大学演讲后合影

抗日战争时期，陈垣处于沦陷区的北平，此后两地音信难通，陈垣给在香港的儿子乐素的家书中，多次提到胡适，充满怀念之情。如 1939 年 1 月 14 日函："前者文成必先就正于伦（明）、胡（适）、陈（寅恪）诸公，今诸公散处四方，无由请教，至为遗憾。"1940 年 1 月 7 日函："文成必须有不客气之诤友指摘之，惜胡（适）、陈（寅恪）、伦（明）诸先生均离平，吾文遂无可请教之人矣。非无人也，无不客气之人也。"身在美国的胡适也没有忘记在沦陷区的老友陈垣。1943 年 7 月、8 月，胡适写成《两汉人临文不讳考》和《读陈垣史讳举例论汉讳诸条》。在后一文的《后记》中说："陈先生此书，一面是结避讳制度的总账，一面又是把避讳学做成史学的一个新工具。他的重要贡献，是我十分了解的，十分佩服的。""我们做了多年的邻居，享受了多年的论文切磋之益。他的《元典章校补》我曾替他写两万字的长序。现在我们相隔几万里，不知何时才得重有聚首论文之乐。所以我很诚恳的把这两篇论避讳的文字奉献给我的老朋友、老邻居，陈援庵先生。"

《水经注》研究是胡适晚年学术活动的重点，从现存的书、文可以看到，陈垣曾给他提供过资料，与他进行过讨论。陈垣还收藏有杨守敬致梁鼎芬手札两封，胡适抄录后，于 1948 年 8 月 14 日写成《跋杨守敬论水经注案的手札两封》，并送给陈垣看。12 月 7 日，陈垣致信胡适，讨论这两封手札。12 月 13 日夜，胡适复陈垣信，这是他离开北平之前发出的最后一封论学信。两天后他就乘南京政府派来的专机飞南京，不久便到美国了。

1949 年 1 月 31 日，北平和平解放。4 月 29 日，陈垣写成致胡适的公开信，5 月 11 日，在《人民日报》上发表。此后两人再无来往。

二十世纪五六十年代，海峡两岸处于隔绝状态。但陈垣与胡适还是密切关注着对方的情况，并有所表露。比如 1959 年 1 月 3 日，台湾"中研院"举行团拜，胡适在会上说，20 年代，"在北平和沈兼士、陈援庵两位谈起将来汉学中心的地方，究竟是在中国的北平，还是在日本的京都，还是在法国的巴黎?"同年 5 月 13 日，台湾有人想翻印《道藏》，胡适不赞成翻印全藏，并说："陈垣著的《南宋初河北新道教考》这本书是值得印的。这本书里说那时的全真教、大道教、太一教的源流很详细，他收到很多碑版的资料，文章也很清楚。"这本书"可以叫人知道道教是有民族思想的。""金元时代的士大夫看得起道教，因与外族奋斗时道教有用处。在陈垣这部书里都有书目，才是值得一看的。"1961 年 1 月 16 日，胡适谈起校勘学的方法，说："陈援庵遇到重要的校勘，是倒过头来校勘的，使它失去了文词的意义，硬是一个字一个字的校对。"在北京这边，陈垣得知台湾历史语言研究所集刊有纪念胡适生日及傅斯年逝世的论文集后，于 1960 年 4 月 20 日致信在澳门的友人汪宗衍："关于胡、傅论文集，甚欲一见，邮局能寄，则请寄下为幸。"5 月份他收到了这两部论文集。1964 年 8 月，陈垣又通过汪宗衍得到一部纪念胡适之的论文集。

陈垣与胡适，真是直谅多闻的诤友，这种友谊经得起时间和空间的考验。

五、 志同道合——与尹炎武的交往

尹炎武（1889—1971），又名文，字石公，号蒜山，江苏丹徒人，古文献与文物专家。1911 年入安徽存古学堂，从朱骏声学《说文》，后入上海中国公学攻读古文及法律。自 1919 年起，他历任北京农专、北京大学、辅仁大学（国文系主任）、中法大学、河南大学、贵阳师范学院教授，并曾任江苏通志馆纂修、国史馆纂修。新中国成立后，他任上海市文物管理委员会委员。

陈垣与尹炎武交情甚笃，《陈垣来往书信集》收入陈垣与尹炎武来往书信 83 通，时间从 1922 年到 1964 年，书信不断达 40 余年，至"文化大革命"爆发，书信才终止。1922 年，陈垣任教育部次长时，尹炎武即"送上教部现职员简录一册以供清览"，并向陈垣提供人事任免的意见。1922 年 5 月，由吴承仕发议，尹炎武、朱师辙、程炎震、洪汝闿、邵瑞彭、杨树达、孙人和8人假座北京的歙县会馆结成"思误社"，取北齐邢邵语"日思误书，亦是一适"之意。每两周会集一次。主要是校订古书，以养成学术空气。后改名为"思辨社"，陆续加入者有陈垣、高步瀛、陈世宜、席启驹、邵章、徐鸿宝、孟森、董节、伦明、谭祖任、张尔田等人。陈垣与思辨社成员的交谊尤为深远。谭祖任加入思辨社之后，该社的轮集改到位于丰盛胡同的谭宅聊园举行。后来尹炎武离开北京，到外地任教，在致函陈垣时，每每忆及聊园研讨学问的情趣，"每忆励云（耘）学肆之雅谈，聊园春酤之坠馥，茶消意倦，遥夜明灯，辄不胜起舞弄清影之感"。"每念高斋促膝、娓娓雅谈，风月聊园，沉沉清夜，未尝不极目苍茫，精神飞越。"甚至1962年，尹炎武在《简陈援庵》的八首诗中，有一首忆及"聊园思辨社"："黄（晦闻）陈（匪石）伦（哲如）孟（心史）闵（葆之）孙（蜀丞）谭（篆卿），二邵（伯绢、次公）张（孟劬）洪（泽丞）共一龛，若问聊园思辨社，空余惆怅望江南（黄诗，陈词，伦、孟、闵、孙考证，二邵、张、洪均词家，谭金石赏鉴）。"

尹炎武比陈垣小9岁，在书信中累称陈垣为老师，或自称为陈垣的"门人"，对陈垣的史学成就十分崇敬，称陈垣为"近百年来横绝一世"的"当世史学钜子"，"我公学术，海内匪二，主讲旧京，腾声域外"，"考据之业，到此境界，真神乎其技，空前绝后也，岂特当世无两哉！""当代擅场史学，而以深入浅出之文达之，励云（耘）书屋外无二手也。"1952年，尹炎武把友人携来的钱竹汀手简15通，请陈垣考释，陈垣写成《钱竹汀手简十五函考释》一文。1961年，时任上海文物保管委员会委员的尹炎武，把上海文管会所藏的清代学者书札请陈垣考释，陈垣写《跋洪北江与王复手札》一文。文中说："上海市文物保管委员会尹同志寄示乾嘉诸儒手札墨迹，中有洪亮吉与秋塍明府一札。秋塍者王复，浙

1957年老友尹炎武拜访陈垣

中编 （中国科学院哲学社会科学部委员） 陈垣

江秀水人，王又曾之子。"尹炎武不仅对陈垣史学、考证之成就十分钦佩，而且，新中国成立后对陈垣思想的进步十分折服。1952 年 1 月 21 日信说："吾师与时俱进，养新德而起新知，幸有以广之。"同年 2 月 14 日信云："本日《大公报》载吾师三反检讨文，朴实说理，真诚无妄，真可示范。"尹炎武对陈垣的学术十分谙熟，不但阅读过他的所有著作，而且对其中的"微言大义"都十分了解。1962 年尹炎武《简陈援庵》八首诗中，有云："珠江学海肇仪真，粤秀承风更绝尘，今日代兴起新会，不知面广几由旬。"注云，"陈东塾学出仪真而精纯过之。先生实承其术，而复加广"，阐述了陈垣的学术渊源于阮元、陈东塾而又更广。"不有励耘钩距手，谁知西域被华风。"（《西域华风考》）"随园樊榭寻常见，西沚辛楣是处无，今日吾侪眼孔仄，天台梅碉已模糊。"（《通鉴胡注表微》）从他们的书信来往中，看出他们感情十分真挚，探讨学问，相知甚深，真可谓志同道合的同志。

六、 学术世交——与汪宗衍的交往

汪宗衍（1908—1993），与陈垣是学术世交。汪宗衍的父亲汪兆镛（1861—1939），字伯序，一字憬吾，是广东近代大儒陈澧的弟子，学海堂专课生，在清末民初的岭南学术界中，具有相当高的名望，于史学、文学、金石、书画等方面，卓有成就，著有《晋会要》《元广东遗民录》《岭南画征略》《碑传集三编》，修纂《番禺县续志》等。汪兆镛逝世后，陈垣曾致信陈乐素，追忆汪对自己学术的影响，说："知憬老（即汪兆镛）去世，至为感怆。卅年前，憬老见予所写作小品，以为必传。当时受宠若惊，不审何以见奖至此，然因此受暗示不少。今日虽无成，不能如老人所期，然三十年来孜孜不倦，未始非老人鼓舞之效也。今往矣，天南知己又少一个矣，为之凄然者终日也。"从这里可知汪兆镛对后辈陈垣多加勉励，陈垣将其视为"知己"，对汪的逝世，十分哀切。汪兆镛的第五子汪希文（1890—1960）与陈垣同为广州光华医校第一期（1910）毕业生。汪希文 1960 年在香港沙田万佛寺自尽身亡，陈垣得此噩耗，致信汪宗衍："惊悉希文兄噩耗，至为悲痛。"陈垣与汪家父子两辈相识数十年，对故旧逐渐离世，自然很悲怆。

《陈垣来往书信集》收入陈垣与汪兆镛及其儿子汪希文、汪宗衍、汪祖泽等的来往书信有将近 200 通，其中陈垣与汪宗衍（汪兆镛的第六子）的来往书信有 189 通，陈垣致汪宗衍就有 97 通。通信时间从 1933 年至 1969 年，长达 36 年，可见他们之间交谊之深。1972 年汪宗衍编《陈援庵先生论学手简》，在《后记》中说："一九三三年夏，援老回粤，时衍方增订旧作陈东塾先生年谱，持以就正，语及新收东塾复戴子高墨迹，适衍自陈氏后人假得子高与东塾书原本，出以相视，援老大喜，欲为双璧之合而未果，乃将戴书抄寄，遂有《戴子高遗文与年岁》之作。自是四十年来书简往还不辍。愧余学殖荒落，疑莫能释，或访求书册，久而未获，时时邮函叩询，靡不指示周详，稀见之本，亦悉力为衍搜求抄影，近二十年来，犹源源以东塾资料远寄，其为人服务，诚如援老表字之称也。衍稚性难驯，偶有商榷，援老亦欣然接纳，且于增订本中齿及，尤足令人悚愧。"阅读他们之间的189通书信后，让人觉得汪宗衍这段话，基本上勾勒出他们之间的交游与友情。

1934年致汪家衍函

汪宗衍向陈垣请教问题，"靡不批示周详"。比如汪宗衍咨询陈垣"容甫续昏于何年"，陈垣连续写几封信回答这个问题，经多方考证，最后说"承询容甫续昏，当在乾隆卅九年甲午，前跋误，应更正"。这一考证使汪"佩服佩服"。又如汪宗衍对于明张西园的卒年有疑，向陈垣请教，陈垣经考证，证明"张西园生嘉靖三十七戊午（1558）"，"崇祯十四年辛巳（1641）卒"。汪宗衍说："张西园生卒年尊考精确，至佩至谢。"陈垣在书信中为汪宗衍解疑答难，不胜枚举。

陈垣对汪宗衍的著作帮助很大。汪著《陈东塾年谱》，陈垣为他提供很多资料，诚如汪宗衍所说："源源以东塾资料远寄。"陈垣接到油印本《陈东塾年谱》时，认为"搜辑之勤，至可钦佩"。汪宗衍撰《天然和尚年谱》，向陈垣借阅资料，陈垣抄自己所藏今辩撰的《天然行状》《天然语录》等相赠。撰写中事无大小，均请教陈垣，汪宗衍自己觉得"更有无厌之求"，陈垣只要能做到，都满足汪的要求，真是亲密无间。《天然和尚年谱》印出来后，寄10册给陈垣分赠同好，陈垣以"先睹为快"，十分高兴。收到修改稿之后，陈垣以为"以旧本相对，增改甚多，足微功力"。汪宗衍撰《屈翁山年谱》，陈垣也为他提供许多方便。陈垣收到《屈翁山年谱》抽印本时，说："资料丰富，用力至勤，佩甚佩甚。"汪宗衍在著作中有时注明得到陈垣的帮助，陈垣都婉拒。如1934年4月28日，陈垣函云："年谱（指《陈东整年谱》）同治五、六、七、八年及十一年，光绪元年、五、六年各条下之'新会陈氏藏'等幸抹去，因《通典》值昂，尚非吾有，谭氏诸札仍藏其家，不敢掠美也。"

陈垣居住于北京，新中国成立后，对南方的学术信息，尤其是对居住于南方的一些旧友情况了解不多，汪宗衍时时在书信中言及陈寅恪、冼玉清等人的情况，陈垣也为得到这些朋友的信息而十分高兴。尤其值得珍视的，是汪宗衍把港澳台的学术信息、高校情况告诉陈垣。如 1959 年 12 月 19 日，陈垣函云："香港除旧有香港大学外，尚有何大学？统幸赐示。"汪宗衍复函云："香港中文大学，据载已由英伦批准筹办，但久无消息。其大学级的学院、书院有新亚、崇基、珠海、浸信、联合等五间，皆十年来旧社会人士设立者。新亚为钱宾四主持，贵门人牟君润孙在院担任教席。崇基则广州岭南大学旧人也。"此后，汪宗衍把香港出版的有关学术的报刊如《新亚学报》《大公报》《文汇报》的剪纸寄给陈垣。1961 年台湾出版《清史》的讯息，也告诉陈垣，"闻台湾方面新编《清史》已付印，由张其昀（台教长）发表谈话公布，主编者萧一山，约千万言，分钉洋装八大册"。其后又把《中国一周》及《新闻天地》刊物登载的《清史》体例、内容简介等，抄录寄给陈垣，使陈垣对此有所了解。

陈垣与汪宗衍父子不愧为学术世交，他们的书信往来为近代学术史研究提供了可贵的资料。

第九章 "信有师生同父子"
——陈垣师生情谊拾趣

一、 薪尽火传——柴德赓

柴德赓（1908—1970），字青峰，浙江诸暨人，著名历史学家。幼年在家乡读小学、中学，1929 年考入北平师范大学历史系。在师大就读期间，经济困难，于 1931 年经陈垣介绍，他到辅仁大学附中兼教国文课。1933 年大学毕业他继续在附中任教，1936 年暑假后入辅仁大学历史系任教。抗日战争后期，他转至大后方，任教于四川白沙女子师范学院历史系，兼任该院图书馆馆长。抗战胜利后，他仍回北平辅仁大学。新中国成立后，他任北京师范大学历史系教授、系主任。1955 年，北京师大支援兄弟院校，他响应号召，服从分配，调到苏州江苏师范学院历史系任教，并担任历史系主任。他参加中国民主促进会，担任中央委员、江苏省副主任委员、苏州市主任委员，江苏省政协常委，苏州市政协常委，苏州市人民委员会委员等工作。他的著作有《史学丛考》《史籍举要》，主编中国近代史资料丛刊《辛亥革命》一书。他对古典诗词甚有造诣，现存遗诗残稿有《青峰诗存》《偶存草》，1988 年由其子女裒集，与他平日珍藏的师友墨迹合印成《柴德赓教授纪念册》，由香港影印出版。他擅长书法，20 世纪 60 年代，曾担任过书法协会常务理事。启功说柴先生"精于文史，敏于词章，书法潇洒流畅，得张阆声先生（宗祥）之传"。这是恰当的评价。

陈垣与柴德赓师生关系甚深。在北平师大读书时，陈垣正是历史系主任。陈垣第一次上课，就给新入学的学生提出有关史学的一些问题。由于他在课堂上对答如流，引起陈垣的注意。几年的大学学习，他在习作、测验、考试时，常因成绩优异，得到陈垣的称许。在辅仁大学任教时，柴德赓每有疑难，就去请教陈垣。师生谈文论史，往往直到深夜，不计时间早晚。谈到高兴时，他俩索性把椅凳移到励耘书屋的书库里，一面谈论，一面翻书，有时为一个问题，争得面红耳赤，有时为查找论据，搬出多少典籍图书。后来他常喜欢提起这一时期难忘的"夜谈"，他说他就是在这几年的登门求教和谈笑争论中，学问才有了显著的进展和提高。柴德赓在致陈垣的信中说："昔年受政治影响，颇思投波逐浪。自受夫子之教，顿易昔日之趣。迩来愈觉除为学外，不足以言意义，故虽处艰蹇，不堕斯志，或亦足以慰夫子垂念之万一耳。"可见柴德赓走上治学的道路，得益于陈垣的教诲。师生之间，谈古论今，研讨学问。柴德赓写的文章，必请陈垣批改，援老常说："你为我看文章多了，这回我得好好给你改文章。"陈垣的文章，亦请德赓指摘。德赓保留陈垣写的一些便条，大都是为商量文章的。如"文中砂石甚多，殊不满意，请细为雠勘、讥弹，以便洗刷磨砻，至盼至盼"。又如："考证文最患不明白，令人易于误会，又患有可省不省之字句。关于此两点，希两兄（指皖峰、青峰）为我尽力挑剔，俾得改定，至以为感。"又如："承示各节，应时改定，倘有疑义，仍请不吝指摘，俾加邃密，至以为感。"可见他们师生关系之深。

1944 年 1 月 30 日，柴德赓挥泪告别陈垣，携家离开北平，奔赴抗战后方四川。临行前夜所作诗文序曰："余立志南行，期在明日，援庵夫子早有同行之约，部署已定，而校务长雷冕等涕泣相留，遂不果行。今夕余往辞别，师勉励之余，继以感喟，余泪下不能禁，归寓倚装赋此，不知东方既白。甲申正月初五夜。"其诗中有云："八载胡尘污乾坤，忍饥读书乐晨昏。迟迟未肯言去国，总缘河朔重师尊。""黄昏斗室话时艰，相约联吟到巴山。""明朝挥手从兹去，回首师门肠内热。"可见他们师生感情之真挚。自柴德赓南下后，陈垣在致陈乐素的信中，多次询问柴赓情况，如 1945 年 5 月 1 日信说，"青兄（即柴德赓）处亦久未接信"，"一月卅一日寄青兄一函。二月廿八日复寄潜女《胡注表微》提要数份，属转青兄及汝，未知收到否？""余让之接青兄一月廿一日信，已见。如有通函，并为我问及为盼。"德赓南下，陈垣身边又失去一个知己，所以在家信中，几乎每次都要询问柴德赓的情况。

柴德赓是陈垣的教学与治史方法的真传弟子之一。二十世纪三四十年代，陈垣在北京各高校开设"史学名著选读"和"史学名著评论"两门课，一是讲解历史古文，一是介绍历史系应读的书籍。新中国成立后，国家高教部门肯定这两门课程，并作为历史学的必修课，改名为"历史文选"和"历史要籍介绍"，根据师资情况，也可以把这两门课合起来叫"中国历史要籍介绍及选读"。柴德赓多次跟随陈垣听这两门课，自己多年讲授"中国历史要籍介绍及选读"，他继承了陈垣的讲课风格，认真负责，内容充实，深入浅出，语言生动，谈笑风生，一直受到同学们的欢迎。他多年讲授"中国历史要籍介绍及选读"的讲稿，后来由他的学生整理成《史籍举要》一书出版。柴德赓在学术研究上得到陈垣亲切教诲，继承了陈垣的考据特长。他精研目录之学，熟悉史料，所写论文，旁征博引，说理充分，考核精辟，令人信服。收入《史学丛考》中的 27 篇文章，从目录看，深得陈垣治史真传。他继承了陈垣学术从目录入手的治学经验，非常注意目录学的学习，写了《记贵阳本〈书目问〉兼论〈答问补正〉》《重印〈书目答问补正〉序》等文。陈垣讲过"清代学术史"一课，柴德赓也非常注意清代学术的发展与成就。他也曾开过"清代学术史"一课，并写了《万斯同之生卒年》《全谢山与胡稚威》《王西庄与钱竹汀》《王鸣盛和他的〈十七史商榷〉》

《章实斋与汪容甫》《试论章学诚的学术思想》等，都是关于清代学术源流，本末支系，传法师承，这也是继承陈垣学术的一个方面。更值得指出的是，20世纪40年代陈垣在辅仁大学讲"史源学实习"课，用《鲒埼亭集》作为课本，以寄寓"故国之思"，宣传爱国思想，痛斥卖国汉奸。柴德赓受此课的影响，于1943年写的《鲒埼亭集谢三宾考》一文，对晚节不保、两次降清的谢三宾予以批判，以表达他热爱祖国的民族意识。此文深得陈垣赏识，在致方豪的信中说："《谢三宾考》，乃柴君精心结构之作，在近年出版界中似尚是第一流文字。"

　　1961年，陈垣接受了中华书局点校新、旧《五代史》的任务，经过几度磋商，请柴德赓和刘乃和做陈垣助手，刘乃和协助整理《旧五代史》，柴德赓协助整理《新五代史》。为此特地把柴德赓从苏州江苏师范学院借调到北京来做这项工作。他们做了大量的工作，为最后的成稿打下了坚实的基础。自"文化大革命"开始，这项工作就停止了。

　　柴德赓为阐述陈垣的学术思想和成就作出过重要贡献。他写过《〈通鉴胡注表微〉浅论》《我的老师——陈垣先生》《陈垣先生的学识》等文，来解释陈垣的学术思想和成就。尤其是《陈垣先生的学识》一文，分陈垣先生的史学研究、陈垣先生的治学精神、抗日战争时期陈垣先生的爱国思想和主要著作、陈垣先生思想发展情况四部分，全面系统地阐述了陈垣的学术思想和成就，其评价是公允的，其观点也为学术界所认同。

　　陈垣与柴德赓师生的学术承传，是薪尽火传的生动体现。

二、　助手兼秘书——刘乃和

　　刘乃和（1918—1998），天津杨柳青人，著名历史学家、历史文献学者。她曾任中国历史文献研究会会长、北京师大陈垣研究室主任等。1939年考入辅仁大学，1943年跟随陈垣攻读研究生课程，1947年毕业留任辅仁大学历史系助教并任陈垣助手，1954年任陈垣专职秘书，直到陈垣去世。历任辅仁大学、北京师范大学讲师、副教授、教授。主要著作有《励耘承学录》、《历史文献研究论丛》、《陈垣图传》（合著）、《陈垣年谱配图长编》（合著）等。数十年间，她追随陈垣问学请业，深被陈垣博大精深的学术造诣所吸引，深得陈垣学术之精奥，师生为忘年知己，感情甚笃。她的学术成就，是陈垣手把手教出来的。她在《励耘承学录·自序》中说，这本论文集的文章，"在陈（垣）先生1971年逝世以前所写，都是经他亲自指导或修改，对我的学术活动有重要意义。其中《〈三国演义考证〉缘起》和《顾亭林画与顾亭林之得名》二文，都是我初学写作时，在他具体帮助下写成，在此二文中可看出他对我学术成长的关心及所倾注的心血"。她一直把陈垣称为"恩师"。

　　刘乃和一直把记录整理陈垣生平资料、总结弘扬陈垣学术，作为她工作的奋斗目标。在任助手兼秘书期间，她收集抄录了有关陈垣的大批报刊资料、信札文稿，在工作日记中记录了许多陈垣的言谈事迹，拍摄、复制了许多反映陈垣活动的照片。自 20 世纪 40 年代起，她就开始协助陈垣校勘出版有关著作，于 1947 年参与了《清初僧诤记》一校至三校的校对工作。样书印成，陈垣赠她一册，并题字于扉页："此册卅三年清明付梓，卅六年冬至始克出书，乃和同学雠校最勤，特以此样本为赠。陈垣。"1958 年《史讳举例》重版，她遵陈垣之嘱，核对全书引文，添加引号，注明引文卷数，改正了引文的一些错误。1958 年《通鉴胡注表微》重版，她也协助陈垣完成了该书的修订工作，对书中的一些材料和观点，做了必要的更正。1955 年起，陈垣重印他的著述丛书《励耘书屋丛刻》，由于该书木刻书板，手工印刷工艺复杂，她多方奔波，从延请工人到选购纸张，终于在数年中重印整书 50 部，扩大了这部学术丛书在学界的流传。她写过《从〈励耘书屋丛刻〉说到中华书局——陈垣生前著作的出版情况》一文，其中有一节《重印〈励耘书屋丛刻〉》专门谈了重印《励耘书屋丛刻》的经过，从找工人到选纸张的事迹，令人十分感动。

　　新中国成立后，陈垣年事已高，但还从事繁忙的政治活动和学术活动。许多文稿均由她预先草拟，后经陈垣修改、订正，然后公开发表。

　　陈垣逝世后，她对陈垣的学术道路、成就贡献及励耘精神做了全面系统的总结，为宣传、学习、继承陈垣的学术传统作出了贡献。她整理出版了《陈垣同志已刊论著目录系年》，为人们全面了解、研究陈垣的学术提供了基本线索。她筹建了北京师范大学陈垣研究室，并担任研究室主任。她组织了陈垣诞辰 100 周年、110 周年两次大型纪念活动，在国际范围内讨论陈垣的学术，编辑了《纪念陈垣诞辰百周年史学论文集》、《励耘书屋问学记》、《纪念陈垣校长诞生

1965 年陈垣与柴德赓、刘乃和等合影

110 周年学术论文集》、《中国现代学术经典·陈垣卷》、二十世纪中国史学名著《明季滇黔佛教考（外宗教史论著八种）》等。她与北京师范大学陈垣研究室的教授一起编撰了《陈垣图传》《陈垣年谱配图长编》。她笔耕不辍，撰写了数十篇介绍陈垣生平和研究陈垣学术的文章，在国内外各种报刊上发表，这些文章已分别被收入《励耘承学录》《历史文献研究论丛》两本论文集中。

三、 "南书房行走" ——周祖谟

周祖谟（1914—1995），字燕孙，北京人，中国语言学家。1932年入北京大学中国语言文学系，1936年毕业后考入中央研究院历史语言研究所任语言组助理员。1939年起在辅仁大学国文系任教，历任讲师、副教授。新中国成立后任北京大学中国语言文学系教授，并任中国语言学会常务理事、北京市语言学会副会长、北京市秦文学会会长、中国音韵学研究会名誉会长等职。周祖谟学识广博，音韵、训诂领域的学术成果最丰硕。著作主要有《向学集》《语言文史论集》等论文集。1984年出版的《唐五代韵书集存附考释》是总集唐五代韵书拼考释其源流的一部大书，为研究汉语音韵、词汇、训诂提供了一批重要资料。他长于古籍整理与校勘，著有《广韵校本》《方言校笺》《尔雅校笺》《释名校笺》《洛阳伽蓝记校释》等书。

周祖谟第一次拜见陈垣是在1939年5月。在此之前，他曾从罗常培处借到王念孙《广雅疏证》卷一、卷二、卷三手稿的移校本，颇有所获，因作《读王氏广雅疏证手稿后记》一文，登载于报刊。手稿原物即为励耘书屋所藏。罗常培与陈垣相识已久，情谊甚笃，所以在谈到以往这件事情时，陈垣十分高兴，立即取出原物交给周详细审读，以便他进一步了解前辈用力之所在。因而又再一次以王氏手稿与刻本对校，把稿中原有而为刻本刊落的和稿中后加的签识都择要录出，获益良多。陈垣对晚生后辈的启迪和培植，令他十分感动，几十年后，他想起当时谈话的情景，还历历在目。

1939年起他应陈垣之聘，在辅仁大学任教，开始讲国文课，连续8年，都由校长聘任。全校国文课由陈垣亲自抓，主持编选国文教材，选讲一些可以抒发爱国思想的文章，如顾炎武的《与友人书》之类，以坚定青年坚决抵御外侮的决心。他在辅仁大学先后开了语音学、音韵学、高本汉音韵学、比较训诂学、《说文》研究、《尔雅》研究、《方言》研究、《释名》研究等课程。在教课之余，他还写成几部著作。在抗战期间他读的史部书和宋元人文集也较多。他常向陈垣请教，论列史籍，得闻绪论，受益不浅。凡所写有关韵学和考史的文章发表在《辅仁学志》的都曾送请陈垣审阅。陈垣则必荷审订，用别纸签注意见，从来不在原稿上动笔。陈垣亦时时把自己的著述赐赠他。他在《怀念一代宗师陈援庵先生》一文中说，陈垣先生"开导治学门径，晚辈后学，深受启悟。先生的文章使人感触最深的是无一语虚设，每考证一人一事最重年代时间，每举一书必罗致众本，详考各本同异，定夺是非，从中发现问题。所论穷原竟委，如剥笋，如抽茧，无不从根本中来，示人以规范"。"抗战期间，我拜见先生的次数比较多。先生的学问渊深浩瀚，不亲炙不知道其博大。即使亲炙，能领略二三，不去用心体会实践也等于无所得。因此退而思，思而行。有不解处还要向先生请教。所以他住处兴化寺街五号是经常去的地方了。先生住的庭院是两进的。外边院子是宽敞的南房。房子外面有两株有几十年的海棠树，春天以鲜艳的繁花，秋天以殷红的累累的果实迎接来访的客人。宽敞的南房就是先生会客的地方。我的同事中也有几位至好的朋友是经常来看望先生的，因此有的人戏谑地称我们为'南书房行走'。书房中陈设许多书画，悬挂着许多名人的字，清人陈澧的字也比较多。"从这段回忆中，我们可以看出，作为晚辈的周祖谟对陈垣是如此景仰以及如何从中受到教益。"南书房"本是清康熙皇帝读书处，康熙十六年（1677）始选翰林等官入内当值，称"南书房行走"。除掌应制撰写文字外，专司文词书画等事。南书房官员不限等级，但原则上须用翰林出身的人。"南书房行走"与皇帝之关系是很亲密的。周祖谟的同事戏谑称周祖谟以及经常出入于陈垣书房的人为"南书房行走"、陈门三翰林，说明他们之间的关系亲密，这也是学术界的一桩趣事。

四、 同乡兼学生——容肇祖

容肇祖（1897—1994），字元胎，广东东莞人。他是著名哲学家、史学家、教育家，同时还是当代民俗学主要开拓者之一。他家学深厚，勤奋自学，自幼打下良好的国学基础。1916 年东莞中学毕业后，他考入广东高等师范英文部学习。1920 年翻译莫泊桑的《余妻之墓》并在上海《小说月报》发表。1922 年他考入北京大学哲学系。在北大学习期间，他得到许多名师如胡适、蒋梦麟、熊十力、蔡元培、沈兼士、陈垣等的指教，勤奋好学，成绩优异，在学期间已有论著发表。毕业后他先后任教于厦门大学、中山大学、岭南大学、辅仁大学、北京大学、西南联合大学等著名学府。1956 年，他调任中国科学院哲学研究所研究员，继兼任学术委员、国务院古籍整理出版规划小组顾问、中国哲学史学会顾问、中国民俗学会副理事长等。主要著作有《迷信与传说》《中国文学史大纲》《韩非子考证》《李卓吾评传》《魏晋的自然主义》《明代思想史》《先秦法家》《李贽年谱》《容肇祖集》等。

容肇祖在北京大学读书时，选有陈垣"校勘学"课程。1926 年毕业前，陈垣请容庚、容肇祖兄弟吃饭，并请清华大学吴宓和他们的学生张荫麟（东莞同乡）。此后容肇祖与陈垣的关系十分密切，常切磋学问。现在《陈垣来往书信集》中收入容肇祖致陈垣的信 14 通，均署"学生肇祖"，师生感情很深。

容肇祖对陈垣的学问非常景仰。他在《忆陈垣老师》一文中说："我是陈垣先生的学生。1925 年，我选过陈垣老师在北京大学讲授的校勘学。他的淹博学识，把一门研究资料性的课程，讲得有深度、有广度，听后，我深感自己基本知识还很不足。在老师的诱导下，我读了不少书籍，同时，还运用考据方法，做了某些钻研探讨。"1932 年 11 月 26 日他致信陈垣，先生"著述多劳，名望日高，岭外遥瞻，翘企无已"。1933 年 8 月 26 日他致信陈垣："《元典章校补释例》已从庆祝蔡公论文集见之，古籍窜乱通弊，可以藉知大概。然而先生之读书一字不苟，方法之严密，分类之确切，钦佩之至。此篇与《史讳举例》同读，当更得益不少也。"同年 9 月 24 日又致信陈垣："新会之学，（陈）白沙之于理学，任公（梁启超）之于新学，先生之于朴学，皆足领袖群伦，为时宗仰者。然白沙之学近拘，任公之学近浅，未若先生朴学沈实精密之不可移易也。肇祖心仪者盖在于是，而非苟为谀佞者。如得重到旧京，当追侍左右，所得于谈言微中之中者必不鲜，于学当更进也。"由此可见，容肇祖对陈垣非常崇拜。容肇祖对陈垣勤奋好学的精神也十分敬佩。当得知陈垣 53 岁还学习蒙文时，1934 年 6 月 23 日他致信陈垣："藉知先生体履清泰，学仍不厌，并专习蒙文，此种精神，真钦佩钦羡无已。"

　　他们师生之间以切磋学问为乐，经常探讨学术，互为对方提供资料。如陈垣需在广州寻找《香山续志》，容肇祖便尽力为他寻找。而在学问上，容肇祖得益于陈垣的帮助者甚多。1933 年容肇祖撰《孔尚任年谱》，写信给陈垣："近著孔东塘尚任年谱，据《湖海集》、《阙里孔氏诗钞》、《阙里文献考》、《出山异数记》等书为之。闻有新修之《山东通志》，又知先生藏有山东县志多种，《曲阜县志》，此间不可得见，如值记室之便，钞示孔尚任传，如何？先生对于孔尚任有关系之书籍，如有所知，尚幸示及也。"没有多久，他便得到陈垣答复，容肇祖在《忆陈垣老师》一文中说："孔尚任卒年的确定，是陈垣老师翻阅《兖州府志续编》传记中'卒年七十一'得到的。"1934 年陈垣又寄给容肇祖、姚大荣《马阁老洗冤录》，肇祖因研究《桃花扇传奇》之便，写出《姚大荣马氏洗冤录驳议》，由《中央研究院历史语言研究所周刊》第五本三分册发表。早在 1924 年在北大读书时，容肇祖托高师同学曲江黄开光为北大研究所国学门抄得家藏本廖燕《二十七松堂集》，写《记廖燕的生平及其思想》一文。廖燕（1644—1705），号柴舟，广东曲江人。是清初反对八股取士和思想禁锢的"异端"思想家。容肇祖在写此文时，得到陈垣提供的有关书目和指导。

　　容肇祖北大毕业后，1926 年应顾颉刚的邀请，在厦门大学任教，并担任厦大国学研究院编辑。1927 年他到广州中山大学任教，1930 年转到岭南大学任教，1932 年又回中山大学任教。几年间他在南方几所大学辗转不定。容肇祖对南方的学风多有微词。1933 年 11 月 7 日，他在致陈垣的信中说："广州之学风，由质朴而转空疏，由思想自由而转拘守，由驰骛新学而转高头讲章。先生等提倡朴学于外，而故乡竟颠倒其学于内，犹戴东原树徽学于外，而桐城有方植之，当涂有夏炯也。然而蛙鸣蝉噪，其声易竭。尽夏炯之力，何损于辛楣及伯申等之分毫。"这里所说的夏炯，清道光年间人，著有《夏仲子集》，竟说："辛楣之学，全不足贵。《廿二史考异》，只算为抄写镌刻家担忧。《养新录》东涂西抹，令人生厌。文集哀然数十卷，无一语为世道人心、学术风俗起见，吾未见其可传也。"又说高邮王氏："《经传释词》，则尤破碎决裂。……变而于语助虚辞，指东画西，横竖任说，学问之劣，无甚于此书者也。"面对夏炘如此猖狂攻击朴学，容肇祖十分愤慨，认为此种言论是"蛙鸣蝉噪之语"。南方学术"实暮气寻寻，读经复古，抄学古堂课程之旧本以为课程，据皋比者又哦高头讲章之大全经学，宁非暮气乎？"容肇祖十分景仰陈垣所倡导的朴学以及北京的治学环境。他在致陈垣的信中说："南中参考书难得，而有好题目，以参考书不足，故辄废然而止。……每一自念，辄欲奋飞以至北平。""肇祖甚欲就北平公家藏书之富，在此年富力强之时，成就一二种著作，此非居南方之可幸苟成者。所志在此，未审先生以为如何？"

　　陈垣对容肇祖十分了解和赏识，在通信中以"粤中后起之秀，以东莞为盛"勉励之。在得知容肇祖有北上决心时，陈垣在辅仁大学为其谋得副教授职位，促肇祖北上。时值1934年，日本侵略北平的消息，甚嚣尘上，陈垣来信因谓"传言不足恤"。容肇祖复信云："来示云'传言不足恤'，当敬奉教育。暑假期中北上，得奉几席，读所愿读之书，纵有艰险，已足取偿。肇祖家中除书籍外，无多长物，有室家而无儿女，故北游之心，不致为传言所阻，此可为吾师告者也。……敝藏之书，欲于未动程前先邮寄北上。"这年8月，肇祖到了北京，其行李书籍均寄往辅仁大学陈垣代收，其辅仁大学的聘书也由陈垣代领，可见他们师生感情之深。

　　容肇祖在辅仁大学国文系授中国文学史课，在历史系上古殷周史、中国古代史课，在哲学系授中国哲学史课，并兼授北京大学中国思想史课。容肇祖与陈垣同校，来往更多，切磋学问更盛。肇祖利用北京的有利条件，学术收获亦多，修改出版了《中国文学史大纲》《李卓吾评传》《魏晋的自然主义》《韩非子考证》等书，并写了有关论文多篇。1935年，时日本侵略北京的

1964 年陈垣与容肇祖合影

消息更紧张。许地山任香港大学国文系主任，约肇祖任国文系讲师。肇祖因到京不久，要是离开辅仁大学而他去，则太对不起陈垣，因此婉辞。1937年初，辅仁大学历史系主任张星烺提议拟升容肇祖为正教授，由于不接受校方必须先入教

会的无理规定，他愤而辞职，由胡适聘任其为北京大学哲学系副教授，在陈垣、张星烺劝留下，仍兼授辅仁大学一些课程。

从容肇祖与陈垣的师生关系中我们可以看出，容肇祖对陈垣的学问十分崇敬，并以之为榜样，学习老师之所长。陈垣对容肇祖也十分了解和关心，真正以学问教导他，并互相切磋，在学术上提携他。这样的师生感情，才是真挚的、诚恳的。

五、"信有师生同父子" ——启功

启功（1912—2005），字元白，姓爱新觉罗，满族，北京市人。中国当代著名的教育家、国学大师、中国古代文学研究家、古典文献学家、语言文字学家、文物鉴定家、书画家和诗人。北京师范大学中文系教授，博士生导师。1933 年进入辅仁附中，1935 年进入辅仁大学美术系，从事教育事业 72 年，从事高等教育 70 年，是辅仁大学和北京师范大学的元老。他一生热爱教师职业，耐心细致地"传道、授业、解惑"。由于在教育事业上成就卓著，1998 年、1999 年和2001 年，他先后被评为"北京市师德标兵"和"北京市职业道德明星"，获得教育部颁发的高等学校教学成果奖。

启功在数十年中，对古典文献学、古代文学、文字学、音韵学、训诂学、历史学、宗教学等，都有广泛的涉猎和研究。20 世纪 50 年代编撰注释本《红楼梦》，至今仍是红学研究的必读书相。他撰有《古代字体论稿》《诗文声律论稿》《汉语现象论丛》《启功丛稿》《书法概论》《论书绝句》《启功韵语》《启功絮语》《启功赘语》等著作，这些作品是辞章、义理、考据完美结合的典范。

启功还是一位享有崇高声誉的著名爱国者、社会活动家，兼任中国人民政治协商会议全国委员会常务委员、国家文物鉴定委员会主任委员、中央文史研究馆馆长、中国书法家协会名誉主席。

启功是陈垣一手培养起来的大学问家，撰有《夫子循循然善诱人——陈垣先生诞生百年纪念》一文，追忆了他受陈垣教育和栽培的经过。他说，我是一个中学生，因为生活困难，等不得逐步升学，"1933 年由我祖父辈的老世交傅增湘先生拿着我的作业去介绍给陈垣先生，当然意在给我找一点谋生的机会。傅先生回来告诉我说：'援庵说你写作俱佳。他的印象不错，可以去见他。无论能否得到工作安排，你总要勤向陈先生请教。学到做学问的门径，这比得到一个职业还重要，一生受用不尽的。'我谨记着这个嘱咐，去见陈先生。初见他眉棱眼角肃穆威严，未免有些害怕。但他开口说：'我的叔父陈简墀和你祖父是同年翰林，我们还是世交呢！'其实陈先生早就参加资产阶级革命，对于封建的科举关系焉能那样讲求？但从我听了这句话，我和先生之间，先拆了一堵生疏的墙壁。此后随着漫长的岁月，每次见面，都给我换去旧思想，灌注新营养。在今天如果说予小子对文化教育事业有一滴贡献，那就是这位老园丁辛勤灌溉时的汗珠"。陈垣很喜欢这个年轻人，在很长一段时间里都亲切地称启功为"小孩"。陈垣循循善诱，就如何教书、读书、做学问、如何处世等，对启功悉心指导。

如何教书？据启功回忆陈垣：

> 教一班中学生与在私塾屋里教几个小孩子不同，站在讲台上要有一个样子。人脸是对立的，但感情不可对立。
>
> 万不可有偏爱、偏恶，万不可讥诮学生。
>
> 以鼓励夸奖为主。不好的学生，包括淘气的或成绩不好的，都要尽力找他们一点点好处，加以夸奖。
>
> 不要发脾气。你发一次，即使有效，以后再有更坏的事情发生，又怎么发更大的脾气？万一发脾气之后无效，又怎么收场？你还年轻，但在讲台上即是师表，要取得学生的钦佩。
>
> 教一课书要把这一课的各方面都预备到，设想学生会问什么。陈老师还多次说过，自己研究几个月的一项结果，有时并不够一堂时间讲的。
>
> 批改作文，不要多改，多改了不如你替他做一篇。改多了他也不看，要改重要的关键处。
>
> 要有教课日记。自己和学生有某些优缺点都记下来，包括作文中的问题，记下以备比较。
>
> 发作文时，要举例讲解。缺点尽力在堂下个别谈，缺点改好了，有所进步的，尽力在堂上表扬。
>
> 要疏通课堂空气，你总在台上坐着，学生总在台下听着，成了套子。学生打呵欠，或者在抄别人的作业，或者看小说，你讲的多么用力也是白费。不但作文课要在学生座位行间走走，讲课时，写了板书之后，也可下台看看。既回头看看自己板书的效果如何，也看看学生会记不会记。有不会写的或写错了的字，在他们座位上给他们指点，对于被指点的人，会有较深的印象，旁边的人也会感觉兴趣，不怕来问了。

这些"上课须知"，陈垣不止一次地向启功反复说明，唯恐他听不明、记不住。

> 老师又在楼道里挂了许多玻璃框子，里边随时更换各班学生的一些优秀作业。要求有顶批，有总批，有加圈的地方，有加点的地方，都是为了标志出优点所在。这固然是为了学生观摩的大检阅、大比赛，后来才明白这也是教师教学效果、批改水平的大检阅。

启功的这段回忆，真是一幅父亲教子图。

如何做人？启功回忆了一段故事：

> 辅仁大学有一位教授，在抗战胜利后出任北平市的某一长，从辅大的教师中找他的帮手，让我去管一个科室。我去向陈老师请教，老师问："你母亲愿意不愿意？"我说："我母亲自己不懂得，教我请示老师。"又问："你自己觉得怎样？"我说："我少无宦情。"老师哈哈大笑说："既然你无宦情，我可以告诉你，学校送给你的是聘书，你是教师，是宾客；衙门发给你的是委任状，你是属员，是官吏。"我明白了，立刻告辞回来，用花笺纸写了一封信，表示感谢那位教师对我的重视，又婉言辞谢了他的委派。拿着这封信去请老师过目。老师看了没有别的话，只说："值三十元。"这"三十元"到了我的耳朵里，就不是银元，而是金元了。

启功的这段回忆，很像父亲在教儿子如何做人。

如何读书做学问？启功回忆陈垣的教导：

> 做文史工作必须懂诗文，懂金石，否则怎能广泛运用各方面的史料。又说做一个学者必须能懂民族文化的各个方面；做一个教育工作者，常识更需广博。

> 老师研究某一个问题，特别是作历史的考证，最重视占有材料。所谓占有材料，并不是指专门挖掘什么新奇的材料，更不是主张找人所未见的什么珍秘材料，而是说要了解这一问题各个方面有关的材料，尽量搜集，加以考察。在人所共见的平凡书中，发现问题，提出见解。自己常说，在准备材料阶段，要"竭泽而渔"，意思即是要不漏掉一条材料。至于用几条，怎么用，那是第二步的事。

> 老师常说，一篇论文或专著，作完了不要忙着发表。好比刚蒸出的馒头，须要把热气放完了，才能去吃。蒸得透不透，熟不熟，才能知道。还常说，作品要给三类人看：一是水平高于自己的人，二是和自己平行的人，三是不如自己的人。因为这可以从不同角度得到反映，以便修改。

从启功的回忆中，我们可以看到陈垣是怎样把启功从一个年轻人引入学术研究的殿堂，使之成为一个大学问家。

启功对陈垣的栽培感恩戴德，每当提起陈垣，他总是难以抑制对恩师的怀念之情。陈垣去世后，启功总想找一种办法来纪念陈垣的教泽。1991年，启功给学校捐出书法作品100件、绘画10幅，自己捐出1万元装裱费。同年11月陈垣诞辰 110 周年之际，启功在香港举行义卖展。义卖展得到香港荣宝斋王大山经理和全体员工的大力支持，荣智健等知名人士踊跃认购，义卖获得圆满成功，筹集到 163 万元，全部捐给北师大，作为贫困学生的奖学金。当有人问他这笔奖学金何以命名时，他反对以自己的名字命名，而是用了陈垣书斋名"励耘书屋"中的"励耘"二字，设立"励耘奖学助学金。"在《捐献书》中说："我从 21 岁起，得识陈垣先生，从那时，受到陈老师的教导，直到陈老师去世，经历近 40 年。老师不但教导有关学术的知识，做学问的门径，以至

1970 年 11 月陈垣与启功合影

处世做人的道理，恩谊之深，是用简单语言无法评述的。……我自老师去世后，即想找一种办法来纪念陈老师的教泽，又想不同于一次两次的纪念活动，便想到筹划一笔奖学助学基金，定时赠给学习研究以至教学有卓著成果和需要资助的同学们、同志们，借此绵延陈老师的教泽，为祖国的科学教育培养更多的人才，或可以上报师恩于万一。""励耘奖学助学金"的设置，可以使更多的人知道陈垣、研究陈垣，使陈垣更加不朽。名师高足两代生辉，启功的义举在教育界传为佳话，充分体现了他尊师尊教的精神。

六、 私淑弟子——方豪

方豪（1910—1980），字杰人，浙江杭州人。历任浙江大学、复旦大学、辅仁大学、津沽大学、台湾大学教授。曾任台湾中国历史学会理事长，台湾"中央研究院"院士，天主教名誉主教。主要著作有《中西交通史》《中国天主教史人物传》《宋史》《李之藻研究》《方豪文录》《方豪六十自定稿》《方豪自定稿补》《方豪六十至六十四自选待定稿》，及宋史、中西交通史、宗教史论文多篇。

《陈垣来往书信集》收入方豪与陈垣的通信 39 通，从中可见方豪是陈垣的私淑弟子，对陈垣的学问非常崇敬。方豪在《与励耘老人往返书札残剩稿》一文回忆："我第一次冒昧地写信给陈先生，是民国十五年（1926）十一月。我在杭州天主堂修道院肄业。当时修道院的教育非常落伍。而禁令最严的是：绝对不许和任何人自由通信。我和陈先生的通信，很显然是犯了修道院极严重的戒条，但我如何能做到呢？因那年先兄正在杭州天主堂附设的启悟小学教书，往返信件，即由他代为偷送。"他在《方豪六十自定稿》中说："北平使我向往的原因之一，

是北平辅仁大学。辅仁成立之年，我十七岁，在此之前，我已和当时呼吁在华北创办天主教大学的马相伯、英敛之，以及后来担任校长的陈援庵先生，通讯讨论教史和教会文献等。"他在《方豪文录·自序》中说："感谢陈援庵前辈，他远在二十三年前（1925）就写信鼓励我读史，我曾怀着他的第一封信回家奔先母之丧。"他在《方豪自定稿补》中说："我并未在国内大学读书，亦未曾留学国外，但我师事的当代史学大师却不少，陈援庵先生（垣）通信讨论达 20 余年，启迪最多。"从方豪这些言论来看，方豪把陈垣看作引导他进入学术殿堂的引路人。

学术界对方豪是陈垣的私淑弟子也是公认的。牟润孙在《悼亡友方杰人——陈援庵先生与方豪》一文中说："杰人出身于杭州天主教的修道院，他之治史学是由于与老师陈援庵先生通信的关系。修道院的修士本不能与外人通信，他为了热心求学问难，偷着给援庵老师写信，才引导他走上治中国史学的路，极为难能可贵。杰人念念不忘援老。"陈述在《回忆陈援庵老师的治学与教学——纪念陈援庵老师诞辰 110 周年》一文中说，方豪由研究教史、教籍而研究中西交通史，深受援庵的学术影响，还在浙江大学开设"中西交通史"课程，"以天主教神甫成为中西交通史专家，方豪完全是在（陈）先生直接鼓励、诱导下成才的"。

方豪念念不忘陈垣之恩，遵循陈垣治学严谨、考证确实的方法，研究中西交通史，卓然成家。抗战胜利后，方豪写有《爱国史家陈援庵先生》一文，称赞陈垣是爱国史家。陈垣逝世后，他在台湾写《对日抗战时期之陈援庵先生》纪念陈垣，出版《与励耘老人往返书札残剩稿》公布他与陈垣的来往书札，数度在海外讲述陈垣史学。方豪在台湾任教甚久，对宣扬陈垣史学作出了一定贡献。

中编 （中国科学院哲学社会科学部委员） 陈垣

第十章　轶　事

一、　自己发给自己的毕业文凭

一些受过陈垣多年教育、和他接触较多的学生，都见过陈垣的一张毕业文凭，签发者中赫然也有他的名字。这张自己发给自己的毕业文凭，蕴含着他一生中的一段重要经历。这张文凭长一尺有余，四周画有龙旗，显然是清代的物件。原来这是清宣统二年（1910）广州光华医学专门学校的毕业文凭。

陈垣出生在一个中药材商人的家庭。1906 年，他的父亲患膀胱结石症，发作时非常痛苦。中医多方医治无效，于是入住广州博济医院施行手术，终于治愈。这件事促使他次年进入美国教会办的博济医学堂学习西医。但后来他又因不满校方对中国员生的歧视，于 1909 年与友人创办光华医社、光华医学专门学校和光华医院。取名"光华"，寓意"光我华夏"。创办医院和医校，是为了与列强争医权、争医学教育权。1909 年 3 月，光华医学专门学校正式开学，这是中国第一所民办的西医学校。陈垣作为该校的创办人之一，从博济医学堂退学，进入光华医校三年级做插班生，因此也是该校第一届毕业生。毕业时，他已被推举为学校的董事之一，所以在毕业文凭中，他以董事陈援庵的名字，和其他董事一起，签发了给陈垣的毕业文凭。这在中国教育史上也是一段轶闻。

二、　瓷制的骷髅模型

如果在二十世纪三四十年代走进陈垣的客厅，你会在书架上发现一具晶莹剔透的瓷制骷髅模型。如果你进而把这具模型当作话题，主人会告诉你，骷髅两边那双蝴蝶骨是最美丽的图案，头骨上由线条与缺陷造成了曲线，是造物者最大的创作。他还会得意地告诉你，学生物解剖时，需要精密谨严的科学方法。

这位史学大师对生物学表现出如此的兴趣，是同他曾经学医、教医的经历有关的。

1910 年，他从广东光华医学堂毕业后留校任教，教授解剖学、细菌学等课程。

他讲课注意直观教学。在教解剖学时，为了使学生易于理解，在当时市面上没有教学挂图的情况下，他就自己动手画挂图。他还经常带学生到广州郊区的乱坟堆中去捡拾散落的骨骼，回来洗净拼合，作为教具。学生经过这样的教学和实践，得到扎实的知识。

1908 年和 1910 年，他先后发表了《王勋臣像题词》和《中国解剖学史料》两篇关于中国解剖学史的奠基性文章。前者赞扬王清任敢于打破几千年的传统学说，通过观察弃婴和死刑犯尸体的骨骼，写出《医林改错》。后者则系统地叙述了中国解剖学的历史，一方面宣扬了先人的优良传统，同时警醒今人，不能躺在前人的功劳簿上。他在文章结尾大声疾呼："吾今记述其祖若宗开国之雄烈，黄帝子孙，有能来言恢复乎，吾将执大刀劈斧从其后！"

1913 年他到北京定居以后，虽然没有再从事医学，但青年时期这一段学医、教医、从医的经历，对他一生产生了很大的影响。

20 世纪 30 年代他在一封家书中说道："余今不业医，然极得医学之益。"一方面是知道怎样保持健康，"身体少病"；另一方面则是从医学中得到许多从事史学研究的借鉴。他说："近二十年学问，皆用医学方法也。有人谓我懂科学方法，其实我何尝懂科学方法，不过用这些医学方法参用乾嘉诸儒考证方法而已。"这里虽然有自谦的意思，但医学确实给了他一把分析历史的解剖刀。

三、 唯一的一次迟到

陈垣对学生的严格要求是出了名的。一开始，有些学生，特别是年轻的学生，对他这种做法不理解，有埋怨、害怕的情绪。曾经在他创办的平民中学学习、后来长期在故宫博物院工作的那志良后来回忆："我在二年级时，陈先生担任我们的国文老师。他不用课本，上课的前一天，由教务处油印一篇他指定的古文，不加标点与小注，上课时分发给学生，他便指定一个学生，立起来念，遇有读错的时候，他还指点一下，叫第二个人再读时，再读错了，他便开始批评了。两三个人读过之后，他便指定一个人讲解了，讲不对时，也要挨骂。他这种教法，在当时，大家都觉得太过分了，背地里都喊他叫'老虎'。"但到学生进一步深造或参加工作后，都体会到陈老师的严格要求使他们得益一辈子。

陈垣坚持对学生的严格要求并取得成效，原因是多方面的。

首先，他坚信这种严格的必要性。1940 年，他在辅仁大学返校节的题词中说："规矩严，功课紧，教授认真，学生在校时每不甚愿意也。及至毕业出世，所知所能者少，则又每咎学校规矩之不严，功课之不紧，教授之不认真，何也？语曰：书到用时方恨少；又曰：闲时不学临时悔。诸君皆过来人，能一告在校同学使毋贻后悔乎？"

第二，他不仅有批评，还有表扬和鼓励，并且以表扬为主。

第三，他对学生严格，对自己更是严格，所以得到学生的信服。他教学极认真负责，不但认真备课，有严格的教学计划和明确的教学要求，仔细批改每个学生的作业，甚至连板书的位置也有恰当安排，使坐在课室不同位置的学生都能看清楚。这样的教师在当时是不多见的。他上课上班，从不迟到早退。后来成为我国著名辽金史家的陈述，在师范大学史学系学习期间曾经听过他三门课。有一次，陈垣先生迟到了一刻钟。如果是别的老师出现这种情况，学生早就散堂了。因为他从不迟到，所以学生仍在耐心等待。他气喘喘地走进教室，首先向学生道歉。说今天因为给柯劭忞（1849—1933）老先生送殡，参加完殡礼赶来学校时，又碰上和平门过火车（师大当时在和平门外的厂甸），所以耽误了时间。学生们无不为老师的负责、谦虚精神所感动，多年后仍记住他这唯一的一次迟到。

严师出高徒，这句话在陈垣和他的学生身上得到了证明。

四、 谭白菜、 红木家具和竭泽而渔

陈垣的讲课常给学生留下深刻的印象，有些细节在多年后仍留在学生的记忆中，这就加强了他的教学效果。他能做到这一点，和善于运用比喻有关。

他常给同学们讲"谭白菜"的故事。谭白菜是北京一家广东餐馆的名字，老板姓谭，以做白菜出名。白菜本来是北京最常见、最平民化的蔬菜，过去老百姓冬季吃菜主要是白菜当家。这家馆子的独到之处，就在于他能把最普通、最常见的白菜做出与众不同的味道。他的方法说出来也并不复杂，就是把白菜的各个部分分开，根据他们的特点作不同的处理。菜帮是菜帮，菜叶是菜叶，即使是精华部分的菜心，也区别对待，有的烹炒，有的做汤，有的凉拌。他的要求极其严格，终于做白菜出了名。陈垣拿谭白菜的例子激励学生，做学问必须一丝不苟，精益求精，才能有成就。

他是广东人，经常拿他从广东带到北京的红木家具举例。这些红木桌椅，他使用了几十年，不但经久耐用，而且看起来就是一件件精美的工艺品。为什么能有这样的效果呢？不但是因为做工精细，而且打磨更费时日，木匠师傅把桌椅做成型以后，并不马上出手，而是一遍又一遍地打磨。陈垣以此为例，教导学生，写文章固然是为了发表，但又不能急于发表。要反复推敲，反复修改，甚至要把它搁置一些时候，让它冷却沉淀，再回过来修改。他的著作，除极少数短篇是一气呵成的以外，绝大多数都经过两三次甚至七八次修改。

"竭泽而渔"本来是同"杀鸡取卵"意思相近的一个成语，比喻只顾目前而不计长远，是一句贬语。但陈垣却反用这句成语来教育学生。他对学生说，我们南方人在池塘中养鱼，蓄满水后，投入鱼种。等到鱼长大可以出卖，就将池塘中的水放干。这时只要下到池底去捡鱼，一条也不会漏掉。做学问也要想方设法，把有关这个问题的材料，尽量搜集完备，一条不漏。这是研究的基础。

五、 中关村的起名者

北京中关村，20 世纪 50 年代初期因中国科学院及下属一些研究所的建立而知名。改革开放以来，它更以"中国硅谷"的美名名扬海内外。但是 1949 年初北平解放时，它还是一个只有 70 户人家、276 人口的没有正式名称的自然村，有人称它为"中官屯"，有人称它为"中官坟"，当地六七十岁的老人则叫它"钟关儿"，较多的人称它为"中官村"。

为什么它原来的名称都同"中官"或它的谐音有关? 后来又怎样定名为"中关村"的呢?

原来中官就是宦官、太监。明清时期，特别是清代，随着圆明园、颐和园的修建，许多为皇帝、太后服务的大小太监死后就埋葬在这里。所以这一带，建有祭祀大太监的庙，还保存太监的一些墓碑。太监们还出资在这里购置了庄田和义地，雇了看坟人。他们在这里居住繁衍，逐渐形成了村落，中官屯、中官坟、中官村名称由此而来。

新中国成立后在这里建中国科学院，大家都觉得"中官"这个名字不好，需要改名。最后中国科学院采纳了时任北京师范大学校长、中国科学院专门委员的陈垣的建议，定名为"中关村"。

六、 锔过的碗更经久

20 世纪 50 年代后期，陈垣已是年近 80 的老人了，但仍担负着工作繁重的校长职务，继续从事科学研究工作。曾有记者采访他，问他有什么保持健康的秘诀。

他说自己没有什么秘诀，身体体质也不太好，心脏有毛病。但因为自己在青年时代学医，知道自己身体的问题在哪里，注意保养，所以反而比一些看似健康的人活得更长久。

他还拿锔过的碗做比方。过去瓷器破裂，补碗匠会在裂纹两边用金刚钻打眼，然后用一种用铜或铁打成的扁平的两脚钉（锔子）将它连接。因为锔过的碗终归没有完整的碗结实，使用起来格外小心，有时它的寿命反而会超过好碗。

陈垣正是了解自己身体的弱点，注意保养，所以能享高寿。其实他的养生之道很简单，就是生活有规律，起居有节制，并适当锻炼。70 岁以前，他每天四五点起床读书写作，然后去学校办公或上课，中午也不休息，晚上 10 点以前就寝。70 岁以后他才适当午休。

他不抽烟、不喝酒，甚至不喝茶。一日三餐，早餐是小米粥、羊奶加一两片馒头或面包。午、晚两顿正餐是两三种荤素搭配的小菜，再加一点腐乳。当然，他也有与亲朋或家人欢聚会餐的时候。广东馆子恩成居、山东馆子同和居（老板是他的学生牟润孙的父亲）都是他喜欢去的饭馆。著名的谭家菜的主人谭祖任（篆青）是他的同乡和好友，他曾多次在谭宅与友人和学者聚餐。但这些都不是经常的事。

他的锻炼也是结合自己的条件，主要就是饭后在院子里千步走，怎样计算千步呢？当时没有计步器，他就边走边念《千字文》，从"天地玄黄，宇宙洪荒"，一字一步，念到"谓语助者，焉哉乎也"，《千字文》念完，千步也走完了。

这些看似简单的措施，因为长年坚持，所以收到了很好的效果。

第十一章　千秋功业后人评说

一、学术地位与影响

中国史学会会长戴逸在《纪念陈垣教授诞生 110 周年》一文中认为，为什么在清末民初的几十年内产生了像陈垣等一大批史学大师和名家，这是史学史上值得深入研究的重要课题。他认为："这时，正是传统历史学发生巨大变化，进入近代历史学的时期，生活在这个变革时代中的杰出历史学家，既继承了中国历史学优秀的传统，具有广博的学识和扎实的学风，又接受欧风美雨的洗礼，睁眼见到了前人所未曾见到的新世界，掌握了历史研究的新思想、新方法，发现了新的研究课题与研究资料，所以能够超越前人，新辟蹊径，把历史学推上新的高峰。"桑兵在《国学与汉学》一书的《绪论》中，说过同样意思的话，"近代中国学术界名家辈出，形成宋以来学术发展的又一高峰。究其原因，史料大量涌现，承袭清学余荫，沟通域外汉学，当在首要之列"。"近代学问大家，对于清学用功颇深，源流脉络，长短利弊，了解周详。……清学极端发展，得失清晰凸显，适为近代学者奠定更上层楼的基础。认识和把握清学史，正是近代学者超越前人的妙诀之一。"

我们从上述陈垣的一生中知道，他之所以能够成为中国近代的世界学者，是由于他精通清学史，继承乾嘉学风而又更上一层楼；由于他"沟通域外汉学"，与国际汉学界的顶尖人物如法国的伯希和、日本的桑原骘藏等交往密切，对日本的那珂通世也十分了解，而且又能吸收西方的科学方法，包括自然科学、医学的方法；由于他不断发现新材料，提出新的研究课题。陈垣成功的经验，是值得我们借鉴的。

陈垣的中国近代的世界学者地位，从世界学者的评论中得到印证。

执掌国际汉学界牛耳的一代宗师法国的伯希和说："中国近代之世界学者，唯王国维及陈（垣）先生两人。不幸国维死矣，鲁殿灵光，长受士人之爱护者，独吾陈君也。"据梁宗岱回忆："三十年代初北平一次热闹的宴会上，聚当时旧都名流学者于一堂，济济跄跄，为的是欢迎著名汉学家、东方学家法国伯希和教授。除伯希和外，参加者还有其他欧美人士，因此交谈语言有中法英三种，我躬逢其盛，担任义务口译。席上有人问伯希和：'当今中国的历史学界，你以为谁是最高的权威？'伯希和不假思索地回答：'我以为应推陈垣先生。'我照话直译。"

木刻本《吴渔山先生年谱》书影　　木刻本《旧五代史辑本发覆》书影

伯希和与陈垣结缘，开始于摩尼教研究。1923 年 4 月，陈垣发表《摩尼教入中国考》，此文所引材料及探讨问题较前人详备，或认为论及此事者虽有蒋伯斧、伯希和、王国维等数人，"具体解决者，只有陈援庵一人"。伯希和看到此文后，即致函陈垣，查询有关宋元间摩尼教人福建的情况。陈垣接信后即托樊守执代为查访。1930 年，陈垣在《敦煌劫余录·自序》中说："（清光绪）三十三年，匈人斯坦因、法人伯希和相继至敦煌，载遗书遗器而西，国人始大骇悟。"友人劝说不要直接提名字，不要用"劫余"两字，以免"太刺激"。陈垣说"用'劫余'二字尚未足说明我们愤慨之意，怎能更改。"三年后伯希和来华，并不以"劫余"两字为不悦，反而对陈垣推崇有加。伯希和与陈垣在许多领域如元史研究等都有交往。1945 年 10 月，伯希

伯希和题赠著作

和因癌症而与世长辞，陈垣"阅报知伯希和先生已作古，更为之怅然"。他致函傅斯年，以述哀思。"天下英雄谁敌手"，陈垣"心目中的天下英雄唯使君，域外恐怕非伯希和莫属"。而伯希和对陈垣又有如此高的评价，真是惺惺惜惺惺。

桑原骘藏，是日本的东洋史学创始人之一，比陈垣长10岁。他"不满于以往汉学式的中国史研究，采用西洋史学的方法论，开始构筑从广阔的世界史的角度重新认识中国史的新东洋史学"。他于1931年病逝。京都大学文学部东洋史研究室特设"桑原文库"。桑原骘藏与年轻时的陈垣有过交往，对陈垣的研究成果给予高度评价。1924年，桑原为陈垣寄赠给他的《元西域人华化考》撰写书评，认为陈垣为现在中国史学者中，"尤为有价值之学者也"。中国"虽有如柯劭忞氏之老大家及许多之史学者，然能如陈垣氏之足惹吾人注意者，殆未之见也"。桑原列举了陈垣研究的两大特色：一是以中国和外国的关系为研究对象；二是具有科学的研究方法。竺沙雅章认为："上述陈垣的研究特色，事实上正是桑原自己的研究特色。桑原的代表作《蒲寿庚之事迹》（陈裕菁译为《蒲寿庚考》，中华书局1929年版）是一部被译成英文和中文的名著。"1925年4月10日，顾颉刚致函陈垣介绍傅彦长，说彦长"倾心于那珂、桑原二公，谓先生为中国之桑原，故渴欲一谒也"。可见两人在学问上有许多共同之点。现在京都大学文学部东洋史研究室的"桑原文库"中，藏有1924年陈垣赠送给桑原的三部书：《元西域人华化考》稿本、《心泉学诗稿》六卷、《钓矶诗集》四卷。

陈垣的学术地位，不但为国际汉学界所公认，还是国内学术界的公意。陈寅恪于1935年为陈垣重刻《元西域人华化考》作序，明确指出："近二十年来，国人内感民族文化之衰颓，外受世界思潮之激荡，其论史之作，渐能脱除清代经师之旧染，有以合于今日史学之真谛，而新会陈援庵先生之书，尤为中外学人所推服。盖先生之精思博识，吾国学者，自钱晓徵以来，

题赠桑原骘藏《元西域人华化考》稿本

桑原骘藏评介《元西域人华化考》文章

未之有也。""先生是书之所发明，必可示以准绳，匡其趋向。"傅斯年也曾说过，中国有两个世界型学者，一个是王国维，另一个就是陈垣。1928 年，傅斯年为筹建中央研究院历史语言研究所事致函陈垣，以陈与王国维相比，称颂"静庵先生驰誉海东于前，先生鹰扬河朔于后，二十年来承先启后，负荷世业，俾异国学者莫敢我轻，后生之世得其承受，为幸何极！"1932 年 1 月 25 日，孙楷第致函陈垣，说："窃谓吾国今日，生产落后，百业凋零，科学建设，方之异国，殆无足言；若乃一线未斩唯在学术。"方今字内，不乏名流，"此可谓一时之俊，未可谓百代之英也"。推崇陈垣"不藉他力，实至名归，萃一生之精力，有悠厚之修养……亦精亦博，亦高亦厚，使后生接之如抱千顷之陂，钻弥坚之宝，得其名言足以受用，聆其一教足以感发，此在今日固不多见，而窃以为先生者即其人也"。1934 年，尹炎武在给陈垣的信中说他在南京邂逅黄侃和朱希祖，"偶谈及当世史学巨子，近百年来横绝一世者，实为门下一人，闻者无异辞"。由此可见，以陈垣为中国学术首座，虽出自伯希和之口，却一定程度上表达了中国学术界的公意。

　　陈垣卓越的学术成就赢得了海内外学术界的赞誉，不仅为后人留下了丰富的文化遗产，而且对今后中国史学的发展产生了深远的影响。他桃李遍天下，培养了许多名家，雄踞学术界的各个领域。据牛润珍《陈垣学术思想评传》"动世界而垂久远"的学术影响一节所介绍者就有姚从吾、郑天挺、方豪、柴德赓、王重民、孙楷第、陈述、容庚、容肇祖、台静农、翁独健、蔡尚思、余逊、冯承钧、牟润孙、单士元、刘乃和、张恒寿、邓广铭、杨廷福、白寿彝、赵光贤、史念海、启功、杨志玖等。而且，薪尽火传，陈垣的弟子一代接一代，都是当今中国文史各个领域的骨干和后起之秀，影响着今后学术界的发展。

《元西域人华化考》英译本

《清初僧诤记》日译本

陈垣逝世后，国内外学术界开展了对陈垣学术成就、学术思想及其生平的研究，据王明泽《陈垣事迹著作编年》附录一《陈垣研究论文目录索引》统计，已超过200篇（本）。陈垣诞生100周年、110周年、120周年，北京和广州分别召开了纪念会，出版了纪念论文集。学界出版了研究陈垣的学术著作十数种。学者在呼唤"陈垣学"。由此可见陈垣学术影响的深远。

二、 学术遗著的整理与研究

陈垣逝世后，大量遗稿由其嫡孙陈智超历经艰辛收集保存。据陈智超《陈垣同志遗稿的保存与整理》一文介绍，遗稿内容大致分下列九个方面。

（1）已发表专著的手稿。

陈垣的专著，有10种经过校订后在新中国成立后重新出版。这10种专著包括《二十史朔闰表》《中西回史日历》《史讳举例》《校勘学释例》《释氏疑年录》《明季滇黔佛教考》《清初僧诤记》《南宋初河北新道教考》《中国佛教史籍概论》《通鉴胡注表微》。这些著作的手稿有部分保留了下来，它们和其他一些资料，遵照郭沫若的意见，在1972年1月交北京图书馆收藏。

（2）已发表论文的手稿和校订稿。

陈垣一生发表史学论文百余篇。

（3）基本完成或部分完成的著作。

计有《日知录校注》、《道家金石略》、《廿二史札记考正》、有关《四库全书》的著作、有关基督教史的著作和资料。

（4）未发表的论文。

（5）资料和索引。

（6）有关历史教学的材料。

（7）论学书信。

（8）早年著作。

（9）新中国成立后的发言、意见和经验介绍。

"文化大革命"结束之后，智超则集中时间和精力，研究和整理陈垣的遗稿。到目前为止，整理出版的著作有下列数种：

（1）《陈垣学术论文集》第一集、第二集，由中华书局分别于1980年、1982年出版。

（2）《陈垣史源学杂文》，由人民出版社于1980年出版。这本集子是陈垣亲手编定的，收文30篇，是陈垣讲授"史源学实习"课所作的范文，名为《陈垣杂文》。为了与一般理解的杂文相混，智超改为此名。智超对这本集子的整理工作主要是校订、注释、标点、按语，并写了一篇近万字的"前言"，介绍了"史源学实习"课的目的、教材、教法及本集的主要内容。

（3）《道家金石略》，经陈智超、曾庆瑛校补，由文物出版社于 1988 年出版。

该书是一部大型的道教碑刻资料集，收汉至明碑 1300 余通，100 多万字。智超夫妇做的整理工作，主要是校勘、增删、标点、注释、统一字体与格式、编排、编制目录及索引。我们从《校补前言》中可知他们整理此书的艰辛和坚忍不拔的精神。他们给自己定下一个目标：一定要学习垣老严谨的学风，完成他生前没有来得及完成的工作，整理出一部符合他的心愿、符合科学研究要求的《道家金石略》。光"校勘"一项工作，其精神就令人感动。他们住在北京的东南郊，要到西北郊的北京大学校园，往返一次需三四小时，"动身时往往还是残月斜照，到达北大已经是旭日临窗了"。"无论寒暑风雨，每周少则一次，多则四次，连续前去校碑。""拿着稿本与拓片逐字逐句核对"，"有时头晕目眩，半天也对不完一通碑文"。真有点像当年陈垣去北平图书馆阅读《四库全书》的精神。此外，经过智超夫妇的努力，还增补了 400 余通道教碑文。经增补后的《道教金石略》"已是目前收罗最为宏富的道家石刻总集，数量之多与范围之广，都远远超越了前人"。（蔡美彪语）

（4）《陈垣来往书信集》，由上海古籍出版社于 1990 年出版。该书有 62 万字，收有陈垣致他人的信件 375 函，经智超五六年时间的搜集整理才告竣。它反映了中国 50 年史学的一个侧面。这大量的信件，反映了陈垣在政治上不断追求进步的精神；在学术上精益求精、谦虚谨慎的精神；对晚辈的关怀和培养。这是陈垣留给后人的一笔很宝贵的精神财富。

（5）《陈垣早年文集》，台湾"中央研究院"中国文哲研究所将之作为"中国文哲专刊"，于 1992 年出版。

该书收录陈垣 1907—1913 年发表于《时事画报》《医学卫生报》《光华医事卫生杂志》的文章 165 篇，陈智超写了《前言》。这些文章充分反映了陈垣在青年时代是一位反帝反封建的民主斗士，是中国医学史研究的开拓者和奠基者，为我们更好地了解、学习、研究陈垣提供了丰富的资料。

此外，陈智超还编校了《陈垣史学论著选》（上海人民出版社，1981 年版），选编了《陈垣先生往来书札》（台湾文哲研究所近代文哲学人论著丛刊之二）、《近现代著名学者佛学文集·陈垣集》（中国社会科学出版社 1995 年版）、《中国社会科学院学者文选·陈垣集》（中国社会科学出版社 2000 版）、《陈垣学术文化随笔》（中国青年出版社 2000 版），校订并导读《元西域人华化考》（上海古籍出版社蓬莱阁丛书）。

在上述工作的基础上，陈智超主编了《陈垣全集》。《陈垣全集》除收入陈垣已刊的论著之外，还收入《日知录校注》《廿二史札记考正》《四库书目考异》，选录了有关教材和新中国成立后陈垣的发言、意见和经验介绍等。往来书信比《陈垣来往书信集》扩充了 300 余封。《陈垣全集》的编辑工作已完成，2010 年由安徽大学出版社出版。《陈垣全集》的出版，为陈垣树立一座供后人学习景仰的丰碑。智超在近 30 年中，写过研究陈垣的论著 40 多种。他们不但是血统上的祖孙，而且在学术.上有很深的传承关系。

有的同事对智超说："你如果不整理你祖父、父亲的遗著，你的成果会更多。"智超说："我整理他们的遗著，其实也是向他们学习的过程，学到祖父、父亲的许多好方法，增加不少新知识。"也有同行以为他之所以取得这么大的成就，似乎他有"祖传秘方"。他常对朋友说："学问是不会遗传的，我只有祖传基因、血缘关系，哪来的秘方。只要认真钻研他们的著作，都是可以摸得着、学得到的。"智超对祖父是非常敬仰的，常说："祖父真了不起，没有上过正规的大学，没有受过正规的史学教育，完全是靠自己的努力，自学成才，成为一个世界级的知名学者。"30 多年来，他一直在收集祖父的有关资料，一张纸条也不放过。这种对先辈的遗著孜孜不倦地研究、整理的精神是难能可贵的。

此外，刘梦溪主编的《中国现代学术经典·陈垣卷》，由刘乃和编校，选入《元也里可温教考》《元西域人华化考》《史讳举例》《校勘学释例》《旧五代史辑本发覆》《通鉴胡注表微》《吴渔山年谱》《记大同武州山石窟寺》《中西回史日历自序及例言》《四库抽毁书原委》《中国史料的整理》《敦煌劫余录序》《〈艺风年谱〉与〈书目答问〉》《汤若望与木陈忞》《〈论科学考据与旧考据的不同〉一文的审查意见》《佛牙故事》《两封无名字无年月的信》，于 1996 年由河北教育出版社出版。

河北教育出版社出版的"二十世纪中国史学名著"收入陈垣《明季滇黔佛教考（外宗教史论著八种）》。此书由刘乃和编辑，收入《元也里可温教考》《开封一赐乐业教考》《火祆教入中国考》《摩尼教入中国考》《回回教入中国史略》《明季滇黔佛教考》《清初僧诤记》《南宋初河北新道教考》《中国佛教史籍概论》，于 2000 年出版。

中 编 后 记

1971 年陈垣逝世后，在世界范围内的学术界开展了对陈垣生平、学术道路、学术思想、学术地位与影响等问题的研究。经过 30 多年的研究，逐渐形成了两个研究重镇：一个是北京师范大学陈垣研究室。该研究室以刘乃和（1998 年病故）为主任，他们开始全面研究陈垣。该研究室组织了几次纪念大会，编辑了几本学术论文集，选编了陈垣学术经典，出版了陈垣年谱长编、陈垣图传等。另一个重镇是以陈垣嫡孙智超为首的陈垣后人。智超整理出版了 11 种陈垣遗著，还完成了近千万字的《陈垣全集》的主编工作。智超写了超过 40 种有关陈垣的论著。据不完全统计，陈垣逝世后，他在全国出版了研究陈垣的学术著作 10 数种，发表了论文两百多篇。经过智超 30 多年的研究，陈垣的生平、学术思想、学术贡献及励耘精神得以比较清晰地呈现于学术界。

"二十世纪中国著名科学家书系"编委会约我们写《（中国科学院哲学社会科学部委员）陈垣》，我们在学习陈垣著作的基础上，主要吸收了学术界的研究成果。曾庆瑛是陈垣孙媳，协助智超整理过陈垣遗著，对陈垣生平熟悉，分工写第一章、第十章、陈垣简介和陈垣已出版的主要论著目录，并选择所有照片。其余部分由我执笔，并对全书统稿。整个工作我都与智超共同讨论。写作过程中，他给予我各种析疑解难，并通读了全书，提出了许多宝贵意见，在此谨表衷心感谢。

由于本编的体例所限，吸收学术界的研究成果时，没有一一注明出处，只在书后附上"主要参考书目"，除对各位先生表示感谢外，亦请给予谅解。

我的在职攻读博士学位的研究生陈莉，在书稿的录入方面做了不少工作，在此仅表谢意。

本编的错误在所难免，敬请批评指正。

张荣芳

2006 年 6 月 20 日

于中山大学

本编是吴阶平、杨福家、吴文俊、袁隆平、孙家栋、陈清泉、刘国光、汝信主编的"二十世纪中国著名科学家书系"中的一种（北京金城出版社出版 2008 年版）。这次收入《文集》时，删去了由主编为"二十世纪中国著名科学家书系"撰写的"序言"，为尊重历史原貌，其他内容没有作太大改动。

张荣芳

2023 年 12 月

于中山大学

下编 陈垣

第一章　人文环境、家庭与少年

陈垣是广东新会人。新会历来是广东经济文化发达的地区之一。新公历史悠久，人才辈出。据《新会县志》记载，新会之所以闻名天下，是因为有"白沙理学""厓山忠节"。这里所说的"厓山忠节"，是指南宋最后小朝廷的史事。南宋临安政权灭亡后，宋朝君臣建立"行朝"，漂泊在海岛上，或驻于濒海陆地。至元十五年（1278）六月，"行朝"从雷州沿海移驻新会厓山。次年二月，元舟师移军厓山海上，与宋"行朝"进行决战。二月初六日（1279年3月9日），元将张弘范、李恒率水兵南北夹攻，从早上到傍晚，"声震天海，斩获几尽"。陆秀夫背负少帝赵昺投海死，从死者以万计，战事惨烈。南宋"行朝"根本无法与元朝抗衡，失败是不可避免的。但其中成员如文天祥、陆秀夫、张世杰和各地军民为反抗蒙古贵族的压迫而表现的舍生忘死、英勇赴义的高风亮节，是应该值得肯定的。后人为纪念此事，在厓山建立慈元殿、三忠祠等，这些建筑后来成为著名古迹。

"厓山忠节"史事对陈垣有很大影响。他一生勤奋治学，正义矜持，坚贞守节，忠贞爱国，都与此有关。陆秀夫等数以万计的英雄儿女为民族存亡浴血奋战的精神鼓舞着他；而汉人张弘范却被他斥为"无耻者之最著者"。抗日战争时期，陈垣身处沦陷的北平，著《通鉴胡注表微》以明志，在该书中9处提到"厓门"。其中有一次"表微"说："厓山在新会，为宋丞相陆秀夫负少帝殉国处，书以志痛也。厓山海中有奇石，张弘范摩崖大书'张弘范灭宋于此'以自夸耀。明提学赵瑶诗：'镌功奇石张弘范，不是胡儿是汉儿'指此也。成化间御史徐瑁，始命工削去。"此"表微"意义深刻。

"白沙理学"中的"白沙"指明代著名理学家陈献章。陈献章是新会白沙乡人，后人称他为"陈白沙"或"白沙先生"。白沙乡与陈垣的石头乡仅距10多里之遥。陈白沙是新会历史上第一个具有全国性影响的杰出人物，集哲学家、教育家、诗人于身。他创立"江门学派"，打破了南宋以来朱熹之学在中国思想界、学术界的独尊地位，为以后以王阳明为代表的"心学"新思潮开辟了道路。陈垣对这位乡贤十分景仰，一生受其影响也很大。陈垣在一首《寄汉侄》（"汉侄"即陈珍汉）诗中说："昔吾廿五居乡校，今汝传经太祖祠。日懔白沙追古训，湖光山色最宜诗。"可见他对陈白沙的敬仰与追念。1910年，陈垣在一篇碑拓中加按语，说明先祖与陈白沙、湛若水都有十分密切的关系。陈垣还注意搜集陈白沙的遗墨。史树青回忆，陈垣收藏书画甚多，有陈白沙、陈澧等岭南名家的。"记得陈白沙手书《心贺》卷，后有沈尹默先生题词，调寄《减字木兰花》，词曰：'厓山风月，千古精诚相对接。……活活乾乾，此趣于今腕下传。'先生与陈白沙皆新会人，厓山在新会南八十里海中，故尹默先生词中及之。"

清代著名学者胡金竹是新会金竹冈人，人称"金竹先生"，也是陈垣仰慕的乡贤。他曾搜得胡金竹草书千字文，欣喜之余，"影印数百本，以贻乡里"。并题诗曰："棠下墟期三六九，先生故里幼常过。当年未读乡贤传，天地玄黄总咏歌。"后来发现该墨迹为伪作，作《跋胡金竹草书千字文》更正。文末曰："此帖虽伪，仍可证先生善书，使不善书，无书名，人亦伪之何为，此可为反证者也。"陈垣对乡贤之推崇，溢于言表。

梁启超是新会茶坑人，他与南海的康有为同为近代两颗变法新星。赫赫康梁，光耀乡里。陈垣比梁启超只小 7 岁，两人都是史学大师，可谓同乡同时同行。但两人的家庭背景有很大不同。梁启超生长在一个书香之家，家境殷实，面陈垣出生于一个以贩卖陈皮起家的中药材商人之家。陈垣对梁启超政治上的变法运动是十分推崇的，但为了追求真理，在学术上与之展开了辩论。

新会人杰地灵，读书之风自古端正。读书人尊师务学问，不追逐虚名，崇尚气节，坚持正义。故乡的人文环境深深影响着陈垣，培育着陈垣。他以后立身处世、治学著述，都与青少年时代受这种人文环境熏陶分不开。陈垣在许多著作中都署名"新会陈垣"。

清光绪六年（1880）十月初十（11 月 12 日），陈垣生于广东新会石头乡富冈里，字援庵。青年时代在广州，曾经用笔名钱罂、谦益等发表文章。

新会棠下镇石头乡富冈里故居外景

陈氏在新会是一个大姓。据石头乡《陈氏族谱》，陈氏的祖先可追溯到虞舜的第二十八代孙胡公满。他被周武王封于陈国（今河南淮阳一带），即以国为姓。胡公满的七十代孙陈寅，迁到广东北部南雄府保昌县珠玑巷。到陈寅的第四代孙陈宣七兄弟时，已是南宋末年。当时保昌县有一名姓黄的珠宝商人，勾引皇妃苏氏潜逃。宋朝发兵要杀灭保昌百姓，陈宣兄弟又从南雄珠玑巷迁到珠江三角洲的顺德、新会一带。陈宣次子名仲义，定居于新会石头乡，他就是陈垣的直系祖先。陈宣以下的历代都有明确的生卒年和葬地，家族自此才是准确的历史。从陈宣到陈垣，相隔600多年，陈垣是陈宣的第二十三代孙。

陈垣的祖父陈社松（字海学）于19世纪上半叶以贩卖新会特产陈皮起家，以后扩大为中药铺，在广州开设"松记"店。清道光十七年（1837）改店名为"陈信义"，又取诸葛亮"淡泊以明志，宁静而致远"之意，定家族堂名为"陈宁远堂"。

陈垣的父亲陈维启（又名满田，号励耘，1855—1909），除了经营中药材，还做过茶叶生意。他曾到过广东北面的湖南湘潭县采办茶叶，所以陈垣在20世纪40年代为湘潭宁氏题词时写道："两世论交话有因，湘潭烟树记前闻。寒宗也是农家子，书屋而今号励耘。"自注："吾先人在湘潭办茶。先父名田，号励耘。"父亲对陈垣一生的事业发展影响很大，陈垣后来将自己的书斋取名"励耘书屋"，一方面是用"励耘"来自勉，另一方面也是表达对父亲的怀念。

陈垣6岁时（光绪十一年，1885年），随父亲从新会移居广州。因父亲为生意经常奔走各地，故陈垣同二伯父维谦住在一起。他父亲是个很开明的生意人，为了让他读书，大力提供经费，为他创造好的环境。陈垣7岁就开始入私塾读书。老师为冯披微，是一位老秀才。以后陈垣又曾转到过几个学馆就读。从8岁至15岁，先后读过《大学》《中庸》《论语》《孟子》《诗经》《周易》《尚书》《礼记》《左传》等。当时的教学方法主要就是背诵，老师读一句学生跟着读一句，每天的作业就是背诵若干课文，第二天如果背不出来，就要挨板子。陈垣认为私塾的教学很死板，特别对八股文没多大兴趣，反而在学习中，对历史书籍产生了兴趣。13岁时，陈垣在闽漳会馆随冯披微读书时，在冯老师的书架上偶然发现了一本《书目答问》。此书是晚清洋务大臣张之洞撰写的，书中告诉初学者两个急需解决的问题：哪些是比较重要的书？哪些版本的书是好书？它是一本关于读书、治学门径的书。陈垣如获至宝，大开眼界，始知在八股、经书之外，尚有新天地。从此，他渐渐学会了按经、史、子、集的目录找寻自己需要的书籍来读。在系统阅读《书目答问》的基础上，他进而阅读《四库全书总目》，在以后的几年中，又把这本书读了好几遍。《四库全书》是乾隆皇帝下令编纂的一部大型丛书，总收书3461种，有79337卷，约7.7亿字。在编纂《四库全书》的同时，还将收入《四库全书》以及只抄存卷目的共10254种书籍的每种书都撰写了内容提要，结集成书，这就是总共200卷的《四库全书总目》，又称《四库提要》。它的规模要比《书目答问》大得多。陈垣熟读《四库提要》，掌握了乾隆以前古籍文献的基本情况。他喜泛览，好购书，并得到父亲的支持。他自己说："余少不喜八股，而好泛览。长老许之者，夸为能读大书，其非之者则诃为好读杂书。余不顾也。幸先君子不加督责，且购书无吝，故能纵其所欲。"16 岁时开始购买大部头书籍：花 8 两银子买《四库全书总目》，花 7 两银子买《十三经注疏》，花 13 两银子买《皇清经解》，花 100 多两银子买二十四史。

15 岁那年（光绪二十年，1894），广州暴发大规模鼠疫，死了很多人，陈垣离开广州回新会老家。16 岁时，他由新会回广州读书。不久学馆解散，他因此不用学习应对科举的八股文，有时间读自己喜爱的书。在其后的 3 年时间里，他看了不少书，为以后治学打下初步的基础。

陈垣和当时的商人子弟没什么不同。商人虽然有钱，但社会地位低下，商人子弟若想出人头地，最理想的途径就是参加科举考试，一旦被录取就可以做官，也就是《论语》中所说的"学而优则仕"，"学也，禄在其中矣"。读书做官可以改变自己的社会地位。

18 岁（光绪二十三年，1897）那年，陈垣以监生身份参加顺天府乡试，希望走科举致仕的道路。他到达北京，住在新会会馆，与同乡前辈伍铨萃（字叔葆）相识。考试时，陈垣答题，放笔直书，因不符合八股文要求，结果名落孙山。由北京返故乡，他追忆此事时说："出京时重阳已过，朔风凛冽，伍叔葆先生远送至京榆路起点之马家铺。临别，珍重语之曰：'文不就范，十科不能售也。'虽感其厚意，然颇以为耻。"自此发奋学习八股文。功夫不负有心人，陈垣在 22 岁（光绪二十七年，1901）时考取了秀才。二月在新会参加县试，他所作八股文，不拘泥经书章句，而是上下古今，纵横捭阖，议论风生。主持新会县试的杨介康思想开放，很欣赏这类文章。陈垣在全县考得第一，被送广州府应试。四月在广州参加府试。广州知府施典章主持府试，对陈垣文章的思想倾向很不满，在试卷上批曰："直类孙汶（文）之徒。"后来又将"孙汶"二字圈掉，改为"狂妄"。按一般情况，各县第一名，府试无不取之理，但这次府试第一、第二试放榜，竟无新会第一名陈垣之名（后来补上了）。府试第三次试题，陈垣作的文章，未按他自己的写法，而是用按部就班的平常写法，一挥而就。他自己说这篇文章很不高明，但也无懈可击。就这样，陈垣考取了秀才。

1930 年 11 月 12 日，陈垣 50 岁寿辰时，当年主持县试的考官、新会县令杨介康寄来贺诗，记述当年陈垣全县考第一的情景。陈垣回忆当年参加县试、府试情景，作七绝一首云："沔阳自昔受恩深（杨介康为湖北沔阳人），此日欣闻座右箴。犹忆当年施太守（典章），嗤余狂妄亦知音。"这是陈垣考秀才的一段趣话。

23 岁（光绪二十八年，1902）时，陈垣被补为廪生。陈垣自填履历均写"前清廪生"。此年再入开封，参加"光绪帝三旬万寿恩科"的补试，仍未中。从此陈垣彻底放弃科举考试，转向史学研究和对现实社会政治的关注。

第二章　反帝反封建与医学史研究

近代，广东成为中西经济文化交汇之地。陈垣说"广州滨海，得风气最先"。林则徐、张之洞督两广，提倡文化，引进西学，办书院，译书报，岭南风气为之一变。广州又是康有为、梁启超宣传维新变法思想的大本营，陈垣多次谈及他在广州求学时代与康有为万木草堂弟子们的接触往来，对他思想有很大影响。随后，广东又是孙中山领导的民主革命活动十分活跃的地区，反清思潮也极为高涨。在这种政治文化环境熏陶下，陈垣走出书斋，胸怀爱国救国之志，积极参加如火如荼的反帝反封建爱国运动。对此，陈垣说："我青年时在广州，受到一些维新思想的影响，也曾抱有爱国之志，参加了一些当时反帝反封建活动。"

1905 年，陈垣与革命画家潘达微、高剑父、陈树人等创办《时事画报》。潘达微，曾任中国同盟会广东分机关负责人，1911 年广州起义后，收葬烈士遗骸于黄花岗。高剑父，曾任中国同盟会广东支会会长，是反清的"支那暗杀团"的中坚人物。陈垣也是同盟会会员，曾任广东支部评议员。陈垣与这些革命同志志同道合，一起创办《时事画报》，宣传民族主义，反对清朝封建统治和帝国主义的压迫。1911 年春，陈垣又与康仲荦在广州创办《震旦日报》，担任该报主编，并兼副刊《鸡鸣录》主笔，更为猛烈地宣传反清。"鸡鸣录"之名取《诗经·风雨》"风雨如晦，鸡鸣不已"之意，反映出这一刊物是为配合孙中山的民主革命而呐喊鼓劲的。

陈垣在这两个报刊上发表了大量抨击时政的文章。据《陈垣早期文集》一书的统计，陈垣在《时事画报》上发文 57 篇，在《震旦日报》上发文 14 篇。这些文章概括起来有四个方面的内容。

第一，反对美国的排华政策和对中国的侵略。

19 世纪中叶，美国政府为了开发西部，大量吸收中国劳工。数以万计的中国劳工漂洋过海，披荆斩棘，垦荒、筑路、开矿，为美国西部的开发作出了巨大贡献。到 19 世纪下半叶，美国政府又反过来掀起种族压迫的排华运动，颁布"华工禁约"。1904—1905 年"华工禁约"期满，海内外华人一致要求废除这项苛刻的规定。美国政府强行续约，对华工施加种种限制和虐待，排斥华工，激起了中国人民的愤怒。广东籍华侨冯夏威在上海美国领事馆前愤然自刎，以示抗议。一时间举国上下，群情汹涌澎湃，上海、广州等地民众纷纷组织"拒约会"，抵制美货，散发拒约传单，形成群众性的反美爱国运动。陈垣在广州被推选为"拒约会"负责人之一。1905 年 9 月，美国国防部长与总统女儿率领一个

200多人的庞大旅游团到广州调查抵制美货情况。《时事画报》此时正在筹备期间，画报同仁立即刊出漫画《龟仔抬美人》，画一个美女坐轿子，两只乌龟抬之，这是说抬美人者便是乌龟。广州当时的交通工具只有轿而无车，同仁乃鼓动全城轿班罢工，四处张贴《龟仔抬美人》漫画，香港《世界公益报》及时转载《龟仔抬美人》漫画，该画在省港两地引起很大反响。美国旅游团与地方官吏互相勾结，狼狈为奸，一面出告示禁止张贴这幅漫画；一面缉拿印贴漫画者，逮捕曾在街头演说的人。他们逮捕了拒约总公所主任马达臣及潘信明、夏重民三人。夏重民是陈垣创办的义育学堂的学生。马、潘、夏三人被捕之后，广州

广东拒约总会旧址（在今广州一德路）

市民群情更愤，游行、集会，以示抗议。清政府被迫释放马、潘、夏三人。但广州群众拒约、抵制美货的运动并未停息，仍坚持了1年多。《时事画报》为配合这次反帝爱国运动，还刊载了《华人受虐原因图》《木屋图》《西关抵制图》《广东拒约公所图》《欢迎马、潘、夏出狱图》等时事漫画作品。

第二，反对清政府的压迫政策和封建专制制度。

陈垣发表文章用笔名谦益、钱罂就是反清之意。他在1959年7月7日复广州中山图书馆的函中说，报中文字多倾向民族主义，当时在内地讲民族主义，不如在港澳放言之便，故广州《时事画报》，系在内地发行的唯一革命报。其笔名为谦益、钱罂等。谦受益，取其与"满招损"对，钱罂取其别名"扑满"（储蓄钱币的瓦罐），这是当时的思想。陈垣的这类文章，充分利用清历代皇帝的"上谕"。他把这些"上谕"编为5册《柱下备忘录》，按问题分类剪贴，标题有《利用宗教（孔子、喇嘛、回回）》《汉官之无足轻重》《汉人欲为奴才不可得》《暴虐汉人之确供》《汉人之被没为满洲家奴》《圈占汉民地亩之强权》《驻防旗下之纵横》《旗人鱼肉汉人之一斑》《满兵之欺侮汉兵》《汉满权利不平等之杂志》《阴行离间汉人之术》等。利用这5册《柱下备忘录》，他写出了《释汉》《记王将军墓》《书李袭侯》《说正朔》《国朝首请泯除满汉畛域者仁和杭堇甫先生》《说满汉之界》《释奴才》《孔子诞感言》《识粤东驻防地界图》《论安插内地驻防》《种族之界说》《调和满汉》等大量寓意反清朝政府、反对封建专制的富有战斗性的文章。而且"秦汉以来，天子久以此国为天子一家之物矣"。所谓汉

朝，不过"刘氏一家之国号耳"。以汉朝的"汉"代表中国，是"变私名为公名"。

第三，激励革命党人活动。

陈垣在《时事画报》发表《书水浒传》一文，认为《水浒传》一书是"元世之革命党杂志也"。并说作者施耐庵以宋遗民身份，"痛故国之飘零"，乃集合同志 16 人，以编辑《水浒传》为事。刊行后，大江南北，上及士大夫措绅，下及贩夫走卒，"各手一编，津津乐道"。由于该书的广泛传播，元末才有张士诚、韩林儿、徐寿辉、陈友谅、明玉珍以及朱元璋等各路豪杰起义，达到了"文字收功日，全球革命潮"之效果，这说明用文字推动革命的重要性。陈垣以此来激励革命党人。在《元世广东乱民志》一文中，陈垣给清末革命党人正名。文章指出，元朝所谓"乱民"，是指中原豪杰抵抗蒙元的"忠臣义士"。而在清朝，对于当时起义者如洪秀全，以及"悬金购募达二十万者"的革命党人孙文，也称他们为"乱民"。实际这些人都和元朝的"中原豪杰"一样，是"忠臣义士"。这种论点，无疑激励了当时被清政府镇压的革命党人。

第四，争取民权，主张民主。

《老父识民权》一文，引述了《后汉书·逸民列传》中的《汉阴老父传》：汉桓帝到竟陵，过云梦，临沔水，到处受百姓围观，有老父独耕不停。尚书郎南阳张温问老父，人人都来观看皇帝，老父为什么继续耕种而不来观看？老父回答自己是一位野人，不懂什么道理，但请问立天子是为了爱护天下老百姓，还是役使天下老百姓去侍奉天子呢？以前的圣王，住朴素茅屋，天下安宁。现在的皇帝，"劳人自纵，逸游无忌，吾为子羞之，子何忍欲人观之乎？"陈垣借这个故事发表议论，读西方民约书，知总统乃国民之公仆，"系以天下役天子，不以天子役天下也"。陈垣当时有这种民权民主思想，是难能可贵的。陈垣在《震旦日报》副刊《鸡鸣录》上，以"大我"之名发表时政文章，为孙中山领导的民主革命摇旗呐喊，也是一种民主思想的表现。

由以上四点，我们可以看出陈垣青年时代在广州参加了反帝反封建运动，以其精通典籍、好考掌故的特点，写出笔锋犀利的文章，直捣腐败的清政府及瓜分中国的帝国主义，可谓一名反帝反封建的斗士。1913 年 3 月陈垣离开广州到北京参加众议院。当时的《民谊》杂志第五号《耿庐漫笔》介绍陈垣："陈君垣，号援庵，新会人，淹通典籍。少好考掌故，稍长，勤攻经史，刻志苦励，为粤中有名人士。""社会上每有事故发生，陈君垣考据一二古今遗文轶史与现事相影响者，登诸报端，以饱人眼帘，其饱学可见一斑。至其在党内，尤具一片挚诚，为同人所钦仰。然生有傲骨，魄力雄厚，是非辨之甚严，非一般所能企及也。"这是对在广州时的陈垣恰当评价。

青年的陈垣，除积极参加反帝反封建运动之外，还立志做济世良医。1906年，他父亲患膀胱结石病，久治不愈，最后入博济医院行膀胱取石手术后方痊愈。此事坚定了他学西医的信念。1907 年（28 岁），他考入了美国教会办的博济医院的南华医学校学习西医。当时一些爱国者决心创办中国人自办的西医学校。1908 年，梁培基、陈衍芬、郑豪等为争取"医权"和"医学教育权"，成立了中国人自办的第一所私立西医学校——广东光华医学堂。"光华"取"光我华夏"之义。陈垣对此事给予极大的支持。当时，他所在的博济医院正处于风雨飘摇之中，学生正在掀起学潮。陈垣不仅自己从博济医院退学，转入广东光华医学堂，还带领部分博济学生转学到广东光华医学堂。陈垣并被选为该校董事会董事。所以，陈垣是该校的第一届学生、毕业生，也是该校的创办人之一。陈垣回忆："光华医学院者，合全粤医师之力而成，谋学术自立之先锋队也。学术贵自立，不能恒赖于人。广州海滨，得风气最先。近代医学之入广州百年矣，然迄无一粤人自办医学教育机关，有之，自光华始……光华之成，余忝为创办人之一，复而就学焉。"1910年陈垣 31 岁，从广东光华医学堂毕业，并留校任教，讲授人体解剖学、细菌学、生理学和生物学。

从 1908 年到 1910 年陈垣在广东光华医学堂读书时，就参与创办《医学卫生报》和主编《光华医事卫生杂志》，并在上面发表一系列文章。据统计，他在《医学卫生报》发表文章 62 篇，在《光华医事卫生杂志》发文 30 篇。此外还编了《奉天万国鼠疫研究会始末》一书，单独出版发行。这些文章和著作，在我国医学史研究领域中具有开拓性意义。因为在此之前，很少有人探讨医学史的问题。自西方医学传入中国之后，知识界的许多人认为中国医学也应该变革，改革中国医药卫生面貌，也是振兴中华的一个重要方面。陈垣在 20 世纪初，竭尽全力从事医学研究和医学史研究，其深刻意义自不待言。综观这些文章和著作，主要有四方面的内容。

（一）关于医学史人物的记述与评论

如在《张仲景像题辞》一文中，他称张仲景为"中国方书元始家"。对张仲景著的《伤寒杂病论》一书，认为"二千年来，吾国言医者，竟莫能出其外也"，同时赞誉张仲景的变革精神。在《王勋臣像题辞》一文中，陈垣对王勋臣敢于冲破封建礼教束缚、探索人体脏腑机理的这种追求真理的求实精神是十分赞赏的，呼吁人们应该学习王勋臣的革新思想和坚忍不拔的求知精神。《黄绰卿像题辞》《高嘉淇传》等记述了我国近代最早留学欧洲学习医术者，使其姓氏事迹不致"湮没不称"，在医学史研究上具有重要意义。《古弗先生》与《古弗先生之业绩》两文中的古弗（近人译为科赫，Robert Koch，1843—1910）是德国细菌学家，对人类健康作出了很大贡献，在 1905 年获得了诺贝尔医学奖。对于这样一位世界知名医学家，在他去世的当年（1910），陈垣能迅速作出反应，写文章全面介绍他的细菌学成就，这反映了陈垣站在国际医学的前沿，了解世界医学的进展。

（二）关于医学史的研究

《牛痘入中国考略》一文，对免疫学在我国的发展作了最早的介绍，在我国医学免疫学发展史上有开拓意义。《洗冤录略史》一文，最早提倡改革我国法医制度，是对我国落后的法医状况提出变革的最早呐喊，具有重要意义。《中国解剖学史料》一文，引用《灵枢》《史记》《汉书》《宾退录》《邵氏闻见录》《医旨绪余》等历代资料，说明我国医学重视解剖学有悠久的历史渊源。但汉代以后，由于封建思想束缚，解剖学没有得到相应发展。近世以来，我国解剖学更加落伍。陈垣呼吁，应该重视人体解剖学的研究，以促进我国医学的发展。

（三）关于医事方面的研究

这方面的成果有《论江督考试医生》《释医院》《粤中医院之始祖》《日本德川季世之医事教育》《奉天万国鼠疫研究会始末》等。

《奉天万国鼠疫研究会始末》一书，主要是记录 1910 年 10 月至 1911 年 2 月，我国哈尔滨附近发生严重鼠疫，疫情后来曾蔓延到东北许多地方，死亡46000 人。清政府派广东新宁籍（即台山）的英国剑桥大学医学博士、时为天津陆军医学堂副监督的伍连德主持扑灭鼠疫重任。伍连德博士经过 4 个月的努力，使疫情平息，这在国际上产生很大影响。为此，清政府于 1911 年 4 月在奉天（沈阳）召开了科学研究性质的"国际鼠疫研究大会"，邀请了俄、美、日、德、法、英、奥、意等 11 国共 34 人参加会议。伍连德博士被选为大会主席，会议进行了 4 周，举行了 10 余次全体会议。光华医社派 9 人参加，陈垣因有其他事，没有参加这次会议。但在诸君出发之日为词勉励之，所言极为悲壮。他以报人的敏感，不失时机地根据当时报纸、书信和大会的讨论发言等，以纪事本末体写成《奉天万国鼠疫研究会始末》一书。他在自序中说："陈子既纂《奉天万国鼠疫研究会始末》毕，喟然曰，中国学者，其果不足与外国学者抗行乎？万国医学大会中，中国学者果不容置喙乎？今观斯会，知其不然。""今日之会，伍君（连德）竟能本其所学为祖国光，其招外人之妒忌也宜哉！""是书所讨论，与《素问》《难经》之意相类，实足引起青年男女致学之心。"这篇序言充满爱国之心、民族之情。广东光华医学堂校长郑豪作序曰："陈君固邃于国学，其于细菌学又为专门，故所述能原原本本。其于国权一节尤三致意，又不徒为学术观已。"这次会议是我国科学史上第一次召开的国际科学讨论会，意义深远。此书记录了会议的全过程，在我国医学史上留下了非常重要的一页。

（四）对日本医史文献的搜集与研究

光绪三十四年（1908），陈垣利用暑假之便，与清末民初著名诗僧苏曼殊的堂兄苏墨斋前往日本，主要目的是搜集医书，并访问日本著名的医史学家富士川游。富士川，名游，字子长，出身于汉医学世家。笃好治史，在广岛医学校学习西医，后留学德国2年，返日本后担任中外医事新报编辑。曾获医学、文学两博士头衔。著有《日本医学史》巨帙。陈垣在复叶恭绰信时说，此书"考据精详，条理缜密，为东方医史界空前杰作，真不愧子长者也"。这也是陈垣要访问富士川游的原因。在富士川游家，陈垣看到日本著名学者丹波元胤（陈垣在致叶恭绰信中写作"多纪元胤"）于1826年著成的《医籍考》80卷的手稿。丹波元胤，号柳沜，为德川氏医学世家丹波元简长子。除《医籍考》外，还著有《体雅》《药雅》《脉法》《医林撮要》《柳沜目录》《柳沜日抄》《香泉日抄》《伊香山日抄》《屏巷随抄》《心迹双清堂随抄》《柳沜文集》《聿修堂医书目录》等。陈垣认为《医籍考》，"其书仿朱彝尊《经义考》体例，条举中国历代医籍撰人、卷数，著其存佚，录其序跋，及诸家评论，加以考订，精审无比。道光以前中国医籍搜罗殆遍，为医史学一巨著，中国人未之先也"。"其治学方法，一如乾嘉诸老，吾尝谓柳沜为日本医史学界之钱竹汀，信非虚也。"对于这样一部重要的手稿，因富士川游告诉陈垣，不久便会出版，故陈垣未借抄录。后来日本将《医籍考》影印，分8大册出版。1936年，上海中西医药研究社筹资据日刊本缩印成书。陈垣在扉页上特别题诗二首祝贺。诗云：

> 竹坨竹汀合一手，庶几医学之渊薮。
> 成自东儒大是奇，实斋史籍亡何有。
>
> 卅载闻声富士川，梦中何幸到琅嬛。
> 食单见后思鹈炙，喜遇医林复古年。

由以上四点可以看出，陈垣青年时期在广州所从事的医学和医学史研究工作，为近代中国医学史的学科建设作出了开拓性的贡献。他反对因循守旧，主张变革进步的精神，推动了中国医学的发展。所以，陈垣被认为是近代中国医学史研究的开拓者和奠基人。

第三章　对中华民族历史文化一片丹心

从弃医从政到弃政从史

1911年10月10日武昌起义爆发，革命党人发起的辛亥革命推翻了清朝封建帝制。1912年1月，中华民国成立，4月，民国临时政府迁往北京。1912年12月至1913年2月，全国进行了第一次国会选举，陈垣因办报宣传反清甚有影响，故以"革命报人"身份正式当选众议院议员。1913年3月，陈垣离开广州到北京参加第一届国会会议，并从此定居北京，弃医从政。这是陈垣人生的一大转折。

1913年4月，中华民国第一届国会召开，陈垣出席了会议。6月，袁世凯发布《尊孔祀孔令》。8月，孔教会代表陈焕章、梁启超等上书北京参、众议院，请于宪法中定孔教为国教。这一议案引起国会宪法起草委员会的激烈争辩，一时舆论蜂起。陈垣拍案而起，激烈反对，认为信教自由，不当强定一教为国教。陈垣因为反对强立孔教为国教，遭到孔教教徒们的攻击。马相伯为陈垣所著《元也里可温考》作序，云："君即民国二年反对孔子为国教，而狂夫某电京，嗾明正典刑者之一也。"

陈垣到北京后，结识了广东三水的梁士诒。梁士诒是交通系首领，因为同乡关系，陈垣参与了梁氏的政治活动。曾先后在梁氏主持的全国税务处、国内公债局、毛革改良会等机构任职，但都是出于谋生的考虑，两人志趣不同。后来梁士诒赠书给陈垣，在封面题字，曰："援庵著述甚夥，人将爱之，诒将哀之。因袭近人诗赠之曰：销磨一代英雄尽，故纸堆中问死生。是耶？非耶？"而1940年陈垣致陈乐素家书中亦说："此余与三水（指梁士诒）一段因缘，三水不喜人读书，所以不能久处，然在今日思之，当时若随三水不去，亦不过如刘铁城等，多赚几个钱而已，孰与今日所就之多也，为之一叹。"可见他们两人志趣不同，梁士诒走政治仕途，陈垣则倾心学问。

1921年12月至1922年5月，陈垣担任了6个月的教育次长，并代理部务。任职之初，一些友人、名流如蔡元培等纷纷致函出谋献策，推荐人才，陈垣亦想对教育事业有所建树。刘乃和记述说：陈垣就职后，遇到的是克扣教育经费、裁撤教育部的附属机关等事。教育部的附属机关，当时不过10处，每月开支甚微，且所管多是关于平民教育的调查、教育材料的采集以及有关社会教育等，大都是关于教育前途的事。当时援庵师为此事发表声明，说："教育一事，应逐年扩张，因困于经费，不能如愿，已属抱歉，万不能再为缩小范围。"不同意裁撤教育部的附属机关。他在教育部任职期间，解决了八院校教职员代表到教育部"索薪"之事，各院校教职员常年欠薪的困境有所缓解。

1923 年 10 月，曹锟用诱骗收买和武力威胁的手段操纵全国选举，当上总统。陈垣事前不知其中的政治阴谋，糊里糊涂亦参加了选举，事后警醒，甚感上当，后悔莫及。这件事给他留下了深刻的教训，使他抱憾终生。他自 1913 年移居北京至此已有 10 年，前后 3 次当选众议员。现实给他深刻的教训，使他感到国会不过是各派系军阀玩弄政治阴谋、争权夺势的一块招牌，难以表达民意。他想在政治上有所建树的美梦破灭了。10 年来与当时政治若即若离的情况终于改变，他弃政从史，走上自由的学术研究道路，追求人格独立的精神。陈垣晚年回忆："眼见国事日非，军阀混战连年，自己思想没有出路，感到生于乱世，无所适从，只觉得参加这样的政治是污浊的事情，于是就想专心致力于教学与著述。"从此以后他专心致力于教学与著述，终于成为著名的史学家和教育家，成为一代学术宗师。

保护和整理明清内阁大库档案

1920 年，北京大学拟创立国学、外国文学、自然科学、社会科学等 4 个研究所。以"国学门较为重要，特先设立"，1921 年 11 月正式成立"北京大学研究所国学门"。由蔡元培、顾孟馀、沈兼士、李大钊、马裕藻、朱希祖、胡适、钱玄同、周作人 9 人组成研究所国学门第一届委员会作为领导机构。蔡元培任委员长，沈兼士主持日常工作。此时的国学门实行导师制。此时期的国学门导师队伍盛极一时，除本校教授沈兼士、刘半农、钱玄同、周作人、胡适、陈万里、林语堂、马衡、马裕藻、顾颉刚、常维钧、单不庵等外，还聘请校外的国学大师王国维、陈寅恪、罗振玉、陈垣等教授。可见此时国学门导师包括了国内各个领域极有成就的学者。而陈垣就是这众多导师中的一员。值得指出的是，陈垣是没有正规史学训练的背景，完全靠自己积累知识，刻苦钻研而取得重大成就，自学成才的导师。自此至 1935 年，陈垣一直是北大国学门导师，并经常在北大三院聚会、教学与研究。

陈垣任明清史料整理会委员，领导整理明清内阁大库档案。北大的国学门主要从事整理明清内阁大库档案、金石、甲骨刻辞、民俗谣谚、方言方音等。陈垣等人领导史学系学生整理内阁大库档案。明清内阁大库档案的发现，和殷墟甲骨、汉晋简牍、敦煌石室遗书一起，被称为我国近世新史料的四大发现。所谓"内阁大库"，就是明清的中央书籍档案库，所藏书籍占十分之三，档案占十分之七。这批档案，仅有几千件是明代的，其余都是清代历朝政府所奉行的朱谕，臣工缴进的敕谕、批折、黄本、题本、奏本，外藩属国的表章，历科殿试的答卷，等等，史料价值极高。但是由于人为的和自然的损坏，这批档案已流失了不计其数；或作为一种特殊商品转卖于私人之间，甚至一度被酝酿尽售于外国。在此存毁留弃关键之时，陈垣与北京学术界人士痛心疾首，为此奔走呼吁，既严词斥责当局的不负责任，力阻盗卖贩运于外国，又筹谋如何妥善将之长远保存，与相关机构往来交涉研究归属、经费、人事等问题，终于使这批档案得以保存。

1922 年 5 月 12 日，北京大学呈文教育部，请求将历史博物馆收藏的明末及清代内阁档案，拨归北京大学。陈垣时任教育部次长，于 12 月 25 日批准北京大学的呈文，北京午门历史博物馆所藏的这批档案正式移交北京大学，教育部派专员监督移交工作。这批档案，由北大国学门导师陈垣和朱希祖领导史学系学生整理，拟出整理办法，分作三步：首先就其形式分类、统计；其次识别年代；再次编号、摘要，而后研究考证。

建立故宫博物院的功臣

陈垣在 1924 年 11 月至 1928 年 6 月这 3 年多的时间里，在"清室善后委员会""故宫博物院理事会"等机构担任过重要职务。陈垣与清宫遗老和各种军阀势力进行坚决的斗争，为保护故宫、保护文化遗产、促成故宫博物院的成立及其早期工作作出了重要贡献。

辛亥革命后，清帝溥仪在不废帝号、年领 400 万两经费等优待条件下，宣布退位，但仍居住在皇宫内。1924 年 10 月，冯玉祥发动北京政变，令其部将鹿钟麟驱逐溥仪出宫，并修改了清室优待条件。还成立以李煜瀛（字石曾）为委员长的"清室善后委员会"（以下简称"善委会"），聘请蔡元培、陈垣、沈兼士、俞同奎等社会人士和知名学者 10 人任委员，另有宝熙、罗振玉、耆龄等 5 人为清室代表，并特聘庄蕴宽等 3 人为监察员。"善委会"的主要任务是清理清宫内的公产和私产。

当时正值军阀混战时期，政权经常变动，当政者无不想占领故宫；清室也不甘心退出他们盘踞几百年的紫禁城。因此，围绕"善委会"的成立，展开了历时数载的激烈斗争。

1924 年 12 月 20 日召开第一次"善委会"，清室代表五人拒不出席，以示不承认"善委会"。会上讨论并通过了《点查清宫物件规则草案》，决定 23 日开始点查，并决定于 1925 年 10 月 10 日辛亥革命纪念日成立故宫博物院。"善委会"委员长李煜瀛经常外出，频频来信，委托陈垣代理会长职务，12 月来信曰："敬启者，窃煜瀛承乏本会会长，照章应兼常务委员，惟本会会务繁重，一人实难兼顾，敬请先生担任本会会长所应兼任之常务委员一席，以便办理一切。煜瀛其他事务亦甚繁颐，如值出京之时，所有本会会长职务，亦请先生随时代理，以免有误要公，是为至感。"这样"善委会"的工作实际由陈垣主持。在点查过程中，清室五人始终未到，并暗中进行频繁活动，与"善委会"对抗，以图恢复小朝廷。12 月 31 日，孙中山到京，卧病于北京饭店。清室遗老以为有机可乘，乃由内务府宝熙等 4 人出面，致书向孙中山"申诉"，要孙氏"主持公道"。孙中山以秘书处的名义复函，明确驳斥了"申诉"，并说"促清室移宫之举，按之情理、法律，皆无可议"。孙中山的明确答复，使清室的计划未得逞。但是清室遗老与段祺瑞执政府有相当关系，他们多方活动，日夜奔走，继续与"善委会"对抗，破坏点查工作。直到 1925 年 7 月，"善委会"在点查养心殿时，于密匣中发现遗老与溥仪往来的密件，表明他们准备阴谋复辟。"善委会"将此事检举，诉诸法院，清室遗老才暂时收敛。

1925 年 9 月底，"善委会"开会通过故宫博物院的组织大纲和董事会、理事会名单。董事有严修、蔡元培、庄蕴宽、张学良等 21 人，理事会由李煜瀛、易培基、陈垣等 9 人组成。10 月 10 日，故宫博物院按原定日期开幕，举行开幕典礼，李煜瀛以"善委会"委员长名义报告博物院筹备经过。段祺瑞执政府对李煜瀛、易培基久已不满，1926 年 3 月 19 日，借故通缉李、易二人，二人潜离京师，故宫顿失领导。董事会、理事会举行联席会议，推举庄蕴宽为维持员。这时一直驻守故宫的国民军要撤退，故宫安全受到威胁。为了保卫紫禁城的安全，暂借调内务部警卫队接防。公推陈垣为"善委会"代表，办理交接事宜。内务部某些人早有占据故宫的野心，借此机会准备进驻宫中。陈垣在交接会上，除谈交接事务外，激昂慷慨，痛斥内务部派员进驻事，不平之气溢于言表。

1926 年段祺瑞执政府垮台后，杜锡珪组织新内阁。清室遗老又积极活动，致书新国务院，要求将故宫收归清室。7 月 10 日，新国务会议秘密决定成立"故宫保管委员会"（以下简称"保管会"），拟改组故宫博物院。21 日在中南海居仁堂开会，由杜锡珪主持，出席人有清室遗老、亲贵、内阁阁员和"保管会"委员，会上选举了赵尔巽、孙宝琦为正副委员长。8 月 2 日赵、孙二人来故宫执行其委员长职权。故宫原负责人紧急研究，共同决定由陈垣、吴瀛、俞同奎、江瀚四人出面交涉。会上陈垣代表故宫方面发言，提出"接收故宫必需做到三点：一、不能还给溥仪；二、不能变卖；三、不能毁灭"。并郑重声明："如要接管，必需组织点交、接收两个委员会，必需点完一处，移交一处，未点以前仍用旧封，由旧会负责，点完则交由新会封锁，由新会负责。""点交工作，是接收中最重要的关键，我们要清手续以明责任。""如你们不同意点交，则可由接收人登报声明，说明自愿负故宫的全部责任，此后凡故宫的建筑、文物、图书有损失，都与旧人无关。"赵尔巽、孙宝琦听了这理由充分、无法辩驳的发言，无言以对，只好说："等我们商量商量再办吧！"

北洋军阀霸占故宫之心不死，8月8日上午，宪兵司令部王琦派人将在故宫工作的陈垣逮捕。经多方营救，于下午释放，送回西安门大街寓所软禁起来。当时报纸报道："宪兵司令王琦，则以委员会拒绝接收之故，遂令武装宪兵传拘陈垣问话。陈即据词答复，王无以难，乃送至回家。犹命便衣侦探两人，监其出入。"那志良记述："那些攀龙附凤的人，大失所望，把这次未能接收的原因，都归诸陈先生（陈垣）的坚持清点。8月8日的清晨，陈先生被宪兵司令部逮捕了。陈先生到了宪兵司令部，便问何事被捕？司令部的人也只能说是奉命办理，究竟为何事，也莫名其妙。到大家把他营救出来的时候，他不肯离去，一定要问明白，究竟何事被捕？事后宪兵司令王琦还对人说：陈某太可恶，放了他还不肯走，一定要问为什么捕他。"

1926年9月，军阀政权大有变动，杜锡理内阁解体。奉军人主京师，又想强占故宫。李煜瀛鉴于当时形势，提议邀请社会知名人士、名流学者重新组织维持会，并特邀当时政、军、警有关人士参加，共同合力维护故宫安全。10月中旬成立"故宫博物院维持会"（以下简称"维持会"）。"维持会"由37人组成，当时著名学者柯劭忞、梁启超、陈垣等被邀请，会上推定陈垣、沈兼士、袁同礼等15人为常务委员。至1927年1月8日召开第一次委员会，故宫的局面才大致安定下来。

陈垣在故宫工作时，主持正义，担当风险，坚持斗争。当他被逮捕、被软禁时，一些人提出"打倒陈垣"的口号，到处张贴，以制造舆论，一时咒骂陈垣之声不绝。他曾写过两首诗，记下当时的感想和不平。诗曰："满城标榜倒陈垣，五十年来此纪元。受宠竟居贤者后，鲰生也把姓名传。""不聋不痴不作师，古语翻新意更奇。一处欢迎一打倒，同门桃李各分枝。"这是他于1926年所写，其时他47岁，"五十"言其整数。"贤者"句指李煜瀛等被通缉。"同门"句指反对者和故宫同人中某人，二人原是同学，而态度迥异，反对者要打倒陈垣，在故宫的那位则极为欢迎陈垣。

清点故宫文物，因点查工作繁重，故"善委会"约请了很多北京大学文、史两系的教职工和学生参加，此外还聘请了不少学者协助工作。当时聘请的有马裕藻、马衡、董作宾、徐炳昶、杨树达、蒋梦麟、徐森玉、董文弼、容庚、单士元、魏建功、吴承仕等。工作分若干组，每组由"善委会"委员负责，组中人员各有分工。每组人员到齐，工作才能开始。查点完毕，各自签名以示负责。

1925年10月故宫博物院成立，设古物、图书两馆，图书馆又分图书、文献二部。陈垣任图书馆馆长，袁同礼、沈兼士任副馆长，分理图书、文献事务。陈垣任馆长数年，对故宫的图书、文献、档案的整理和研究多有建树。

关于陈垣对1924年至1928年故宫博物院早期的历史贡献，单士元评价："溥仪被迫出宫后，当日清室皇族、清朝遗老以及虽在民国身为巨宦，而心仍眷恋前朝之人，联合一起，日谋扼杀清室善后委员会和筹办博物院事。如何保护这具有完成辛亥革命未竟之业的大事，陈师适当其冲。在指导点查文物工作、筹办博物院组织方案之外，还与上述恶劣势力相周旋，因之触怒旧军阀，竟将陈师逮捕，形势危急，已临险境。当日有关心故宫事业名流，从中斡旋，动之以陈师社会声望，才释放，软禁寓所。故宫坎坷的局面，直到 1928 年北伐成功，南北统一始定……上述博物院早期的经历，非亲见其事者，不能体会故宫博物院缔造之艰难，陈师实为贡献最大的人。"

全面调查研究 《四库全书》 第一人

《四库全书》是清乾隆三十七年（1772）酝酿，三十八年（1773）开始编纂，到乾隆五十二年（1787）基本完成，共用了十几年时间编纂的一部综合性大型丛书。抄成 7 部，分藏于 7 座藏书楼。此后 100 多年间，没有人对它进行过全面的调查研究。直到 1920 年，陈垣成为全面调查研究《四库全书》的第一人。

1915 年，原藏于承德避暑山庄文津阁的《四库全书》被移存国立京师图书馆（国家图书馆前身）。这是陈垣渴望已久的书，他千方百计与图书馆取得联系，并开始到馆借阅。

1920 年 5 月，法国总理班乐卫来中国，建议将退还的庚子赔款用来影印《四库全书》。当时徐世昌总统允诺影印后，分赠法国总统及中国学院，并明令派朱启钤督办其事。又派陈垣往京师图书馆就文津阁《四库全书》实地调查架、函、册、页的准确数字，以便为影印做准备。陈垣把主要精力放在《四库全书》的全面调查上。6 月至 8 月，陈垣带领樊守执、杨名韶、王若璧、李倬约、李宏业、张宗祥等人全面清点《四库全书》的册数、页数等。当时京师图书馆目录课谭新嘉于 1921 年 10 月在清点数据单后面题写跋语，记述当时情况："时政争激烈，近畿枪林弹雨，京城各门白昼仅启一二小时者二十余日。樊君诸人每日挥汗点查，未尝一日间断。""当戎马倥偬之际，得以从容镇静各事其冷淡生涯，几若世外桃源。"通过这次检查，陈垣等人弄清了这部丛书的详细情况。他们对其中每部书的册数、页数都进行清点和统计，列出书名、作者，并作了索引，还将赵怀玉本《四库简明目录》与《四库》原书进行核对，查出有书无目、有目无书、书名不符、卷数不对等情况一一罗列，然后撰成《四库书目考异》5 卷、《四库书名录》、《四库撰人录》等。以后，陈垣断断续续对《四库全书》作了长达 10 年的研究，取得了丰硕的开创性成果。他的学生刘乃和在《书屋而今号励耘》一文中记述了当时的情景："当时他家住在北京城内西南角，贮存文津阁《四库》的京师图书馆在城东北角。当时紫禁城前后的东西街道还是宫廷禁地，没有直达道路，必须绕道走，来回路程需要三个多小时，逢阴雨风雪，甚至要四个多小时。他每天清早，带着午饭，到图书馆看《四库》，图书馆刚开馆就赶到，下午到馆员下班时才离开。就这样前后读了十年，把这部包括三千多种、三万多册的大丛书做了详尽地了解。"

1925 年 1 月，陈垣还带领北大学生清点了文渊阁《四库全书》。他后来画了《文渊阁排架图》，将文渊阁书排列的函、架次序，按原来排放位置画为图式，颇便观览。4 月 28 日，他在故宫摛藻堂发现了尘封多年的《四库全书荟要》，并特意留影纪念。《四库全书荟要》与《四库全书》同时编写，是乾隆皇帝命四库馆臣选择《四库全书》的精华，缮写为《四库全书荟要》，其编写形式与《四库全书》相同。共收书 473 种 11151 册，分装于 2000 函中，另外 1 函为总目。这一发现也是陈垣对《四库全书》的重要贡献。

通过陈垣的调查研究，摸清了《四库全书》的基本数字。统计的结果：《四库全书》收书共 3461 种，99309 卷；存目有 6793 种，93551 卷。全书共 2290916页，分装成 36275 册，总字数 99700 万。过万页之书 31 部，页数最多、部头最大者是《佩文韵府》，444 卷，28027 页；第二名是《册府元龟》，1000 卷，27269 页。这一基本统计为人们认识《四库全书》提供了方便。陈垣还撰写了《编纂四库全书始末》一文，第一次将编修《四库全书》全过程作了简明扼要的记载。还写了《四库撤出书原委》，考证了《四库全书》撤出书的来龙去脉。陈垣还对《四库全书》的整理与刊行，提出了许多宝贵意见，并被有关部门采用。学术界、文化界对陈垣对《四库全书》的调查研究所取得的成绩十分景仰和推崇。

"我们应当把汉学中心夺回中国"

中国有悠久的历史和灿烂的文化，5000 年连续不断的文明史，吸引着众多国内外学者去研究、去探索。中国的学问博大精深。外国人称中国学问为"汉学"，将研究中国学问的外国人称为"汉学家"。近代中国百事不如人，对中国学问的研究也落后于欧洲、日本，一些学者对此不免耿耿于怀，呼吁努力把"汉学"中心夺到中国。

陈垣对中华民族历史文化一片丹心，对于上述现象愤愤不平，在不同场合、不同时期多次呼吁"我们应当把汉学中心夺回中国"。他的学生刘乃和、柴德赓多次听到陈垣在课堂上讲："每当我接到日本寄来的研究中国历史的论文时，我就感到像一颗炸弹扔到我的书桌上，激励着我一定要在历史研究上赶过他们。"郑天挺回忆，1921 年他在北京大学做研究生时，在一次集会上，听陈垣说："现在中外学者谈汉学，不是说巴黎如何，就是说东京如何，没有提中国的。我们应当把汉学中心夺到中国，夺回北京。"陈垣在北京大学的学生朱海涛回忆，陈垣在课堂上针对日本发动全面侵略中国的战争时说："一个国家是从多方面发展起来的；一个国家的地位，是从各方面的成就累积的……我们必须从各方面就着各人所干的，努力和人家比。我们的军队要比人家军队好，我们的商人要比人家商人好，我们的学生要比人家的学生好，我们干史学的，就当处心积虑，在史学上压倒人家。"曾在燕京大学受业于陈垣的翁独健回忆，听陈先生讲授"中国史学评论"课时，陈先生在课上说："19世纪以来，有人标榜东方学、汉学研究中心在巴黎，当时巴黎有几个著名汉学家；后来日本雄心勃勃地要把汉学研究中心抱到东京去，当时日本研究的重点是蒙古史、元史。汉学研究中心在国外，是我们很大的耻辱。"陈垣先生鼓励学生把它抢回北京来。正是在陈垣的影响下，他选择了蒙、元史作为自己一生的学术研究方向，并成为著名的元史专家。曾在北平师范大学聆听过陈垣教诲的陈述回忆，刚刚进入大学，就听到陈垣在课堂上讲："现在研究中国学问的中心，不在中国，而在法国、日本。他们研究我们的历史，比我们自己还有成绩。年轻人要有志气，把这个中心夺回来。""陈垣先生充满激情地鼓励青年一代在文史战线上取得超越前人、超越外国人的成果。"

1924年，北京文化界的爱国人士组织"敦煌经籍辑存会"（以下简称"辑存会"），从事搜集整理敦煌资料工作，并阻止敦煌珍品继续外流。陈垣在"辑存会"担任采访部长。之后，他将北平图书馆藏敦煌经卷8000余轴，分辨类别，考订异同，编成目录，名《敦煌劫余录》。"劫余"二字，取其历劫仅存之意，在序里提到"匈人斯坦因、法人伯希和相继至敦煌载遗书遗器而西，国人始大骇悟"。当时有的朋友曾劝他在序中不要直接提名，因为他们会来中国，在学术界集会上彼此还常见面；而且"劫余"二字太"刺激"，是否改一名称。陈垣说："用劫余二字尚未足说明我们愤慨之意，怎能更改！"这反映了他对中华民族历史文化的一片丹心，爱国之情跃然纸上。

第四章　史学研究的巨大成就

陈垣一生的著述，据刘乃和等人统计，论著共 373 种，加上书信、诗赋、题跋等，总数在千种以上。仅就史学讲，著作 18 部：《元西域人华化考》《二十史朔闰表》《中西回史日历》《史讳举例》《敦煌劫余录》《元典章校补》《校勘学释例》《吴渔山年谱》《旧五代史辑本发覆》《释氏疑年录》《明季滇黔佛教考》《清初僧诤记》《南宋初河北新道教考》《中国佛教史籍概论》《通鉴胡注表微》《道家金石略》《日知录校注》《廿二史札记考正》。学术论文、杂文一百几十篇。其成就最大者，有以下几方面。

宗教史研究的开拓者

陈垣总的学术成就中，宗教史的研究成果比重最大，撰写专著 7 部、论文 39 篇、序跋 50 多篇。其内容包括古代宗教、世界三大宗教（基督教、佛教、伊斯兰教）在中国流传的历史以及中国土生土长的道教史。这里只介绍陈垣的"古教四考"以及对基督教史、回教史的研究成就，佛教史、道教史的研究成就，放在下一节介绍。

学术界流传陈垣的"古教四考"最精湛，是指《元也里可温教考》《开封一赐乐业教考》《火祆教入中国考》《摩尼教入中国考》四篇论文。

《元也里可温教考》是陈垣第一部史学论著，发表于 1917 年。元代以前无"也里可温"之称谓，"也里可温"仅见于元代著述。何谓"也里可温"？钱大昕《元史·氏族表》曰："不知所自出。"《元史·国语解》："蒙古语，应作伊鲁勒昆；伊鲁勒，福分也；昆，人名，部名。"直到清道光年间，刘文淇指出"即天主教也"。陈垣此文的贡献在于将其准确地断定为基督教聂思脱里派。他指出"观《大兴国寺记》及《元典章》，均有也里可温教之词，则也里可温之为教，而非部族，已可断定。复有麻儿也里牙（马利亚）及也里可温十字寺等之名，则也里可温之为基督教，而非他教，更无疑义"。并"确信也里可温者为蒙古人之音译阿剌比语，实即景教碑之阿罗诃也"。此文分 15 章，脉络清晰紧凑，论证严谨，无懈可击，廓清了隐晦七八百年、无人知道的元代也里可温之称谓、本义、词源及相关的史学问题。对也里可温教东传之途径、宗教戒律、教徒人数、主要人物、教徒军籍、徭役、租税等方面的豁免权，官府的尊崇地位，也里可温教与异教的关系，元末明初的衰落，金石碑刻的存佚等也一一澄清。此文引用文献近 50 种，除正史外，还有大量文集、方志、碑刻等，囊括了全部汉文文献资料。此文是关于这一课题的空前绝后的杰作，彻底解决了元也里可温教的历史问题。此文发表时，马相伯为之作序说："向余只知有元十字寺，为基督旧教堂，不知也里可温有福音旧教人之义也，知之，自援庵君陈垣始。"英敛之为之作跋，说："乃承先生以敏锐之眼光，精悍之手腕，于也里可温条，旁引曲证，原原本本，将数百年久晦之名词，昭然揭出，使人无少疑贰。"1917 年 10 月，陈垣随梁士诒访问日本，将《增订再版元也里可温考》线装一册赠送日本著名学者桑原骘藏。并应日本学者之请，在学术会议上宣读此文，得到中外学者的称赞。12 月 8 日，陈垣从日本大阪致慕元甫函，说"拙著《元也里可温》，此间学者颇表欢迎，将引起此邦学界之注意"。《元也里可温教考》使他一鸣惊人，成为陈垣最终弃政从史的重大契机，同时对其日后史学研究的方向和特色有重大影响。

《开封一赐乐业教考》发表于 1920 年。一赐乐业教，即犹太教。此文分 12 章，以碑拓图绘、匾额楹联以及有关著述记载的材料，考证了犹太教在中国传布兴衰的情况，同时也考查了犹太民族来华及定居的历史。

《火祆教入中国考》发表于 1923 年。此文分 12 章，对火祆教在中国传入、发展和衰微的历史进行了全面研究，分析了唐代统治者尊崇火祆教的原因和前人多将火祆教与其他古教相混同的情况。

《摩尼教入中国考》发表于 1923 年。此文分 16 章。依据敦煌出土经卷等汉文材料及基督教史传中反对摩尼的有关言论，考察了摩尼教在中国流传、发展和衰落的过程。关于此文的贡献，刘铭恕《书陈垣〈摩尼教入中国考〉后》一文说："摩尼教输入中国一事，在中国宗教史上，占有重要的地位。""从事于此事之研究者颇不乏人。如蒋伯斧、伯希和、王国维与陈援庵等，皆著者也。""具体之解决者，只有陈援庵先生一人。陈氏著《摩尼教入中国考》一文，折中旧说，附益新知，体大思精，得未曾有。"

陈垣所考四种古教，都是外来宗教，均一度兴盛，后又逐渐衰微乃至绝迹。材料少而零散，陈垣付出艰辛劳动，以科学的方法复原了四种古教在中国兴衰的历史，开创了 20 世纪中国"古教研究"的绝学。

陈垣是中国基督教史研究的"开山之祖"。20 世纪初，中国基督教史研究还相当薄弱，陈垣在英敛之、马相伯的影响与帮助下，完成了一系列基督教入华史的研究论文，从研究方法到研究内容，均具有很强的开拓性，在中外学术界产生了深远的影响。上述《元也里可温教考》就是一篇基督教入华史的论文。此文的成功，坚定了陈垣的史学研究道路。此后，其在基督教史研究方面，佳作不断。1943 年北平辅仁大学出版了由陈垣门人叶德禄辑印的《民元以来天主教史论丛》一书，收录陈垣相关论文 16 篇，占全书篇幅总数的 80%。由此反映，民国以来 30 年间，陈垣的中国基督教史研究，代表了当时中国的最高水平，亦成为基督教入华史研究领域之开山之祖。据汤开建、陈文源《陈垣与中国基督教史研究》一文的统计，陈垣有关中国基督教史论著、序跋等共有 43 种。其中影响较大的有《元也里可温教考》《基督教入华史略》《雍乾间奉天主教之宗室》《从教外典籍见明末清初之天主教》《汤若望与木陈忞》以及"基督教人物四传"（《休宁金声传》《浙西李之藻传》《华亭许缵曾传》《泾阳王征传》）等。陈垣的中国基督教史研究有下列特色。

第一，重视教会史实的订正。陈垣对基督教教义的研究很少，他把更多的精力放在基督教入华史实的考订，尤其强调以教外典籍、宫中档案、碑刻、方志等史料来研究基督教史。如《元也里可温教考》《从教外典籍见明末清初之天主教》等都属此类。

第二，十分关注基督教入华后，教徒与政治的关系、教徒类别、品行等。如《汤若望与木陈忞》一文，分析清顺治年间天主教与佛教在宫廷中势力之消长。陈垣还十分关注西方宗教与中国文化的关系。在论述明清时期天主教在华传播的盛况时，认为其主要原因就在于传教士以文化为先导。利玛窦在华传教成功之原因，是他在中国经典中寻找部分与天主教义相通之处，作为与中国士大夫交往的切入点，使一批著名人物如徐光启、杨廷筠、李之藻等率先信奉天主教，从而为他们在华传教打下坚实的文化基础。

第三，《基督教入华史略》一文，首次将基督教入华史分为四期：唐代景教为第一期，元代也里可温教为第二期，明清天主教为第三期，乾隆后耶稣新教来华为第四期。由于四个时期的特点明显，因而这一分期，使人们对基督教入华史有了更清晰的概念。这在中国基督教史研究的开创时期，具有十分重要意义。

第四，整理教会史籍。经陈垣校对整理刊行的教会史籍计有《铎书》、《灵言蠡勺》、《辨学遗牍》、《大西利先生行迹》、《主制群征》、《康熙与罗马使节关系文书》、《徐光启资料集》（钞本）、《陈于阶资料集》（钞本）等。所校刊书，均作序或跋，述列名目、卷数、撰者、版本源流、旧本序跋、体例内容，考证详细严谨。

陈垣对回教史的研究也具有开创性。1962 年，陈垣在《衷心喜悦话史学》一文中说："我过去因为所看到的古籍资料里有关回族的记载，无不贯穿着种族歧视和压迫，非常气愤，决心进行回教史研究。"刘乃和说："陈垣对伊斯兰教的研究，也是从研究外来古教时开始的。"1927 年 3 月 5 日，陈垣在北京大学研究所国学门作学术报告，题为《回回教进中国的源流》。在演讲中说："二十年前，余即有意编纂《中国回教志》。其总目如下：一、宗派志；二、典礼志；三、氏族志；四、户口志；五、寺院志，六、古迹志；七、金石志；八、经籍志；九、人物志（经师、卓行、政绩、武功、文苑、方术、杂流、烈女）；十、大事志。附：中回历对照表、历代哈里发世系表、唐宋辽大食交聘表、元明清回回科第表。但以关于户口、寺院、金石诸门，非实际调查不可，而中国回教团体，组织不完备，调查殊感困难，故此书至今尚未完全成功。近又思缩小范围，改变体例，名为《中国回教史》。"此演讲稿发表时改题为《回回教入中国史略》。此文虽为一篇讲演稿，但它集中表达了陈垣撰《中国回教史》的构思和框架。著名的回族历史学家白寿彝说："（陈垣）对伊斯兰教，虽只留下来《回回教入中国史略》这一篇演讲词，但他编纂《中国回教志》的设想，一直到今天对中国伊斯兰教的研究工作还是有重要的指导意义。"

对元史研究的突出贡献

陈垣对元史研究的主要著作有《元也里可温教考》《元西域人华化考》《沈刻元典章校补》《元秘史译音用字考》等以及一些短而有分量的论文。

《元西域人华化考》于 1923 年撰写完成，共 8 卷 29 目。元代西域人主要是色目人。元代是大批色目人来华的时代。最初来华的多半是军人、部族首领、工匠、商人等，他们与汉民杂居，居住既久，他们的子孙有不少人"舍弓马而事诗书"，读儒家的书，遵从中国的礼教，喜爱中国的文字，并能写诗、填词、作曲，生活习惯与文化如同汉人，产生了不少文学家和诗人。他们以儒家自居，这就是所谓"华化"。这是一个很值得重视的问题，它不仅关系到元代文化的发展变化，也是元代民族融合的表现。著名元史专家杨志玖在《陈垣先生对元史研究的贡献》中说："这样一个大题目，由陈先生首先发现、研究并写成专著，说明陈先生不仅对元史有深厚的功底，而且有史学家敏锐的眼光和深邃的洞察力。"

此书引用典籍 200 余种，爬梳剔抉，提要钩玄，汇集众说，成一家言，是陈垣精心撰写的一部著作，也是他早年最为满意的一部写作。1964 年 2 月 4 日，陈垣在致友人欧阳祖经的信中说："兹送上 40 年前拙著一部（指《元西域人华化考》——引者注）。此书著于中国被人最看不起之时，又值有人主张全盘西化之日，故其言如此。"在当时形势之下，这种对中国文化发自内心的尊崇和重视、自信和自豪，蕴含着对祖国的无限热爱之情。

此书公开发表之后，在中外学术界引起巨大的轰动。蔡元培称此书为"石破天惊"之作。日本著名汉学家桑原骘藏在 1924 年写的《读陈垣氏之元西域人华化考》中说："陈垣氏为现在支那史学者中，尤为有价值之学者也。""陈垣氏研究之特色有二。其一，为研究支那与外国关系方面之对象……其二，氏之研究方法为科学的也。""其本论博引旁搜元人之文集随笔等一切资料，征引考核，其所揭之各题目，殆无遗憾。""非独为研究元代历史，即研究支那文化史者，亦有参考此论著之必要。"1935 年，陈寅恪为此书重刊本作序，说："近二十年来，国人内感民族文化之衰颓，外受世界思潮之激荡，其论史之作，渐能脱除清代经师之旧染，有以合于今日史学之真谛，而新会陈援庵先生之书尤为中外学人所推服。盖先生之精思博识，吾国学者自钱晓徵以来未之有也。""先生是书之材料丰实、条理明辨，分析与综合二者极具工力。""今日吾国治学之士，竞言古史，察其持论，间有类乎清季夸诞经学家之所为者。先生是书之所发明，必可示以准绳，匡其趋向。然则是书之重刊流布，关系吾国学术风气之转移者至大，岂仅局于元代西域人华化之一事而已哉！"白寿彝评论："在援庵先生前期著作中，他比较重视《元西域人华化考》一书。""它的规模宏大，材料丰富，条理明辨，是在国内外久享盛誉的著作；对于治中国民族关系史的学者来说，是一部必须阅读的书。"许冠三在《新史学九十年》中认为，该书材料丰富，论证谨严，文字精练简洁，"论朴实，极类顾炎武；论简赅，直逼王国维；论明白通晓，可敌胡适之"。"从以科学方法整理国故的路向考察，《华化考》无疑是北大《国学季刊》出版以来第一部划时代的杰作"，"是新史学摸索前进中罕见的佳构"。李思纯在《元史学》中曾专节介绍此书，誉其"精湛绝伦"。

《沈刻元典章校补》于1931年撰成。《元典章》专记载元朝公文案牍、政策法令，是编集元朝廷所发布的有关典章制度的文献，是政府档案，是第一手资料。内容多为《元史》所无，史料价值甚高，为治元史者所必备的重要文献，陈垣称之为"考究元代政教风俗、语言文字必不可少之书"。但《四库全书》未收，流传极少。而当时通行的沈家本刻本错误百出，不便使用，陈垣立意作《元典章校补》。陈垣在《沈刻元典章校补缘起》中记述了校补的起因和经过。陈垣选取沈家本刻本为底本，根据故宫所藏之刻本及四种旧抄本精心校勘，校出沈刻本讹误、衍脱、颠倒、妄改及行款、元代用字、用句、名物等错误12000余条，据此写成《沈刻元典章校补》10卷，使之成为利用沈刻《元典章》者须臾不可离的案头必备书。在校勘实践的基础上，陈垣创造性地将校勘实践升华为校勘学理论，撰《元典章校补释例》（后改名为《校勘学释例》）。

《元秘史译音用字考》，1933年12月撰成，分30目。《元秘史》是一部用早期蒙古语文写成的关于蒙古先世和成吉思汗及其家庭的历史和传说。明朝初年译成汉文。是一部了解蒙古早期历史和语言的重要文献。至于这部书的译者在翻译过程中是如何译音用字的，一直没有人注意。陈垣可能是受日本那珂通世用日文翻译蒙古史籍方法的启发，才注意到汉译《元秘史》的译音用字问题。陈垣研究后发现，在《元秘史》中，汉字转写的蒙古字，不仅单纯标音，而且尽量用音义相近的字。他做了周密的统计，总结出一套译写规律，即《元秘史》中，译山之字从山、从石或从土，水之字从水，口之字从口、从言、从食或从齿，目之字从目，门之字从门，鸟、鼠、虫、马、羊之字各从鸟（或翼）、鼠、虫、马、羊等。至于蒙古语过去动词语尾，（汉字义译"了"），另一蒙汉对照书《华夷译语》音译为"八、伯、巴"或"别"，《元秘史》则音译为"罢"或"毕"，因二字皆有"完了"之意。这种谐音与会意兼备的译法，在《华夷译语》中还是个别现象，在《元秘史》中则普遍应用了。这种音义兼备的译法是汉字的特点和优点，可能由《元秘史》开其端而由陈垣首先揭示其奥秘。

此外，陈垣还撰著了几篇很有分量亦甚有影响的论文，如《耶律楚材之生卒年》《耶律楚材之卒年》《李志常之卒年》《黄东发之卒年》《萨都剌的疑年》等。

杨志玖认为，陈垣的元史研究"具有创始性、系统性和可读性三个特色"。"创始性也可称为开创性或独创性"；"系统性也可称为完整性"；可读性是指"文中原始资料与解说语言，浑然一体，天衣无缝，一气呵成，读来朗朗上口，无雕饰之迹，有自然之美，令人百读不厌。此种风格，实颇罕见，姑名之曰'援庵体'"。

在中国历史文献学上的重要建树

中国历史文献学，就是研究对中国历史上各类文献进行注释、著录、校勘、辨伪、辑佚等的一门专科之学。在中国，这门学科既古老而又年轻。说它古老，是因为对各类文献进行注释、著录、校勘、辨伪等，都已有 2000 多年的实践，积累了丰富的成果和经验；而说它年轻，则是因为全面、科学地总结这些丰富成果和经验，阐述其成败得失，探索其发展规律，都是较为晚近的事。这个学科，至少包括目录学、注释学、版本学、校勘学、辨伪学和辑佚学；同时，它还与文字学、音韵学、训诂学、年代学、避讳学和历史地理学等几个独立的学科有密切的关系。陈垣一生的著作，关于中国历史文献学内容的占了相当大的比重。可以说，他为近代中国历史文献学的建立奠定了基础。因此，白寿彝在总结陈垣史学成就时，说："他在史学最大的贡献，是在不少方面为近代中国历史文献学打下了基础。"又说："援庵先生对历史文献学的建基工作包含目录学、年代学、史讳学、校勘学等几个方面。"陈垣将这些传统的专门之学置于科学方法的基础上，赋予传统学问以新的生命活力，并以其创新见解和躬行实践，撰成专著以垂范后世。

（一）目录学研究

陈垣的目录学著述，有两部专著和若干论文行世。《中国佛教史籍概论》是一部专门的目录学著作。它不同于一般的目录学著作，其超越前人之处在于，不是空言大话的理论，亦非账本式的书目罗列和简单的内容提要，而是选取了与历史研究有关的主要佛教典籍 35 种，就作者、卷次、版本、内容、编纂方法、史料价值和在学术研究中如何利用等方面作了详尽的介绍和评述。在编纂方法上，集此前所有目录学著作之优点，弥补了各自的不足，对传统目录学的编纂方法和思想作了完美总结，堪称中国近代目录学著作的典范，故白寿彝、刘乃和在评论这部书时都认为，此书"是目录学方面有创造性的一部著作"。

《敦煌劫余录》是陈垣另一部目录学著作，凡14卷，是北京图书馆馆藏敦煌经卷的一部专题目录。读者由此可知敦煌写经概貌。陈寅恪为该书作序，说"吾国学者，其撰述得列于世界敦煌学著作之林者，仅三数人而已"，陈垣"应中央研究院历史语言研究所之请，就北平图书馆所藏敦煌写本八千余轴，分别部居，稽核异同，编为目录，号曰《敦煌劫余录》，诚治敦煌学者不可缺少之工具也"。胡适认为"陈垣先生的《敦煌劫余录》流行与世，其考订之详，检查之便利，已远在巴黎、伦敦诸目之上了"。此书为学术界所推崇，由此可见一斑。

（二）校勘学研究

校勘的实践出现较早，亦受到历代历史学家及古籍整理者的重视，特别是清代，校勘之风大盛，但校勘学并没有形成专门的学问。陈垣十分重视校勘，认为"校勘为读史先务，日读误书而不知，未为善学也"。陈垣在清室善后委员会工作时，在斋宫发现元刻本《元典章》，以故宫元刻本及其他四种抄本与沈家本刻的《元典章》（沈刻本）详校，得沈刻本讹误12000多条，据此撰成《沈刻元典章校补》一书。1931年陈垣在北京各高校讲授"校勘学"，就以此本为例，将之作为教材。并在12000多条例中，提炼、分类和说明，撰成《元典章校补释例》6卷，共50例（1959年重版时更名《校勘学释例》）。陈垣第一次用近代科学方法对中国传统的校勘学做了总结，并提出"校法四法"：对校法、本校法、他校法、理校法。

《校勘学释例》（以下简称《释例》）用科学的精神、缜密的方法和严谨的论证，把2000多年来中国传统的校勘实践总结为近代科学的校勘学，确定了校勘学的准确含义、对象和范畴，明确了校勘学与目录、版本诸学科之间的区别与联系。胡适在《校勘学方法论——序陈垣先生〈元典章校补释例〉》中，对该书在中国校勘学上的贡献作了很高的评价，说："这部书是中国校勘学的一部最重要的方法论。""陈援庵先生校《元典章》的工作，可以说是中国校勘学的第一伟大工作，也可以说是中国校勘学第一次走上科学的路。"孙智昌在《陈垣先生校勘学散论》中说："清代学者在校勘学上，没有任何人能和陈垣先生相比拟。清末民初，和陈先生同时代的梁启超、胡适等，亦在校勘学上摸索。梁启超亦总结校勘方法，但他的校法互相重复，语言冗繁，未能阐明其内在规律，和陈先生的'四法'相比，几不能望其项背。虽然他的《中国近三百年学术史》很有名，但在本书中提出的校勘方法，并没有多大影响力。而陈先生在《释例》中提出的'校勘四法'在文史学界几乎尽人皆知，其影响不可估量。"《释例》问世以来，虽有不少校勘学著述出版，但多在《释例》基础上补充、改写、普及，并没有超出《释例》所论及的范畴。

（三）避讳学研究

关于避讳学，陈垣有《史讳举例》一书问世。在该书序中说："民国以前，凡文字上不得直书当代君主或所尊之名，必须用其他方法以避之，是之谓避讳。避讳为中国特有之风俗。""研究避讳而能应用之于校勘学及考古学者，谓之避讳学。避讳学亦史学中一辅助科学也。"在这里，陈垣对避讳的历史以及研究避讳学的重要性作了阐述。

陈垣有感于历代学者关于避讳的著述，或记载不详，或"未能为有系统之董理"，或"其书迄未刊行"，或"谬误颇多，不足以为典要"，或"皆不注出典，与俗鄙类书无异"，或"未能应用之于校勘学及考古学上发人深思"。所以他发愤于1928年撰写《史讳举例》，用以纪念钱大昕诞辰200周年，"意欲为避讳史作一总结束，而使考史者多一门路一钥匙也"。

《史讳举例》全书8卷，82例，征引书籍140种左右。此乃集避讳史料之大成，使避讳学真正成为一门新的专门学问。陈垣在《通鉴胡注表微·避讳篇》中说："避讳为民国以前吾国特有之体制，故史书上之记载，有待于以避讳解释者甚众，不讲避讳学，不足以读中国之史也，吾昔撰《史讳举例》，取为是焉。"

此书问世以来，学术界给予很高的评价。傅斯年在致陈垣的信中说："《史讳举例》一书，再读一过，愈佩其文简理富，谨严精绝，决非周书（此稿现存弟处）所可及也。"此处所说的"周书"是指周广业曾费30年之功汇编的《经史避名汇考》手稿，陈垣在《史讳举例》序中，赞此手稿"集避讳史料之大成"。"周书"分门别类将避讳史料按年代加以排比，条目清晰，征引宏富，其材料量超出《史讳举例》数倍，却没有对避讳史进行总结性的研究，也没有运用避讳知识来解决历史研究中的问题，故傅斯年有如此之评价。胡适在《读陈垣〈史讳举例〉论汉讳诸条后记》中说："陈先生此书，一面是结避讳制度的总账，一面又是把避讳学做成史学的新工具。它的重要贡献，是我十分了解的，十分佩服的。"该书影响了一代又一代的史学家，他们以之作为工具，此书在研究史学、整理古籍、考证史事方面作出了重要贡献。

（四）年代学研究

《中西回史日历》（以下简称《日历》）、《二十史朔闰表》（以下简称《朔闰表》）是陈垣编著的两部关于年代、历法的书。这是两部研究历史必备的重要工具书。

这两部书是中国近代历表编制的创举，不仅为2000年来中、西、回三种历法提供了可靠的换算工具，而且还使中国近代史学研究由传统走向科学。1925年《朔闰表》出版时，在学术界引起极大轰动。胡适评论："此书在史学上的用处，凡做过精密的考证的人皆能明了无须我们一一指出。""我们应该感谢陈先生这一番苦工夫，作出这样精密的工具来供治史者之用。""这种勤苦的工作，不但给刘羲叟、钱侗、汪曰桢诸人的'长术'研究作了一个总结，并且给世界治史学的人作一种极有用的工具。"刘乃和说："这部书是我国历表的创举，六十多年来，学人称便。其内容有自己的特点，为目前其他历表所不能代替。"由此我们可以看到陈垣对年代学、历表的重大贡献。

第五章　抗战史学的不朽篇章

抗日战争时期，沦陷区内很多国立大学，都由日伪组织直接控制，他们在学校门前竖起日本国旗，派进去大批日籍教师和教官，有的学校师生每天进校门时，要向日本国旗、日本军官行礼，强迫学生读日文，学校必须用日文课本，有的不许读中国历史，有的大学使用从东北运来的伪"满洲国"编写的历史教材，进行奴化教育。

辅仁大学则由教会德国人出面，与敌伪政府周旋，经过往返协商，文理各科课程仍用原有教材，不用日文课本，不悬挂日本国旗，日文不作为必修课程。

"七七事变"后，北平原来各大学的教师，一部分转入内陆，到祖国的西北、西南从事教学，或干其他工作。陈垣作为辅仁大学的校长，由于种种原因，仍留在北平，坚守辅仁，坚持民族气节，不任伪职，发扬爱国精神。北平组织汉奸政府，他们想利用陈垣的社会名望，一再拉拢威胁，软硬兼施，逼他出去做事。陈垣的学生柴德赓回忆："陈先生拒不见客，敌人老是麻烦他，要他参加东洋史地学会（这名义上是学术团体，实际上是汉奸组织），他拒绝；敌人要他出来担任当时敌伪最高文化团体——大东亚文化同盟会会长，他也坚决拒绝。""大东亚文化同盟会"是日本人控制的东亚各国最高文化机构，会长月薪数千元。陈垣义正词严地说："不用说几千元，就是几万元，我也不干。"他还劝说朋友拒受伪职。敌伪请他不动，又想拉拢他的朋友任伪会长，陈垣连夜到朋友家去劝阻，他知道这位朋友已接受伪职后，便愤然拂袖而去，从此与之绝交。

1938年5月19日，徐州沦陷。敌伪政府令北平机关、学校挂日伪国旗"庆祝"。辅仁大学和附中拒绝挂旗。陈垣亦受到恫吓："你不依命令，难道不怕死吗?"陈垣镇定自若，心情沉重地说："自己国土丧失，只感到悲痛，要我们庆祝，办不到!"还吟《孟子》"生亦我所欲也，义亦我所欲也。二者不可得兼，舍生而取义者也"之句，以蔑视之。

柴德赓曾回忆过这样一件事。有一次，一个日本"帝大"的讲师到了北京，说受"帝大"老博士的委托，一定要见见陈先生，要请陈先生题几个字。陈先生给他题了曹子建的一首诗："煮豆燃豆萁，豆在釜中泣。本是同根生，相煎何太急。"那人拿了就立即走了。陈先生说："就是要他拿回去。我们对这些人要特别注意，一点不能妥协。我们说的话，他们回去可以造谣，但写在纸上的东西，他们就没有办法了。一定要注意，不能有半点客气。"从这里我们可以看出陈先生的对敌斗争是很勇敢、很坚决的。

抗战爆发后，北平很快沦陷，使陈垣无法再继续埋头他的"纯学术研究"。在授课中，他以《日知录》《鲒埼亭集》为教材；在研究中，则转向对宋、元、明、清之际动乱历史的考察，以同社会政治关系密切而未为人注意的宗教史作为主要研究对象，以史为鉴，褒扬忠贞，贬斥奸逆，以此作为他的"报国之道"。抗战8年间，他足不出户，闭门著书，所写著作，一改过去的写作风格，在考证中时发议论，真所谓"傲骨撑天地，奇文泣鬼神"。其代表作，有所谓"宗教三书"，即《明季滇黔佛教考》《清初僧诤记》《南宋初河北新道教考》。

《明季滇黔佛教考》，1938年开始撰写，1940年成书出版。这部书在史料运用上很有特点：一是于常见书中发掘出被常人忽视的材料，如《徐霞客游记》所记载的佛教史料；二是于罕见书中得到大量从未有人利用过的材料，如《嘉兴藏》中的大量僧人语录。

该书共6卷18目。前三卷论述了佛教自明中叶至明末由衰而兴的变化，第四卷考察了僧徒对滇黔的开发，后二卷论明末遗民逃禅。

这部著作的重点是"僧徒之外学"。僧徒于教外之学——作诗，撰文，论杂文，挥毫书法，泼墨绘画，问难善辩，以儒雅情趣见其志向和故国情思。以《士大夫之禅悦及出家》和《遗民之逃禅》两节最能体现该书的思想。《遗民之逃禅》一节末尾曰："明季遗民多逃禅，示不仕决心也。""范蔚宗谓'汉世百余年间，乱而不亡，皆仁人君子心力之为'，然则明之亡而终不亡，岂非诸君子心力之为乎！"1940年5月3日，陈垣在致陈乐素的信中说："本文之着眼处不在佛教本身，而在佛教与士大夫遗民之关系，及佛教与地方开辟、文化发展之关系。若专就佛教言佛教，则不好佛者无读此文之必要。惟不专言佛教，故凡读史者皆不可不一读此文也。三十年来所著书，以此书为得左右逢源之乐。"陈垣于1957年为此书作"重印后记"："此书作于抗日战争时，所言虽系明季滇黔佛教之盛，遗民逃禅之众，及僧徒拓殖本领，其实欲表彰者乃明末遗民之爱国精神、民族气节，不徒佛教史迹而已。"

柴德赓在《陈垣先生的学识》一文中说："陈先生写《明季滇黔佛教考》是继承了全祖望、莫友芝的写作方法。全祖望是清代有名的学者，是清代研究晚明史，特别是明末东南一带反清斗争历史的专家。他研究晚明史是有感情的，并非一般的客观的叙述。我们在抗战时期很喜欢读他的著作，陈先生对全祖望更是推崇。""更重要的是这本书反映了陈先生的爱国思想。也可以这样说，从这本书起，陈先生在自己的著作中开始大量发表议论，抒发自己的爱国感情。"

陈寅恪为此书作序，给予很高的评价，说："严格言之，中国乙部之中，几无完善的宗教史，然其有之，实自近岁新会陈援庵先生之著述始。""寅恪喜读内典，又旅居滇地，而于先生是书征引之资料，所未见者殆十之七八，其搜罗之勤，闻见之博若是。至识断之精，体制之善，亦同先生前此考释宗教诸文，是又读是书者所共知。""宗教与政治，终不能无所关涉。"明末滇黔之"学人端士，相率遁逃于禅，以全其志节，今日追述当时政治之变迁，以考其人出处本末，虽曰宗教史，未尝不可作政治史读也"。从这部著作开始，陈垣先生在论著中大量正面发表富有思想性和政治意义的议论，实现了由严密考证向更高层次的自觉体现时代精神的飞跃，这就为陈垣先生的学术注入了新的生命。

《清初僧诤记》发表于 1941 年，共 10 章 3 卷。书前"小引"曰："闲阅僧家语录，以消永昼。觉其中遗闻佚事，颇足补史乘之阙，时复默而识之。去岁撰《明季滇黔佛教考》，本有法门纷争一篇，以限于滇黔，未能论及东南各省，兹特扩为此篇，以竟其说。"1962 年"重版后记"中说："1941 年，日军既占据平津，汉奸们得意洋洋，有结队渡海朝拜、归以为荣、夸耀于乡党邻里者时余方阅诸家语录，有感而为是编，非专为木陈诸僧发也。"1946 年 2 月 23 日，陈垣在致方豪的信中说："此记（指《清初僧诤记》——引者）与佛、道二教考（指《明季滇黔佛教考》与《南宋初河北新道教考》——引者）为弟国难中所撰'宗教三书'之一，前数篇因派系纠纷，殊眩人目，然此烟幕弹也，精神全在中后篇。"

所谓"精神全在中后篇"，指卷三"新旧势力之诤"多论及宗教与政治的关系。清初佛门部分僧人攀附新朝，形成以木陈忞为首的新朝派和以玉林为首的半新朝派。全书主要叙述法门中故国派与新朝派之间的矛盾，虽为"门户之争"，都反映了不同的政治倾向，书中借抨击明亡后变节仕清之僧人，影射沦陷区媚事"新朝"的汉奸。该书与《明季滇黔佛教考》互为表里，后者"其所欲表彰者乃明末遗民爱国精神，民族气节，不徒佛教史迹而已"，前者旨在借昭示木陈忞、玉林等攀附新朝作恶，痛斥日伪汉奸欺压国民。

《南宋初河北新道教考》发表于 1941 年，凡 3 篇 4 卷 23 章 7 万余言。书前有作者"识语"，书后有朱师辙"跋"。1957 年 7 月陈垣在该书"重印后记"中说明了著述经过及其义旨，曰："此书继《明季滇黔佛教考》而作，但材料则早已蓄之三十年前，一九二三、二四年间，作者曾辑有关道教碑文千余通，自汉迄明，按朝代编纂《道家金石略》百卷，以为道教史料之一部分，藏之箧衍久矣。卢沟桥变起，河北各地相继沦陷，作者亦备受迫害，有感于宋金及宋元时事，觉此所谓道家者类皆抗节不仕之遗民，岂可以其为道教而忽之也。因发愤为著此书，阐明其隐，而前此所搜金元二代道教碑文，正可供此文利用，一展卷而材料略备矣。诸人之所以值得表扬者，不仅消极方面有不甘仕敌之操，其积极方面复有济人利物之行，固与明季遗民逃禅者异曲同工也。"1941 年 9 月 2 日，陈垣在致汪宗衍的信中说，"年来饱食终日，著《明季滇黔佛教考》外，并著《南宋初河北新创三教考》（即《南宋初河北新道教考》）以配之"。《明季滇黔佛教考》写的是清推翻明朝北京政权后已"实为畿辅"之滇黔，《南宋初河北新道教考》

写的则是北宋亡后沦于金统治下之河北，两书实为姐妹篇。

陈垣在1945年7月完成了他抗战时期最后的一本专著——《通鉴胡注表微》（以下简称《胡注表微》或《表微》）。这是他的著作里最有代表性的一部。

《资治通鉴》（以下简称《通鉴》）是宋代司马光用了19年时间编著的一部记载从战国到五代的编年史巨著，具有极大的价值。司马光自己说"臣之精力，尽于此书"。《通鉴》所引史事和涉及的有关地理、典章制度等，有不少难解的地方，所以很需要注释。南宋末年元朝初年的胡三省为《通鉴》作注，称为《通鉴胡注》（以下简称《胡注》）。《胡注》精于校勘，注《通鉴》名为音注，实为校注。原书难解处，都为注释考证；原书有误处，多加校勘校正。对书中的有关典章制度、音韵训诂，都有注解，对官制变化、地理沿革，考证尤详。《胡注》对《通鉴》的阅读、理解帮助很大。可以说《胡注》与《通鉴》同样是博大精深的巨著。《胡注》前后用了30年时间，胡三省说"吾成此书，死而无憾"。

胡三省生于南宋理宗绍定三年（1230），死于元大德六年（1302）。南宋亡后，入元不仕，隐居山中注书，很少与外界来往。因为他曾亲眼看到宋朝的腐败，亲身经历了南宋的灭亡，又身处异族统治之下，心情悲愤异常，所以在《通鉴》注释里隐晦地流露出他的民族气节和爱国心情。这一思想长期以来未被后世治史者所注意，《宋史》《元史》都没有留下他的传记。因此，这位南宋爱国史学家的真实情况，几百年间无人知晓，很少人知道他的身世，更无人了解他的思想。到了清朝，考据兴起，有人偶然提到他，认为他擅长舆地与考据。陈垣在1957年《通鉴胡注表微》"重印后记"中说："这样一位爱国史学家是在长时期里被埋没着，从来就没有人给他写过传记。……至于他究竟为什么注通鉴？用意何在？从没有人注意，更没有人研究。""我写《胡注表微》的时候，正当敌人统治着北京。人民在极端黑暗中过活，汉奸更依阿苟容，助纣为虐。同人同学屡次遭受迫害，我自己更是时时受到威胁，精神异常痛苦。阅读《胡注》，体会了他当日的心情，慨叹彼此的遭遇，忍不住流泪，甚至痛哭。因此决心对胡三省的生平、处境，以及他为什么注《通鉴》和用什么方法来表达他自己的意志等，作了全面研究，用三年时间写成《通鉴胡注表微》二十篇"，以表出《胡注》之微，以阐发《胡注》之隐，将长期被埋没的胡三省的生平、抱负和学术情况公之于世。刘乃和说"我们也可以说《表微》实堪称为《胡注》的功臣"。陈垣对这一著作也十分满意，认为是他"学识的里程碑"。

《通鉴胡注表微》有两方面的意义。

第一，陈垣通过对胡三省生平抱负和学术精神的阐扬，对自己的史学研究作一次总结。《表微》前十篇"言史法"，即"本朝篇""书法篇""校勘篇""解释篇""避讳篇""考证篇""辨误篇""评论篇""感慨篇""劝诫篇"。陈垣把目录学、年代学、校勘学、史讳学、版本学、考据学、史源学的知识全部运用于提示胡三省注释《通鉴》所潜伏的思想中，同时对自己校勘、避讳、考证、评论、劝诫的研究作科学的总结。

第二，在《表微》中充分体现了陈垣通史以经世致用的思想，是他坚持民族气节、爱国情怀的历史篇章。《表微》后十篇"言史事"，即"治术篇""臣节篇""伦纪篇""出处篇""边事篇""夷夏篇""民心篇""释老篇""生死篇"和"货利篇"。言史事不能脱离政治。1950 年初他在致友人席鲁思教授的信中说：抗战时期"所著已刊者数十万言，言道、言僧、言史、言考据，皆托词，其实斥汉奸、斥日寇、责当政耳"。

《通鉴胡注表微》是陈垣呕心沥血之作，花 3 年时间写成，其间他翻阅的资料难以统计。《通鉴》和《胡注》，据中华书局点校本统计，共 600 多万字。写《表微》要几遍几遍地阅读，读时一字不曾放过，可见其用功之勤。当时处于沦陷区，写作条件和环境十分恶劣。关于此书的写作情况，刘乃和回忆："他有时谈起自己的新见解，总愿意谈论一番，每说到得意处，话语渐多，甚至滔滔不绝；但也常有联系当时在敌人统治下的处境，面对着险恶形势，悲愤已极，每到这时，我们常是相对唏嘘，真是'不禁凄然者久之'。此时此际，我只有默坐无言，经常是因听到傍晚巡逻的日本警车尖厉的叫声，意味着马上就要净街戒严时，我才不得不向他告别，匆匆退出孤灯暗淡的励耘书屋，骑车回家。"

白寿彝在谈到陈垣的史学遗产时说："我愿意特别推荐《通鉴胡注表微》这部书，这是援庵先生所有著作中最有代表性的作品，其中有不少值得我们好好挖掘的东西，这是更可珍贵的遗产。"吴怀祺说："《通鉴胡注表微》全面反映援庵先生的史学思想、治史成就和学风特征，是援庵先生史学发展到一一个重要阶段的标志。""援庵先生没有全面讲史学方法的书籍，但《通鉴胡注表微》可以说是援庵先生的具有民族特点的史学方法的著作。""从《表微》书中所加的大量的按语中体味出先生的思想具有强烈的历史感与时代感。治史不再是以书斋为天下，而是以天下为己任，期望着民族的崛起，民族的自强。"《通鉴胡注表微》是陈垣史学研究的一个总结，也是记载他坚持民族气节、大义凛然、热爱祖国和人民、具有崇高爱国主义思想的历史篇章。

第六章　长期任大学校长的杰出教育家

在 92 年的生涯中，陈垣从事教学工作 70 年，教过蒙馆、小学、中学、大学，做过 46 年的大学校长。

清光绪二十四年（1898）陈垣 18 岁，刚步入青年时期，即开始教蒙馆，自食其力，不再要家里供养。后数年中，先后教过多家蒙馆。

光绪三十二年（1906）陈垣 26 岁。他因为在《时事画报》经常发表反清文章，引起了清政府官员的注意。为了躲避官府迫害、逮捕，他回到家乡新会，任篁庄小学堂教员。篁庄是一个比较大的村庄，距离其家乡石头乡只有 10 多华里。这是一所新式乡村小学，他在这里教国文、算学、体操、唱歌、美术等课。这些课程在当时是很新鲜的，很受学生欢迎。放假时，他便常和学生去远足，并采集一些植物标本。他曾在一篇文章中说过："学生们很喜欢这样的新课程，所以他们很欢迎我这从广州来的新教师。"他是小学堂里思想很新的教师，一般教师都穿没有领子的长褂，有时腰间还系一条绦带。陈垣却穿黄色操衣（即制服），同学们都说他很精神，师生感情很融洽。时间不长，广州的风声稍缓和，他便离开篁庄回广州，同学们纷纷前来送行。陈垣晚年曾回忆起江边送别的情景，说：起程那天清晨，同学们半夜就来到河岸送行，船已开了很久，他们还站在黎明的晨曦中，挥帽告别。陈垣离开篁庄后，同学们十分怀念他。55 年后的 1961 年，他在这所小学教过的学生欧阳锦棠从广州来北京开会，到他家去看望。两人均已须发斑白，他们谈起在小学上课、远足的情景时，兴高采烈，越说越精神，完全沉醉在年轻时的回忆之中。

陈垣到北京后，还从事过小学性质的教育工作。那是在 1920 年，华北大旱，人民流离失所，子女无法读书。陈垣和朋友们一起筹办的"北京孤儿工读园"收容河北孤儿 200 多人半工半读，陈垣担任园长。据那志良回忆，孤儿工读园不但不收任何费用，还供给食宿。与一般小学一样，每天上午分班上课，下午便分组学习一些技能，如木工、铁工、印刷等，让他们学些就业的知识。200 多名无依无靠的孤儿，得到相当的照顾，也获得了一些就业的能力。学校门口贴有一副对联：无私蓄，无私器，同惜公物；或劳心，或劳力，勿做游民。

陈垣有过几次教中学的经历。光绪三十三年（1907），陈垣受聘于广州振德中学，后来又兼在义育学堂教书。义育学堂也是讲授中学的课程。在这两个学校里，他教授国文、历史课程。这期间，他的思想出现了变化，开始寻找救国道路，面对国家民族日益严重的危机，认为一方面要反对专制制度，一方面要科学救国。在课堂上，他经常宣传反对清朝专制制度，遭到两校校长的疑忌，同学们对他则非常欢迎，有的同学受他宣传鼓动，走上了资产阶级民主革命的道路。在一次反美爱国运动中，清政府逮捕了马达臣、潘信明、夏仲文三人，其中夏仲文就是他所在的义育学堂的学生。

陈垣到北京后，于 1921 年自筹经费创办了"北京平民中学"（今北京第四十一中学前身）。招生对象除一部分小学毕业生之外，主要是大批来自河北灾区的青年。学校不收学杂费，对贫寒学生还有补助，学制 2 年。陈垣任校长，兼教文史课程。据当年平民中学学生那志良回忆，陈垣的教学方法是上课的前一天，由教务处油印一篇他指定的古文，不加标点与小注。他非常严格，大家背地里都喊他"老虎"。后来才意识到，一篇文章，无论有没有点句，我们都能读得下来、讲得出来，这都是他训练出来的。据当年平民中学学生陈哲文回忆，陈垣热爱学生，把学生看成自己的子女一样，时时处处为学生成人着想。他亲自奔走为学生延聘名师，创造学习条件。陈垣邀请当时的知名人士、学者、专家来学校讲演。如梁启超 5 次来校讲"清初五大师"，胡适也讲过新文学问题，还讲过"学生与社会"，徐志摩讲过新诗等。也请英国的学者、印度的诗人来讲过。请外国人不仅为学生们增长知识，也锻炼了学生的英语听力。音乐教师是我国著名的音乐教育家萧友梅先生。陈垣大力提倡务实精神和学以致用的教育思想，使学生终身受益。

陈垣的教学经历主要是在大学。他先后在北京大学、燕京大学、辅仁大学、北平师范大学、北京师范大学等大学任教。其间，1926 年至 1952 年任辅仁大学校长；1952 年至 1971 年逝世，任北京师范大学校长。

陈垣身兼繁重的学校行政工作，但从来没有放弃教学，始终站在教学第一线，而且坚持上基础课。他在各大学开设的课程很多，计有"大一国文""中国史学名著选读""中国史学名著评论""史学要籍解题""中国佛教史籍概论""史源学实习""清代史学考证法"等。

陈垣担任辅仁大学校长长达 27 年，使辅仁大学成为国学教育与研究的重镇。他高举国学教育的旗帜，集中了一批学术造诣较深的学者于辅仁大学，研究国学，切磋学问。如刘复（半农）、沈兼士、朱希祖、郭家声、朱师辙、尹炎武、张星烺、马衡、范文澜、容肇祖、余嘉锡、柯昌泗、谭其骧、陆懋德、高步瀛、罗常培、魏建功、唐兰、孙人和、顾随、陆宗达、赵万里、王静如、于省吾、孙楷第、刘盼遂、刘彦、陆开钧、姚从吾、储皖峰等，这一国学队伍的阵容，在当时所有的公立和私立大学中，是不多见的。以国文系和历史系为主体的文学院，是辅仁大学国学人才培养的中心，其对于国学人才培养的宗旨是十分明确的："每系于一、二年级，授以各种基础科目，至三、四年级，即导以自动研究各项专题。对于中国固有文化之特长，发扬光大，以增长其民族自信力。向之所短，则利用科学，救其弊，补其偏，务使习国学而毋故步自封，读西籍而毋食欧不化。不托空言，期裨实用，此本院共同一致之所冀图者也。"这说明辅仁大学的国学教育，是为了弘扬中国历史文化传统，更重要的是培养具有适应现代社会发展需要、参与中西文化融合的新型人才。

陈垣非常重视"大一国文"这门课。在辅仁大学，"大一国文"是文理科各系学生的必修课，教材由陈垣等集体编定，名曰《国文课本》。

陈垣除自己亲自上国文课之外，还遴选教学经验丰富、对国学确有专长的国文教师，比如张鸿翔、柴德赓、余逊、周祖谟、启功、牟润孙、苏晋仁等知名国学专家，来上国文课。陈垣之所以重视国文教育，不仅仅是为了使学生能作文，而且重要的是，对于学习和研究中国历史和文化的人来说，国文学习尤其重要。陈垣要求两周作一次文，教师评讲，选取好的作品张贴墙报专栏，相互观摩，名曰"以文会友"。牟润孙后来回忆在陈垣门下受教的感受时说，按照陈垣的指点去学习国文，"我自己则因此改变了囫囵吞枣、不求甚解、匆匆翻书的坏习惯。以后遇到要精读的书，肯去细心体会，养成一字一句读书的习惯，其基础确是在这四年里养成的。回念先师栽培教导之苦心，终身难忘"。

陈垣在20世纪20年代至40年代在北京各大学历史系开创"中国史学名著选读""中国史学名著评论"两门基础课，这两门课是姐妹课，由陈垣亲自上。新中国成立后高校历史系的两门必修课——"历史文选"和"历史要籍介绍"就是由陈垣的首创衍变而来的。对"中国史学名著评论"一课，据学生王树民回忆："他是着重在每部书的内容，分析其得失优缺之点。如《廿二史札记》，便从史法与史事分别论述。又如新、旧《唐书》，特别指出《旧唐书》文字虽不如《新唐书》，其记事详细具体，更符合史学的需要，是有胜于《新唐书》的。对于初学的人来说，这都有很大的启发作用。"对"中国史学名著选读"一课，据学生傅振伦回忆："以《四库全书》史部提要为主，每论一史，辄叙其'史源'（即史料）和文心、史心。"

1934年至1935年在北平师范大学历史系修过陈垣"中国史学名著评论"课的学生杨殿瑜回忆，陈垣选定史学著述若干种，每书逐一评论；对每书的评论，都是从每书的特点出发，详所当详，略所当略，并不是千篇一律。他所讲授的，多是先生自己的心得和体会，更加入一些具体事例，说明每书的特点、写作体例和写作方法，读时应当注意哪些问题，该书还有哪些不足之处，应当如何补充修正等等。讲课深入浅出，津津有味，引人入胜，最重要的是教导学生们如何考虑问题和深思问题。

陈述回忆，陈垣是一位言传身教、循循善诱的老师。虽是教过两三遍的课，仍然认真准备，避免重复。为讲"中国史学名著评论"，有时用正史、编年、纪事本末体裁的次序；有时用史、汉、后汉、三国即沿正史作次序的。虽同授一课，必有新义，讲授时，有时用原书传看，有时则写人别纸，看得出，课前有充分准备。先生还鼓励同学们做练习、写札记，他热情指点、帮助，着重培养学生们读史的识力。

陈垣开设"史源学实习"课的目的是"择近代史学名著一二种，一一追寻其史源，考正其讹误，以练习读史之能力，警惕著论之轻心"。

对这门课程教材的选择，陈垣是很费斟酌的。首先要是史学名著，使学生在学习中能得其精神。除外，还必须符合这门课的要求，所以他说："选书有四难：一、分量不大不小。二、时代不远不近。三、范围不广不狭；四、品格不精不粗。"根据此一要求，陈垣先后选择过三部书作为教材，即赵翼《廿二史札记》、顾炎武《日知录》和全祖望《鲒埼亭集》。对这三部书，陈垣作了比较，"错误以《札记》最多，《鲒埼》次之，《日知》较少。学者以找得其错处为有意思，然于找错处之外能得其精神，则莫若《鲒埼》也"。

陈垣每次布置学生做练习、写考释，自己事先也写一篇，事后或印发，或张贴，以为示范。陈垣将其中的 30 篇文章亲手编定，名为《陈垣杂文》，其嫡孙陈智超将它改名为《陈垣史源学杂文》，以区别于一般意义上的杂文，由人民出版社于 1980 年出版；2007 年三联书店出版了增订本。这部集子的大部分文章，是 1941 年至 1945 年陈垣在辅仁大学所写，是把教学与研究有机结合起来的典范。

"史源学实习"一课开始于 1938 年，1948 年以后，辅仁大学就不再开此课了。此课是陈垣在辅仁大学开设时间最长的一门课，最具特色，很受学生欢迎。学生史树青说，"每逢开课，都有很多学生听讲"，"对学生研究历史以及撰写论文的方法都有很大帮助"。他开设此课亦是他提倡爱国史学的主要内容。1943 年 11 月 24 日，陈垣在致方豪的信中说："至于史学，此间风气亦变……故前两年讲《日知录》，今年讲《鲒埼亭集》，亦欲以'正人心，端士习'，不徒为精密之考证而已。"他还写信给儿子陈乐素，建议他在浙江大学开设此课，说："关于汝所担任功课，我想《鲒埼亭集》可以开，不管用什么名目，但以此书为一底本，加以研诵及讲授，于教者学者均有裨益。我已试验两年，课名是'史源学实习'，即以此书为实习……如是则可知谢山文组织之方法及其美恶。惟其文美及有精神，所以不沾沾于考证。"所谓"正人心，端士习"，学习全祖望的"精神"，都是指爱国主义、民族气节而言。

柴德赓感到陈垣"史源学实习"一课对自己影响很大。他曾说："我在读书时候，吴时鉴《晋书斠注》刚出来，我花了半年多时间从头到尾读，连小注也不放过，并且抄出来，对原文，看他到底引了多少书来注《晋书》。这样，我不仅读了《晋书斠注》，而且也读了不少关于《晋书》的其他书籍。这是要花一些工夫的，必须日积月累地去做，到后来，得益是很大的。"

牟润孙也说："我学了先师的方法，以正史与《通鉴》相比对，不仅了解了

《通鉴》的史源，更进一步认识清楚司马温公如何剪裁史料，如何安排史料，如何组织成书。同时，也了解了他的史料取舍标准。我之能窥见涑水史学之堂奥，实在是基于陈先生的启发。我运用先师的方法，在台湾、香港教了若干学生，有些人因而进入史学之门。"

从陈垣高足这些话中可以看出，"史源学实习"课不仅直接培养了一代国学名家，而且实际影响了此后新生代国学人才的成长。

陈垣从事教育工作70余年，是我国著名的教育家。他的一生显出了教育家的本色。

从教时间长，培养人才多

陈垣在长达70余年的教育工作中，从事过蒙馆、小学、中学、大学的教育工作，其中包括医学教育、工读教育、平民教育、师范教育等众多领域。通观古今中外，有如此之长的教育生涯的教育家是罕见的。

1959年陈垣在《教育工作六十年》一文中说："在我身边成长了无数青年，今天，他们有的刚刚做教师，有的已担负着领导工作，有的在科学研究上有了很大的成就，有的则已是'桃李满天下'的老教授。"陈垣逝世后，回忆他的文章、研究其学术成就的论文已有百余篇，出版过几本纪念文集，其中作者绝大多数是他的学生，许多已成为著名学者。

20世纪50年代到60年代初，全国各著名大学历史系的系主任，许多都是他的学生，如北京师范大学的白寿彝、南开大学的郑天挺、南京大学的韩儒林、云南大学的方国瑜、江苏师范学院的柴德赓等。陈垣这些人才的培养，为中国现代教育增添了光彩。

具有与时俱进的教育思考

（一）陈垣是中国新式教育的前驱

青年时期在广州教蒙馆时，反对对学生打板、体罚。在新会篁庄教小学时，教国文、算学、体操、唱歌等新鲜课程，带头穿黄色操衣（即制服），师生感情融洽。在广州教中学时，宣传反对专制的思想。在光华医学校教书时，自己动手画挂图，带学生到广州郊外乱坟堆中捡拾零散骨骼，作为课堂教具。这些理论联系实际，增加学生感性知识的教学方法，在当时都是十分先进的、超前的。

（二）重视基础教育

陈垣在辅仁大学时，非常重视基础课程的设置。不论文科、理科，一年级设置国文课作为必修。他自己亲自组织编写教材，亲自讲授一个系的国文课，旨在引起全校师生的重视，目的在于使学生既能掌握语文知识，又能具有较高水平的写作能力。陈垣长期在北京高校历史系开设"中国史学名著选读""中国史学名著评论"两门基础课，就是为了给学生打下坚实的史学基础。这两门课程现已成为各大学历史系的基础课程。

（三）重视通过实践对学生能力的培养

"史源学实习"一课，重点不在讲，而在于多做练习，通过实践使学生获得阅读古书和从事研究的能力。

（四）科研和教学相结合

陈垣是教学与科研相结合的典范。陈垣一生著作等身，许多著作或是与教学紧密相关，如宗教史的著作；或是由教学的讲义修改而成，如《中国佛教史籍概论》等；或者教学的副产品，如《陈垣史源学杂文》等。

（五）重视教师在教学中的作用

陈垣认为教师在教学活动中起主导作用。"教师教育儿童应当发挥主导作用，'没有不好的孩子，只有不好的教育方法'，'不良的儿童，是失败了的教师的象征'。"教师应具有高尚的道德品质。"教师既然是在教育别人，自己首先就应当是有教养的人，要求儿童们逐渐培养起高尚的品德，自己首先就要具有可作为学生模范的高尚的道德品质。"教师还要善于学习。陈垣曾多次说过："当教师的人，不仅是教师，同时他也是学生。""教师不能永远停留在固定的水平，必须不断学习，不断进步。一方面要把自己的东西贡献出来，另一方面要从人民中、生活中和科学中吸收一切优良的东西，以充实自己，然后再把这些优良的东西贡献给学生。每一个教师，都应该不仅只会教别人，而更重要的是向别人学。"正是因为教师的重要性，所以陈垣当北京师范大学校长时，不断呼吁社会各界重视师范教育，号召优秀青年来报考师范、从事教育。

凡此种种，都是陈垣的教育思想，而这些教育思想均具有与时俱进的时代特色。

行之有效的教学方法

陈垣的教学方法，可以归纳为四点。

（一）有很强的教学计划

教学是有目的、有步骤的工作，按照教学计划，如期完成教学活动，才能有效地达到教学目的。陈垣的计划性很强。据刘乃和说:"陈垣的课,学年开始就订好这年的教学计划。这门课一年共多少课时,准备在这个课解决什么问题,每堂课讲授什么内容,都有一定的计划和要求。他的教学计划作得非常周密。"

(二) 精选教材

教材是完成教学目的的材料和工具。陈垣对此非常重视。据启功回忆,当时的"国文"课,各班的课本是统一的,选哪些作品,哪篇为何不选,哪篇中讲什么要点,通过这篇要使学生受到哪方面的教育,都经过仔细考虑,并向任课的人加以说明。陈垣教授的"中国史学名著选读"和"中国史学名著评论"课程,每年都精选合适的教材,选择《日知录》《廿二史札记》《鲒埼亭集》作为"史源学实习"一课的教材,都是经过周密考虑的。

(三) 讲授方法灵活

陈垣备课非常认真,即使教过几次的课程,也要认真备课,修改或补充内容。他多次说过,"自己研究几个月的一项结果,有时并不够一堂时间讲的"。陈垣教课既严肃认真又和蔼可亲。史念海说:"援庵先生的严肃认真是不时被人道及的。可是在讲授课程时,却又是使人感到和蔼可亲。""这两个不同的概念是不容易合拢为一的。但是在援庵先生却不仅合拢为一,而且还显不出合拢的痕迹。"陈垣非常强调课堂气氛,经常对其他教师讲,要疏通课堂空气,不要总是自己讲、学生听,要在学生座位行间走走,讲课时,写了板书之后,也可下台看看。板书也要讲究。刘乃和回忆,陈垣的"板书整齐清丽,刚劲有神,似真有'力透纸背'之功,坐在教室最后,也能看得清清楚楚"。由于板书好,"下课后,时有同学在黑板上模仿其字迹,学习其笔法",收到很好的教学效果。他在课堂上用种种方法,提高学生的学习兴趣,并教会学生学习的方法。

(四) 点睛式的批改和讲评作业

陈垣对学生的作业,极其用心地批改。他经常说"批改作文,不要多改。多改了不如你替他做一篇。改多了他们也不看。要改重要的关键处"。李瑚回忆:陈垣批改作业,"当他看到比较好的文章时,就很高兴,看到了文中稍有内容或稍有新材料的地方,就在眉批中加以表扬,如'探骊得珠'、'诸卷所无,足征独到'、'先用思想,对'等。对于文章总的评语则写在文章最后,如'举止安详,立言不苟','此文乃精心结构之作'等。最后在文章开头处画上标记,最好的画三个圈,其次是两个圈一个三角,再次是两个圈、一个圆等。"对学生的作业,要进行讲评。缺点尽力在堂下个别谈;缺点改好了,有所进步的,尽力在堂上表扬。其中佳作,在校内墙报专栏,分期张贴发表,以收观摩之效,他称之为"以文会友"。

陈垣教学的成功，首先得益于他在学术方面的精深研究；而其极其认真、灵活的教学方法，也是成功的重要原因。他的教学达到了使学生普遍觉得"从来没有见到过这样会讲授的先生"，"好像受业者所要知道的，他都能随时讲授出来"的出神入化的境界。

陈垣从教时间长，培养人才多；具有与时俱进的先进教育思想；运用来源于实践并为实践证明是正确的教学方法，堪称著名的教育家，处处显出教育家的本色。

第七章　"党使我获得新的生命"

从 1949 年中华人民共和国成立，到他 1971 年去世，陈垣在新中国生活了 22 年。在政治上、学术上、教学上都获得长足的进步。

拒绝南下，留守北平

1948 年底，北平解放前夕，国民党政府指使傅斯年等开列著名学者名单，并派飞机乘载分批南撤。陈垣是辅仁大学的校长、著名的历史学家，名望甚高，自然受到关注。国民党政府于 1948 年底到 1949 年初撤离北平时，先后三次把飞机票送到陈垣家，要接他南下。1 月 9 日，北平、南京的报纸都发出中央社消息，说"陈垣等人昨日离平飞京"，以此假消息惑人耳目。1 月 10 日，陈垣致函三儿约之："昨日此间各报纸载我南飞消息，不确。恐传至粤，以为我真已南飞也。自前月十七八，政府来电并派飞机来接，都未成行，后又敦促数次，均婉谢，因无走之必要也。只难为粤中家人挂念耳。其实情形不至如报纸所传之恶，吾未尝一日废书，书案堆书如山，竟至不能伸纸写信，今此信亦在书堆上写，凹凸不平，无法清理，只好如此。"陈垣为了避免国民党通过各种关系要他南下，他三次躲避起来，第三次是躲在学生刘乃和家，在刘家看书写字，直到晚上，估计南下的飞机早已飞去，不会有什么麻烦了，才放心回家。

1949 年 1 月 31 日，北平和平解放。这天下午，陈垣与学生柴德赓、刘乃和一行三人，从辅仁大学出发，步行十多里，至西直门大街，与群众一起欢迎解放军进城。他看到解放军纪律严明，秋毫无犯，心情十分激动。

新中国成立后，陈垣开始学习马列主义理论和毛泽东著作。由于字体小，阅读吃力，他经常手持放大镜，一篇篇，一本本，认真阅读学习。更有趣的是，他把《毛泽东选集》拆开，按内容类别和时间先后，重新编定为六卷，分装成六册小本平装，请辅仁大学印刷厂重新印刷，其读书方法与读赵翼《廿二史札记》相同。柴德赓回忆他读该书的情景，说："他读这些书，也像读史书那样认真，日日夜夜读。他说：'有意思，过去我从来没有见过这些新东西。'"由于眼睛不好，字小看不清，他就让助手把经典著作抄成大字直行供他读，在励耘书屋，这种大字直行的马列经典手抄本成堆成摞。这些新书给了他很大的启发，使他的思想得到升华，人生观发生重大转折，他也以此教育学生。1949 年他为《辅仁年刊》题词："诸君入学在胜利后，毕业在解放后，要认清时代，向前迈进，努力为人民服务。"1949 年 3 月 14 日，陈垣写信给他的三儿约之说到自己思想的变化。说："余日思想剧变，颇觉从前枉用心力。从前宥于环境，所有环境以外之书不观，所得消息，都是耳食，而非目击。直至新局面来临，得阅各种书报，始恍然觉悟前者之被蒙蔽。世界已前进，我犹故步自封，固然因为朋友少，无人提醒，亦因为自己天分低，没由跳出，遂尔落后。愿中年人毋蹈予覆辙，及早觉悟（港得书似较易），急起直追，毋坐井观天，以为天只是如此，则大上当也。"同日再致约之信说："余思想剧变事，已详前信。世界大势所趋，必然做到，早晚而已。已颓败之势，无可挽回。学术思想，应从新生的路上走，余甚悔往日之懵然妄觉也。"

致胡适的一封公开信

1949 年 4 月 29 日，陈垣写成致胡适的公开信，并于 5 月 11 日在《人民日报》上发表。公开信说：

> 现在我可以告诉你，我完全明白了，我留在北平完全是正确的。
> …………
> 今年一月底，北平解放了。解放后的北平，来了新的军队，那是人民的军队，树立了新的政权，那是人民的政权，来了新的一切，一切都是属于人民的。我活了七十岁的年纪，现在才看到了真正人民的社会，在历史上，从不曾有过的新的社会。经过了现实的教育，让我也接受了新的思想，我以前一直不曾知道过。你说"决无自由"吗？我现在亲眼看到人民在自由的生活着，青年学生们自由的学习着、讨论着，教授们自由的研究着。要肯定地说，只有在这解放区里才有真正的自由。
> …………
> 我读了《中国革命与中国共产党》和《新民主主义论》，认清了现在中国革命的性质，认清了现在的时代。读了《论联合政府》，我才晓得共产党八年抗日战争的功劳，这些功劳都是国民党政府一笔抹杀的。读了《毛泽东选集》内其他文章，我更深切地了解了毛泽东思. 想的正确，从而了解到许多重要的东西，像土地改革的必要性，和我们知识分子的旧的错误的道路。读了史诺的《西行漫记》，我才看到了老解放区十几年前就有了良好的政治，我们那时是一些也不知道的。我深深地受了感动，我深恨反动政府文化封锁得那样严紧，使我们不能早看见这类的书。如果能早看见，我绝不会这样的度过我最近十几年的生活。
> …………

说到治学方法，我们的治学方法，本来很相近，研究的材料也很多有关系，所以我们时常一起研讨，你并且肯定了我们的旧治学方向和方法。但因为不与外面新社会接触，就很容易脱不开那反人民的立场。如今我不能再让这样一个违反时代的思想所限制，这些旧的"科学的"治学方法，在立场上是有着他基本错误的，所以我们的方法，只是"实证主义"的。研究历史和其他一切社会科学相同，应该有"认识社会，改造社会"两重任务。我们的研究，只是完成了任务的一部分，既有觉悟后，应即扭转方向，努力为人民大众服务，不为反人民的统治阶级帮闲。

　　…………

　　我现在很挚诚的告诉你，你应该正视现实，你应该转向人民，幡然觉悟，真心真意的向青年们学习，重新用真正的科学的方法来分析、批判你过去所有的学识，拿来为广大的人民服务。再见吧！希望我们将来能在一条路上相见。

这封信深刻地说明了陈垣的政治立场、人生观到治学方法都发生了很大的变化以及发生这种变化的原因。

在各种政治活动中激流勇进

　　新中国成立后，陈垣的思想能与时俱进，进步很快。他不仅认真学习马列主义和毛泽东著作，还积极参与各种政治活动，当选为北京市各界人民代表大会代表。1949年9月21日至30日，中国人民政治协商会议第一届全体会议在北平召开，陈垣被列为特邀代表参加会议，参加了新中国的筹建。1949年10月1日，中华人民共和国宣告成立，陈垣登上观礼台，参加了开国大典。

　　1950年6月25日，美国发动侵略朝鲜的战争。10月19日，中国人民志愿军赴朝作战。11月21日，陈垣率领辅仁大学师生进行抗美援朝宣传。27日，他在《人民日报》发表《美国从来就是我们的敌人——四十五年前的回忆》一文，揭露了美帝国主义半个世纪以来对中国、对亚洲，乃至对世界的侵略野心。12月2日，新华社、《人民日报》发布朝鲜战场上，朝鲜人民军和中国人民志愿军击溃美军麦克阿瑟圣诞节前总攻势的消息。全国各地热烈祝贺中朝人民伟大胜利，首都学生为庆祝胜利，狂欢游行。陈垣以一张4尺多长的大纸，书写："阅今日报，欣悉中朝部队反攻大捷，我辅仁大学全体教职学工谨向朝鲜人民军和我中国人民志愿部队致敬"的大字题词，辅仁大学学生们把它装在玻璃框里，挂在学校礼堂的门前。1951年4月8日，陈垣还与辅仁大学抗美援朝宣传队伍一起步行到德胜门外四间房村，并与四间房村的村民一起声讨美国侵略朝鲜的罪行。

　　1951年，土地改革运动在西南新解放区普遍开展。中央政府决定组织土改工作团，并吸收民主党派和知识分子包括大学教授参加，深入广大农村地区指导土地改革。这年陈垣72岁，他申请到西南参加土改，得到批准，并被任命为由500多人参加的西南土改工作团总团长，下面分川东、川北、川西、川南四个分团。5月28日，辅仁大学师生员工集会，欢送陈垣校长及其他5位先生参加西南农村土改。学生会主席徐炳鑫在发言中说："陈校长以72岁高龄，抱着向农民虚心学习的热情坚持参加这个向封建势力斗争的运动，曾得到了毛主席和刘少奇副主席的关怀。"陈垣在答辞中说："我看见我们学校的教授参加土改回来后都进步了，觉得自己老不进步，所以我要求到实际工作中去学习。"陈垣在重庆市政府参加学习，6月15日下午听刘乃和读土改材料，读到知识分子和农民谁养活谁的问题，以及农民运动是自己解放自己的运动一节，陈垣动感情地哭了。他感到自己以往的功夫白费了，不能对人民有很多的贡献。7月5日，他在巴县参加斗争恶霸大会，在一位贫农妇女的悲惨控诉时，流出了同情的眼泪。陈垣在农村访贫问苦，和农民一起下田打稻。参加土地改革运动四个月，于9月27日回到北京。这次社会实践，使陈垣更多地接触社会，了解人民群众和国家政治，对他的政治立场和学术思想都起了深刻的影响。10月27日，西南土改工作团第二分团举行工作总结会，陈垣在讲话中，谈了他在土改期间思想的转变和收获。他说："我是研究宗教史的，过去对书本的看法，很迷信。经过这次土地改革，对书本的看法起了变化，觉得书本并不十分可靠。""过去，知识分子看不起农民，老年人看不起青年人。但在实际斗争中，认识了农民的伟大的力量和无穷的智慧，看见了青年人的忘我的工作精神，深深感到是自己所不及的。"

"国宝" 称呼的由来

1951年10月23日，中国人民政治协商会议第一届全国委员会第三次会议在北京开幕，陈垣作为社会人士代表被特邀列席了本次会议。毛泽东致开幕词，指出："思想改造，首先是各种知识分子的思想改造，是我国在多方面彻底实现民主改革和逐步实现工业化的重要条件之一。"陈垣在10月31日的会议上，作了题为《教师们要努力实行自我教育和自我改造》的发言。他指出，部分知识分子的思想受孔孟之道影响较深，脱离实际生活，不问政治，以及崇洋恐美，缺乏民族自信心等毛病，联系自己的不足，强调要加强思想改造和学习。陈垣发言之后，毛泽东主席特意走到他的座位旁与他交谈，并夸奖他："你今天发言，认识深刻，很有道理。"陈垣说："我在解放后才学习你写的《新民主主义论》的，我闻道太晚了，要努力赶上。"11月1日，在怀仁堂举行国宴，毛泽东主席与陈垣同席交谈。毛主席向别人介绍说："这是陈垣先生，读书很多，是我们国家的国宝。"新中国成立之初，能得到毛泽东这样赞誉的，只有齐白石、陈垣等少数大师。

"党使我获得新的生命"

　　1953 年在党中央的直接关怀下，中国科学院拟成立历史研究所一所、二所、三所。一所所长郭沫若，三所所长范文澜，二所所长最初考虑陈寅恪，因此陈寅恪早年的学生汪篯曾拿着中国科学院院长郭沫若、副院长李四光的信前往广州请陈寅恪任二所所长。此事与陈垣商量过，陈垣在 1953 年 12 月 18 日致冼玉清的信中说："中古史研究所（即二所）事情当汪君（即汪篯）未南行前，曾到舍间商酌，同人意见以为所长一席，寅恪先生最为合适。今闻寅恪先生不就，大家颇为失望，奈何！"陈寅恪拒绝北返时，推荐陈垣担任中古史研究所（即二所）所长，被有关部门接受。1954 年，陈垣被任命为中国科学院历史研究所二所（中古史研究所）所长。

　　1954 年 2 月，《历史研究》杂志创刊。杂志编委会主任郭沫若，主编尹达，副主编刘大年，陈垣任编委。当年陈垣当选为中国史学会理事。第一届理事 43 人，候补理事 9 人，主席郭沫若，副主席吴玉章、范文澜。

　　1955 年 5 月 31 日，陈垣当选为中国科学院哲学社会科学部学部委员。此次中国科学院成立四个学部，共选出学部委员 233 名，其中哲学社会科学部委员 61 人。6 月 1 日，中国科学院学部成立大会召开。郭沫若院长在开幕词中说明了中国科学院成立四个学部的重大意义。陈垣在成立大会上，代表哲学社会科学学部发言，他说：

　　"我是一个研究历史的人，今年七十多岁了。以往七十年的漫长岁月都是在旧社会，所作的研究工作都是在困苦艰难的情况下过来的。那时候，读书研究，没有正确的领导，没有明确的方向，只凭自己的兴趣，作埋头的钻研。解放前大多数科学研究工作者都是'单干户'，各人搞各人的，谈不到什么集体。彼此之间很少有联系，更难得有合作。结果常常是'所学非所用''所用非所学''为学术而学术''脱离实际'。对国家和人民不可能有多少贡献。而且反动统治者根本不重视科学。就是我们有一些创造和发明，也得不到应用和推广。

　　"中国起了翻天覆地的变化，我们有了自己的政府，我们可以按照人民的迫切需要，国家当前的任务来从事科学研究工作了。我们科学家受到党和政府、受到毛主席的无微不至的照顾和关怀。我们在政治上有了地位，我们的学术研究工作有了保障，得到人民充分的支持与重视。"

　　新中国成立后，通过一系列的教育，学习马克思主义，参加伟大的社会实践活动，他的政治立场、思想方法、学术观点都发生了深刻的变化，认识到中国共产党的伟大、光荣与正确，产生了参加中国共产党的信念。1952 年 12 月 2 日，他在致友人杨树达的信中说："《积微居金文说》已由科学院送到，稍暇当细加钻研，以答盛意。来示谦欲法高邮（指清代学者王念孙、王引之父子——引者），高邮岂足为君学？况我公居近韶山，法高邮何如法韶山（指毛泽东——引者）？"1953 年底，陈垣在医院病榻前郑重地对前来探望的北京师范大学党委书记何锡麟说："惟恨自己对马克思主义、毛泽东思想认识太晚，今世的理想恐难实现，特向你推荐我的秘书（刘乃和）入党。她大弟早年参加革命，牺牲在晋察冀边区。她还年轻，能为党做很多工作，希望党组织对她加强培养教育。"还说："作为你们的知己，我瞑目之后，我的书籍等一切遗产，请你和丁浩川同志代表我全权处理。"从这些材料看，1953 年以前陈垣就有了加入中国共产党的信念。

1959 年 1 月 28 日，陈垣以 79 岁高龄加入中国共产党。他在会上表示了自己的决心：今天党给了我宝贵的政治生命，我要珍惜这一新的开始。今年我已年近八十，自恨闻道太晚，但俗语说"虎老雄心在"，年岁的老少，不能阻挡人前进的勇气；闻道的迟早，不能限制人觉悟的高低。我要以有生之年，竭尽能力，为党的事业，不休不倦地继续工作。刘乃和记述：在政治上他要"从头学起"，在学术上他"不愿做旧社会的史学大师，愿做马克思主义史学的小学生"。这就是他鲜明的政治态度和坚定的立场。

1959 年 3 月 12 日，《人民日报》等发表陈垣《党使我获得新的生命》一文，文中陈垣回顾新中国成立前的彷徨困惑，以及新中国成立后参加的各种政治斗争。他说，10 年来的自我改造，是一个革故鼎新的过程，今天作为一个新党员，更要严格要求自己，更好地担负起党所交给的任务。此文发表，正值全国史学工作者百余人汇集北京，讨论中国历史提纲，其拜读此文，非常感动。乃由唐长孺赋诗，推侯外庐题词，书于织锦封皮宣纸册页，题词并诗曰："建国十年，以历史提纲之讨论，集全国史学工作者于首都，百家争鸣，齐放己见。到会同志欣闻史学前辈援老光荣加入中国共产党，并读大作《党使我获得新的生命》，感动异常。咸认为援老入党，乃史学界之光荣，对共产主义接班人青年，教育甚大。长孺同志即席赋诗一首：'八十争先树赤帜，频年知己效丹衷。后生翘首齐声贺，岭上花开澈骨红。'同志皆愿署名于册，以志纪念。"题词后有蔡尚思、郑天挺等与会者 105 人签名。有一次陈垣见到周恩来总理，周总理还特意走到他身边向他祝贺，和他谈了很多，肯定了他在北京解放 10 年时选择这一光荣的政治归宿。

1960 年 11 月，陈垣 80 岁，学术界在北京饭店设宴庆祝他 80 华诞。此后，陈垣的政治活动就越来越少，而学术活动又多了起来。

在 "文化大革命" 的岁月里

1966 年至 1971 年，是陈垣人生旅程的最后阶段。"文化大革命"爆发后，高级知识分子多被列入"牛鬼蛇神"的范围。举国上下大字报铺天盖地而来，红卫兵"造反有理"的口号响遍全中国。在这种形势下，陈垣提心吊胆，闷闷不乐，他对形势的发展担忧、陌生而又不理解，只有保持沉默。他很孤独，对人生倍感冷漠。他已经有一种在劫难逃的感觉。

随着"文化大革命"运动的迅猛发展，陈垣身边的人陆续被"撤走"了。

有一次，家属们向他讲述了北京的两派斗争。陈垣问家属们：你们是哪一派的？家属说：我们是反对王（力）、关（锋）、戚（本禹）这一派的。他想了一下，指指自己，又指他们，说："我跟你们是一派的。"说完开心地笑起来，逗得大家也大笑起来。这是那段岁月中难得听到的他的笑声。

在艰难的岁月里，他深居简出，与外界的同仁断绝了联系。几个得意门生如启功、史树青、刘乃和、许大龄等，几年中来看过他几次，危难之中见真情。

1970年，陈垣已经91岁，身体日衰。7月至9月，他因脑血栓后遗症又一次住进医院。出院不久，他又于12月14日发低烧住进北京医院，从此再也没有回家。

陈垣在弥留之际，仍关心着二十四史的校点工作。刘乃和说："他逝世前，在北京医院住院时，隔壁就是顾颉刚老先生住的病房。当他得知重新组织点校二十四史的班子时，还让我过去问顾老情况。他很高兴这次工作由顾老负责，但对两部五代史不让他再继续点校，以至完成，是表示非常遗憾的。"

1971年6月21日，陈垣病逝于北京医院，享年92岁。6月24日，在八宝山革命公墓举行告别仪式。告别仪式由中共中央政治局委员、国务院副总理李先念主持，中共中央委员、全国人大常委会副委员长郭沫若致悼词。

《人民日报》等刊载陈垣逝世的消息，说："陈垣同志解放前一直从事教育工作。新中国成立后，曾任北京师范大学校长，中国科学院历史研究所所长，中国人民政治协商会议北京市委员会副主席，第一、二、三届全国人民代表大会常务委员会委员等职。一九五九年一月，陈垣同志在他七十九岁的时候光荣地参加了中国共产党。陈垣同志忠于党，忠于毛主席，热爱社会主义。他努力学习毛主席著作，注意改造思想。在毛泽东思想光辉照耀下，他人虽老而志愈坚，年虽迈而学愈勤，为社会主义教育事业作出了贡献。"

陈垣的学生邵循正撰挽联曰："稽古到高年，终随革命崇今用；校雠捐故技，不为乾嘉作殿军。"

陈垣的学生启功撰挽联曰："依函仗卅九年，信有师生同父子；刊习作二三册，痛余文字答陶甄。"

陈垣逝世后，家属遵照他的遗愿，将他4万册藏书、大批有很高史料价值的文物以及4万元稿费，全部捐给国家。现在他的图书由国家图书馆收藏，文物由北京市文物管理局收藏。他的大量遗稿由孙儿智超收集保存。

第八章　学术地位与影响

　　中国史学会会长戴逸在《纪念陈垣教授诞生 110 周年》一文中认为，为什么在清末民初的几十年内产生了像陈垣等一大批史学大师和名家，这是史学史上值得深入研究的重要课题。他认为："这时，正是传统历史学发生巨大变化，进入近代历史学的时期，生活在这个变革时代中的杰出历史学家，既继承了中国历史学优秀的传统，具有广博的学识和扎实的学风，又接受欧风美雨的洗礼，睁眼见到了前人所未曾见到的新世界，掌握了历史研究的新思想、新方法，发现了新的研究课题与研究资料，所以能够超越前人，新辟蹊径，把历史学推上新的高峰。"桑兵在《国学与汉学》一书的"绪论"中，说过同样意思的话："近代中国学术界名家辈出，形成宋以来学术发展的又一高峰。究其原因，史料大量涌现，承袭清学余荫，沟通域外汉学，当在首要之列。""近代学问大家，对于清学用功颇深，源流脉络，长短利弊，了解周迨……清学极端发展，得失清晰凸显，适为近代学者奠定更上层楼的基础。认识和把握清学史，正是近代学者超越前人的妙诀之一。"

　　我们从上述陈垣的一生中知道，他所以能够成为中国近代的世界学者，一是由于他精通清学史，继承乾嘉学风而又更上一层楼；二是由于他"沟通域外汉学"，与国际汉学界的顶尖人物如法国的伯希和、日本的桑原骘藏等交往密切，对日本的那珂通世也十分了解，而又能吸收西方的科学方法，包括自然科学、医学的方法；由于他不断发现新材料，提出新的研究课题；由于他读书、写作具有坚忍不拔、锲而不舍、勤而不怠的治学精神；三是由于他坚持严肃认真、实事求是、谦虚谨慎的治学态度。陈垣成功的经验和"励耘精神"、严谨的学风，是值得我们借鉴的。有学者提出，如果把 18 世纪中国史学称为钱大昕时代，那么 20世纪中国史学可以称为陈援庵时代。

　　陈垣的中国近代的世界学者地位，可以从世界学者的评论中得到印证。

　　执掌国际汉学界牛耳的一代宗师法国的伯希和说："中国近代之世界学者，惟王国维及陈（垣）先生两人。不幸国维死矣，鲁殿灵光，长受士人之爱护者，独吾陈君也。"据梁宗岱回忆："三十年代初北平一次热闹的宴会上，聚当时旧都名流学者于一堂，济济跄跄，为的欢迎著名汉学家、东方学家法国伯希和教授。除伯希和外，参加者还有其他欧美人士，因此交谈语言有中法英三种，我躬逢其盛，担任义务口译。席上有人问伯希和：'当今中国的历史学界，你以为谁是最高的权威？'伯希和不假思索地回答：'我以为应推陈垣先生。'我照话直译。"

伯希和与陈垣结缘，开始于摩尼教研究。1923 年 4 月，陈垣发表《摩尼教入中国考》。此文所引材料及探讨问题较前人详备，或认为论及此事者虽有蒋伯斧、伯希和、王国维等数人，"具体解决者，只有陈援庵一人"。伯希和看到此文后，即致函陈垣，查询有关宋元间摩尼教人福建的情况。陈垣接信后即托樊守执代为查访。伯希和与陈垣在许多领域如元史研究等都有交往。1945 年 10 月，伯希和因癌症而与世长辞，陈垣"阅报知伯希和先生已作古，更为之怅然"。致函傅斯年，以述哀思。"天下英雄谁敌手"，陈垣"心目中的天下英雄唯使君，域外恐怕非伯希和莫属"。而伯希和对陈垣又有如此高的评价，真是惺惺惜惺惺。

桑原骘藏，是日本的东洋史学创始人之一，比陈垣长 10 岁，于 1931 年病逝。他"不满于以往汉学式的中国史研究，采用西洋史学的方法论，开始构筑从广阔的世界史的角度重新认识中国史的新东洋史学"。京都大学文学部东洋史研究室特设"桑原文库"。桑原骘藏与年轻时的陈垣有过交往，对陈垣的研究成果给予高度评价。1924 年，桑原为陈垣寄赠给他的《元西域人华化考》撰写书评，认为陈垣为现在中国史学者中，"尤为有价值之学者也"。中国"虽有如柯劭忞氏之老大家及许多之史学者，然能如陈垣氏之足惹吾人注意者，殆未之见也"。桑原列举了陈垣研究的两大特色：一是以中国和外国的关系为研究对象；二是具有科学的研究方法。竺沙雅章认为："上述陈垣的研究特色，事实上正是桑原自己的研究特色。桑原的代表作《蒲寿庚之事迹》（陈裕菁译为《蒲寿庚考》，中华书局 1929 年版）是一部被译成英文和中文的名著。"1925 年 4 月 10 日，顾颉刚致函陈垣介绍傅彦长，说彦长"倾心于那珂、桑原二公，谓先生为中国之桑原，故渴欲一谒也"。可见两人在学问上有许多共同之点。现在京都大学文学部东洋史研究室的"桑原文库"中，藏有 1924 年陈垣赠送给桑原的三部书：《元西域人华化考》稿本、《心泉学诗稿》6 卷、《钓矶诗集》4 卷。

陈垣的学术地位，不但为国际汉学界所公认，也是国内学术界的公意。陈寅恪于 1935 年为陈垣重刻《元西域人华化考》作序，明确指出："近二十年来，国人内感民族文化之衰颓，外受世界思潮之激荡，其论史之作，渐能脱除清代经师之旧染，有以合于今日史学之真谛，而新会陈援庵先生之书，尤为中外学人所推服。盖先生之精思博识，吾国学者，自钱晓徵以来，未之有也。""先生是书之所发明，必可示以准绳，匡其趋向。"傅斯年也曾说过，中国有两个世界型学者，一个是王国维，另一个就是陈垣。1928 年，傅斯年为筹建中央研究院历史语言研究所事致函陈垣，以陈与王国维相比，称颂"静庵先生驰誉海东于前，先生鹰扬河溯于后，二十年来承先启后，负荷世业，俾异国学者莫敢我轻，后生之世得其承受，为幸何极！"余嘉锡、王重民均推崇陈垣"不藉他力，实至名归，萃一生之精力，有悠厚之修养……亦精亦博，亦高亦厚，使后生接之如挹千顷之陂，钻弥坚之宝，得其名言足以受用，聆其一教足以感发，此在今日固不多见，而窃以为先生者即其人也"。1934 年，尹炎武在南京邂逅黄侃和朱希祖，"偶谈及当世史学巨子，近百年来横绝一世者，实为门下一人，闻名无异辞"。由此可见，以陈垣为中国学术首座，虽出自伯希和之口，却一定程度上表达了中国学术界的公意。

陈垣卓越的学术成就，赢得了海内外学术界的赞誉，不仅为后人留下了丰富的文化遗产，而且对今后中国史学的发展产生了深远的影响。他桃李遍天下，培养了许多名家，雄踞学术界的各个领域。据牛润珍《陈垣学术思想评传》"动世界而垂久远"的学术影响一节所介绍者就有姚从吾、郑天挺、方豪、柴德赓、王重民、孙楷第、陈述、容庚、容肇祖、台静农、翁独健、蔡尚思、余逊、冯承钧、牟润孙、单士元、刘乃和、张恒寿、邓广铭、杨廷福、白寿彝、赵光贤、史念海、启功、杨志玖等。而且，薪尽火传，陈垣的弟子一代接一代，都是当今中国文史各个领域的骨干和后起之秀，影响着今后学术界的发展。

陈垣逝世后，国内外学术界开展了对陈垣学术成就、学术思想及其生平的研究。据王明泽《陈垣事迹著作编年》附录一"陈垣研究论文目录索引"统计，已超过 200 篇（本）。陈垣诞生 100 周年、110 周年、120 周年，北京和广州分别召开了纪念会，出版了纪念论文集。学界出版了研究陈垣的学术著作 10 数种。学者在呼唤"陈垣学"。由此可见陈垣学术影响的深远。

附 录

大事年表

清光绪六年（1880）

十月初十（11月12日）生于广东新会县石头乡富冈里。生母周氏。

祖父海学，创办陈信义药材店，店址在广州老城晏公街闽漳会馆旧址。海学九子，三子维举，五子维启。维启别字励耘，有两子四女，长子即垣。维举光绪十一年（1885）卒，无子，垣入继。

光绪十一年（1885）6岁

随父亲自新会至广州。

光绪十二年（1886）7岁

在广州人私塾，启蒙师为冯掫微。先后读《大学》《中庸》《论语》《孟子》《诗经》《易》《尚书》等至12岁。

光绪十八年（1892）13岁

读《礼记》。发现张之洞的《书目答问》，渐渐学会按着目录买自己需要的书看。

光绪十九年（1893）14岁

读《左传》。开始阅读《四库全书总目》。

光绪二十年（1894）15岁

广州鼠疫，学馆解散，有时间读自己喜欢的书，为做学问打下初步基础。

光绪二十一年（1895）16岁

开始购买《四库全书总目》、《十三经注疏》、《皇清经解》、二十四史等大部头书籍。

光绪二十三年（1897）18岁

入京应顺天乡试，因八股文不好，失败。回广东后发奋学习八股文。

光绪二十四年（1898）19岁

开始在蒙馆教书，仍专心学习八股文。

光绪二十七年（1901）22岁

考取新会县案第一名。

光绪二十八年（1902）23岁

补为廪生。入开封，参加"光绪帝三旬万寿恩科"乡试，未中。从此彻底放弃科考。

光绪二十九年（1903）24 岁

再入开封。游肇庆、琼州，住香港。

光绪三十一年（1905）26 岁

与潘达微等人筹办《时事画报》。积极参加了广州人民反对美国政府迫害华工的爱国斗争。

光绪三十二年（1906）27 岁

被迫离开广州，在新会篁庄小学教书。

光绪三十三年（1907）28 岁

先任广州振德中学教员，后入美国教会办的博济医学院学习西医。以钱罂、谦益等笔名在《时事画报》上发表借历史题材反清的文章。

光绪三十四年（1908）29 岁

愤而离开歧视中国师生的博济医学院，与友人创办光华医学堂，任学校董事，并在该校学习。同时在《医学卫生报》发表文章，宣传近代医药卫生知识及医学史。阅读历史文献，在方功惠处借读抄本《元典章》。

赴日本访医学书籍，得见多纪元胤《医籍考》等书。

宣统二年（1910）31 岁

在广东光华医学堂毕业，为该校第一期毕业生。留校任教，讲授生理学、解剖学等。

宣统三年（1911）32 岁

兼任广州《震旦日报》编辑，编《鸡鸣录》副刊。《奉天万国鼠疫研究会始末》出版。

民国元年（1912）33 岁

任中国同盟会广东支部评议员。

民国二年（1913）34 岁

当选众议员，从此定居北京。

民国六年（1917）38 岁

因研究宗教史，向英敛之借阅宗教史书籍。当时英敛之在香山静宜园主持辅仁社，因访英敛之，而有《元也里可温教考》之作。10 月，随梁士诒赴日本。在日本购缩印藏经，寻得《贞元释教目录》等书。

民国七年（1918）39 岁

编成《基督教史目录》。

10 月，与叶恭绰等游大同云冈石窟寺，写成《记大同武州山石窟寺》，是其第一篇研究佛教的论文。

民国九年（1920）41 岁

6月至8月，在张宗祥等人协助下，检查文津阁《四库全书》，大致摸清了《四库全书》的情况。

民国十年（1921）42岁

2月，主持孤儿工读园。9月，创办平民中学。12月，任教育部次长，并代理部务（总长黄炎培不到职）。

民国十一年（1922）43岁

5月，辞去教育部次长职务。任北京大学研究所国学门导师和明清史料整理会委员。任京师图书馆（国家图书馆前身）馆长，阅所藏敦煌遗经8000卷。

民国十二年（1923）44岁

发表《火祆教入中国考》《摩尼教入中国考》和《元西域人华化考》。

民国十三年（1924）45岁

编成《道家金石略》100卷，以校雠不易，未刊。完成《敦煌劫余录》初稿。10月，冯玉祥驱溥仪出宫。成立清室善后委员会，任委员。

民国十四年（1925）46岁

在故宫摘藻堂发现《四库全书荟要》，在斋宫发现元刻本《元典章》。10月，故宫博物院成立，任理事，负责文献部，并任故宫博物院图书馆长。编写完成《中西回史日历》和《二十史朔闰表》。《二十史朔闰表》出版。

民国十五年（1926）47岁

1月，英敛之逝世，临终以辅仁大学校务付托，任辅仁大学副校长、校长，直至1952年。《中西回史日历》出版。致函国务院总理，将前清军机处档案收归故宫博物院。8月，奉系军阀张作霖准备武力接收故宫博物院。与马衡、吴瀛等尽力抵制，为宪兵司令部逮捕。

民国十七年（1928）49岁

完成《史讳举例》。任中央研究院历史语言研究所特约研究员。任燕京大学国学研究所所长。

民国十八年（1929）50岁

任北平师范大学史学系主任，给低年级同学讲授"国文""中国史学名著选读""中国史学名著评论"等基础课。任北平图书馆委员长。

民国十九年（1930）51岁

春，完成《敦煌劫余录》。

民国二十年（1931）52岁

任北京大学史学系教授、名誉教授。完成《沈刻元典章校补》及《元典章校补释例》（后改名《校勘学释例》）。

民国二十二年（1933）54岁

主持《宋会要辑稿》的影印工作。在北平师范大学新开"史源学研究"（后改名"史源学实习"）课程。

受聘新会县志总纂，旋即辞去。

民国二十三年（1934）55 岁

《元秘史译音用字考》由历史语言研究所刊行。《元西域人华化考》作为《励耘书屋丛刻》第一种刻成。3 月，生母周太夫逝世，回新会奔丧。

民国二十四年（1935）56 岁

当选为中央研究院第一届评议员。

民国二十六年（1937）58 岁

4 月，完成《吴渔山年谱》。7 月 7 日，卢沟桥事变。月底，北平为日本侵略军占领。下半年，完成《旧五代史辑本发覆》。

民国二十七年（1938）59 岁

10 月，完成《释氏疑年录》。

民国二十八年（1939）60 岁

发现《嘉庆藏》，据以修改《释氏疑年录》。7 月，搬家至兴化寺街五号，在此居住至逝世。

民国二十九年（1940）61 岁

3 月，完成《明季滇黔佛教考》，表彰明末遗民之民族气节。

民国三十年（1941）62 岁

1 月，写成《清初僧诤记》，借以抨击汉奸。7 月，写成《南宋初河北新道教考》，表彰金初河北抗节不仕之遗民。

民国三十一年（1942）63 岁

9 月，完成《中国佛教史籍概论》。

民国三十二年（1943）64 岁

"史源学实习"课改为以全祖望《鲒埼亭集》为教材，目的在"正人心，端士习"。开始写作《通鉴胡注表微》。

民国三十四年（1945）66 岁

完成《通鉴胡注表微》。抗日战争胜利结束。

民国三十七年（1948）69 岁

当选为中央研究院院士。12 月，国民党政府派飞机欲接往上海，拒绝南下。

1949 年 70 岁

1 月，北平和平解放。4 月，作《给胡适之先生一封公开信》。

1950 年 71 岁

辅仁大学由中央人民政府教育部接办，仍任校长。

1951 年 72 岁

夏，任西南土改工作团团长，到四川巴县参加土地改革。

1952 年 73 岁

高等学校院系调整，10 月起，任北京师范大学校长，直至逝世。

1954 年 75 岁

当选为第一届全国人民代表大会代表。任中国科学院历史研究二所所长。

1955 年 76 岁

当选为中国科学院哲学社会科学部学部委员。

1958 年 79 岁

当选为第一届全国人民代表大会常务委员。

1959 年 80 岁

加入中国共产党。作《影印明本册府元龟序》。

1961 年 82 岁

开始点校《旧五代史》及《新五代史》。

1965 年 86 岁

10 月，写完《两封无名字无年月的信》，这是最后一篇著作。

1966 年 87 岁

"文化大革命"爆发。

1971 年 92 岁

6 月 21 日在北京医院逝世。

附录二

主要参考书目

［1］吴泽. 陈垣史学论著选［M］. 陈乐素，陈智超，编校. 上海：上海人民出版社，1981.

［2］刘梦溪. 中国现代学术经典：陈垣卷［M］. 刘乃和，编校. 石家庄：河北教育出版社，1996.

［3］陈垣. 明季滇黔佛教考（外宗教史论著八种）：上［M］. 刘乃和，编校. 石家庄：河北教育出版社，2000.

［4］陈垣. 明季滇黔佛教考（外宗教史论著八种）：下［M］. 刘乃和，编校. 石家庄：河北教育出版社，2000.

［5］陈垣. 陈垣学术论文集：第1集［M］. 陈智超，编注. 北京：中华书局，1980.

［6］陈垣. 陈垣学术论文集：第2集［M］. 陈智超，编注. 北京：中华书局，1982.

［7］陈垣. 陈垣史源学杂文［M］. 陈智超，编注. 北京：人民出版社，1980.

［8］陈垣. 陈垣早年文集［M］. 陈智超，编注. 台北：台湾"中央研究院"中国文哲研究所，1992.

［9］陈智超. 陈垣来往书信集［M］. 上海：上海古籍出版社，1990.

［10］陈垣. 道家金石略［M］. 陈智超，曾庆瑛，校补. 北京：文物出版社，1988.

［11］刘乃和，周少川，王明泽，等. 陈垣年谱配图长编：上［M］. 沈阳：辽海出版社，2000.

［12］刘乃和，周少川，王明泽，等. 陈垣年谱配图长编：下［M］. 沈阳：辽海出版社，2000.

［13］牛润珍. 陈垣学术思想评传［M］. 北京：北京图书馆出版社，1999.

［14］陈桓. 励耘书屋问学记：史学家陈垣的治学［M］. 北京：生活·读书·新知三联书店. 1982.

［15］北京师范大学. 陈垣校长诞生百年纪念文集［C］. 北京：北京师范大学出版社，1980.

［16］纪念陈垣校长诞生110周年筹委会. 纪念陈垣校长诞生110周年学术论文集［C］. 北京：北京师范大学出版社，1990.

［17］龚书铎. 励耘学术承习录：纪念陈垣先生诞辰 120 周年［C］. 北京：北京师范大学出版社，2000.

［18］暨南大学. 陈垣教授诞生百一十周年纪念文集：1990 年江门国际学术研讨会论文集［C］. 广州：暨南大学出版社，1994.

［19］刘乃和. 励耘承学录［M］. 北京：北京师范大学出版社，1992.

［20］刘乃和. 历史文献研究论丛［M］. 桂林：广西师范大学出版社，1998.

［21］王明泽. 陈垣事迹著作编年［M］. 桂林：广西师范大学出版社，2000.

［22］刘乃和. 陈垣校长诞生 110 周年纪念册［M］. 北京：北京师范大学出版社，1990.

［23］刘乃和，周少川，王明泽，等. 陈垣图传［M］. 北京：北京师范大学出版社，2002.

［24］陈乐素. 求是集：第 1 集［M］. 广州：广东人民出版社，1986.

［25］陈乐素. 求是集：第 2 集［M］. 广州：广东人民出版社，1984.

［26］陈乐素. 宋史艺文志考证［M］. 广州：广东人民出版社，2002.

［27］暨南大学中国文化史籍研究所. 陈乐素教授（九十）诞辰纪念文集［M］. 广州：广东人民出版社，1992.

［28］张其凡，范立舟. 宋代历史文化研究（续编）［M］. 北京：人民出版社，2003.

［29］陈智超. 陈智超自选集［M］. 合肥：安徽大学出版社，2003.

［30］姜伯勤. 石濂大汕与澳门禅史：清初岭南禅学史研究初编［M］. 上海：学林出版社，1999.

［31］桑兵. 国学与汉学：近代中外学界交往录［M］. 杭州：浙江人民出版社，1999.

［32］桑兵. 晚清民国的国学研究［M］. 上海：上海古籍出版社，2001.

附录三

陈垣科学论著目录

[1]《陈垣早年文集》，陈智超编，中国文哲研究所（中国台湾）1992年印行。收入陈垣1907年至1913年发表在广州的《时事画报》《医学卫生报》《光华医事卫生杂志》和《震旦日报》等报刊上的文章164篇，主要内容为政论及医学论文。

[2]《陈垣学术论文集》第一集，陈智超编，中华书局1980年出版。收入陈垣自1917年至1940年有关宗教史论著39种，包括他的第一篇学术专著《元也里可温教考》。

[3]《陈垣学术论文集》第二集，陈智超编，中华书局1982年出版。收入陈垣自1920年至1965年有关历史文献学、年代学、《四库全书》、《旧五代史》等内容的论著90种。

[4]《元西域人华化考》（1924年），陈智超导读，上海古籍出版社2000年出版。为陈垣前期代表作。

[5]《道家金石略》（1924年），陈智超、曾庆瑛校补，文物出版社1988年出版。是一部大型道教碑刻资料集。

[6]《二十史朔闰表》（1925年），中华书局1962年出版。

[7]《中西回史日历》（1925年），中华书局1962年出版。

[8]《史讳举例》（1928年），中华书局1962年出版。

[9]《敦煌劫余录》（1930年），中央研究院历史语言研究所1931年印行。

[10]《元典章校补》（1931年），《励耘书屋丛刻》第一集第二种1931年印。

[11]《校勘学释例》（原名《元典章校补释例》，1931年），中华书局1963年出版。

[12]《释氏疑年录》（1938年），中华书局1964年出版。

[13]《明季滇黔佛教考》（1940年），中华书局1962年出版。

[14]《清初僧诤记》（1941年），中华书局1962年出版。

[15]《南宋初河北新道教考》（1941年），中华书局1962年出版。

[16]《中国佛教史籍概论》（1942年），中华书局1962年出版。

[17]《通鉴胡注表微》（1945年），中华书局.1962年出版。

[18]《陈垣史源学杂文》，陈智超编注，人民出版社1980年出版。收入作者20世纪30年代至40年代为"史源学实习"课所作的范文30篇。

[19]《陈垣来往书信集》，陈智超编注，上海古籍出版社1990年出版。收入作者与亲友1917年至1969年来往书信共1267封，其中作者致他人信375封。